仓配规划与设计

主　编　李方敏　倪　利
副主编　杨志鹏　黄友文　杨海英

北京理工大学出版社
BEIJING INSTITUTE OF TECHNOLOGY PRESS

内 容 简 介

本书是根据专业团队制定的《仓配设计与规划课程标准》和对仓配规划设计岗位进行的"岗能对接"研究构建的，内容共分为9大模块15个任务。每个任务都按照"任务概述、学习计划表、情境导入、任务解析、相关知识、任务过程展现、提升训练、知识拓展、学思之窗、知识检测、学习评价"的顺序编写，以"情境导入、工作任务驱动、技能训练"的全新模式进行综合化建设，从而实现"教—学—做—用—研—创"的课程体系建设。

本书内容遵循职业教育中知识"够用、能用"的原则，融入1+X证书和职业技能大赛的知识点及考核内容，按照仓配运作的顺序进行编排，先仓储后配送，从仓库规划设计到优化，再到配送规划和车辆配置。其具体内容包括仓库需求分析、仓库分区、仓储设施选型、仓库布局规划、货位设计、仓储规划优化升级、片区规划、路径规划和车辆配置，涵盖仓储与配送规划的全部环节。

本书可作为高等职业教育本科、应用型本科院校和专科院校的物流类专业及相关专业的教材，也可作为物流企业、仓储管理部门和物流规划机构的职工培训教材，还可作为物流和仓储的研究与教学从业人员的参考用书。

版权专有　侵权必究

图书在版编目（CIP）数据

仓配规划与设计 / 李方敏，倪利主编. -- 北京：北京理工大学出版社，2023.12
ISBN 978-7-5763-3311-4

Ⅰ.①仓… Ⅱ.①李… ②倪… Ⅲ.①仓库管理 ②物流管理-物资配送 Ⅳ.①F253 ②F252.14

中国国家版本馆CIP数据核字（2024）第017890号

责任编辑：徐艳君		文案编辑：徐艳君	
责任校对：周瑞红		责任印制：施胜娟	

出版发行 / 北京理工大学出版社有限责任公司
社　　址 / 北京市丰台区四合庄路6号
邮　　编 / 100070
电　　话 / （010）68914026（教材售后服务热线）
　　　　　（010）68944437（课件资源服务热线）
网　　址 / http://www.bitpress.com.cn
版 印 次 / 2023年12月第1版第1次印刷
印　　刷 / 涿州市新华印刷有限公司
开　　本 / 787 mm×1092 mm　1/16
印　　张 / 21.25
字　　数 / 563千字
定　　价 / 98.00元

图书出现印装质量问题，请拨打售后服务热线，负责调换

前　言

2019 年，职业教育迎来了改革的春天，职业教育改革政策启动全新的 1+X 证书制度试点工作。首先，《2019 年政府工作报告》在"2019 年政府工作任务"的第一条中提出了要"加快学历证书与职业技能等级证书的互通衔接"；接着，国务院颁布了《国家职业教育改革实施方案》，明确在职业院校、应用型本科高校启动"学历证书+若干职业技能等级证书"（简称 1+X 证书）制度试点工作；随后，教育部联合国家相关部门出台《关于在院校实施"学历证书+若干职业技能等级证书"制度试点方案》，并明确指出 1+X 证书的范围覆盖职业素养、专业知识和技能操作。1+X 证书制度是职业教育改革有力的补充，指明了职业院校教育改革的方向。物流管理职业技能等级证书成为全国首批启动试点的 6 个职业技能等级证书之一，这说明物流管理专业适合职业教育改革，符合本科层次职业教育试点要求。

"基础知识扎实、实践技能较高、符合产业需求"是现代物流业对物流高技能人才的需求标准。高职院校作为物流人才培养的重要基地，培养的人才能否满足企业所需是其人才培养质量高低的体现，要培养出符合需求标准的物流高技能人才，则亟待解决"课程设置过于学科化，与岗位能力严重脱节"的问题。高职院校必须按照国家职业教育改革的新要求，密切关注现代物流业发展趋势，了解和掌握现代物流业的人力资源需求，对接物流人才岗位能力需求实际，注重物流人才培养的课程改革和教学创新，不断提高物流专业的教育教学质量，才能解决物流人才能力培养与岗位需求脱节的问题。

本书就是在国家职业大改革背景下，为满足目前和未来国家对物流系统规划与设计的需求，在经济发展的客观可能条件下，为培养高层次技术技能人才而编写的。本书主要介绍两方面的内容：一是以真实的仓储运作需求为主线，说明仓储规划与设计所需的知识和技术技能；二是以真实的配送运作需求为主线，说明配送所需的知识和技术技能。本书的编写全面落实党的二十大精神，突出"校企合作、岗能对接"，融入最新的职业教育法规，体现职业属性。

（1）本书的编写符合《国家职业教育改革实施方案》和《本科层次职业教育专业设置管理办法（试行）》等文件精神，围绕物流专业人才培养方案中的培养目标，基于"岗能对接"，以对接企业高端岗位的典型工作任务为主，依据《仓配规划与设计课程标准》的要求和教材开发编写的基本原则、方法，通过广泛的调研论证，确定内容框架结构和开发路径与计划。

（2）本书将按照教育部印发的《职业院校教材管理办法》要求，采用校企"双元"合作的方式进行开发，并采用新型活页式、工作手册式的开发模式，同时把一些数字化资源融入教材中。

（3）本书内容做到"岗能对接"，紧贴生产和管理需求，同时理论知识不低于也不同于普通本科物流专业，技术技能高于高职专科，每个模块均以国家和行业颁布的法律法规、标准为依据，落实教育部已经颁布的各类标准，对标专业标准和实训条件建设标准。

（4）本书在模块设计上做到"岗能对接"，注重培养学生的思考能力和动手能力，努力做到"学思用贯通"与"知信行统一"相结合，具体板块包括学习计划表、情境导入、任务解析、相关知识、任务过程展现、提升训练、知识拓展、学思之窗、学有所思、知识检测、学习评价等。

（5）本书各模块都融入1+X证书和物流技能竞赛的内容。例如，每个任务中知识检测的题目都与相应的1+X证书和物流技能竞赛的职业道德与素质等习题相对应，部分任务的操作题目练习和知识拓展内容与1+X证书和物流技能竞赛的专业知识相一致。本书使教学与职业技能培训、职业技能竞赛融为一体，真正实现1+X证书的职业教育功能。

本书主编为广州科技职业技术大学李方敏和广东工贸职业技术学院倪利，副主编为广州科技职业技术大学杨志鹏、黄友文及山东交通学院杨海英，参编的有广州科技职业技术大学张璐及易霞俊，广东工贸职业技术学院连茜平和广州顺丰速运有限公司谭冬晴，李方敏负责全书的策划和统稿。具体编写分工为：张璐编写模块一，杨志鹏编写模块二和模块四，李方敏编写模块三，易霞俊编写模块五和模块六，倪丽、黄友文、谭冬晴、连茜平和杨海英编写模块七、模块八和模块九。在本书编写过程中，深圳市中诺思科技股份有限公司广州分公司周小峰总经理、北京络捷斯特科技发展有限公司广州分公司柯裕佳总监和菜鸟物流供应链陈志杨总监给予了大力支持与协助，在此表示诚挚的感谢！

本书在编写过程中，参考了大量书籍、文献等，编者已尽可能在参考文献中详细列出，在此对这些前辈、同行、专家和学者表示深深的感谢。本书的编写还得到了广州顺丰速运有限公司教师企业实践基地、相关同行和出版社等相关人员的大力支持，在此表示衷心的感谢。

由于时间仓促及编者水平有限，书中难免存在错误和缺陷，敬请广大读者批评指正。

编　者

目　　录

模块一　仓库需求分析 ... 1
　　任务一　商品基本情况分析 ... 1
　　任务二　订单分析 ... 27
　　任务三　仓库能力目标分析 ... 54

模块二　仓库分区 ... 71
　　任务一　仓库分区 ... 71

模块三　仓储设备选型 ... 91
　　任务一　集装单元化设备选型 ... 91
　　任务二　货架选型 ... 116
　　任务三　搬运设备选型 ... 142
　　任务四　设备成本预算 ... 162

模块四　仓储布局规划 ... 175
　　任务一　仓库布局规划 ... 175

模块五　货位设计 ... 210
　　任务一　商品编码与货位设计 ... 210

模块六　仓储规划优化升级 ... 234
　　任务一　配送中心布局优化 ... 234
　　任务二　配送中心设施设备优化 ... 260

模块七　片区规划 ... 275
　　任务一　片区规划 ... 275

模块八　路径规划 ... 293
　　任务一　路径规划 ... 293

模块九　车辆配置 ... 316
　　任务一　车辆配置 ... 316

参考文献 ... 334

模块一

仓库需求分析

任务一 商品基本情况分析

任务概述

本任务需要仓储规划与设计人员对客户提供的商品数据进行整理,并对商品品种数目、商品重合度、商品特性与包装特性、货态、库存类别、商品需求预测等商品有关信息进行分析,为仓库存储货位数、拣选点数及相关仓储规划提供理论依据。

学习计划表

【学习目标】

(1) 掌握数据采集与数据整理的基本原则。

(2) 能够对商品品种数目、商品重合度、商品特性与包装特性、货态、库存类别、商品需求预测等有关信息进行分析,为确定存储区域规划、货位规划(仓库存储货位数、拣选点数)等相关仓储规划做准备。

根据课前预习及学习情况填写表1-1。

表1-1 学习计划表

项目		基础知识	数据采集与整理基本原则	商品基本信息分析内容
课前预习	预习时间			
	预习结果	1. 难易程度 　　偏易(即读即懂)(　　)　　适中(需要思考)(　　) 　　偏难(需查资料)(　　)　　难(不明白)　(　　) 2. 需要课堂提问内容 3. 问题总结 		

续表

项目		基础知识	数据采集与整理基本原则	商品基本信息分析内容
课后复习	复习时间			
	复习结果	1. 掌握程度 　　了解（　　）　　熟悉（　　）　　掌握（　　）　　精通（　　） 2. 疑点、难点归纳 _____ _____ _____ _____ _____		

【知识目标】

（1）掌握数据采集与整理的基本原则。

（2）熟悉商品品种数目分析方法。

（3）掌握商品重合度分析方法。

（4）理解商品特性与包装特性分析方法。

（5）掌握商品外形尺寸分析方法。

（6）掌握货态分析方法。

（7）掌握库存类别分析方法。

（8）掌握商品需求预测分析方法。

【技能目标】

（1）能够对客户提供的商品信息进行整理并获取有效信息。

（2）能够正确理解并计算商品品种数目。

（3）能够正确计算不同业态商品重合度。

（4）能够根据商品与包装的不同特性采取合适的存储方法。

（5）能够正确对进出库商品货态进行分析，根据不同货态类型采用不同的存储和拣选策略。

（6）能够根据一定标准对库存进行 ABC 分类，并对不同类别商品制定不同的采购、存储策略。

（7）能够结合历史需求数据采用合适的预测方法进行需求预测。

【素质目标】

（1）培养学生的创新意识和严谨的数据逻辑分析意识。

（2）培养学生分析问题、解决问题的能力。

（3）培养学生吃苦耐劳的精神、认真仔细的态度、遵守 5S 管理制度的习惯，加强学生团队合作的意识。

情境导入

某物流公司在某园区拟建立配送中心，主要负责给工贸公司的超市及便利店发货，涉及的商品主要包括日用品、食品、饮料等八大类，共计 119 种在库商品，商品基础资料见表 1-2，不同业态客户商品供应情况见表 1-3。

表 1-2　119 种在库商品基础资料

商品编号	商品名称	一级分类名称	二级分类名称	三级分类名称	长/mm	宽/mm	高/mm	质量/kg	保质期
1000053420	纯天然进口阿联酋皇冠椰枣礼盒装 2 000 g	食品饮料、保健品	休闲食品	进口食品	270	250	60	2	365 天
1000053659	法国德菲丝 Truffles 巧克力 大红精品型 500 g/盒	食品饮料、保健品	休闲食品	糖果/巧克力	225	160	45	0.5	365 天
…	…	…	…	…	…	…	…	…	…
1000082710	CHATEAU OLCE 2008 法国波尔多欧乐思堡 2008 干红葡萄酒	食品饮料、保健品	酒饮冲调	葡萄酒	125	125	360	1.25	1 年

注：总计 119 条记录，详见文件《商品基本资料（原始数据）》（请扫描下面的二维码获取相关数据）。

表 1-3　不同业态客户商品供应情况

客户	超市与便利店同时需要	超市	便利店
商品品种数目	66	92	93

统计分析现有资料数据是后期确定存储区域规划、货位规划（仓库存储货位数、拣选点数）等相关仓储规划的前提。

任务要求：

（1）完成上述商品数据的整理工作。

（2）分析上述商品品种数目、商品重合度、商品计量单位及外形尺寸等内容，为后面仓储规划做准备。

商品基本资料（原始数据）

任务解析

商品的基本情况是什么？要如何分析呢？比如我们要对所有商品包装尺寸进行统计，分析出商品尺寸的集中趋势，看是否存在过大或过小的商品尺寸，以便日后确定货架的长、宽等尺寸。本任务以日用品仓库为任务案例背景，探索如何对仓库数据进行分析整理，提取有效数据，根据数据资料来计算仓库存储所需货位数、拣选点数并分析如何进行相关仓储规划。任务主要包括两个方面的内容：一是学习如何合理整理商品数据，在整理过程中，应该注意掌握 Excel 等工具的使用，其需要突破的难点是能够从海量数据中准确获取名称、品种等需要进一步分析的数据；二是学习如何分析商品品种数目、重合度、计量单位及外形尺寸等内容，重点掌握各内容的分析方法，其中难点是如何科学、准确地分析并得出结果。

相关知识

一、数据收集与整理

（一）数据收集与整理的定义

数据收集是指系统根据自身的需求和用户的需要收集相关的数据，数据整理是对调查、观察、实验等研究活动所搜集到的资料进行检验、归类编码和数字编码的过程，数据收集与整理是数据统计分析的基础。

（二）数据收集与整理的原则

1. 数据收集

数据收集是数据整理和数据分析的基础，收集到的数据要能满足数据分析的需要，结合统计分析的目标，从配送中心各部门或其他网络渠道收集所需要的数据，在收集数据时要做好沟通协调工作，保证数据的全面、真实、客观、准确。

2. 数据范围

应结合数据分析目标确定数据统计时间范围和统计内容。例如，要分析 2023 年 1 月广东科技物流配送中心商品出库数据，应向发货部收集 2023 年 1 月 1 日 0 时到 1 月 31 日 24 时的出库商品数据。出库商品数据内容应包含商品编码、出库数量、出库日期、出库单位、商品单价、出库货位等信息。

3. 数据的真实性和有效性

数据收集与整理的目的是帮助企业分析经营现状，为未来决策规划提供参考依据，因此收集的数据真实有效对于作出正确的分析决策至关重要。收集数据资料时，要对材料的真实性和可靠性进行评估，对于重要的材料可要求信息提供方说明资料来源，没有代表性的资料一般不用于评价，用于评价的资料要保证数据在有效期内。

4. 处理数据有代表性

一个配送中心的商品品种可能成千上万，与商品相关的数据资料也随种类增加呈指数级增加。在数据的收集与整理过程中，在保证数据有效性的前提下，为了尽可能减少数据收集与整理的工作量，应当选择具有代表性的数据进行分析整理。例如，要分析配送中心一年的货物周转量，可以选择周转量较平稳的某一个月的数据作为代表来估计全年的货物周转量。

5. 异常值的处理

异常值是指收集的数据中偏离其他数值很远的个别极端值。极端值会影响数据分析结果，在检测到极端值时，应查找确认可能造成影响的因素，以便对极端值的存在进行合理解释并加以调整。如果极端值是由于偶然因素造成的，则应删去极端值；如无法确认产生极端值的原因，则应先保留再做后续处理。

6. 删除与物流分析相关度不大的数据段

例如，销售订单中一些金额信息、折扣信息对企业比较机密，但是对重视"量"的物流数据分析而言却不是关键信息。再者，如联系人、传真、联络方式等信息对分析都没有实际意义，也可以删除。

7. 统一的数据名称与定义

例如，客户订单号可以方便配送中心内部各部门对订单进行处理，包括信息中心、仓储部、客服部、车队等部门。对客户订单号按配送中心内部编码规则进行统一编码，可以保证信息处理的一致性和规范性。

8. 统一数据格式

数据格式是数据保存在文件中的编排形式，可以是数值、字符或二进制数等形式，由数据的类型与长度来描述。例如，不同数据来源的日期格式，有些是长日期的格式，有些是短日期的格式；数值的格式，有些精度高，有些精度低；这些都需要进行过滤和转化。

9. 计算衍生数据

衍生数据是对原始数据进行加工处理得到的计算结果数据。例如，从财务系统中获得的成本数据中，果蔬品成本考核的计量单位是千克，为了进行物流成本的分析，需要根据包装关系将其换算成以箱为计量单位。

10. 给缺值数据赋缺省值

例如，家电类商品缺少整数与零数的包装换算关系值，统一以换算关系为"1"赋予缺省值；又例如，部分作业单据缺少作业时间数据时，统一按照"8 小时"赋值。

二、商品基本情况分析

对收集与整理后的商品基本数据进行全面分析有助于我们把握商品整体情况，为后期确定存储点和拣选点数量及相关采购策略、存储区和拣选区系统规划提供参考依据。商品基本情况分析主要包括商品品种数目分析、商品重合度分析、商品特性与包装特性分析、商品外形尺寸分析、货态分析、库存类别分析、商品需求预测分析七个方面，下面进一步对各分析模块做具体介绍。

（一）商品品种数目分析

对于配送中心来说，其涉及的商品品类众多，每一个品类商品又有众多规格型号，为了有效精准地确定配送中心存储的商品品种数目，保证客户订单商品与拣货商品的一致性，我们引入 SKU 这一概念。SKU 最初应用于电商企业对其库存商品进行管理，后来广泛应用于各类大型仓储配送中心的商品品种管理。

1. 商品品种数目含义

最小存货单位（Stock Keeping Unit，SKU），是对入库商品进行编码归类的一种方法，也是库存控制的最小单位。SKU 可以代表商品属性，例如品牌、规格、型号、颜色等，同时也可以作为计量单位，例如商品以件、盒、托盘等为单位。每种商品均对应唯一的 SKU 号，SKU 号包含商品的品牌、型号、配置、等级、包装容量、单位、生产日期、保质期、用途、价格、产地等属性。当一件商品的属性与其他商品的属性不同时，这样的商品就被称为一个 SKU 或一个单品。例如，一款女式衬衣，共有白色、粉色、蓝色、黑色、灰色 5 种颜色，每一种颜色共有 S、M、L、XL、XXL、XXXL 6 个尺码，那么可以说这款女式衬衣共有 30（5×6）个 SKU。SKU 对于电商企业及配送中心的商品库存管理至关重要，一个配送中心涉及的商品品种可能有成千上万，每一品类又包含众多 SKU，针对每一个单品赋予一个 SKU 号，不仅方便配送中心对商品进行精细化管理，也避免了对客户订单进行分拣配货时出现差错。

2. 商品品种数目分析的作用

（1）帮助确定配送中心的存储货位数目。由于配送中心存储的商品品种众多，为了方便对众多商品进行有效管理，提高在库物资管理效率和订单分拣效率，需要根据商品的储存数量、种类等信息为其规划存储货位数量。一般为了方便管理，避免出现差错，不同品种的商品会分开储位存放。在商品不混放的情况下，每个 SKU 至少应该有一个存储货位，当某一个 SKU 周转量较大时，为了保证库存供应不缺货，可能会给这个 SKU 安排多个存储货位。配送中心在进行仓储储位规划时，设计的存储点数目应当超过预估的未来在库 SKU 数目。

（2）帮助确定配送中心的拣选点数目。当配送中心规模较大，客户订单量较多时，为了提高拣货效率，避免不同的拣货作业相互影响，一般每个 SKU 都应至少设置一个对应的拣选点。但某一个 SKU 订单量较大，重复订购率较高时，为了方便同时进行多个订单的拣选，可能会给这个 SKU 设计多个拣选点，因此为每个商品设置便于拣选的储位时，设计的拣选点数目应当超过预估的在库 SKU 数目。

（二）商品重合度分析

1. 商品重合度的含义

商品重合度表明了商品在各个业态间受欢迎的程度。对不同重合度的商品可以设计不同的管理模式与流程，可以针对核心商品进行重点管理。

（1）在零售行业，商品重合度统计是商品管理中的一个核心点，商品的重合度表示商品被同时订购的比例，商品重合度越高，表示商品被同时订购的比例越高，商品受欢迎的程度越高。例如，电商行业会分析商品销售中的 TOP 款、爆款，然后对这些商品进行重点管理，以提高企业收益。

（2）对于配送中心来说，针对不同重合度的商品可以设计不同的管理模式与流程，以便对重合度高的核心商品进行重点管理。

（3）分析商品重合度可以帮助确定存储类别。配送中心可以将大型店、中型店、小型店三种业态的共性商品予以专门区域共同存储，将特性商品分类存储。

例 1-1　某零售企业中，大卖场（大型店）、标准超市（中型店）、便利店（小型店）三大业态店铺经营的商品品种数统计见表 1-4，请对商品重合度进行统计。

表 1-4　某零售企业各业态店铺经营的商品品种数统计

项目	大型店（SKU）	中型店（SKU）	小型店（SKU）
食品	3 806	3 079	2 184
日用品	4 080	2 749	849
饮料	386	305	268
合计	8 272	6 133	3 301

对三种业态的商品信息进行进一步的对比分析后（具体分析要根据三大业态中每种商品的具体情况进行，因为分析过程即为统计不同业态相同产品数目，较为简单，所以此处仅展示分析后的结果），得出其重合度情况，见表 1-5。

表 1-5　某零售企业各业态店铺经营的商品重合度统计

项目	大—中—小	大—中	大—小	中—小	大（特）	中（特）	小（特）
食品	1 141	1 335	268	182	1 062	421	593
日用品	522	1 769	106	71	1 683	378	150
饮料	106	136	36	45	108	18	81
合计	1 769	3 240	410	298	2 853	826	824

从表 1-5 得知，应对大中小三大业态共 1 769 种商品集中存储，并予以重点管理。

2. 商品重合度分析的意义

分析商品重合度可以帮助确定存储类别。例如，配送中心下游客户有三种类型，即大型店、中型店和小型店，可以将大型店、中型店、小型店三种业态共同订购的共性商品予以专门区域共同存储并进行集中统一管理，将大型店、中型店和小型店单独订购的特性商品分类存储，提高仓储管理效率，同时提高仓储空间利用率。

根据业态类别来统计每个业态经营商品品种的总数、每个业态特有商品品种数、业态两两重合商品品种数，以及三大业态重合商品品种数。不同业态的超市地理位置、经营品种重点、客户群体会有差异，所经营的商品品种也存在一定差异，通过统计每个业态特有商品品种数、业态两两重合商品品种数、三大业态重合商品品种数，能够更好地了解不同业态客户的需求，为客户提供个性化、差异化服务。

（三）商品特性与包装特性分析

配送中心存储的商品种类众多，不同种类商品性质不同，包装规格大小不同，为了避免存储期间不同性质的商品相互影响，需要将不同性质的商品或性质相斥的商品分开存储，根据商品特性和包装特性为不同商品安排合适的储位和存储条件，提高在库商品存储质量，避免由于存储不当造成商品耗损。

商品在库存储期间，受内外环境因素的影响，可能会发生质量变化，导致商品价值发生变化。在仓储期间，常见的质量变化类型有物理变化、化学变化、机械变化、生化变化等，具体质量变化现象见表 1-6。

表 1-6 商品常见的质量变化现象

变化形式	变化现象
物理变化	商品发生挥发、溶解、熔化、潮解、串味、渗漏、沉淀、玷污等
化学变化	氧化、锈蚀、老化、分解、聚合、爆炸、燃烧、水解等
生化变化	粮食、肉类、蔬果类生鲜商品发生的呼吸作用、发芽、虫蛀、后熟、霉腐等现象
机械变化	商品在外力的作用下发生的形态变化，如变形、破碎等现象

商品特性分析主要指商品的物理性质和化学性质，根据不同商品物理性质和化学性质的不同，可以将商品划分为不同类别：

（1）商品尺寸规格：根据商品的长、宽、高按照一定标准对商品进行分类。

（2）商品物理形态：根据商品物理形态，将商品分为固体、液体、气体。

（3）商品质量：根据商品计重标准，将商品按质量计量，或按体积计量折算质量，根据商品质量分为重货和轻货。

（4）商品形状：根据商品外包装形状可将商品分为形状规整商品和异形商品，形状规整商品包括长方体、正方体、扁平状等形态商品，异形商品包括圆形商品、形状不规整商品、超长超大超宽商品等。

（5）商品稳定性：根据商品在存储期间性质的稳定情况，将商品分为易燃、易爆、易碎、易污染、腐蚀性商品。

（6）商品存储温度条件：按存储温度条件不同分为常温商品、冷藏商品、冷冻商品。

（7）商品存储湿度：按存储湿度条件不同分为相对湿度 35% 以下商品、相对湿度 35%~45% 商品、相对湿度 45%~55% 商品、相对湿度 55%~60% 商品。

（8）商品气味：根据商品在存储期间自身所散发的气味，将商品分为中性气味商品和刺激性气味商品。

（9）商品基本包装单元和外包装单元：根据商品品种不同，商品的基本包装单元有个、包、盒、袋、条、瓶等，外包装单元有箱、袋、捆、托盘等。

（四）商品外形尺寸分析

配送中心商品品种多样，其外形尺寸也不相同，但大部分都在一定合理范围内。分析商品外形尺寸，可以：

（1）找出异形品。尺寸上过大、过长、过宽，或形状不规则的商品称为异形商品，异形商品的存储与分拣模式都应该区别于普通尺寸商品单独进行设计。

（2）帮助确定存储货架尺寸。确定商品尺寸的合理范围可以确定货架的合适尺寸。

（3）帮助确定搬运设备参数。

（4）商品包装与外形尺寸一般由制造企业决定，故对商品外形尺寸的分析就主要集中在对现有情况的统计，并针对尺寸规格进行频数分析，得出正常商品与异形商品的分割线。

例 1-2 某零售企业的商品规格清单见表 1-7。

表1-7　某零售企业的商品规格清单

SKU	尺寸规格				每箱数量/件
	L/mm	W/mm	H/mm	重量/kg	
0000002	365	180	210	12	40
0000003	350	230	173	8.5	60
0000004	365	210	215	17.5	30
0000005	305	255	146	14	100
0000006	800	600	100	36	50
0000007	430	230	185	22	10
0000008	445	330	240	35	30
…	…	…	…	…	…

本例中企业在对商品尺寸进行频数分析后，取频数占据数量较多的商品尺寸为正常商品，因此得出当商品长（L）超过 450 mm、高（H）超过 250 mm 时，该商品为异形商品（注：异形商品尺寸在实际企业中没有太多硬性规定，如果商品需要通过输送线运送，那么超过输送线限制的商品都属于异形商品；另外企业中商品尺寸频数分析时，需统计企业全部商品尺寸，表1-7仅展示了案例企业的部分商品规格。）

（五）货态分析

1. 货态分析的概念

货态分析（PCB分析）也称储运单位分析，即对配送中心各作业基本储运单位，如入库单位、存储单位、拣货单位等的类型进行分析。P、C、B 三个字母分别代表三种不同的储运单元形态，P 代表以托盘作为单位进行储运作业，C 代表以箱为单位进行储运作业，B 代表以单品为单位进行储运作业。通过分析配送中心各作业环节的基本储运单位，为不同货态存储区形态的确定、拣选区设计、商品分拣与搬运设备的选型提供参考依据。例如，在设置存储区时，如果配送中心全部的作业环节基本储运单位均为托盘，那么设计托盘货架存储时，搬运和拣选设备设计手动托盘搬运车或电动叉车即可。

2. 储运单位判断分析方法

假设配送中心的订货量或发货量为 N，每箱物品单品数为 A 件/箱，一个托盘可以承载 B 箱货物。

以托盘作为储运单位时，相对应的储运单位只有托盘。以箱作为储运单位时，$N\div B$ 计算得到的整数部分对应的单位为托盘，即所需要托盘数量为 $N\div B$ 的整数部分；小数部分对应单位为箱，计算式为 $\left(\dfrac{N}{B}-整数部分\right)\times B$，计算的结果表示除去整托部分的商品外，以箱为单位的商品箱的数量。假设配送中心发货量为 200 箱，一个托盘可以承载 24 箱货物，所需的托盘数量为 $\dfrac{200}{24}$，取整得到需要的托盘数为 8 个；$\left(\dfrac{200}{24}-8\right)\times 24$，得到以箱为单位的商品数量为 8 箱。

以单件作为储运单位，$\dfrac{N}{A\times B}$ 的整数部分对应单位为托盘，$\left(\dfrac{N}{A\times B}-整数部分\right)\times B$ 的整数部分对应单位为箱，$\left[\left(\dfrac{N}{A\times B}-整数部分\right)\times B-整数部分\right]\times A$ 的对应单位为单件。

例如，假设配送中心发货量为 222 件，每箱物品单件数为 4，一个托盘可以承载 8 箱货物，则所需要的托盘数为 $\dfrac{222}{4\times 8}$，取整得出需要 6 个托盘，对 $\left(\dfrac{222}{4\times 8}-6\right)\times 8$ 取整，对应单位为箱的货物有

7箱，$\left[\left(\frac{222}{4\times8}-6\right)\times8-7\right]\times4$，取整得到2件，可知对于该配送中心储运单位有托盘、箱、单件，以托盘为储运单元的有6托，以箱为储运单元的有7箱，以件为储运单元的有2件。

3. 配送中心常见的储运模式

配送中心可能存在三种形态的储运单位，在正常模式下，物品的存储单位与入库单位一致，入库单位大于等于存储单位和拣选单位。常见的基本储运模式有托盘进托盘出（P—P）、箱进箱出（C—C）、托盘进箱出（P—C）、箱进单品出（C—B）、单品进单品出（B—B）。基于这五种基本储运模式可以组合生成三种类型的组合储运模式：托盘进托盘出和箱出（P—P/C）、箱进箱出和单品出（C—C/B）、托盘进托盘出箱出和单品出（P—P/C/B）。配送中心选择何种储运模式，取决于配送中心接收客户的订货量及订货单位。例如，配送中心面对的都是大企业客户，客户订单量大且订货单位为托盘，则配送中心适合采用托盘进托盘出（P—P）的模式，但大多数配送中心面对的客户较多，不同客户的订单量和订货单位不一致，因此配送中心一般采用组合储运模式。配送中心常见的储运单元模式见表1-8。

表1-8 配送中心常见的储运单元模式

入库单位	存储单位	拣选单位
P	P	P
C	C	C
B	B	B
P	P、C	P、C
P	P、C、B	P、C、B
P、C	P、C	C
P、C	P、C、B	C、B
C、B	C、B	B

注：P代表托盘，C代表箱，B代表单品。

现实中配送中心的储运模式可能不仅限于以上几种，但基本上入库单位与存储单位保持一致，或入库单位大于等于存储单位和拣选单位。保持入库单位与存储单位的一致性有利于提高配送中心作业效率，避免出现货物倒装、换装以及由倒装、换装所产生的作业成本及作业过程中所产生的物品损耗。

4. 配送中心存储区分区与不同储运单元对应关系

货物不同的储运单元形式对应货物存储形态的分布也不同，表1-9列举了不同存储形态对应的存储区域划分。

表1-9 不同存储形态对应的存储区域划分

托盘箱存储区	主存储区	存储体积、重量较大的货物，或存储数量较多的货物，以托盘为单位进行存储
件存储区	件存储区	存储量比较小或体积较小的货物，一般以件为单位拣选出库
件拣货区	件拣货区	存储按件出货或出库频率较高的货物
快速单品拣货区	快速单品拣货区	用于拣选拆零出库的货物

5. 不同储运模式对应不同仓库自动化设施设备

配送中心采用不同的储运模式，对应的存储系统和拣选系统的设计与规划也不同，表1-10列举了配送中心不同的储运模式对应的仓库存储设施设备。

表1-10 配送中心不同的储运模式对应的仓库存储设施设备

储运模式	设施设备选型	
	自动化存储系统	人工存储系统
托盘进托盘出	托盘式自动存储系统加输送装置	托盘式货架加叉车，或手动托盘搬运车
托盘进箱出	托盘式自动存储系统加输送装置	托盘式货架加叉车，或手动托盘搬运车/手推车/输送装置
	托盘式自动存储系统加穿梭车、拣选机器人	
箱进箱出	流动式货架加自动拣取机、输送装置	—
箱进单品出	流动式货架加拣货机器人、输送装置	流动式货架加手推车/输送装置
	自动拣取装置加输送装置	

（六）库存类别分析

对于一个小型的配送中心来说，其商品品种至少有上千种，而对于一个大中型配送中心来说，其商品品种可能达到上万种甚至几十万种。不同的商品价值不同，客户需求量不同，配送中心存储量也不同。有的商品单价高，但存储数量少，像一些高端电子产品；有的商品单价不高，但存储量大，如一些普通的日用品。作为配送中心仓储经理要对成千上万种商品进行管理，如果不进行类别区分，而采用统一标准的管理方式，势必会产生相当大的工作量，而且管理效率不高。那么面对众多繁杂的商品，配送中心对其进行有效管理时，应针对不同类别的商品采取不同的管理方式，设定不同标准的库存水平和客户服务水平，这里我们引入ABC分类法对众多繁杂的库存商品进行有效管理，分清主次，把握关键。ABC分类法，就是按照一定的标准如库存商品价值总额或商品出库量等对不同类型的商品按重要程度进行分类，然后根据不同类别商品的重要性对其进行分类管理，为不同类别商品设定不同采购模式、最高库存量和最低库存量及盘点周期等，进而提高库存商品管理效率的一种方法。

1. ABC分类的意义

（1）降低库存水平。对仓储物资进行ABC分类，对于最重要的A类物资，由于其价值高，对其库存量应进行严格控制，采用小批量、多批次的采购方法，将此类商品的库存量压缩到最低；对于B类商品，根据生产计划或客户订单需求，采用经济订购批量的模式进行采购，保证在满足客户需求的前提下，尽可能降低库存水平；对于C类商品，价值较低，采取较大批量订购的方法降低采购成本。这样通过对不同类别的商品采用不同的采购模式，可以有效控制其库存水平，从而降低整个仓库的总库存水平。

（2）降低库存成本。仓库的库存对于企业来说也是一种资金占用，企业使用自有资金从供应商手中购买商品保存在仓库中，库存是企业为了保证生产或销售的正常供应而设置的。一定的库存能够有效保证企业生产经营的正常开展，但过高的库存会导致企业资金的占压，掩盖企业管理中存在的问题，增加商品在仓库发生损耗的成本。因此需要通过对库存商品进行分类，严格控制库存商品数量，一方面减少库存商品意味着减少企业资金占用，减少企业因为资金占用导致的利息费用的支出，以及将占用资金用于其他用途的机会成本；另一方面，有效的库存管理使商品积压在仓库的量减少，避免了库存积压商品由于管理不当导致的商品变质损失或日常损耗所增加的商品损耗成本，因此通过 ABC 分类法可以有效降低企业的库存成本。

（3）优化企业库存结构。不同类别的库存商品重要性不同，价值金额不同，如果采用统一的库存标准必然会增加企业库存水平，增加资金占用可能带来的风险。通过对库存商品进行 ABC 分类，按照不同类别商品的重要性不同，合理设置不同类别商品的库存水平，优化企业仓库整体库存结构，避免了过高的库存水平及其所带来的库存风险损失。

（4）降低企业管理成本。对于库存商品，企业需要安排人员对其进行日常维护、盘点等工作，导致仓库管理费用增加。企业库存的减少意味着对于企业库存日常管理工作的减少，一方面可以减轻仓库人员日常管理工作负担，另一方面可以减少仓库管理作业人员的用工成本，因此通过有效的库存类别管理可以降低企业的管理成本。

2. ABC 分类法的实施步骤

（1）收集数据。根据研究或分析目标，收集库存商品有关的资料数据，如库存商品名称、单价、库存数量、周转量、库存商品品种数等信息，再根据统计期间来确定具体的统计时间范围。例如统计期间为 2022 年全年，则应收集 2022 年全年库存商品基本信息，包括商品名称、单价、平均库存量、年周转量等信息；如果统计期间为 2023 年 1 月，则收集 2023 年 1 月 1 日到 1 月 31 日的数据即可。一般根据配送中心的规模、业务量和统计目标来确定合理的统计时间区间。

（2）整理数据。根据第一环节收集的数据，对数据进行整理，删除与统计无关的指标，计算特征数值、特征数值占总特征值的百分比及累计百分比，计算因素数目及其占总因素数目的百分比。如果以平均库存资金占用金额作为统计特征对库存商品进行分类，则需要统计每种商品在统计期间的平均库存金额及全部库存商品的库存资金总额；再计算每种商品库存金额占全部库存商品金额的百分比和累计百分比；最后计算每类库存商品的品种数占全部库存商品品种数的比例及累计百分比。

（3）绘制库存 ABC 分类表。将第二步分析整理得到的数据按 ABC 分类表的格式进行录入，见表 1-11。第一第二列为商品基本信息，分别是商品编码和商品名称；第三列为各商品对应统计期间的年平均库存量，表中以件作为统计单位；第四列为单位库存商品价值，一般用商品单价作为单位库存商品价值；第五列为库存商品年库存资金占用额，由第三列和第四列数据相乘所得，计算得到结果后，将第五列数值按由高到低进行排序；第六列由第五列数据除以仓库全部商品库存资金占用额得到，用百分比表示，保留到小数点后两位；第七列为逐一统计的各类库存资金占用额累计百分比；第八列和第九列分别为汇总统计各类商品品种数占总商品品种数的百分比和累计百分比；最后一列为统计分析的结果。

表 1-11 库存 ABC 分类表

商品编码	商品名称	年平均库存量/件	商品单价/元	年库存资金占用额	年库存资金占用额百分比	累计年库存资金占用额百分比	品种百分比	累计品种百分比	分类

（4）确定分类标准。对于分类标准有相应区间参考值，但并没有严格的限制，一般各企业根据自身情况来确定具体的分类标准。一般按惯例，将主要特征值累计百分比为 65%~75% 的划分为 A 类，75%~90% 的为 B 类，90%~100% 的为 C 类（见表 1-12）。例如，可以将累计年库存资金占用额百分比为 70%，累计品种百分比为 10% 的划分为 A 类；将累计年库存资金占用额百分比为 70%~90%，累计品种百分比为 20% 的划分为 B 类；将累计年库存资金占用额百分比为 90%~100%，累计品种百分比为 70% 的划分为 C 类。

表 1-12　库存 ABC 分类标准

累计年库存资金占用额百分比	累计品种百分比	分类
65%~75%	8%~10%	A 类
75%~90%	10%~30%	B 类
90%~100%	30%~100%	C 类

（5）绘制 ABC 分类图。根据库存 ABC 分类结果绘制 ABC 分类图，横坐标用累计因素百分比作为衡量尺度，纵坐标用主要特征值作为主纵坐标的计量值，用主要特征值累计百分比作为次纵坐标的计量标准。图 1-1 所示是以年需求量为标准的 ABC 分类。

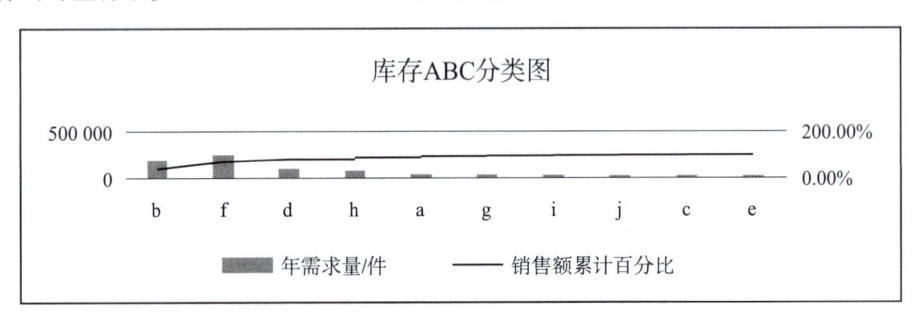

图 1-1　以年需求量为标准的 ABC 分类

（6）根据分类结果确定管理策略。进行库存 ABC 分类的最终目的是根据分类结果为配送中心库存管理提供对策建议。

对于 A 类商品，其累计年库存资金占用额百分比达到 70%，累计品种百分比为 10%，库存资金占用最多，品种数量占比较小，属于重点商品，因此应该对 A 类商品进行重点管理，定期进行库存的盘点和检查，对于非常重要的商品还可以每天进行盘查。在保证安全库存水平和客户订单需求的前提下，可以采取多批次、小批量的采购策略，时时动态监控 A 类商品库存水平，与供应商建立战略合作关系，尽可能缩短采购提前期，实现准时化供应，降低 A 类商品库存水平，减少仓库资金占用成本和库存管理成本，降低库存积压所带来的风险。

对于 B 类商品，其累计年库存资金占用额百分比在 75%~90%，累计品种百分比在 10%~30%，属于次重点商品，对于这一类商品进行次重点管理，其库存检查和盘点周期可以比 A 类商品适当加长，可以按月或按季度进行盘点检查。对其而言，采用定量订货法，采购批量中等，能够保证安全库存和客户需求即可。

对于 C 类商品，其累计年库存资金占用额百分比在 90%~100%，累计品种百分比在 30%~100%，产品品种多，但价值金额不高，属于不重要商品，因此进行普通管理。采用定量订货法，由于商品单位价值低，可以适当提高采购批量，以获得批量折扣优惠，减少采购成本，简化管理流程。可以按季度或按年进行盘点检查，对于长期积压的库存商品，应分析原因，及时清理长期不用或滞销的库存商品。

（七）商品需求预测分析

1. 需求预测的概念

需求预测就是通过开展前期的调研工作对规划项目的未来市场需求变化进行深入分析研究，并对其未来发展的方向和趋势作出判断，为规划项目得以顺利开展实施提供基础。需求预测的数据来源于企业内部经营数据，以及外部的市场数据信息、行业信息等。

对配送中心来说，进行商品需求预测分析，就是根据商品历史需求数据、需求变化规律及未来变化趋势，对未来一定时期商品需求的品种及数量作出估计，通过商品需求预测分析可以为配送中心在合理规划仓库经营的品种、库存水平，确定合理的采购计划、仓库设施设备配置计划等方面提供参考依据。

2. 商品需求特征

（1）商品需求的时间特征。商品需求的时间特征指消费者对商品的需求会随着时间的变化而变化，呈现有一定规律或不规则变化的特征，表现出来的就是需求随时间递增、递减或上下波动。例如，消费者对于商品的需求可能会随着季节、消费习惯、商业传统等变化而变化，变化的周期以年、季度、月、周等为单位。例如在夏季，消费者对于冷饮类、空调、风扇等制冷设备的需求会增加；在节假日，如春节、中秋节等，消费者对于礼品类的商品需求会增加。对商品需求的时间特征进行分析，可以帮助企业结合商品需求的时间特征制订合理的采购计划和库存计划，从而保证客户需求得到有效满足。

（2）商品需求的空间特征。不同地域消费者的需求特征不同，配送中心在选品过程中需要结合配送中心所在区域地理位置，分析辐射范围内消费者的需求特征，来确定合适的经营品种。例如，南方主食偏向于米饭，北方主食偏向于面食，如果配送中心建设在南方，且主要辐射范围是南方的客户群体，可以选择各个品种的大米作为经营品类；如果配送中心建设在北方，且主要服务于北方客户，则米类的品种和库存量可以适当减少，而面食类品种和库存量可以相应增加。

（3）商品的独立需求和相关需求。商品的独立需求是指消费者对某一种商品的需求和对其他商品的需求没有任何关系，是独立存在不受其他商品需求影响的。相关需求是指消费者对于某一种商品的需求与对于其他商品的需求存在一定的联系，当对某一种商品需求增加时，对其相关的商品需求也会增加。例如，对于打印机和墨盒，当消费者对打印机的需求增加时，势必也会增加对墨盒的需求，因为二者需要同时使用才能满足消费者需求。因此配送中心在进行商品需求预测时，需要考虑哪些商品属于独立需求，哪些商品属于相关需求，从而帮助企业根据不同需求类别制订相应的采购计划，并为后期商品储位规划提供参考依据。

企业在进行商品需求预测时，应根据预测的目标来预定预测的时间区间。例如，配送中心进行短期预测，一般以一年为单位，以近一年的数据作为预测的基础，用于指导企业日常的生产经营决策；中期预测一般以 1～3 年为限，用于帮助企业制订采购计划、生产计划、经营计划等；长期预测一般在 3 年以上，主要用于企业未来战略规划、投资规划、经营战略等。

3. 商品需求预测的方法

在进行需求预测时，通常采用定量预测方法和定性预测方法。定性预测是指依据专家或组织领导的主观判断，以相关人员过去的经验、直觉来作出预测，一般用于历史数据不完整或缺失时，或用于企业中长期发展规划。这种预测方法受相关人员主观判断因素影响较大，因此常作为定量预测的补充。定量预测是指根据以往的历史数据，运用各种数学模型对未来的发展趋势作出判断和预测，一般用于中短期预测。因为是基于真实数据和检测有效的模型进行的预测，所以通过这种预测方法得到的预测结果具有一定的参考价值和意义。

（1）定性预测方法。定性预测的方法比较多，这里主要介绍专家意见法、历史类推法和德尔菲法。

① 专家意见法：主要依据专业人员提供的意见进行预测的一种方法。一般专业人员由企业管理层、一线销售人员、市场调研人员等组成，他们根据历史的销售情况与历史预测的差异，以及对未来市场发展趋势的估计来作出判断。专家意见法可以采用公开征集专家意见或匿名收集专家意见的方式进行。公开收集意见操作起来比较简便，通过专家间直接相互交流沟通看法来作出决策，但这种方式容易受到部分专家权威的影响，使得部分人员跟随某些领袖而放弃自己的判断，最终可能导致得到的结果只是部分专家的意见，而不是集体讨论的结果。匿名收集的方

式相对来说过程会略为烦琐，需要由组织人员一对一地收集专家意见并整理后再进行一对一的反馈，直到最后形成统一意见。这种方式可以避免盲目从众或受部分专家权威的影响，在一定程度上能够保证结果的真实有效。

②历史类推法：根据事物发展的规律性，以及对过去类似事情发生情况的观察，来预测未来发展的趋势。例如，根据某些商品的历史需求信息来推测其未来的需求趋势或类似商品的未来需求趋势。

③德尔菲法：匿名的专家意见法。这种方法首先将所要预测的问题以匿名的形式发放给各位专家，由各位专家查看后给出自己的意见；然后由组织人员统一收集各位专家的意见，对意见进行整理、汇总统计后，将结果反馈给各位专家；最后由各位专家根据组织人员反馈的结果进行重新判断，将自己的意见填写在反馈表中。专家可以对原来的意见进行调整或改变原来的意见，反复进行多次，直到专家的意见趋于一致。这种方法可以避免部分人员趋从于权威人士或出于面子原因不肯改变自己错误的决策所带来的影响。

（2）定量预测方法。这里主要介绍时间序列分析法和因果分析法。

①时间序列分析法：按一定的时间间隔，将某一变量随时间发生的历史数值按照时间发生的先后顺序依次进行排列，通过分析来预测其未来数值变化的方法。这种方法一般假定企业未来的需求模式与历史保持大体一致，市场环境相对稳定，不会发生剧烈变化，所获取的历史数据真实有效，一般用于中短期预测。由于操作过程比较简单，这种方法经常用于各种经济活动的预测中。常用的时间序列分析方法有简单移动平均法、加权移动平均法和指数平滑法。

a. 简单移动平均法：随着预测目标随时间的变化，引用的历史数据也随时间向前平行移动，这种方法根据过去一段统计期内变量的平均值来预测未来变量下一期的数值。例如，配送中心要预测2023年2月的某商品的需求量，选择该商品前三个月（2022年11月和12月、2023年1月）的历史需求数据作为观察值来预测2月的需求量，当预测3月的需求量时，则选择2022年12月、2023年1月和2月的历史数据作为观测值，通过求三个数据的平均值求解。由于随着预测时间区间向前移动，观察数据区间也不断前移，因此叫作移动平均法。

假设要预测2023年2月某商品需求量，已知该商品过去三个月的历史需求量分别为X_1，X_2，X_3，利用简单移动平均法，可以预测2月的需求量为：

$$X = \frac{X_1 + X_2 + X_3}{3}$$

b. 加权移动平均法：简单移动平均法对于各历史统计期的数值给予相同的权重，当数据变化呈现出一定的波动性时，这种预测方法的准确性会受到影响，这时可以采用加权移动平均法。这种方法根据数据的重要性程度，给予不同时期的数据不同的权重：当近期数据对预测值影响比较大，而远期数据对预测值影响较小时，可以给予近期数值较大的权重，而给远期数值相对较小的权重，但不管权重如何分配，最终所有的权重值相加和为1。

同样引用前文中的例子，但考虑到近期数据对预测值影响更大，我们对过去三个月历史数据分配不同权重，依时间顺序，依次分配权重为0.2，0.3，0.5，运用加权移动平均法，求得2023年2月的需求预测值为：

$$X = \frac{X_1 \times 0.2 + X_2 \times 0.3 + X_3 \times 0.5}{3}$$

c. 指数平滑法：指数平滑法是由布朗（Robert G. Brown）提出的，他认为时间序列的变化趋势具有一定的稳定性和规律性，因此可以根据时间序列来递推未来的发展趋势，而且他认为最近的数据对未来的影响最大，因此将较大的权重分配给最近的数据。指数平滑法也是一种特殊的加权移动平均法，通过设定平滑指数，按照时间序列预测模型，根据变量上一期的实际观察值和上一期的预测值进行加权来预测变量下一期的数值，指数平滑法涉及以下几个参数：

平滑指数：用希腊字母 α 表示，α 取值在 0 到 1 之间；

F_t：观察量第 t 期预测值；

F_{t-1}：观察量第 $t-1$ 期预测值；

A_{t-1}：观察量第 $t-1$ 期实际需求值。

其计算公式为：

$$F_t = \alpha A_{t-1} + (1-\alpha) \times F_{t-1}$$

指数平滑法的关键在于确定平滑指数和第一期的预测值，平滑指数决定了预测模型对于预测值和实际发生值的响应速度。当 α 越趋近于 1，表示决策者追求的是响应性，更看重近期数据对预测值的预测；当 α 越趋近于 0，表示决策者追求的目标是稳定性，更看重历史数据对预测值的影响。当时间序列比较平稳时，可以选取较大的 α 值；相反，当时间序列波动较大时，α 值可以适当缩小。在实际应用中，平滑指数一般依据专家的经验判断和变量的历史变化趋势来确定。影响指数平滑法预测结果的另一个因素就是初始预测值的计算，当变量的历史数据能够获取时，可以选择前几期历史数据的平均值作为初始预测值。如果 F_1 是第一期初始预测值，当已知第一期的前三期的历史数据值分别为 Y_1，Y_2，Y_3 时，可以采用平均值法确定初始预测值，其计算公式为：

$$F_1 = \frac{Y_1 + Y_2 + Y_3}{3}$$

由于平滑指数的确定取决于专家的主观判断，因此这种计算方法也带有一定的主观性。

例 1-3 假设 A 产品上一期的实际需求量为 500 件，预测需求量为 480 件，平滑指数为 0.6，利用指数平滑法计算 A 产品下一期需求预测值。

解：根据指数平滑法计算公式，可得：

$$\begin{aligned}F_t &= \alpha A_{t-1} + (1-\alpha) \times F_{t-1} \\ &= 0.6 \times 500 + (1-0.6) \times 480 \\ &= 300 + 192 \\ &= 492 \text{（件）}\end{aligned}$$

所以根据指数平滑法求得 A 产品下一期需求预测值为 492 件。

② 因果分析法：时间序列分析法只将时间作为唯一的一个变量，将需求作为因变量，来预测其未来的趋势，但现实中需求往往受到多个因素的影响，如产品价格、经济走势、生产情况等。因果分析法是假定事物间存在一定的内在联系，如因果关系，并利用建立的因果关系模型来预测事物未来趋势的一种方法。因果分析法有两种情形：一种情形是事物间的因果关系已知，直接将相关数据代入因果关系式中即可求解，例如，在企业的销售管理中，企业销售收入、生产成本、税金、利润之间存在着因果关系，即利润=销售收入-生产成本-税金；另一种情形是目前没有可用的因果关系式，需要对现有的观测数据进行分析计算，建立变量间的因果关系式，再进行预测，验证因果关系式是否正确。对于这一类的预测问题，常用的方法有回归模型、经济计量模型和投入产出模型，这里主要介绍回归模型。当变量间的关系无法用精确的函数关系来表达，但可以通过大量的数据统计分析估算出变量间的某种函数关系时，就称为回归分析。回归分析法通过前期大量的数据收集统计，找出变量间的相关关系，如正相关、负相关、不相关，然后在此基础上找出变量间的规律，并运用数学模型将变量间的规律表示出来，从而方便我们对事物未来变化进行预测。

回归分析根据自变量的多少可以分为一元线性回归和多元线性回归，一元线性回归只涉及一个自变量和一个因变量，多元线性回归涉及多个自变量和一个因变量，由于经济变量受多种因素的影响，因而在一般的经济分析模型中多元线性回归模型较为常用。对于回归模型的分析我们可以利用 Excel 数据分析工具中的回归分析来进行求解。

对于企业来说，在进行需求预测的时候可以采用定性分析法和定量分析法，定性分析法基于专家的经验判断，带有一定主观性，主要用于企业中长期预测。定量分析主要基于历史数据建立数学模型来进行预测，主要用于短期预测。在现实中，为了保证需求预测结果的有效性和准确性，往往将定性分析法和定量分析法结合使用，通过收集相关历史数据，并对数据进行分析整理，建立数据模型来检查预测的准确性，并根据预测结果与实际值的差异，不断优化统计模型，改进预测方法，提高需求预测的准确性，从而为企业经营决策提供支撑。

任务过程展现

一、数据整理

打开 Excel 并导入表 1-2，结合数据采集与整理原则，对表格中数据信息进行分析，发现情境中各列数据是与物流相关的项，不存在缺省值，但在保质期列，数据格式不统一，有以“天”为单位输入的，有以“月”为单位输入的，也有以“年”为单位的数据，见图 1-2。

A	B	C	D	E	F	G	H	I	J
商品编号	商品名称	一级分类名称	二级分类名称	三级分类名称	长（mm）	宽（mm）	高（mm）	重量（kg）	保质期
1000053420	纯天然进口阿联酋皇冠椰枣礼盒装 20	食品饮料、保健品	休闲食品	进口食品	270	250	60	2	365天
1000053659	法国德菲丝Truffles巧克力 大红精品	食品饮料、保健品	休闲食品	糖果/巧克力	225	160	45	0.5	365天
1000053687	法国德菲丝Truffles巧克力 黑色传统	食品饮料、保健品	休闲食品	糖果/巧克力	225	160	45	0.5	4个月
1000082703	CHATEAU DU JUGE CUVEE FERBOY 20	食品饮料、保健品	酒饮冲调	葡萄酒	125	125	360	1.25	120天
1000053708	法国德菲丝Truffles巧克力 自然原味	食品饮料、保健品	休闲食品	糖果/巧克力	185	80	115	0.5	270天
1000054225	天福号 家宴套餐礼盒 1600g	食品饮料、保健品	地方特产	华北	490	125	390	1.6	270天
1000054429	天福号 天官赐福礼盒 7袋装 2050g	食品饮料、保健品	地方特产	华北	425	130	290	2.05	120天
1000054432	天福号 天福到家礼盒 6袋装 1200g	食品饮料、保健品	地方特产	华北	450	110	355	1.2	180天
1000054479	天福号 老北京过年礼盒 6袋装 1550g	食品饮料、保健品	地方特产	华北	430	134	300	1.55	180天
1000054858	天福号 经典酱肉礼盒 7袋装 2100g	食品饮料、保健品	地方特产	华北	410	160	310	2.1	180天
1000054915	张裕邮票纪念版之张裕黄金冰谷酒庄冰	食品饮料、保健品	酒饮冲调	葡萄酒	120	60	350	0.375	1年
1000054999	张裕邮票纪念版之张裕赤霞珠干红葡萄	食品饮料、保健品	酒饮冲调	葡萄酒	80	80	340	0.75	1年

图 1-2　数据分析

按照数据整理的统一格式原则，可以将该列进行调整，统一输入格式，这里统一用“天”作为时间单位；同时对三级分类名称进行调整，表 1-2 中除了以“食品”作为三级分类名称的，还有以区域名作为三级分类名称的，如华北等。整理后见表 1-13。

表 1-13　119 种在库商品基础资料整理

商品编号	商品名称	一级分类名称	二级分类名称	三级分类名称	长/mm	宽/mm	高/mm	重量/kg	保质期/天
1000053420	纯天然进口阿联酋皇冠椰枣礼盒装 2 000 g	食品饮料、保健品	休闲食品	进口食品	270	250	60	2	365
1000053659	法国德菲丝 Truffles 巧克力大红精品型 500 g/盒	食品饮料、保健品	休闲食品	糖果/巧克力	225	160	45	0. 5	365
…	…	…	…	…	…	…	…	…	…
1000082710	CHATEAU OLCE 2008 法国波尔多欧乐思堡 2008 干红葡萄酒	食品饮料、保健品	酒饮冲调	葡萄酒	125	125	360	1. 25	365

注：总计 119 条记录，详见文件《商品基本资料（数据整理参考答案）》，请扫描下面的二维码获取相关数据。

二、商品基本情况分析

1. 根据商品品种数确定最小货位数

对表1-2中的商品品种数进行统计，可知共有119种商品。假设配送中心在存储商品时，不允许商品混载，则至少需要119个存储货位，如果要为每种商品设置拣选货位，则至少需要119个拣选货位。

2. 商品重合度分析

根据表1-3可知，在该情境中发往超市的商品品种为92种，发往便利店的商品品种为93种，超市与便利店同时需要的商品品种共66种。对于两种业态商品重合度统计，可以使用Excel中的VLOOKUP函数进行求解。例如，如果不知道超市与便利店同时需要的商品品种数量，只知道超市和便利店各自的商品供应情况，则可以应用Excel中的函数SUMPRODUCT[COUNTIF(B2：B92,A2：A91)]求解。因此，在仓储管理过程中，可以对同时发往两种业态的66种商品进行重点管理。

3. 商品外形尺寸分析

（1）商品包装箱长度分析。将配送中心各个商品包装箱长度数据划分区间，运用Excel函数，对119件商品的包装长度进行统计分析，计算各区间的频数与所占百分比，得到表1-14和图1-3。

表1-14 119种在库商品包装箱长度分析情况

商品包装箱长度	数量/箱	占比
包装箱长度在0~200 mm的单品	57	47.90%
包装箱长度在200~400 mm的单品	44	36.97%
包装箱长度在400~800 mm的单品	17	14.29%
包装箱长度在800 mm以上的单品	1	0.84%

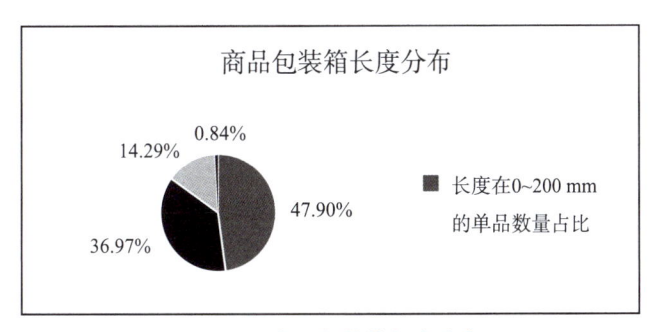

图1-3 商品包装箱长度分布

根据数据统计情况可知，商品包装箱长度分布主要集中在0~200 mm，其次为200~400 mm，可以将包装箱的平均长度设置为200 mm；包装长度超过800 mm的单品数量占比较少，可以考虑将包装长度超过800 mm的商品设置为异形商品。

（2）商品包装箱宽度分析。将配送中心各个商品包装箱宽度数据划分区间，运用Excel函数对119件商品包装宽度进行统计分析，计算各区间的频数与所占百分比，得到表1-15和图1-4。

表 1-15 119 种在库商品包装箱宽度分析

商品	数量/箱	占比
包装箱宽度在 0~200 mm 的单品	67	56.30%
包装箱宽度在 200~400 mm 的单品	51	42.86%
包装箱宽度在 400~800 mm 的单品	1	0.84%
包装箱宽度在 800 mm 以上的单品	0	0

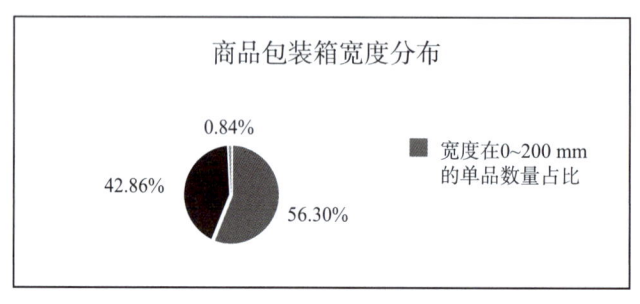

图 1-4 商品包装箱宽度分布

根据数据统计情况可知，商品包装箱宽度分布主要集中在 0~200 mm，其次为 200~400 mm，可以将包装箱的平均宽度设置为 200 mm；包装宽度超过 400 mm 的单品数量占比较少，可以考虑将包装箱宽度超过 400 mm 的商品设置为异形商品。

（3）商品包装箱高度分析。将配送中心各个商品包装箱高度数据划分区间，运用 Excel 函数对 119 件商品的包装高度进行统计分析，计算各区间的频数与所占百分比，得到表 1-16 和图 1-5。

表 1-16 119 种在库商品包装箱高度分析

商品	数量/箱	占比
包装箱高度在 0~100 mm 的单品	58	48.74%
包装箱高度在 100~200 mm 的单品	8	6.72%
包装箱高度在 200~300 mm 的单品	32	26.89%
包装箱高度在 300~400 mm 的单品	19	15.97%
包装箱高度在 400 mm 以上的单品	2	1.68%

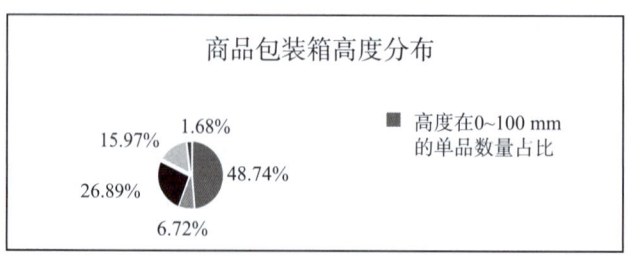

图 1-5 商品包装箱高度分布

根据数据统计情况可知，商品包装箱高度分布主要集中在 0~100 mm，其次为 200~300 mm，可以将包装箱的平均高度设置为 100 mm；包装高度超过 400 mm 的单品数量占比较少，可以考虑将包装箱高度超过400 mm以上的商品设置为异形商品。

4. 商品计量单位分析

由于商品以箱为单位进行包装，所以需进行箱数与托盘数之间的换算。托盘一般选用1 200 mm×1 000 mm×160 mm的标准化托盘，由于119件商品的包装规格、码放方式不同，换算值平均数也不同，具体的换算方法详见"模块三任务一 集装单元化设备选型"。

经过统计分析可知：

（1）该企业的存储货位至少需要119个，若为每个商品都设计一个拣选点，则拣选点也需要119个。

（2）配送中心有65种商品需要同时向两类客户供应，可以重点管理。

（3）配送中心平均商品尺寸为：长200 mm，宽200 mm，高100 mm；长超过800 mm、宽超过400 mm、高超过400 mm时，可以视为异形商品。

提升训练

广科物流公司拟建立仓储配送中心A，在规划初期需要进行仓储需求分析，商品的基本情况分析资料见表1-17和表1-18。请整理该企业的商品数据并对商品品种数、商品重合度与商品外形尺寸进行分析，为该企业后期的区域规划提供理论依据。

表1-17 企业商品数据

商品内码	商品编号	商品名称	客户商品编号	规格	计量规格	长	宽	高	体积	保质期	种类	出库性质
SP010 00000 31647	115667	韩式青椒煎饺300 g-国内-冷冻	010303 0808	300 g×16	16包	0.35 m	0.45 m	0.35 m		365天	冷冻	普通型
…	…	…	…	…	…	…	…	…		…	…	…
SP010 00000 41719	302320	汤冷面410 g-国内-冷藏	010203 050116	410 g×18	18包	0.36 m	0.26 m	0.31 m		150天	冷藏	普通型

注：总计157条记录，详见文件《企业商品基本资料（原始数据）》，请扫描下面的二维码获取相关数据。

企业商品基本资料
（原始数据）

表1-18 两种业态商品供应情况

供应超市	供应便利店
韩式青椒煎饺300 g-国内-冷冻	I'm Real 草莓混合果汁180 mL-国外-冷藏
韩式圆圆小饺300 g-国内-冷冻	NFC 蓝莓葡萄果汁245 mL-国内-冷藏
…	…
…	圃美多糙米夹心脆调味海苔20 g-国外-常温
汤冷面410 g-国内-冷藏	

注：详见文件《两种业态商品供应情况（原始数据）》，请扫描下面的二维码获取相关数据。

两种业态商品供应情况
（原始数据）

参考答案：商品基本
情况分析

知识拓展

Excel 中 MATCH、COUNT 和 VLOOKUP 函数的介绍与运用

一、MATCH 函数

MATCH 函数是 Excel 中返回指定数值在指定数组区域中的位置的函数。
其函数样式为：

$$MATCH(lookup\_value, lookup\_array, [match\_type])$$

其中：

（1）lookup_value 指需要查找的值，可以为数字、文本或逻辑值。

（2）lookup_array 指查找的区域，即可能包含所要查找数值的连续单元格区域，区域必须是某一行或某一列。

（3）match_type 指匹配类型，用 0 或 1 表示，0 表示精确匹配，1 表示模糊匹配，如果该值省略则表示模糊匹配。

二、COUNT 函数

COUNT 函数是 Excel 中对给定数据集合或者单元格区域中数据的个数进行计数的函数。

三、VLOOKUP 函数

VLOOKUP 函数是 Excel 中的一个纵向查找函数。其函数样式为：

$$VLOOKUP(lookup\_value, table\_array, col\_index\_num, [range\_lookup])$$

其中：

（1）lookup_value 指需要在数据表第一列中进行查找的对象，其可以是数值、引用或文本字符串。

（2）table_array 指查找区域。

（3）col_index_num 指返回查找区域第 N 列。

（4）range_lookup 指查找模式，即查找时是精确匹配，还是模糊匹配。如果为 FALSE 或 0，则返回精确匹配值；如果为 TRUE 或 1，则返回查找模糊匹配值。如果省略，则默认为模糊匹配。

四、Ctrl+Shift+Enter 组合键

一般在 Excel 中输入公式后直接按 Ctrl 键进行计算，但如果公式计算中存在多组运算，且函数自身不支持常量数组的多项运算，或公式计算结果为数组，则需要使用多个单元格存储计算产生的多个结果，这时如果直接按 Ctrl 键就会导致运算错误，因此需要运用到 Ctrl+Shift+Enter 组合键。

Ctrl+Shift+Enter 组合键是 Excel 快捷键中非常实用的一种,在平时的计算中可以多加练习使用。

例 1-4 《两种业态商品供应情况表》(请扫描下面的二维码获取相关数据)给出了配送中心供应两种业态(超市和便利店)的供应情况,需要统计两种业态重合的商品品种数。通过运用 Excel 中的函数功能能够很快捷地统计出重合商品的品种数。

运用 VLOOKUP 函数及 COUNT 和 MATCH 组合函数来统计两列数据的重复值的步骤如下:

步骤一:在表中 A 列和 B 列分别列出供应超市和便利店的商品品种后,可以在 C2 中输入公式"=MATCH(B2:B112,A2:A124,0)"。在输入函数前先选中 C2:C112 单元格,再输入公式,最后按 Ctrl+Shift+Enter 组合键即可完成匹配。然后可以在 C 列中查看到查找的各数值在 A 列所在的位置,#N/A 表示查找不到该数值,即该商品不是两种业态的重合商品。

两种业态商品供应情况(原始数据)

在步骤一的基础上,可以运用 Excel 中的 COUNT 函数统计出重合商品的品种数,统计结果见图 1-6。

图 1-6 MATCH 匹配函数公式

步骤二:在 D2 单元格输入公式"=COUNT(MATCH(B2:B112,A2:A124,0))",按 Ctrl+Shift+Enter 组合键结束即可。在 D2 单元格中可以看到两种业态重合的商品品种数为 78 种,见图 1-7。

图 1-7 COUNT 计数函数公式

除上述函数方法外,还可以运用 VLOOKUP 函数查找两种业态重合的商品,其计算过程和 MATCH 函数类似,最后统计出匹配的个数即可。具体由读者自行学习。

学思之窗

一、教学建议

（1）通过数据采集与分析原则及数据分析方法的教学，提升学生对知识的灵活运用能力，让学生认识到如何通过有效的数据分析为配送中心的系统规划提供决策支撑，通过对配送中心合理的系统规划，可以优化配送中心作业流程，提高仓储设施设备利用率，降低企业经营成本，从而增强学生的数据敏感意识和系统观念。

（2）通过小组合作，学习任务中数据分析的方法并进行思考讨论，使学生能进行品种数目分析、商品重合度分析、商品特性与包装特性分析、商品外形尺寸分析及货态分析，并考虑配送中心储位及拣选点数量的设定。通过库存类别分析，学生掌握货物分类管理的原则与方法。通过商品需求预测分析，学生提高观察能力及对未来发展趋势的判断能力。通过对各种问题的研讨，学生提升合作意识，提高分析问题、解决问题的能力。

（3）通过了解配送中心的商品管理策略与方法，学生理解管理方法与水平的提升对生产技术技能水平提升的重要作用。

（4）通过仓储规划与设计岗位知识的教学，提升学生的基本职业素养，培养学生的爱岗敬业的精神，增强学生的自信心。

二、典型素材

（一）内容介绍

慧策仓储管理系统

慧策（原名旺店通）是一家技术驱动型智能零售服务商，基于云计算平台即服务（PaaS）、软件即服务（SaaS）模式，以一体化智能零售解决方案，帮助零售企业进行数字化、智能化升级，实现企业规模化发展。

该公司于2011年在北京成立，随后在天津、广州、深圳、杭州、义乌、宁波等多个城市相继建立了130多个服务网点，实现了对400多个城市的就近服务，服务范围辐射全国并延伸至海外。截至目前，慧策员工已超4 000人。

成立之初，慧策最先以旺店通企业资源计划（ERP）切入商家核心管理痛点——订单管理，然后围绕电商经营管理中的核心管理诉求，先后布局流量获取、会员管理、仓库管理等其他重要经营模块。慧策的产品线从旺店通ERP起步，向前向后延伸，全面布局零售企业经营模块，整体构建一体化智能零售解决方案，打破数据孤岛，AI植入系统，实现智能决策，助力零售企业智能化转型。当前慧策旗下拥有旺店通ERP旗舰版、旺店通ERP企业版、旺店通ERP极速版、旺店通仓库管理系统（WMS）等多个PaaS、SaaS产品，从前端吸引流量到后端集约化管理，助力企业智慧决策。

凭借技术、产品、服务优势，慧策现已成为行业影响力品牌并被零售企业广泛认可，截至目前，慧策服务的客户涵盖强生、中粮、百威、默沙东、3M、贝因美、汤臣倍健等众多世界500强企业、上市公司、知名品牌及淘宝开放平台商家。

慧策仓储管理系统针对仓储行业中存在的仓储作业管理粗犷、工作效率低、拣货效率低、错发率高、前后台库存不准、商品超卖、人员管理不规范、职能混乱等问题开发了智能仓储管理系统，为仓储企业提供八大功能，综合实现对仓库内货品的精准掌控。

1. 多层次管理

支持多货主、多仓库管理，才能够多个维度立体划分仓库进行管理。支持仓库的集中或分布式部署，无论仓库在何处都可以精准地进行任务分配。

2. 无纸化 RF（射频）作业

支持通过个人数字助理（PDA）设备进行无纸化操作，PDA 设备与主服务器之间实时进行数据交互，自主研发适用于 PDA 设备的软件，与系统契合度高，流程控制规范。

3. 多种拣货方式

智能分析订单类型，针对不同的订单类型指定不同的拣货方式，为不同的拣货方式提供对应的便捷出库流程，极大地提升效率。

4. 可自由搭配的出入库环节控制

丰富的出入库环节控制选项可供选择，用户可自己定制更贴近仓储特色的出入库方式，灵活控制进出业务。

5. 分种类分批管理调度业务

入库移位、拣货上架、放回、理库等库内操作细分并下发给对应的操作人员，各司其职，多任务并发执行，高效处理。

6. 业务防呆机制

对仓库内业务的进程进行记录和监控，进行业务防呆优化，提高仓储运作效率。

7. 货品细化管理

支持多码管理，支持优良品、残次品区分管理，支持批次、有效期明细管理。

8. PDA

入库开单、入库移位、拣货上架、货品上架、销售拣货、发货放回、盘点、理库及库存查询。

结合仓库 SKU 数、货物体积、日单量、货品销量、畅销热卖、货品品类、货品吞吐量、仓库平面和货品可移动信息，为客户提供个性化仓库规划，覆盖到食品、服装鞋帽、母婴、家居用品、彩妆、医疗保健、数码（计算机类、通信类和消费类电子产品）及运动户外八大行业。

（二）教学过程实施及预期效果

该案例用于仓储管理系统软件功能认知，通过学习了解慧策智能仓储管理系统，让学生认识到现实仓储作业中存在的问题，以及如何利用数字化软件对仓储数据进行分析，来提高仓储作业效率，优化仓储管理系统，并提高资源利用效率和仓储管理水平，从而培养学生数据分析意识、创新意识，使其学会利用各种智能技术提升物流作业效率。

学有所思

（1）对于商品基本情况的分析除了本任务所介绍的内容还有哪些？请列举。

（2）不同类型的配送中心库存类别分析有什么差异？在进行库存类别分析时，如何选定统计的特征变量？

知识检测

一、单选题

1. （　　）是根据业态类别来统计每个业态经营商品品种的总数、每个业态特有商品的品种数、业态两两重合商品的品种数、三大业态重合商品的品种数。
   A. 商品重合度预测　　　　　　　B. 商品重合度统计
   C. 商品品种数目分析　　　　　　D. 商品SKU数目的统计

2. 在物流中，一个单品被称为SKU。SKU是指（　　）。
   A. 最小包装单位　B. 最小存货单位　C. 基本出库单位　D. 最小数量单位

3. （　　）表明了商品在各个业态间受欢迎的程度。
   A. 商品重合度　B. 商品SKU数目　C. 商品外形尺寸　D. 商品计量

4. 在项目训练案例中，通过对商品品种数进行统计，可知共有119种商品。假设配送中心在存储商品时，不允许商品混载，则至少需要（　　）个存储货位。
   A. 100　　　　B. 150　　　　C. 191　　　　D. 119

5. 在项目训练案例中，通过对商品品种数进行统计，可知共有119种商品。如果要为每种商品设置拣选货位，则至少需要（　　）个拣选货位。
   A. 79　　　　B. 119　　　　C. 81　　　　D. 65

6. 在项目训练案例中，发往超市的商品为79种，发往便利店的商品为81种，超市与便利店同时需要的商品共65种，那么需要对（　　）种商品进行重点管理。
   A. 79　　　　B. 119　　　　C. 81　　　　D. 65

7. 在项目训练案例中，通过对商品外包装尺寸的分析，商品包装箱长、宽、高分别超过（　　）即为异形商品。
   A. 800 mm，800 mm，400 mm　　　B. 200 mm，200 mm，400 mm
   C. 400 mm，400 mm，400 mm　　　D. 800 mm，800 mm，800 mm

8. 在项目训练案例中，通过对商品外包装尺寸的分析，商品包装箱宽度集中主要分布于（　　）。
   A. 0~200 mm　B. 200~400 mm　C. 400~800 mm　D. 800 mm以上

9. （　　）主要用于区分共性商品和特性商品。
   A. 商品的重合度分析　　　　　　B. 商品计量单位
   C. 商品SKU数目的统计　　　　　D. 商品SKU数目的预估

10. S，M，L，XL四种规格同种花色的衬衣，是（　　）个SKU。
    A. 1　　　　B. 2　　　　C. 3　　　　D. 4

二、多选题

1. 对一种商品而言，当其品牌、型号、配置、等级、花色、包装容量、单位、生产日期、保质期、用途、价格、产地等属性与其他商品存在不同时，可称为（　　）。
   A. 一组商品　B. 一个单品　C. 一个SKU　D. 一个最小存货单位

2. 物流设计之初，先要确定设计中所使用的计量单位，且计量单位必须保持一致。物流活动的计量单位一般为（　　）。
   A. 件数　　　B. 箱数　　　C. 托盘数　　　D. 拖车数

3. 商品品种数目分析的方法有（　　）。

A. 商品重合度预测 　　　　　　　　B. 商品重合度分析

C. 商品 SKU 数目的统计 　　　　　 D. 商品 SKU 数目的预估

4. 商品基本情况分析的内容包括（　　）。

A. 商品品种数目　　B. 商品计量单位　　C. 商品重合度　　D. 商品外形尺寸

5. 物流数据整理的要求包含（　　）。

A. 删除对物流没有意义的数据段　　　B. 转换到统一的数据名称与定义

C. 统一数据格式　　　　　　　　　　D. 计算衍生数据

E. 给缺值数据赋缺省值

6. 对商品品种数目进行分析，主要是为了（　　）。

A. 确定存储货位　　B. 确定拣选点数量　　C. 数值管理　　D. 控制库存

7. 商品计量单位的作用包含（　　）。

A. 是数据分析的基础　　　　　　　B. 是不同存储单位分类存储的设计前提

C. 为了预测仓库的吞吐量　　　　　D. 为了进行订单分析

8. 分析商品外形尺寸可以（　　）。

A. 确定存储货位　　　　　　　　　B. 找出异形商品

C. 确定存储货架尺寸　　　　　　　D. 确定拣选点数量

9. 以下关于商品基本情况分析的说法，错误的是（　　）。

A. 异形商品尺寸在实际企业中没有太多硬性规定，如果商品需要通过输送线运送，那么超过输送线限制的商品都属于异形商品

B. 在商品不混载的情况下，每个 SKU 应当有一个或多个存储货位

C. 在商品不混载的情况下，每个 SKU 应当仅有一个存储货位

D. 异形商品尺寸应该根据商品尺寸频次严格进行规定

10. 以下关于 SKU 的说法，正确的是（　　）。

A. 在商品不混载的情况下，每个 SKU 应当有一个或多个存储货位

B. 在物流中，一个单品可以被称为一个 SKU

C. SKU 指最小存货单位，是保存库存控制的最小可用单位

D. 四种不同颜色的衬衣是一个 SKU

三、判断题

1. 销售订单中的一些金额信息、折扣信息对企业比较机密，但是对重视"量"的物流数据分析却不是关键信息，在整理物流信息时，可以删除。（　　）

2. 对存在重合度的商品可根据不同重合度情况设计不同管理模式与流程，对核心商品进行重点管理。（　　）

3. 在处理物流数据时，数据来源的日期格式不同：有些是长日期的格式，有些是短日期的格式；数值的格式不同，有些精度高，有些精度低。但这些不是关键信息，不需要予以过滤和转化。（　　）

4. 尺寸上过大、过长、过宽，或形状不规则的商品称为异形商品，异形商品的存储与分拣模式都与普通尺寸商品一致，可以共同存储。（　　）

5. 单听销售的可口可乐是一个单品 SKU，而整扎销售的可口可乐可以又是一个 SKU。（　　）

学习评价

根据学习情况完成表 1-19 和表 1-20。

表 1-19 职业核心能力测评表

（在□中打√，A 通过，B 基本掌握，C 未通过）

职业核心能力	评估标准	评价结果
素质方面	1. 践行社会主义核心价值观，具有深厚的爱国情感和中华民族自豪感； 2. 具有社会责任感和社会参与意识； 3. 具有质量意识、环保意识、安全意识、信息素养、工匠精神、创新思维； 4. 具有自我管理的意识，具有较强的集体意识和团队合作精神	□A □B □C □A □B □C □A □B □C □A □B □C
知识方面	1. 熟悉与本专业相关的法律法规以及环境保护、安全消防、设备安全等相关知识； 2. 掌握数据分析的基本知识、原则和方法； 3. 掌握商品品种数目分析的基本知识和方法； 4. 掌握商品重合度分析的基本含义和方法； 5. 掌握商品特性与包装特性分析的内容和基本方法； 6. 掌握商品货态分析的内容和基本方法； 7. 掌握库存 ABC 分类法的基本知识和方法； 8. 掌握物流需求预测分析方法及其适用情形；	□A □B □C □A □B □C □A □B □C □A □B □C □A □B □C □A □B □C □A □B □C □A □B □C
能力方面	1. 能够对客户提供的商品信息进行整理获取有效信息； 2. 能够正确理解并计算商品品种数目； 3. 能够正确计算不同业态商品重合度； 4. 能够根据商品与包装的不同特性采取合适的存储方法； 5. 能够正确对进出库商品货态进行分析，根据不同货态类型采用不同的存储和拣选策略； 6. 能够根据一定标准对库存进行 ABC 分类，并对不同类别的商品制定不同的采购、存储策略； 7. 能够结合历史需求数据采用合适的预测方法进行需求预测	□A □B □C □A □B □C □A □B □C □A □B □C □A □B □C □A □B □C □A □B □C
学生签字：	教师签字：	年　　月　　日

表 1-20 专业能力测评表

（在□中打√，A 通过，B 基本掌握，C 未通过）

专业能力	评价指标	自测结果	要求
数据整理	1. 数据整理的含义； 2. 数据整理的基本原则； 3. 数据整理的基本方法	□A □B □C □A □B □C □A □B □C	能够认识数据整理的重要作用及数据整理的原则
商品基本情况分析	1. SKU 的含义及其计算； 2. 商品特性与包装规格分析内容； 3. 货态分析的计算； 4. 库存 ABC 分类法的计算及 ABC 分类图的绘制； 5. 物流需求特征及物流需求预测方法	□A □B □C □A □B □C □A □B □C □A □B □C □A □B □C	能够根据商品特性和包装规模分析结果合理安排商品储位； 能够根据货态分析结果确定仓储系统存储单元； 能够结合库存类别分析结果针对不同类别商品采取不同管理策略； 能够正确地对物流需求进行预测
教师评语：			
成绩：		教师签字：	

任务二　订单分析

任务概述

本任务需要仓储规划与设计人员根据订单数据，对订货单位、订货频率、订单响应时间、订单拆零情况以及订单的 EN、EQ、IQ、IK 进行分析，为拣选方式、拣选点数量、拣选设备、功能区布局等作辅助决策。

学习计划表

【学习目标】

（1）能够根据订单数据，对订货单位、订货频率、订单响应时间和订单拆零情况进行分析。

（2）根据课前预习及学习情况填写表 1-21。能够根据订单数据，对订单 EIQ 进行分析，为仓储规划提供依据。

表 1-21　学习计划表

	项目	基础知识	订单数据基本分析	订单 EIQ 分析
课前预习	预习时间			
	预习结果	1. 难易程度 　偏易（即读即懂）（　　）　　适中（需要思考）（　　） 　偏难（需查资料）（　　）　　难（不明白）（　　） 2. 需要课堂提问内容 _____ _____ 3. 问题总结 _____ _____ _____		
课后复习	复习时间			
	复习结果	1. 掌握程度 　了解（　　）　　熟悉（　　）　　掌握（　　）　　精通（　　） 2. 疑点、难点归纳 _____ _____ _____ _____		

【知识目标】

(1) 掌握订单数据处理方法。

(2) 掌握订货单位分析方法。

(3) 掌握订货频率分析方法。

(4) 掌握订单响应时间分析方法。

(5) 理解 EN、EQ、IQ、IK 四个指标值的含义及计算方法。

(6) 掌握订单拆零分析方法。

【技能目标】

(1) 能够根据订单数据情况选择合适的订单数据。

(2) 能够结合订单数据正确地对订货单位、订货频率、订单响应时间进行分析。

(3) 能够根据订单数据计算 EN、EQ、IQ、IK 四个指标值,并根据计算结果为配送中心存储系统和拣选系统规划提供参考依据。

(4) 能够对拆零订单进行拆零订单品种分析、拆零订单分析、拆零量分析。

【素养目标】

(1) 培养学生的创新意识和数据逻辑意识。

(2) 培养学生分析问题、解决问题的能力。

(3) 培养学生吃苦耐劳的精神、认真仔细的态度、遵守 5S 管理制度的习惯,加强学生团队合作的意识。

情境导入

某物流公司拟在 A 园区内的仓库(见图 1-8)进行沃尔玛项目零售配送中心的规划与设计,根据前期对配送需求的调研,统计该配送中心某月的出库订单。

已知该配送中心的服务对象主要是其辐射范围内(从订单出库到配送到达用时 12 h 以内)的大型店、中型店和小型店。为便于对客户订单进行管理,配送中心规定,从客户下单到配送到达的时间为 48 h,且大型店和中型店可全天随时订货,每天配送;而小型店则采取隔天订货和配送的模式。根据对配送中心作业量及作业效率的估算,配送中心在每天中午 12 时进行截单,并进行拣货配送处理。

任务要求:配送中心经理现在需要根据上述情况,以及表 1-22 配送中心出库订单、表 1-23 配送中心 EIQ 数据,对该配送中心的订单处理情况、订单出库特点及订单拆零情况进行分析,为后续拣选点数目的选定、拣选方式与拣选设备的选择、功能区的规划等提供参考依据。

表 1-22 配送中心出库订单

序号	订单编号	商品名称	订货单位	订货数量	备注
1	900600001	达利园面包	箱	4	
2	900600002	龙兴辣条(0.5 元)	箱	10	
…	…	…	…	…	…
30	900600016	红糖	箱	1	

注:总计 30 条记录,详见文件《配送中心订单(原始数据)》,请扫描下面的二维码获取相关数据。

配送中心出库订单
（原始数据）

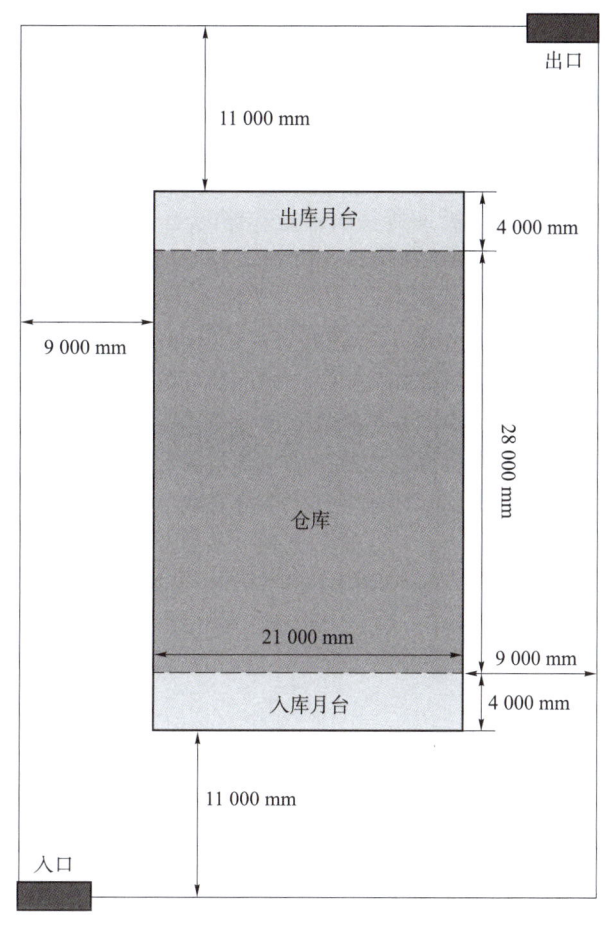

图 1-8　A 园区仓库平面图

表 1-23　配送中心 EIQ 数据

订单编号	物料编号	数量	商品名称
9006011723	BOM368	1	统一科学面包＊箱40
9006012116	BOM295	2	健怡可口可乐6入＊355 mL
…	…	…	…
9006010946	34000025404	1	杏仁牛奶巧克力40 g

注：总计 3 838 条记录，详见文件《配送中心 EIQ 分析（原始数据）》，请扫描下面的二维码获取相关数据。

配送中心 EIQ 分析（原始数据）

任务解析

不论是大型的自动化立体仓库还是几百平方米的小仓库，每天都会接收到来自店铺大大小小的各种商品订单，仓库对订单是非常敏感的，因此分析这些订单就变得非常重要。订单分析的目的是要充分挖掘这些订单的结构特征所反映出的仓储配送活动特征，并使这些特征在仓库中得以满足。比如，可以根据订单的商品拆零来分析仓库的商品拆零比例，如果拆零比例较高，仓库则应考虑设计专门的拆零拣选作业区进行人工拣选作业；如果这样还无法满足订单需求，则需要设计自动化拣选设备来提高工作效率。订单分析是仓库需求分析的基础也是关键，本任务以食品、日用品仓库为主线，探索具体如何对配送中心的订单处理情况、订单出库特点、订单拆零情况进行分析，从而为后续拣选点数目的选定、拣选方式与拣选设备的选择、功能区的规划等提供参考依据。任务主要包括两个方面的内容：一是学习如何整理商品订单数据，在整理订单数据的过程中，需要突破的难点是能够从海量数据中准确获取订单总数、订货单位、订货频率、整箱和拆零量等需要进一步分析的数据；二是学习如何分析订单处理情况、EIQ、订单拆零情况等内容，掌握其分析方法，其中的难点是如何科学、准确地分析数据并得到结果。

相关知识

一、订单数据选取方法

对于配送中心来说，每天接收到的订单数量巨大，为了对订单数据进行有效分析，减少数据分析工作量，可以结合配送中心作业的周期性，选择具有代表性的一个周期的数据进行分析。例如，要分析某配送中心一年的订单数据，可以选取订单量比较平稳的某个月的订单数据进行分析，以此来估算配送中心一年的订单处理情况；如果要分析配送中心某个月的订单数据，可以选择某一天或某一周的数据进行分析。在选取数据时应尽量避免选择两极化数据，如订单量处于波峰或波谷的数据，这些极值会干扰到最终的分析结果。

二、订单处理情况分析

在分析仓库订单的处理情况时，我们需要分析订货单位、订货频率、订单响应时间等三个指标。

1. 订货单位分析

订货单位是指店铺向零售配送中心订购的最小单位。商品的订货单位不等于其最小可销售单位。常见的订货方式主要有按托盘订货、按大包装箱订货、按小包装箱订货、按单订货等。

订货单位分析的作用有以下几点：

（1）帮助确定拣选方式。根据某商品在不同业态中的订货单位不同，商品的拣选方式可设计为支持单存储形态拣选和多存储形态拣选。例如，当配送中心某商品以托盘为订货单位时，在设计该商品存储方式时可以采用托盘货架存储，在设计拣选方式时，可以选择手动托盘搬运车或电动叉车完成拣选搬运作业；当某种商品以单品为拣货单位时，在设计商品存储系统时可以选择自动化立体仓库存储，在设计拣选方式时，可以采用自动化拣选作业或电子标签拣货方式完成拣货作业。

（2）帮助确定拣选点数目。商品的拣选方式一旦确定后，便可帮助确定拣选点的数目，在不考虑商品混载的情况下，一般拣选点的数目等于商品品种数目。

例1-5 某企业的日用品类商品经过 ABC 分类，分为 AA、AB、AC、B 和 C 五类，每类商品的订货单位及预估的 SKU 数目见表1-24。

表1-24 日用品的订货单位与 SKU 数目估值

类型	订货单位	SKU 数目估值
日用品 AA 类	箱	10
日用品 AB 类	箱	30
日用品 AC 类	箱、中箱	400
日用品 B 类	箱、中箱	1 200
日用品 C 类	中箱、单件	2 500

根据订货单位，针对该企业日用品的拣选方式设计见表1-25。

表1-25 日用品的订货单位与拣选方式

类型	订货单位	拣选方式
日用品 AA 类	箱	箱单位拣选
日用品 AB 类	箱	箱单位拣选
日用品 AC 类	箱、中箱	箱或中箱单位拣选
日用品 B 类	箱、中箱	箱或中箱单位拣选
日用品 C 类	中箱、单件	中箱单位拣选或单件拣选

结合日用品的 SKU 数目估算，可推算出其拣选点的数目，见表1-26。

表1-26 订货单位与拣选方式、拣选点数目

类型	订货单位	拣选方式	拣选点数目
日用品 AA 类	箱	箱单位拣选	40
日用品 AB 类	箱	箱单位拣选	40
日用品 AC 类	箱、中箱	箱或中箱单位拣选	1 600
日用品 B 类	箱、中箱	箱或中箱单位拣选	1 600
日用品 C 类	中箱、单箱	中箱单位拣选或单件拣选	2 500

2. 订货频率分析

订货频率是指客户两次订货之间的时间间隔，根据时间间隔的长短，衡量订货频率的时间单位也不同，可以用天、周、月、季度或年，现实中订货频率的时间单位一般用"天"。

订货频率分析的作用有以下几点：

（1）估算每天的配送店铺数。配送中心服务的店铺订货频率确定后，根据不同店铺两次订货的时间间隔，结合配送中心需要配送的店铺总数，可以估算出配送中心每天需要配送的店铺数量。

（2）帮助确定集货区域的大小。根据估算的配送中心每天配送的店铺数量，结合每个店铺历史订单需求数量，可以估算出配送中心每天配送的货物数量。当配送中心采取按配送的店铺分批次拣选货物时，集货区域设计能够满足每一批次待发货物所需要的区域面积即可；当配送中心不分批次拣选货物时，集货区域设计要能够满足当天所有待发货商品所需要的区域面积。一般在进行区域面积规划时，要考虑需求可能发生的波动情况，在计算出的区域面积基础上进行一定比例的放大，一般采取的放大比例为 1.1~1.3。例如，计算出集货区面积需要 30 m²，按 1.2 的放大比例放大，则设计的集货区面积应该为 36 m²。

例 1-6 某零售企业的订货模式改进前后对比见表 1-27。

表 1-27 某零售企业的订货模式改进前后对比

项目	传统订货模式			改进订货模式		
业态	大型店	中型店	小型店	大型店	中型店	小型店
订货时间	全天	全天	全天	全天	全天	每周一、三、五或二、四、六
截单时间	固定时间/配送前			中午12时截单		
订货品种	全品种			全品种		

该配送中心接收的订货频率改进前是一天一订，改进后小型店隔天一订，订货频率延长一天，并且设置了统一时间作为下单的截单时间。由于小型店订货量较少，采用隔天一订的订货方式，可以减少配送中心每天处理的订单量，提高订单处理的效率。同时将截单时间由"固定时间/配送前"改为中午12时，有利于配送中心对订单进行批量处理，根据对订单分析的结果，确定订单拣选方式并按批次安排配送业务。

3. 订单响应时间分析

订单响应时间是指从店铺向配送中心下达采购订单到配送中心将货物配送到达店铺的间隔时间。订单响应时间分析具有决定店铺的安全库存水平和从整体上确定物流系统所能够达到的水平的作用。

（1）决定店铺的安全库存水平。订单响应时间代表着配送中心对客户的服务水平，订单响应时间越短，店铺下达采购订单到配送中心将货物配送到店铺的时间间隔越短，对于店铺来说，保持较低的安全库存水平就可以满足其日常销售需求，当需要进行补充库存时，也能在第一时间得到满足。反之，订单响应时间越长，店铺从下达采购订单到收到货的时间延长，店铺需要准备较高的安全库存来应对日常经营销售活动。因此可以说订单响应时间决定了店铺的安全库存水平，订单响应时间越短，店铺的安全库存水平越低。

（2）从整体上确定物流系统所能够达到的水平。现代物流企业运作强调供应链管理，供应链上各企业间的协调度越高、相互之间配合越密切，供应链的整体效率和服务水平越高，订单响应时间越短，意味着配送中心对客户的响应速度越快，也意味上游供应商对配送中心的订单响应越及时。因此越短的订单响应时间代表着供应链各节点协作程度越高，意味着整个供应链系统能够达到更高的服务水平。

例 1-7 假设某零售企业共有 1 000 家店铺，每个店铺每天要货量平均达到 5 万箱；其配送中心的日出库配送能力为 5.5 万箱。请问该配送中心可选择怎样的订货响应时间，每天的配送货量为多少？

答：根据订单响应时间的定义和要求，若设订货响应时间为 24 h，则其配送能力必须高于任何一天的配送货量；若订货响应时间为 48 h，则其配送能力必须高于任意连续两天的配送货量；依此类推。该企业的配送中心的日处理能力为 5.5 万箱，各店铺每天的平均要货量为 5 万箱，所以该配送中心应选择订货响应时间为 24 h，每天的配送货量为 5 000 万箱。

订单响应时间越短，配送中心的处理能力越高；订单响应时间越长，配送中心的处理能力越低。

三、订单出库特点分析

不同类型的配送中心存储的商品品种千差万别，较大规模的配送中心，存储的商品品种可能达到上万。例如，对于汽车制造商的零配件配送中心来说，品种数量和类型不同，其操作的难易程度与复杂程度也不同，大规模、品种多的配送中心的作业难度和复杂度必定高于小规模、品种数量少的配送中心。不同类型的配送中心，处理的商品品类不同，不同品类商品的性质差异，导致不同配送中心内部作业流程有差别，配送中心内部的储位规划也不同，这些差异也会影响到配送中心的内部设计及设施设备的选型。目前较为常见的配送中心按经营品类划分主要有食品类、日用品类、家电类、服装类、汽车零部配件类、电子产品类等。食品类有严格的时间限制，为了保障食品品质，要做到先进先出，保证出库商品在有效保质期内；对于生鲜类食品，由于保质期短，往往不会在配送中心长时间存储，商品到达配送中心后，经过分拣、加工处理后马上配送到消费终端。由于食品类涉及的品种多，对于存储设施设备的选择可以考虑自动化立体仓库。对于家电类配送中心来说，由于家电产品体积较大，货物重量大，一般采用就地堆码存储和重型托盘货架存储。

商品的库存数量也是配送中心需要考虑的问题。由于配送中心涉及的商品品种繁多，如何有效地确定每种商品的安全库存量尤为重要，不同商品的客户需求量和需求频率不同，这就需要配送中心对每种商品的需求量进行细化分析，然后根据不同商品的需求数量确定合适的库存水平，在保证不缺货的前提下，尽可能地降低配送中心库存水平，从而避免库存长期积压带来的库存风险和库存成本损失。

从上述可以看出，配送中心对客户订单的有效分析，包括对订单数量、订购品种数及订购件数的分析，对配送中心系统的规划、作业流程设计、作业区功能设计、作业区能力设计至关重要。对于如此庞杂的计算量，引入 EIQ 分析法能够有效地进行处理。

1. EIQ 分析法的概念及内容

EIQ 分析法就是对三个重要的物流要素"E""I""Q"进行分析，通过深入分析配送中心订单的需求特征，为配送中心的系统规划提供参考依据。EIQ 分析法由日本的铃木震提出，铃木震作为一名资深的物流顾问，通过对众多物流案例进行分析研究，提出了这一理论。该理论主要服务于以满足市场需求为目标，且物流系统需求具有不稳定性和波动性的企业的配送中心的系统规划。以企业客户订单为基础，根据客户订单需求特征，配合货态分析和库存 ABC 分类，对订单进行多个层面的分析，最终得到客户需求订单的商品品种、订购数量、订购次数的特征，从而为配送中心的货物储位规划、订单拣选作业、分货配送作业进行有区别的重点管理。

EIQ 分析法中的三个要素，E 是指"Entry"（订单），I 是指"Item"（品种），Q 是指"Quantity"（数量）。EIQ 通过分析客户的订单数量、订购品种数、订购数量来分析物流系统的特征，进而为企业物流系统的规划提供决策依据。

EIQ 分析法的分析项目主要有 EN（单个订单订购品种数量，其中 N 为日文"种类"的首字母）分析、EQ（单个订单订购数量）分析、IQ（单个品种订购数量）分析和 IK（单个品种重复订购次数，其中 K 为日文"重复"的首字母）分析。

2. EIQ 分析法的作用

（1）EQ 分析：通过 EQ 分析掌握各订单订购数量的总体分布情况，进行客户 ABC 分类，同时用于确定订单处理原则、拣货系统规划、出货方式和出货区域规划。

（2）EN 分析：掌握单个订单订购品种数量的总体分布情况，通过分析订购品种数，选择适合的拣货方法，决定采用播种式拣货法、摘果式拣货还是两种混合使用以提高拣货作业效率，同时确定拣货作业时间和拣货人员数量。一般结合总出货品种数、订单出货品种累计数和配送中心全部品种数综合分析。

（3）IQ 分析：掌握单个品种订购数量的总体分布情况，了解商品的畅销程度，可用于仓储系统规划、存储空间规划，同时在一定程度上决定了订单拣货方式和拣货区域的规划。

（4）IK 分析：掌握单个品种重复订购次数的总体分布情况，了解品种出货频率，配合 IQ 分析确定企业仓储系统和拣货系统的设计。

在进行 EIQ 分析时，需要提前确定好统计期间和统计单位，例如，可以根据配送中心需求量，以天、周、月、季度、年为单位汇总统计对应时间区间的订单。另外由于配送中心品种众多，不同商品的计量单位不同，为了方便统计分析，需要对不同商品统一计量单位，例如，对订单的发货数量和品种数统一计量单位，如箱、重量、体积等。EIQ 策略选择见表 1-28~表 1-30。

表 1-28　IQ/EQ 分布类型与仓储规划策略选择

IQ/EQ 分布类型	分析	对应策略
（图：Q 曲线，标注 A、B、C 区）	这种分布是配送中心较为常见的模式，分布趋于两极化，可结合 ABC 分类法进行进一步分类	EQ 对于少数订购数量（出货量）大的订单进行重点管理。IQ 对于不同出货量的商品分区进行存储，出货量大的商品安排在靠近出口的存储区
（图：Q 曲线两端陡峭）	大部分商品的订购数量相近，仅少部分商品订购数量很大或很小	可以对订购数量相近的商品进行统一规划，少数处于两个极端的订单单独处理
（图：Q 线性递减）	商品订购数量呈递减趋势，没有特别集中的订购数量范围	相对来说系统较难规划，适合采用通用型设备，提高设备柔性，以应对不同订单需求
（图：Q 曲线末端下降）	大部分商品订购数量相近，仅少部分商品订购数量很少	部分订购数量少的订单可以批量处理或按零星拣货方式处理，部分订购数量少的商品可以采用轻型存储设备存储
（图：Q 阶梯下降）	商品订购数量集中在特定的数量，没有连续性递减，可能是整箱出货或大规格商品的少量出货	商品出货按较大的单元负载规划，或采用重型存储设备，同时也要结合商品特性具体考虑

表 1-29　EN 分布类型与仓储规划策略选择

EN 分布类型	分析	对应策略
（图：N 曲线，标注 N(总品种数)、GN(总出货品种累计数)、N(总出货品种数)、EN=1）	单个订单出货的品种数较小，EN=1 的订单量较多，总品种数不多，总品种数与总出货品种数相差不太大	订单出货品种重复率较低，可考虑按订单拣货的方式，或采用批量分拣，然后进行分货作业

· 34 ·

续表

EN 分布类型	分析	对应策略
(图：N-E曲线，标注 N(总品种数)、GN(总出货品种累计数)、N(总出货品种数)、EN≥10)	单个订单出货品种数较大，EN≥10 的订单较多，出货品种数占总品种数的较小部分	可以采用按订单拣货的方式，但当订单商品储位较为分散时，可以将订单进行分割，采用分区拣货的方式
(图：N-E曲线，标注 N(总品种数)、GN(总出货品种累计数)、N(总出货品种数)、EN=1)	单个订单出货品种数较小，EN=1 的订单较多，商品总品种数较多，总出货品种数只占总品种数的一小部分	可以采用按订单拣货方式，或按拣选区域进行分区拣货
(图：N-E曲线，标注 GN(总出货品种累计数)、N(总品种数)、N(总出货品种数))	单个订单出货品种数较大，总品种数不多，总出货品种累计数是总出货品种数的几倍，订单出货品种重复率较高	可以采用批量拣货的方式，同时考虑货物特征，对于体积大、超重货物可以按订单进行拣货
(图：N-E曲线，标注 GN(总出货品种累计数)、N(总品种数)、N(总出货品种数))	单个订单出货量较大，总品种数也较多，总出货品种累计数高于总品种数	可以采用批量拣货的方式，当单个订单品种重复率不高、品种较多时，可以考虑采取分区拣货方式

表 1-30　EIQ 资料分解格式

订单	出货品种							订单出货量	订单出货品种数
	I1	I2	I3	I4	…	…		
E1	Q11	Q12	Q13	Q14	…	…	Q1	N1
E2	Q21	Q22	Q23	Q24	…	…	Q2	N2
E3	Q31	Q32	Q33	Q34	…	…	Q3	N3
…	…	…	…	…	…	…	…	…
单个品种出货量	Q.1	Q.2	Q.3	Q.4	…	…	Q	N.
单个品种出货次数	K1	K2	K3	K4	…	…		K.

订单 E1 出货量：

$$Q1 = Q11+Q12+Q13+Q14+\cdots$$

品种 I1 出货量：

$$Q.1 = Q11+Q21+Q31+\cdots$$

订单 E1 出货品种数（计数）：
$$N1=(Q11,Q12,Q13,Q14,\cdots)>0 \text{ 者}$$
品种 I1 出货次数（计数）：
$$K1=(Q11,Q21,Q31,\cdots)>0 \text{ 者}$$
所有订单出货总品种数（计数）：
$$N.=(K1,K2,K3,K4,\cdots)>0 \text{ 者}$$
所有单品的总发货次数：
$$K.=K1+K2+K3+K4+\cdots$$

四、订单拆零情况分析

1. 拆零作业含义

拆零作业是指配送中心在拣选商品时将整箱商品拆散，选取一件或多件散件进行出库的作业。随着消费者的消费习惯变化，配送中心处理的订单呈现多品种、小批量、多批次的特征，因此配送中心经常需要进行拆零作业以满足不同客户的订单需求。一般用散件出库占总出库的比例来衡量拆零作业的比例。配送中心可以通过拆零商品品种、拆零订单、拆零量三个指标来综合评判拆零作业情况。

2. 拆零商品品种分析的作用

（1）确定是否需要设置拆零拣选区。对于配送中心来说，当没有需要进行拆零的商品或拆零商品品种数占配送中心商品品种总数的比例较小时，为了提高仓储作业空间利用率，一般不设置专门拆零拣选区；当某商品既有整箱出库又有单件拆零出库时，一般需要设置整箱拣选区与零货拣选区，以便针对不同的出库形态设置不同拣选区域，提高订单拣选效率，避免拣选差错的发生。

（2）帮助确定拣选点数目。在不考虑商品混载的情况下，为了保证每一个 SKU 至少有一个对应的拣选点，整箱拣选区域的拣选点数目应当超过预期拣选出库商品 SKU 数；拆零拣选区域的拣选点数目应当超过预期的拆零拣选出库商品 SKU 数。

3. 拆零商品品种比例计算公式

拆零商品品种比例是描述拆零情况最为主要的指标，它表示需要拆零出库商品 SKU 数占总出库商品 SKU 数的比例。

$$拆零商品品种比例=\frac{拆零出库商品\ SKU\ 数}{总出库商品\ SKU\ 数}\times100\%$$

例 1-8 某零售企业出库商品合计为 170 165 SKU，其中拆零出库商品为 4 040 SKU，请计算其拆零商品品种比例。

解：拆零商品品种比例 $=\dfrac{4\ 040}{170\ 165}\times100\%=23.74\%$。

4. 计算拆零商品品种需统计的信息

（1）总出库商品（SKU）：统计配送中心所有不重复出库的商品品种总数。

（2）仅拆零出库品种（SKU）：统计配送中心只以拆零形式出库的商品品种总数。

（3）仅整箱出库品种（SKU）：统计配送中心仅以整箱形式出库的商品品种总数。

（4）拆零和整箱出库品种（SKU）：统计配送中心以整箱形式与拆零形式出库兼有的商品品种总数。

（5）拆零出库品种（SKU）：统计配送中心仅拆零出库品种与拆零和整箱出库品种的合计。

（6）整箱出库品种（SKU）：统计配送中心仅整箱出库品种与拆零和整箱出库品种的合计。

5. 拆零订单分析

（1）拆零订单比例的含义及计算公式。拆零订单比例是指订购散件商品的订单数量占总订单数量的比例。

$$拆零订单比例 = \frac{订购散件商品的订单数}{订单总数} \times 100\%$$

（2）计算拆零订单需要统计的信息。

① 总出库订单（订单数）：统计配送中心全部出库订单的总数量。

② 仅拆零出库订单（订单数）：统计配送中心出库订单中只有拆零商品的订单总数量。

③ 仅整箱出库订单（订单数）：统计配送中心出库订单中只有整箱商品的订单总数量。

④ 整/零出库订单（订单数）：统计配送中心出库订单中既有拆零商品又有整箱商品的订单总数量。

（3）拆零订单分析的作用。

① 帮助确定拆零货物的分拣方式。当配送中心服务的店铺仅有少量店铺存在拆零订货时，由于拆零订单量较少，分拣方式可设计得较为简单；但当配送中心服务的店铺有大量店铺存在拆零订货时，拆零订单量大，针对众多的拆零订单进行快速、高效的拣选作业，对提高配送中心拣选作业效率、提高客户服务水平至关重要，因此对大量拆零订单的拣选就需要使用拆零周转箱来提高拣货作业效率。

② 帮助确定拆零货物包装台的数目。当拆零订单量较少时，一般不单独设置拆零货物包装台；但当拆零订单量较大时，为了提高拣选作业效率，减少订单分拣打包环节差错，则需要单独设置拆零货物包装台。零散货物一般放置于周转箱或额外包装的纸箱出库。若采用旋转纸箱出库，则需要设置旋转包装台，包转台的数量取决于包装速度的快慢及拆零订单的数量。

例 1-9　某配送中心某月出库订单统计情况见表 1-31，请计算该零售企业某月订购散件商品的订单数。

表 1-31　某配送中心某月出库订单统计情况

仅整箱出库订单数	仅拆零出库订单数	整/零出库订单数	总出库订单数
225	153	102	480

解：根据题意及公式，可得

仅拆零出库订单数 + 整/零出库订单数 = 153 + 102 = 255

$$拆零订单比例 = \frac{订购散件商品的订单数}{订单总数} \times 100\%$$

$$= \frac{255}{480} \times 100\%$$

$$= 53.125\%$$

6. 拆零量分析

（1）拆零量分析的含义及计算公式。拆零量比例是指以零货形式出库的商品量占总出库商品量的比例。

$$拆零量比例 = \frac{以零货形式出库的商品量（箱）}{总出库商品量（箱）} \times 100\%$$

（2）计算拆零量需要统计的信息。

① 总出库量：统计配送中心所有订单的出库商品量，一般统一换算成以箱为计量单位。

② 拆零出库量：统计配送中心所有以拆零形式出库的商品量，统一换算成以箱为单位的出库数量。

③ 整箱出库量：统计配送中心所有以整箱形式出库的商品量。

（3）拆零量分析的作用。

① 帮助确定拣选作业模式。一般拆零出库量若超过总出库量的5%以上，则应该为这部分拆零出库商品设计独立的零货拣选作业区域。

② 帮助确定零货作业区域的设备。拆零量决定了拣选设备、存储设备、分拣设备的选择。当拆零量较少时，可以直接由人工完成拆零拣选作业；当拆零量过大时，人工拆零作业量大且容易出现差错，则需要设计自动化拣选搬运设备辅助拆零作业。

例 1-10　某零售企业 1 月拆零量统计见表 1-32，请根据表中数据绘制饼图。

表 1-32　某零售企业 1 月拆零量统计

月份	整箱出库/箱	百分比/%	拆零出库/箱	百分比/%	总箱数
1 月	52 026	76.34	16 128	23.66	68 154

解：通过表中的数据绘制饼图，得到拆零出库与整箱出库所占的百分比（见图 1-9）。

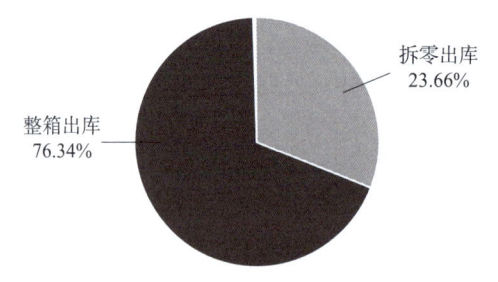

图 1-9　整箱出库与拆零出库所占的百分比

任务过程展现

一、订单处理情况分析

1. 订货单位分析

情境导入中商品的订货单位有箱、盒、包三种，因此在商品出库阶段需要考虑以箱为单位拣选、以盒为单位拣选、以包为单位拣选三种拣选方式；同时根据商品品种与拣选方式的不同，可以确定至少需要 23 个拣选点，见表 1-33。

表 1-33　订单处理情况分析

商品名称	订货单位	拣选方式	拣选点数
达利园面包	箱	以箱为单位拣选	11
龙兴辣条（0.5 元）	箱		
龙兴辣条（1 元）	箱		
5 元面包	箱		

续表

商品名称	订货单位	拣选方式	拣选点数
中华牙膏	箱	以箱为单位拣选	11
黑人牙膏	箱		
软毛牙刷	箱		
家庭装牙刷	箱		
舒肤佳香皂	箱		
舒肤佳湿巾	箱		
红糖	箱		
南孚电池（5号）	盒	以盒为单位拣选	2
南孚电池（7号）	盒		
纯棉毛巾（红）	包	以包为单位拣选	10
纯棉毛巾（蓝）	包		
康师傅方便面（麻辣）	包		
康师傅方便面（油泼辣子）	包		
康师傅方便面（西红柿鸡蛋）	包		
康师傅方便面（骨汤面）	包		
统一方便面（麻辣）	包		
统一方便面（油泼辣子）	包		
统一方便面（西红柿鸡蛋）	包		
统一方便面（西红柿牛腩）	包		

根据情境导入中提供的配送中心出库订单数据，订单数为16，总出库商品品种数为23，部分商品有重复订购，如5元面包、达丽园面包等，对于重复订购的商品只需要设置一个拣选点完成拣选作业。为了方便分析，通过插入数据透视表来统计各品种商品的出库数量及订货单位。根据数据透视表统计结果，在确定拣选单位时，同时需要考虑商品货态分析。以纯棉毛巾为例，两种纯棉毛巾订购数量分别为50包和80包，而一箱纯棉毛巾有100包，因此对纯棉毛巾只能采取按包拣选的方式。对于南孚电池拣选方式的确定与纯棉毛巾分析一致。对于康师傅方便面，以康师傅方便面（骨汤面）为例，订单订购数量为25包，该商品一箱10包，因此对于这种商品的拣选应以箱和包共同拣选为主，这样可以避免整箱拆零作业，且提高拣选作业效率，减少后期分拣发货环节打包工作量。从上述分析可以看出，对于货品拣选方式的确认要综合考虑多种因素，既要考虑商品订购单位，也要考虑商品重复订购次数、商品货态分析，最终综合考虑选择最合适的拣选方式。

拣货方式确定后，需要确定拣选点的个数，拣选点的个数应不少于出库商品的品种数。由于总出库商品品种数为23，因此应至少设置23个拣选点，又由于方便面出库既有以箱作为拣选单位的，也有以包作为拣选单位的，因此对这一类出库商品应同时设置按箱拣选点和按包拣选点。综上所述，总共需要设置28个拣选点，最终分析结果见表1-34。

表 1-34 配送中心订单拣选方式统计

商品名称	包	盒	箱	总计	拣选方式	拣选点数	备注
纯棉毛巾（红）	50			50	包	2	100 包 = 1 箱
纯棉毛巾（蓝）	80			80	包		100 包 = 1 箱
南孚电池（5 号）		40		40	盒	2	100 盒 = 1 箱
南孚电池（7 号）		30		30	盒		100 盒 = 1 箱
5 元面包			3	3	箱		
达利园面包			7	7	箱		
黑人牙膏			1	1	箱		
红糖			1	1	箱		
家庭装牙刷			2	2	箱		
康师傅方便面（麻辣）	40			40	箱	14	10 包 = 1 箱
康师傅方便面（西红柿鸡蛋）	50			50	箱		10 包 = 1 箱
康师傅方便面（油泼辣子）	50			50	箱		10 包 = 1 箱
龙兴辣条（0.5 元）			11	11	箱		
龙兴辣条（1 元）			8	8	箱		
软毛牙刷			1	1	箱		
舒肤佳湿巾			1	1	箱		
舒肤佳香皂			1	1	箱		
中华牙膏			2	2	箱		
康师傅方便面（骨汤面）	25			25	箱、包	10	10 包 = 1 箱
统一方便面（麻辣）	25			25	箱、包		10 包 = 1 箱
统一方便面（西红柿鸡蛋）	45			45	箱、包		10 包 = 1 箱
统一方便面（西红柿牛腩）	55			55	箱、包		10 包 = 1 箱
统一方便面（油泼辣子）	35			35	箱、包		10 包 = 1 箱

2. 订货频率和响应时间分析

通过整理配送中心接收的订货频率与订单响应时间，了解每日发货的需求。配送中心订单响应时间为 48 h，则其配送能力须高于任意连续两天的订货量，具体见表 1-35。

表 1-35 配送中心订单拣选方式统计

项目	大型店	中型店	小型店
订货时间	全天	全天	一、三、五或二、四、六
截单时间	中午 12 时	中午 12 时	中午 12 时
订单响应时间	48 h	48 h	48 h
配送时间	第三天配送	第三天配送	三、五、一的上午配送或四、六、二的上午配送

二、订单出库特点分析

根据表1-23中提供的订单编号、物料编号、数量、商品名称等信息,利用数据透视表进行统计分析,得到订单的EN、EQ、IQ、IK四种数据,根据统计结果绘制出四组数据的柱状图,结合图形分布特征对订单数据进行进一步分析。

1. 单个订单订购数量分析

对各订单的订购数量进行排列分析,绘制出EQ分布图,见图1-10。

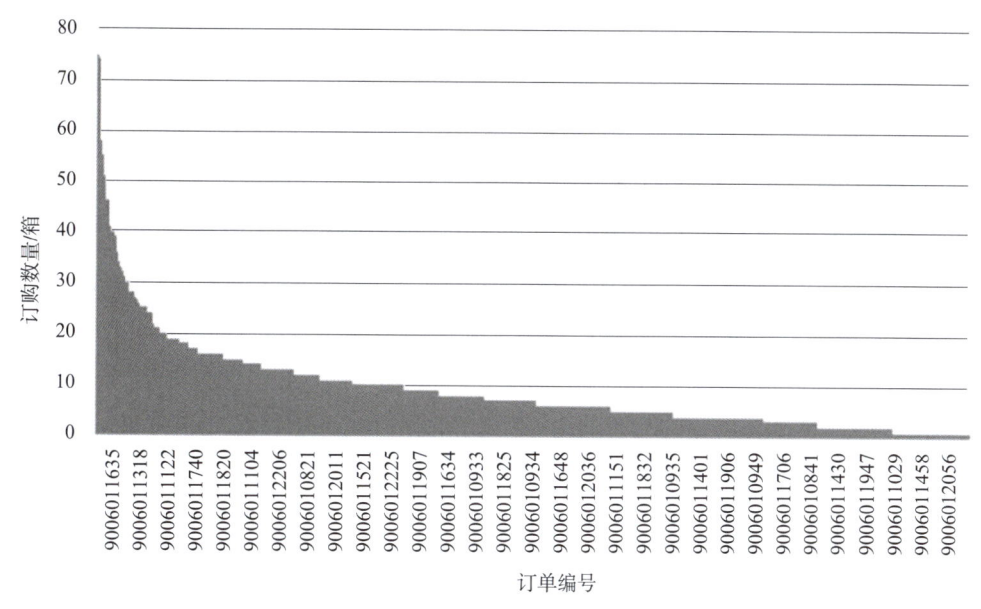

图1-10　EQ分布

从图1-10中可以看出,EQ分布呈现出两极分化趋势。结合EQ分析结果,按订单订购商品数量进行进一步的ABC分类。对少数订购数量大的A类订单可以进行重点管理,相应的拣选设备也可以分级;对订购数量小但订单数量占比较大的C类订单,可以采取订单批量拣选方式进行拣选作业,以提高拣选作业效率,同时设置零星商品拣选区。

2. 单个订单品种数分析

通过汇总统计各订单订购品种数,绘制出EN分布图,见图1-11。

从图1-11中可以看出,EN分布呈现两极分化趋势,并带有阶梯式分布特征。结合EN分析结果,对订单订购品种数进行进一步的ABC分类。对少数订购品种数多的A类订单可以进行重点管理,采取按订单的拣选方式,采用电子标签、拣货台车等拣货设备辅助拣选作业,以提高拣选作业的效率和准确度;对订单品种数少,但订单数量占比较大的C类订单可以采用按订单批量拣选方式,并单独设立拣选区,从而提高拣选作业效率。

3. 单个品种订购数量分析

通过汇总统计各品种的订购数量,绘制出IQ分布图,见图1-12。

从图1-12中可以看出,IQ分布呈现明显的两极分化趋势。结合IQ分析结果,对各品种订购数量进行进一步的ABC分类。对少数订购数量大的A类商品进行重点管理,由于该类商品出库量大,可以将该类商品的存储区域设置在靠近仓库出口处或靠近主通道的存储区域,并采用自动化存储设备,以提高拣选自动化程度和效率;对大多数订购数量少的C类商品,可以将存储区域设置在仓库里侧,采用轻型存储设备;对订购数量中等的B类商品,可以将存储区域设置在接近次要通道处。

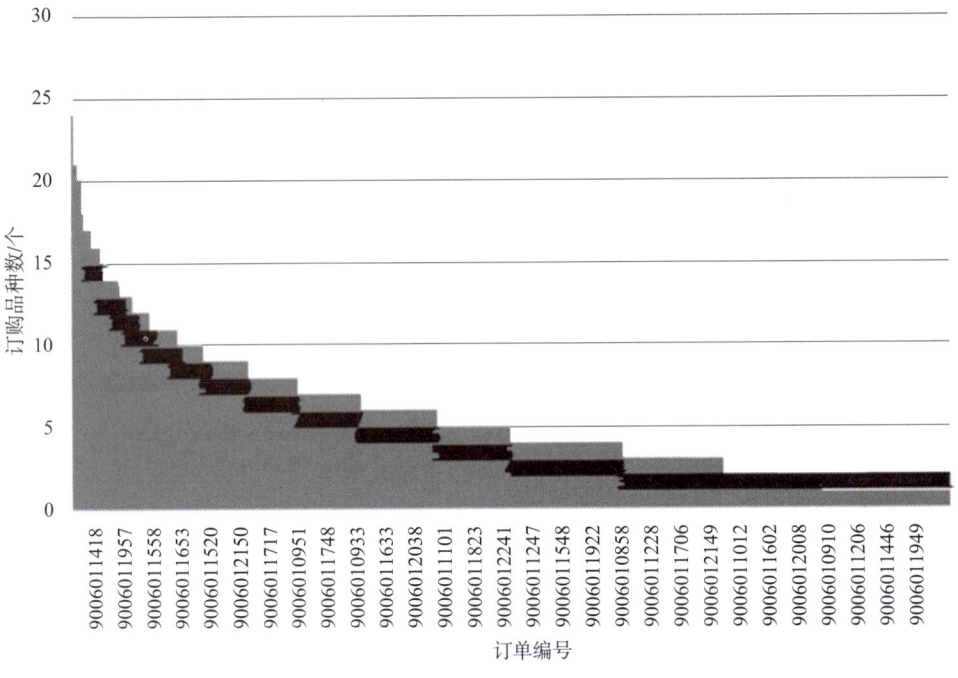

图 1-11　EN 分布

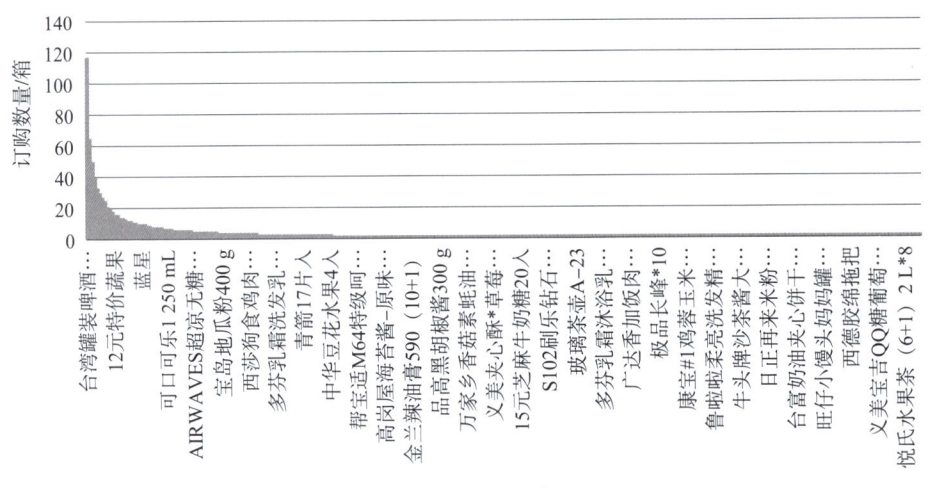

图 1-12　IQ 分布

4. 单个品种重复订购次数分析

通过汇总统计各品种的订购次数，绘制出 IK 分布图，见图 1-13。

从图 1-13 中可以看出，IK 分布呈现出明显的两极分化趋势。结合 IK 分析结果，对单个品种重复订购次数进行进一步的 ABC 分类。对少数订购次数多的 A 类商品进行重点管理，由于该类商品出库频率高，可以将该类商品的存储区域设置在靠近仓库出口处或靠近主通道的存储区域，并采用自动化存储设备，以提高拣选自动化程度和效率；对大多数订购次数少的 C 类商品，可以将存储区域设置在仓库里侧，采用轻型存储设备；对于订购次数中等的 B 类商品，可以将存储区域设置在接近次要通道处区域。

图 1-13　IK 分布

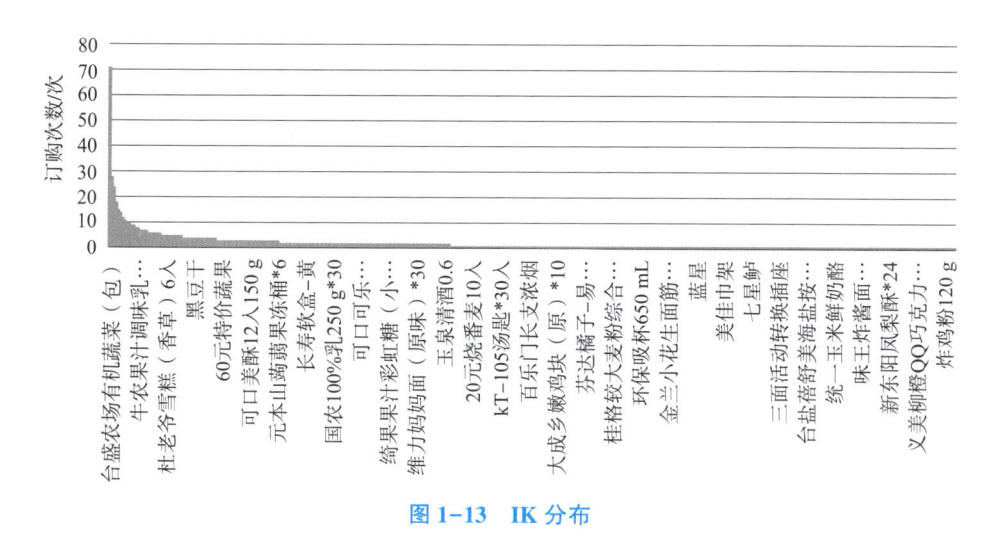

提升训练

某配送中某天订单 EIQ 分解表见表 1-36。请结合 EIQ 分析法对该配送中心的订单进行分析，分别计算出 EQ，EN，IQ，IK，结合 EIQ 计算结果和库存 ABC 分类结果，对该配送中心的存储系统和拣货系统规划提出对策建议。

表 1-36　某配送中心某天订单 EIQ 分解表　　　　　　　　　　　　　　　　　　　　箱

出货订单	出货品种										订单出货量	订单出货品种数
	I1	I2	I3	I4	I5	I6	I7	I8	I9	I10		
E1	50		40		35		60		25	30		
E2		28	20	40		35	20	30	15	40		
…	…	…	…	…	…	…	…	…	…	…		
E9	10		20	20	30		20			40		
单品出货量												
单品出货次数												

注：扫描下面的二维码可获取相关数据。

某配送中心某天订单 EIQ 分解表

订单 EIQ 分析（参考答案）

知识拓展

通过对某医药公司2022年9月到2023年1月的出库数据进行分析，得出该企业出库量、出库品种结构情况，见表1-37和表1-38。请根据表格中所提供的数据对该医药公司订单拆零情况进行分析，并为其拣选区和拣货点的设置提出参考建议。

表1-37 2022年9月—2023年1月整箱与拆零量统计（日均）

项目	整箱	拆零
出库量/箱	209	464
订单行/(细单行·天$^{-1}$)	101	4 288

表1-38 2022年9月—2023年1月整箱与拆零出库品种统计（日均）

SKU	整箱SKU		拆零SKU		只有拆零没有整箱出库的品种		只有整箱没有拆零出库的品种	
	SKU	百分比	SKU	百分比	SKU	百分比	SKU	百分比
2 631	854	32.46%	2 604	98.97%	1 777	67.54%	27	1.03%

注：订单拆零情况分析（参考答案）请扫描下面的二维码获取。

订单拆零情况分析

（参考答案）

学思之窗

一、教学建议

（1）通过订单分析的内容和方法的教学，提高学生的知识灵活运用能力，让学生认识到通过对订单的基本情况进行分析，可以明确管理重点，合理设置存储和拣选作业单元设施设备，提高资源配置的合理性和高效性，从而提升学生对专业知识的实践运用能力。

（2）通过小组合作，分析任务中的订单基本情况、订单出库特点、拆零订单情况，思考并讨论如何结合物流企业实际因地制宜地设计规划物流系统，提高物流作业效率，培养学生认真仔细的态度和合作意识，提高学生分析问题、解决问题的能力。

（3）通过了解物流行业先进的管理理论和方法，学生理解管理方法的创新和物流技术的创新对生产技术技能水平提升的重要作用。

（4）通过仓储规划与设计岗位知识的教学，提升学生的基本职业素养，培养学生的爱岗敬业的精神，增强学生的自信心。

二、典型素材

（一）内容介绍

京东订单报表分析

1. 数据来源

本次数据来源于京东 2020 年 5 月 25 日大家电——冰箱的订单数据，是按照 10%的随机抽样后进行数据脱敏最后得到的订单数据，共有大约 7 万条，数据来源于网络公开数据。

2. 订单数据信息

根据订单中的属性，将订单数据信息分成三类，分别是用户属性、订单属性以及商品属性，见图 1-14。

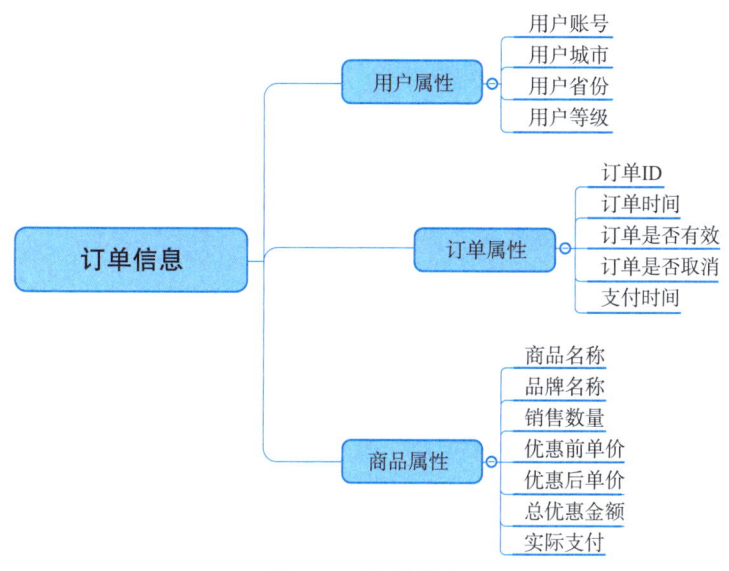

图 1-14 订单信息

3. 数据预处理

采用 Python 对订单数据进行预处理，查找数据缺失值，对缺失值和异常值进行处理。由于订单编号具有唯一性，需要对订单编号的重复数据进行处理，对缺失值进行补充，对有重复数据的数据列进行删除。

4. 订单分析

（1）订单取消比例分析。根据对相关数据的整理，得到订单取消比例，见图 1-15。

分析图 1-15 中订单取消占比情况，浅灰色代表未取消，深灰色代表已取消，取消订单的原因可能是地址填写错误、未使用优惠券等，图形显示取消订单占有一定比例。

（2）订单支付比例分析。根据对相关数据的整理，得到订单支付比例，见图 1-16。

图 1-16 中，浅灰色部分代表已支付订单，深灰色代表未支付订单。未支付订单比例小于取消订单比例，表示有客户提交了订单但未支付，这部分客户可能有比较强的购买意愿，可能是由于优惠券或价格等因素取消了订单，这部分用户可能是价格比较敏感客户，可以向客户推送京东优惠券。

图 1-15 订单取消比例

图 1-16 订单支付比例

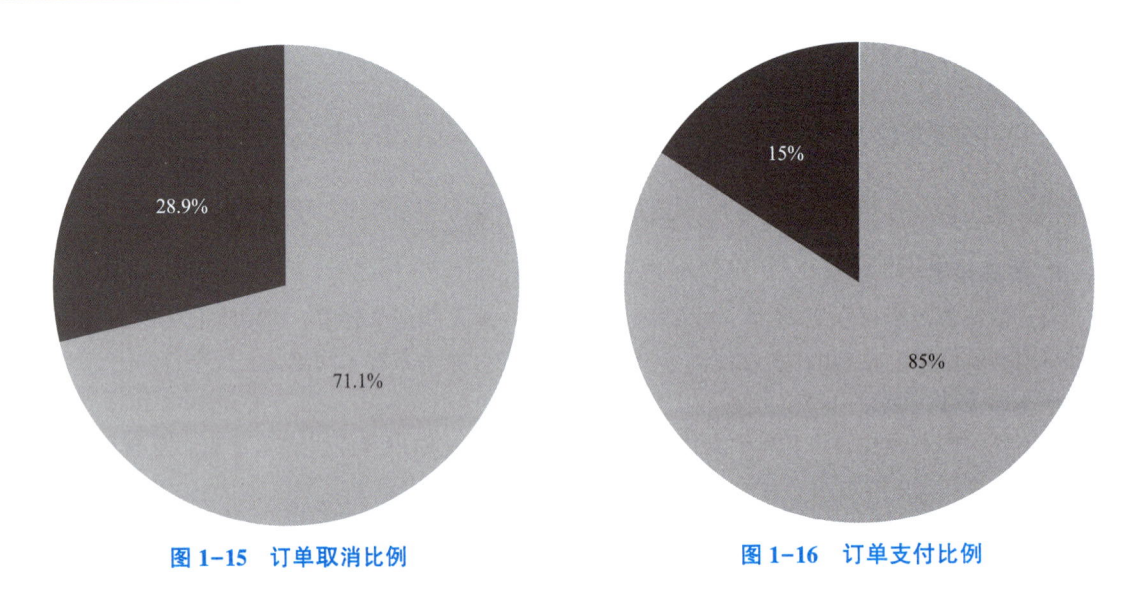

（3）订单价格分布。根据对相关数据的整理，得到订单价格分布，见图 1-17。

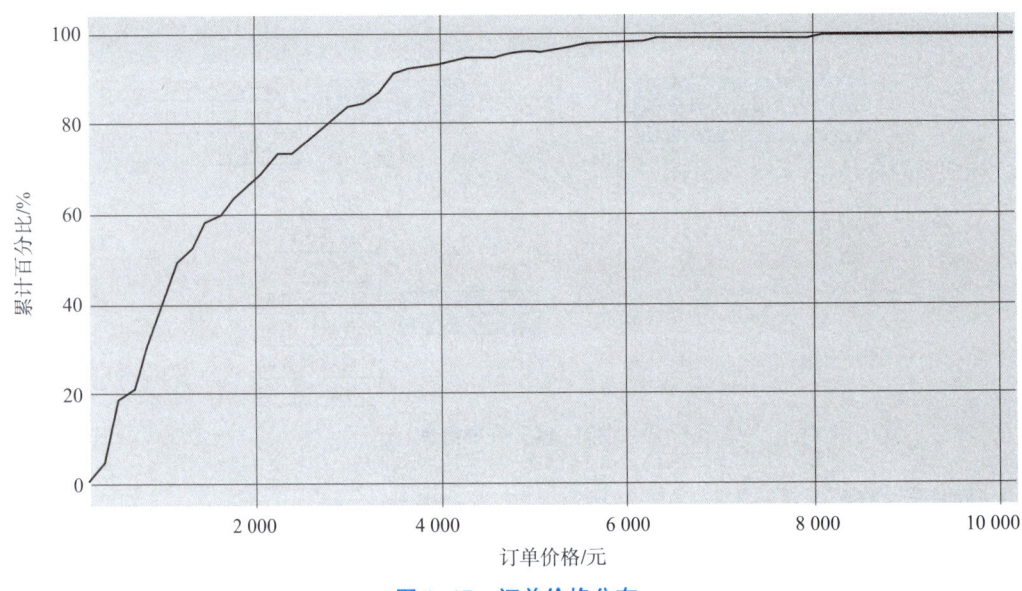

图 1-17 订单价格分布

从图 1-17 中可以发现，超过 80% 的冰箱价格低于 4 000 元，超过 70% 的冰箱价格低于 2 000 元，冰箱用户主力消费价格在 2 000 元以下。因此在进行冰箱广告推广时，可以优先考虑价格低于 2 000 元的冰箱，这类冰箱具有较大的市场。

冰箱价格在 4 000 元以内分布较为均匀，超过 4 000 元以后，冰箱累计上升区间缓慢，因此价格超过 4 000 元的冰箱可以认为是偏豪华型的冰箱，其单个冰箱利润高，但是销售市场占比少。

（4）有效订单与时间关系。根据对相关数据的整理，得到不同时间段有效订单分布，见图 1-18。

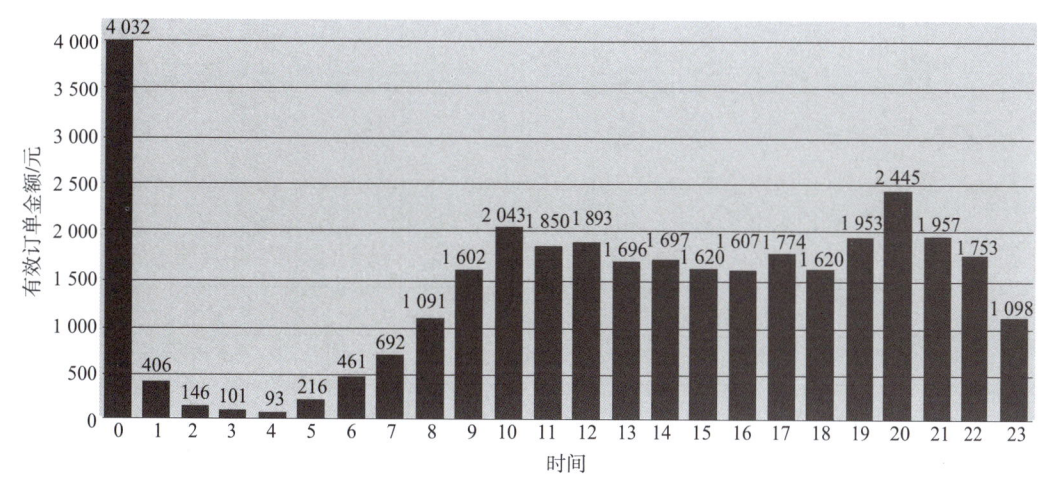

图 1-18 不同时间段有效订单分布

从图 1-18 中可以发现，0 时有效订单数出现了激增的情况，同时，除了 0 时，10 时、20 时有效订单数也具有一个较高的值，说明用户比较偏向于 10 时和 20 时付款。10 时付款，推测其原因可能是用户刚到公司，在开始繁忙的工作前，先逛京东网站放松一下早起赶车的劳累；20 时付款，推测其原因是晚饭后有比较多的休闲时间，用户刷手机的频率增加，因此有效订单数增加。

针对 0 时有效订单数偏高的问题，我们进一步分析人均有效订单的情况。

（5）人均有效订单与时间关系。根据对相关数据的整理，得到人均有效订单与时间的关系，见图 1-19。

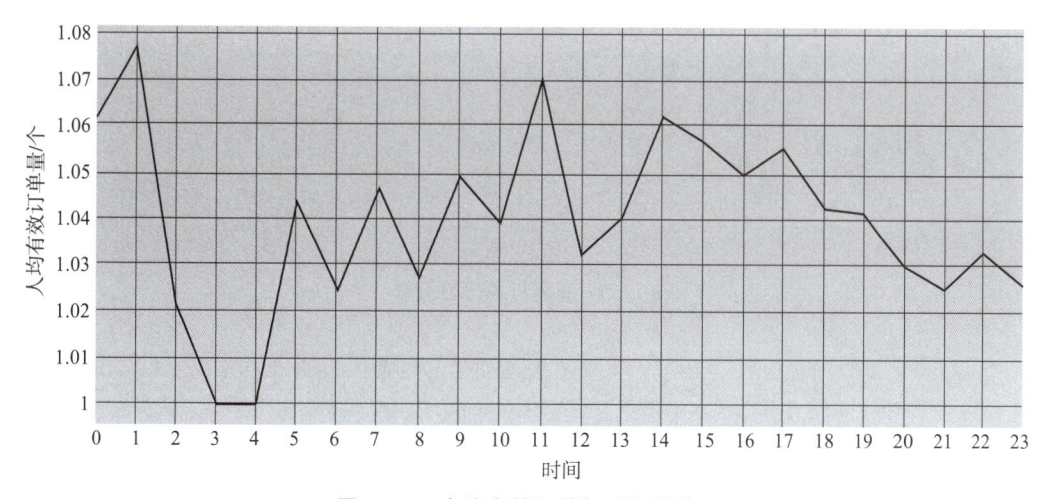

图 1-19 人均有效订单与时间的关系

从图 1-19 中可以发现，0 时人均有效订单量是较为正常的值，甚至比 1 时的有效订单量低，因此有效订单的激增，我们认为很大概率是通过抢优惠券增加的，而不是出现了恶意刷单。

同时我们看到，20 时的人均有效订单量也是较为正常的值。

（6）人均客单价和平均价在不同时间段的分布。

客单价 = 销售额 ÷ 顾客数

平均订单价 = 销售额 ÷ 订单数

通过计算可得到不同时段人均客单价和平均价的分布，见图 1-20。

从图 1-20 中可以发现，0 时客单价和平均订单价在全天都是较高的。

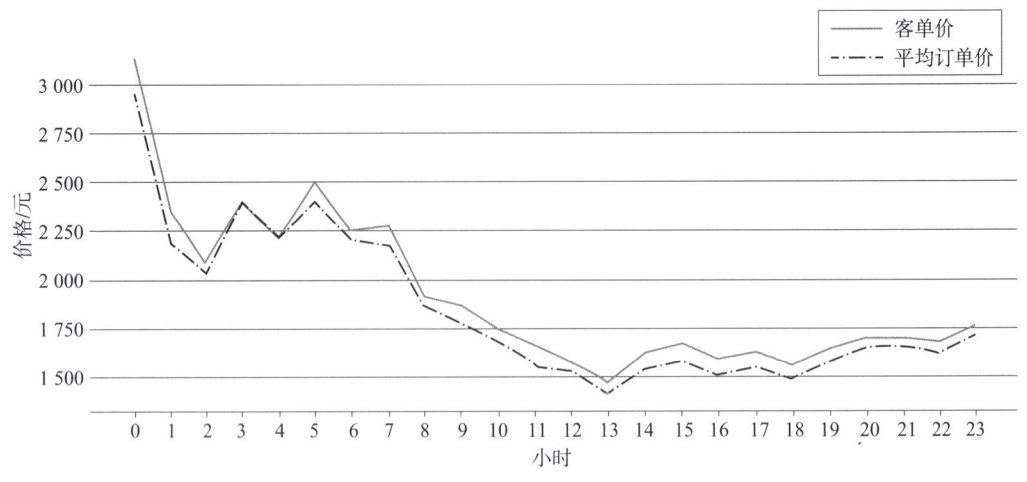

图 1-20　不同时间段人均客单价和平均订单价的分布

（7）0 时和 20 时订单价格分布。根据对相关数据的整理，得到 0 时和 20 时订单价格分布，见图 1-21 和图 1-22。

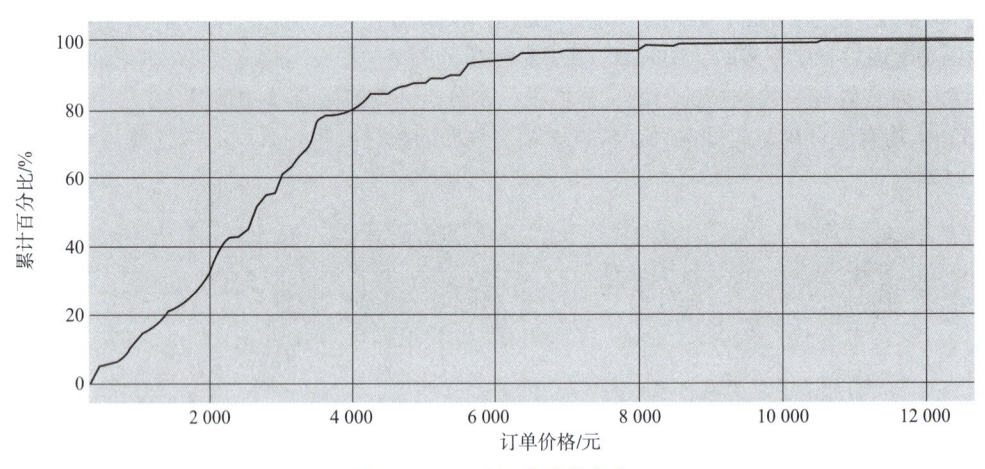

图 1-21　0 时订单价格分布

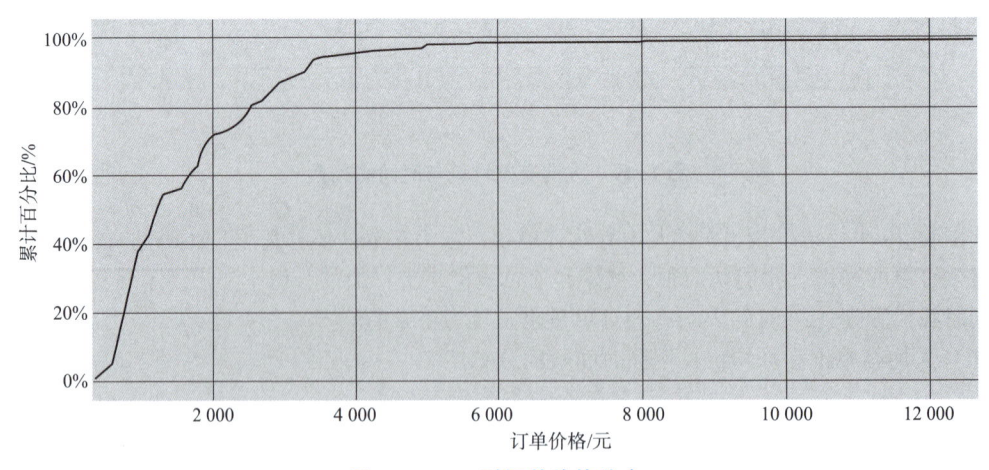

图 1-22　20 时订单价格分布

从 0 时和 20 时两个时间段的订单分布图可以看到，大约 35% 的 0 时订单在 2 000 元以下，20 时订单在 2 000 元以下的占比为 75%，这说明 0 时并不是只有一小部分订单价格很高，而是订单普遍具有较高的客单价。因此推测，0 时用户具有一定的冲动购物的情况，而 20 时购物的用户相对理智一些，也可能是用户为了使用优惠券导致高额的订单大多集中在 0 时。

（8）订单与地区的关系。对于冰箱市场而言，哪些省份是冰箱的头部市场？通过数据分析，可得到订单与地区的关系，见图 1-23。

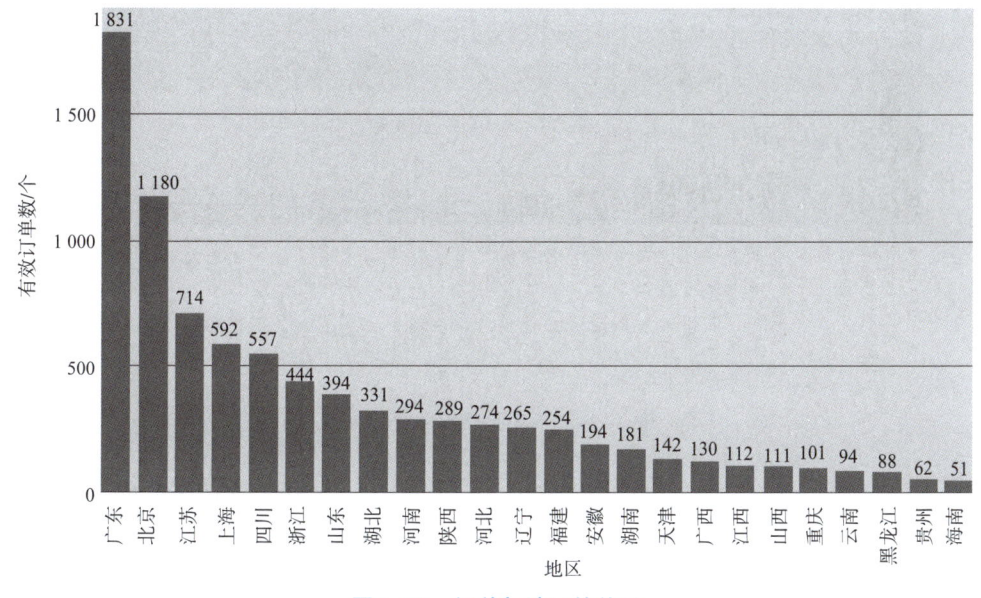

图 1-23 订单与地区的关系

从图 1-23 中可以发现，订单的市场大多集中在一线城市或者经济较为发达的省份，如广东、北京、江苏、上海排名前四，这些地方经济发达，对年轻人有较强大的吸引力，因此购置冰箱的订单数较高。

进一步分析不同省份客单价，可得到不同地区客单价分析，见图 1-24。

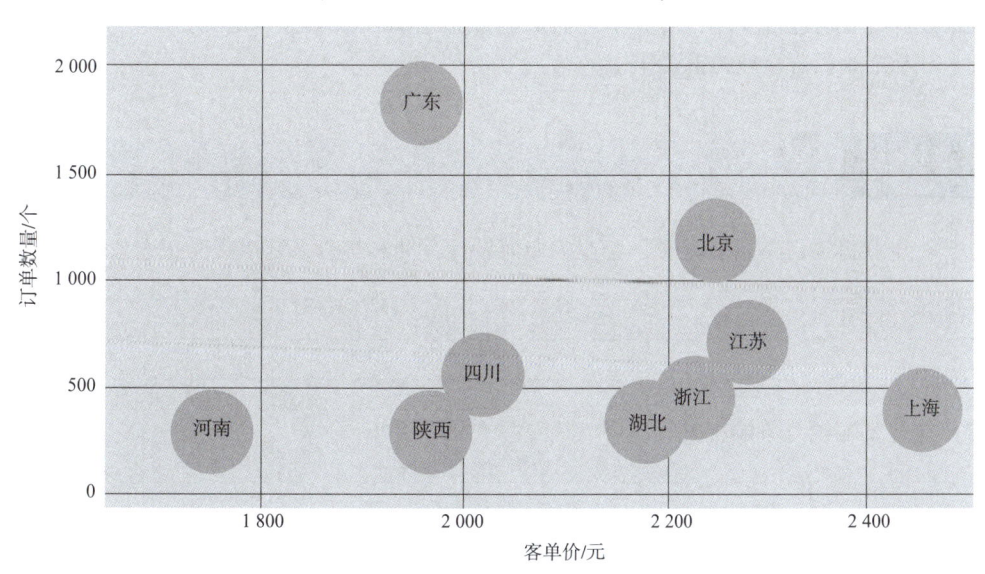

图 1-24 不同地区客单价分析

仓配规划与设计

从图1-24中可以看出，上海的客单价最高，广东的订单数量最多。由于广州在外贸上具有较大的优势，拥有较多的实体工厂，能吸纳较多的低端人才，因此出现订单数量多而客单价不高的情况。与之相反的是上海，作为国家的金融中心，汇聚了较多的金融方向的从业者，因此在消费品质上有一个较大的提升。

（9）不同品牌客单价。通过数据分析，可得到不同品牌客单价分布，见图1-25。

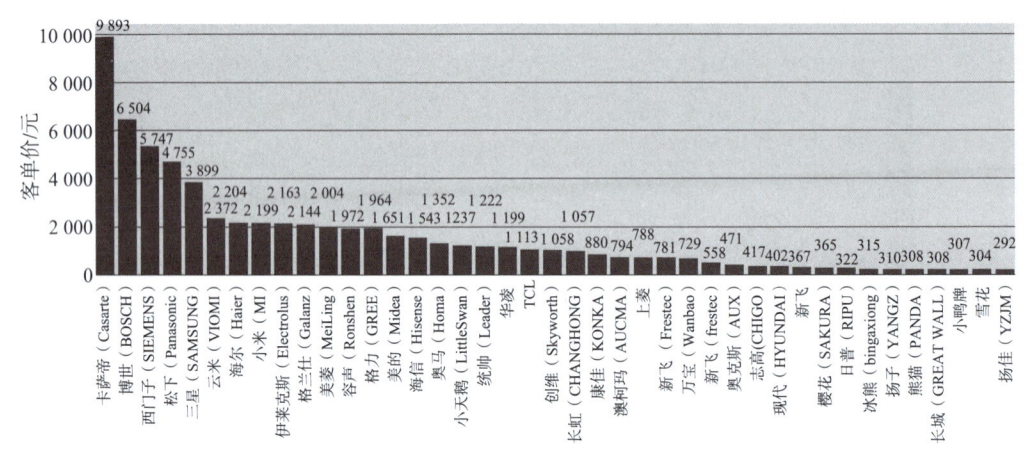

图1-25 不同品牌客单价分布

从图1-25中可以发现，第一价格梯队的品牌均为国外品牌，客单价较高；第二价格梯队以国内品牌为主，如海尔、小米、格兰仕、美菱、容声等；余下品牌客单价在2 000元以内，品牌众多，此区间市场价格竞争激烈。

（二）教学过程实施及预期效果

该案例用于电商订单数据分析实践学习，通过学习京东大家电——冰箱历史订单数据，学生一步步地分析数据产生背后的原因，并对部分数据产生的原因进行推测，意识到数据挖掘技术在数据分析中的重要意义。在数据分析中，指标的建立对进一步深入掌握数据背后的价值具有重要意义，同时针对出现的缺失数据和异常数据结合经验判断作出推测和假设，并通过进一步地数据分析对假设进行验证，培养学生的数据敏感意识及数据分析逻辑意识，并认识到数据分析技术对于企业经营管理的重要作用。

学有所思

（1）当企业拆零订单量较大时，企业应如何设计存储和拣选系统以提高拣选效率？

（2）企业要缩短订单响应时间，可以从哪些方面着手？

知识检测

一、单选题

1. 订货单位是指店铺向零售配送中心订购的（　　）。
   A. 最大单位　　　　B. 最小单位　　　　C. 最小可销售单位　　D. 最大销售单位

2. EIQ 分析中，（　　）代表单个品种重复订购次数分析。
   A. EQ 分析　　　　B. EN 分析　　　　C. IQ 分析　　　　　　D. IK 分析

3. 某客户周一早上 8 时在某商城下单了一个移动硬盘，该商城于当日中午 11 时截单进行拣选、包装作业，并于当日下午 5 时将商品送达该客户所在配送网点，配送员于周二上午 10 时将商品送达该客户手中。那么，该案例中的订单响应时间是（　　）。
   A. 3 h　　　　　　B. 9 h　　　　　　C. 23 h　　　　　　　D. 26 h

4. EIQ 分析中，EN 分析是对（　　）进行分析。
   A. 订单的出库量　B. 品种的出库量　C. 订单的品种数　D. 品种重复订购次数

5. 某零售企业对某一定时期内的出库订单进行统计，得出仅整箱出库订单为 3 723 单，仅拆零出库订单为 6 837 单，整/零出库订单为 2 365 单，那么该企业在该段时间内的拆零订单比例是（　　）。
   A. 0.183　　　　　B. 0.529　　　　　C. 0.647　　　　　　D. 0.712

6. 某零售企业对一定时期内的商品拆零情况进行统计，得出该企业仅拆零出库品种为 1 125 SKU，仅整箱出库品种数为 7 230 SKU，拆零商品品种比例为 40%，则该企业在该段时期内以拆零和整箱出库的商品品种是（　　）SKU。
   A. 3 295　　　　　B. 3 395　　　　　C. 3 595　　　　　　D. 3 695

7. （　　）就是利用 E、I、Q 三个物流关键要素来研究配送中心的需求特性，并为配送中心提供规划依据。
   A. ABC 分类　　　B. EQI 分析　　　C. EIQ 分析　　　　D. QIE 分析

8. （　　）是指配送中心在拣选出库时将整箱商品拆散，选取一件或多件散件进行出库的作业。
   A. 拆零商品品种　B. 拆零订单　　　C. 拆零量　　　　　D. 拆零作业

9. 在项目训练案例中，通过对订单拆零情况的分析，得出拆零商品品种占比为（　　）。
   A. 0.4　　　　　　B. 0.52　　　　　　C. 0.089 7　　　　　D. 0.5

10. 在项目训练案例中，通过对订单拆零情况的分析，得出拆零订单比例占比为（　　）
    A. 0.4　　　　　　B. 0.52　　　　　　C. 0.089 7　　　　　D. 0.5

二、多选题

1. 在订单处理过程中，订货单位的意义在于（　　）和（　　）。
   A. 帮助确定拣选方式　　　　　　　　B. 帮助确定拣选点数目
   C. 帮助确定存储入库过程　　　　　　D. 帮助确定存储规模

2. EIQ 分析主要对（　　）进行分析。
   A. 订单的出库量　B. 订单的品种数　C. 品种的出库量　D. 品种的重复订购次数

3. 在进行统计分析并制作分析图表时，对拣选作业频率的统计，主要决定了（　　）和（　　）。

A. 拣选作业方式　　　　　　　　　　B. 出入库作业流程
C. 仓库作业区的布局　　　　　　　　D. 拣选作业区的规划

4. 统计拆零商品品种的作用主要有（　　）。
A. 帮助确定整箱拣选作业方式　　　　B. 帮助确定是否需要设置拆零拣货区
C. 帮助确定商品出入库作业模式　　　D. 帮助确定拣选点数目

5. 拆零量比例是指以零货形式出库的商品量占总出库商品量的比例。给定订单数据，计算拆零量需要统计的信息包括（　　）。
A. 总出库量　　　　　　　　　　　　B. 拆零出库量
C. 整箱出库量　　　　　　　　　　　D. 商品在库量

6. EIQ 分析的步骤包括（　　）。
A. 资料收集取样　　　　　　　　　　B. 资料分解整理
C. 进行统计分析并制作分析图表　　　D. 规划改善应用

7. 订单处理能力的量化指标包括（　　）。
A. 订货单位　　　B. 订货频率　　　C. 订单响应时间　　　D. 商品属性

8. 拆零情况可通过（　　）综合判断。
A. 拆零作业流程　　B. 拆零商品品种　　C. 拆零订单　　　D. 拆零量

9. 下列属于拆零商品品种需统计的信息有（　　）。
A. 总出库商品品种（SKU）　　　　　B. 仅整箱出库品种（SKU）
C. 拆零和整箱出库品种（SKU）　　　D. 仅拆零出库品种（SKU）

10. 在样本获取以后，应对资料进行进一步的分解和整理，其中应展开分析的项目包括（　　）。
A. EQ　　　　　　B. EN　　　　　　C. IQ　　　　　　D. IK

三、判断题

1. 商品的订货单位等于其最小可销售单位。　　　　　　　　　　　　　　　　（　　）
2. 订单响应时间越长，配送中心的处理能力越高。　　　　　　　　　　　　　（　　）
3. 订单响应时间是指从店铺下单到商品配送到达之间的间隔时间。　　　　　　（　　）
4. 订货频率简单而言，就是多长时间订一次货。　　　　　　　　　　　　　　（　　）
5. 拆零量的大小决定了搬运设备、存储设备及分拣设备的选择。比如拆零量过大，则需要设计自动化搬运设备。　　　　　　　　　　　　　　　　　　　　　　　　　（　　）

学习评价

根据学习情况完成表 1-39 和表 1-40。

表 1-39　职业核心能力测评表

（在□中打√，A 通过，B 基本掌握，C 未通过）

职业核心能力	评估标准	评价结果
素质方面	1. 践行社会主义核心价值观，具有深厚的爱国情怀和中华民族自豪感；	□A　□B　□C
	2. 具有社会责任感和社会参与意识；	□A　□B　□C
	3. 具有质量意识、环保意识、安全意识、信息素养、工匠精神、创新思维；	□A　□B　□C
	4. 具有自我管理意识，具有较强的集体意识和团队合作精神	□A　□B　□C

续表

职业核心能力	评估标准	评价结果
知识方面	1. 掌握订单处理的基本知识、方法和流程； 2. 掌握订单基本情况分析的基础知识和分析内容； 3. 掌握订单出库特点分析的基本知识； 4. 熟悉 EN、EQ、IK、IQ 分析的内容及方法； 5. 掌握订单拆零情况分析的基础知识和分析方法	□A □B □C □A □B □C □A □B □C □A □B □C □A □B □C
能力方面	1. 具有探究学习、终身学习、分析问题和解决问题的能力； 2. 具有数据逻辑意识、分析问题和解决问题能力； 3. 具备根据订单数据情况选择合适订单数据的能力； 4. 具有结合订单数据正确地对订货单位、订货频率、订单响应时间进行分析的能力； 5. 具有根据订单数据计算 EN、EQ、IQ、IK 指标值的能力； 6. 具备对拆零订单进行拆零订单品种分析、拆零订单分析、拆零量分析的能力	□A □B □C □A □B □C □A □B □C □A □B □C □A □B □C □A □B □C
学生签字：	教师签字：	年　　月　　日

表 1-40　专业能力测评表

（在□中打√，A 通过，B 基本掌握，C 未通过）

专业能力	评价指标	自测结果	要求
订单数据基本情况分析	1. 订货单位分析的含义； 2. 订货频率分析的方法； 3. 订单响应时间的含义； 4. 确定订单响应时间考虑的因素	□A □B □C □A □B □C □A □B □C □A □B □C	能够理解订单数据基本情况分析的主要内容
订单出库特点分析	1. EIQ 分析的含义； 2. EN、EQ、IK、IQ 的内涵； 3. EN、EQ、IK、IQ 分析图绘制	□A □B □C □A □B □C □A □B □C	能够根据订单数据进行订单 EIQ 分析； 能够对出库订单的四个维度 EN、EQ、IK、IQ 进行分析，绘制分析图，根据分析结果确定合适的订单拣选策略
订单拆零分析	1. 订单拆零的含义； 2. 拆零商品品种分析计算； 3. 拆零订单分析计算； 4. 拆零量计算	□A □B □C □A □B □C □A □B □C □A □B □C	能根据拆零订单品种、拆零订单、拆零量的分析结果确定合理的订单拣选策略和拣选设备的选型
教师评语：			
成绩：	教师签字：		

任务三　仓库能力目标分析

任务概述

本任务需要仓储规划与设计人员根据客户销售数据或出入库数据预测仓库吞吐能力、库存能力及库存周转量,并确定仓库规划设计的吞吐、库存及库存周转能力目标。

学习计划表

【学习目标】

（1）能够根据客户销售数据或出入库数据分析、预测仓库吞吐能力。

（2）能够根据客户销售数据或出入库数据分析、设定库存周转率。

（3）能够根据客户销售数据或出入库数据分析、预测库存能力。

根据课前预习及学习情况填写表1-41。

表 1-41 学习计划表

项目		基础知识	预测仓库吞吐能力	设定库存周转率和库存能力
课前预习	预习时间			
	预习结果	1. 难易程度 　　偏易（即读即懂）（　　）　　　　适中（需要思考）（　　） 　　偏难（需查资料）（　　）　　　　难（不明白）　（　　） 2. 需要课堂提问内容 3. 问题总结
课后复习	复习时间			
	复习结果	1. 掌握程度 　　了解（　　）　　熟悉（　　）　　掌握（　　）　　精通（　　） 2. 疑点、难点归纳

模块一　仓库需求分析

【知识目标】

（1）理解仓储吞吐量的含义并掌握其计算方法。

（2）掌握吞吐量需求预测方法。

（3）理解库存周转分析的量化指标。

（4）掌握库存周转分析计算方法。

（5）掌握库存数据分析步骤。

（6）掌握库存需求预测方法。

（7）掌握库容需求计算方法。

【技能目标】

（1）能够正确计算仓储吞吐量。

（2）能够选择合适的方法进行吞吐量需求预测。

（3）能够根据相关数据计算分析企业库存周转情况。

（4）能够选择合适的方法进行库存需求预测。

（5）能够选择合适的方法计算库容需求。

【素养目标】

（1）培养学生的创新意识、逻辑分析意识和物流系统意识。

（2）培养学生分析问题、解决问题的能力。

（3）培养学生吃苦耐劳的精神、认真仔细的态度、遵守 5S 管理制度的习惯，加强学生团队合作的意识。

情境导入

进行仓库需求分析时，除了对商品、订单分析，仓储经理还要进行仓库能力目标分析，包括对出入库数据进行整理，估算仓库吞吐能力、库存能力及库存周转能力，确定仓库吞吐、库存及周转能力目标。

任务要求：请阅读仓库能力目标分析中的内容，完成该仓库的能力目标分析。

仓库能力目标分析

某物流公司拟在 A 园区内的仓库（见图 1-26）进行沃尔玛项目零售配送中心的规划与设计，根据前期对配送需求的调研，确定该配送中心基于 ABC 分类对商品的出库数据进行统计（见表 1-42）。该公司根据目前的订单状况对未来 5 年的销售金额、平均销售价格进行预测，得出未来销售金额为 265.8 亿元/年，平均销售价格是 1 205 元/箱。请分析配送中心的吞吐量、库存量与库存周转情况，并预测 5 年后的吞吐量、库存量，判断该配送中心的库容量是否能满足 5 年后库存量需求。

已知：该配送中心的库容量为 30 万箱，每月配送工作日为 25 天。

5 年后，食品 A 类高速流通商品占到总出库量的 55%，其中食品 AA 类占 10%，食品 AB 类占 15%，食品 AC 类占 30%；食品 B 类中速流通商品占到总出库量的 40%；食品 C 类低速流通商品占总出库量的 5%。5 年后通过各项流程的完善，可使周转天数在目前的基础上缩小至 1/3。

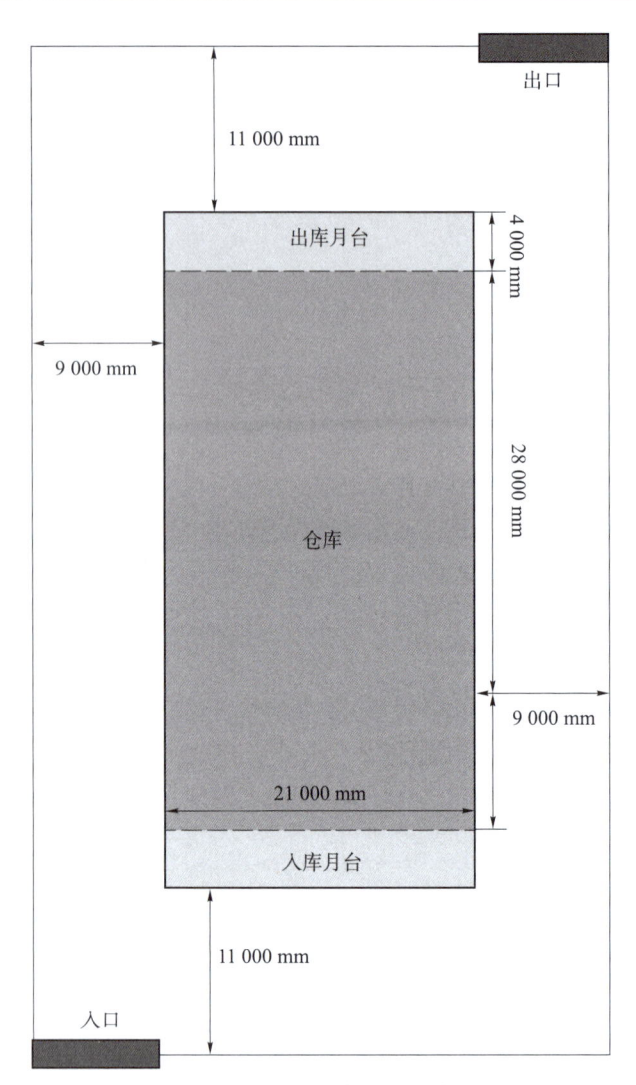

图 1-26 待规划的 A 园区仓库

表 1-42 历史数据统计

商品 ABC 分类	品种数	日均出库量/箱	日均库存量/箱	平均在库天数/天
食品 AA 类	15	3 867	13 921.2	3.6
食品 AB 类	24	2 678	9 373	3.5
食品 AC 类	368	7 792	67 790.4	8.7
食品 B 类	1 362	3 120	45 240	14.5
食品 C 类	1 898	578	20 808	36
合计	3 667	18 035	157 132.6	—

注：计算结果中，箱数四舍五入取整，其余均保留一位小数。

任务解析

能力目标分析是为了合理预测仓库商品的数量与服务的质量，衡量仓库规模能力，以此作为规划的目标值，目标值是仓库规划起初的一个基准条件。能力目标主要分析仓库的吞吐能力、库存周转能力、库存能力等内容。比如，通过分析仓库商品从入库到出库所经过的时间长短，来判断该仓库库存周转能力的强弱，时间越短，效率越高，意味着商品流动性越强，商品积压和价值损失的风险就越低，相对经营能力就越强，进而以此为依据，预测库存周转能力的目标值。不仅是库存周转能力，在整个仓库规划初始阶段，整个能力目标分析都是十分重要的。

本任务以食品、日用品仓库为主线，探索如何进行能力目标分析，进而确定仓库规划需求。任务包括两个方面的内容：一是学习如何整理销售数据、出入库数据，在整理数据的过程中，需要突破的难点是能够从海量数据中准确获取销售数量、出入库商品数量、出入库天数等需要进一步分析的数据；二是学习如何分析仓库吞吐能力、库存能力及库存周转率等内容，注意掌握各内容的分析方法，其中的难点是如何科学、准确地分析数据并得出结果。

相关知识

一、分析、预测仓储吞吐量

1. 吞吐量的内涵及计算方法

仓储吞吐量指在一定的仓储技术装备和人员劳动组织条件下，一定时期内，仓库出库、入库、直拨物资的总量。仓储吞吐量是衡量仓储规模大小的一个重要指标，反映了一定时期内仓库的工作量和收发能力。通常情况下，仓储吞吐量以"吨"作为计量单位，对难以用吨计量的物资，一般按照收货单或发货单上注明的重量来计算，有的也以价格折算成吨来计算。

在实际分析过程中，吞吐量既可以指入库吞吐量也可以指出库吞吐量，有时也指入库吞吐量与出库吞吐量的总和，一般我们提到的吞吐量是指入库量和出库量的总和。仓储吞吐量的计算公式为：

$$仓储吞吐量=仓库入库量+仓库出库量+仓库直拨量$$

（1）仓库进库量是指货物经仓储部门验收后，在库存上登记入账的货物数量，包括企业自行到供应商处提取和供应商送到企业仓库的货物数量，但未经企业仓储部门验收的货物不计入仓库入库量。

（2）仓库出库量是指企业按照出库调拨单上的数量发出的货物，以及客户自行到仓库提取的货物数量总和，但未办理完成装车发运手续的货物视为待发运货物，不计入仓库出库量。

（3）仓库直拨量是指企业从铁路车站、公路货运站及水运港口接运的货物，或从供应商采购的货物，不经过企业仓库入库作业，直接调拨给企业客户的货物数量。

对于仓储企业来说，在现有的技术水平和人员劳动力水平不变的情况下，仓储吞吐量越高，表示企业运营能力越强，经济效益越好，反之，则表示企业经营状况较差。通过运用仓储吞吐量指标，可以帮助企业合理规划生产设施设备的投入及劳动力的投入，合理运用企业各项资源，提高资源使用效率。对于企业来说，吞吐量并不是越高越好，而是需要结合企业生产实际合理规划仓容，充分发挥现有资源的作用，以合理的成本实现产出的最优化。

注意：吞吐量是实体货物流动的情况，当货物没有真正入库到配送中心或出库至店铺，仅存在信息传递时，不计入吞吐量。

2. 吞吐量需求预测

在零售企业供应链中，一定时期内供应链各节点供求关系呈现出图1-27所示的关系。

在供应链成员企业协调度较高，供应链成员企业目标利益一致的情况下，供应商供应的商

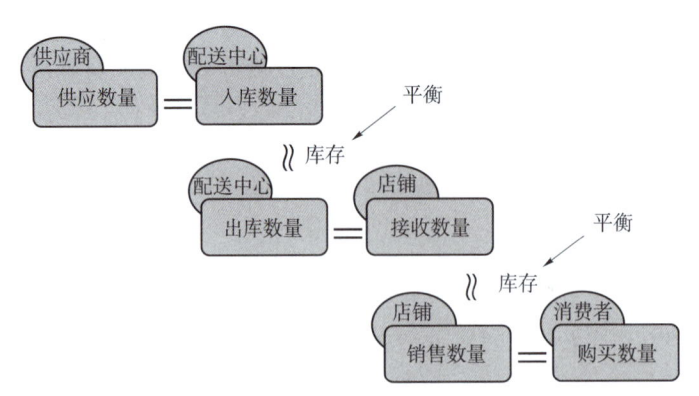

图 1-27 供应链各节点供求关系

品数量等于配送中心入库的商品数量，配送中心的出库数量等于下游店铺的接收入库数量，下游店铺的销售数量等于消费者的购买数量。通过供应链各节点间的协调一致，有效降低供应链各节点企业库存水平，进而降低整个供应链库存水平。

根据图 1-27 所示关系，我们可以得出以下公式：

$$出库数量 \approx 销售数量 \approx \frac{销售金额}{平均销售价格}$$

一般为了更好地衡量货物的吞吐量，我们往往用日均出库量来度量货物吞吐量水平，计算公式如下：

$$日均出库量 \approx \frac{出库数量}{出库日数}$$

出库日数是统计期间内商品实际发生配送活动的天数，一般按每月 25~30 天计算。

3. 分类吞吐量计算

由于配送中心存储的商品品类众多，不同品类商品的需求量、需求频率不同，因此为了更准确地预测仓库吞吐需求，也需要结合库存分类模型，估算不同品类、不同流通特征商品的吞吐需求。

实践中，估算分类吞吐需求主要使用历史类比法与行业类比法。历史类比法是基于商品的历史吞吐量情况来预测其未来某一段时间内的吞吐需求；行业类比法是以该行业内与本企业规模相近的企业作为参照标准，以相近企业的吞吐量作为自己吞吐量的预测数据，这类方法并不要求严格的计算过程，而是更多地根据物流专家的经验法则。

二、分析、设定库存周转率

1. 库存及库存周转内涵

库存有时也被称为"储备"，是指企业为了满足未来需要而目前暂时闲置的具有经济价值的资源，这些资源类型包括人、财、物、信息资源等。从生产企业的角度来看，库存是指仓库中实际存储的货物，一类是生产库存，它是用于保障企业所消耗的物资持续供应不间断而存储的物资；另一类是流通库存，如生产企业的原材料或产成品库存，以及各级物资主管部门保有的库存。

库存对于企业来说有利有弊：

（1）库存对于企业有以下有利的方面：

① 库存使企业获得规模经济。企业通过大批量采购获得价格折扣，同时也可以预防物料价格上涨所带来的损失；在生产环节，大批量的生产，使得固定成本分摊到更多产品中，降低单位

产品的制造成本；在运输环节，整车运输的费用率低于零担运输，通过大批量的运输，降低单位产品分摊的运输成本。

② 库存能够平衡供给与需求的差异性。很多产品的生产与消费之间存在差异性，包括时间上的差异性和空间上的差异性。例如，粮食的生产具有季节性，但粮食的消费是全年均衡的，通过库存可以将收获后富余的粮食存储起来，满足其他时间段对于粮食的需求。

③ 库存能够预防不确定性。对于生产企业来说，面临着上游供应商供应的不确定性和下游消费者需求的不确定性，通过持有一定的安全库存，可以应对供应的不确定及需求的波动所带来的风险。

（2）库存的存在能够为企业带来一定的利益，但过高的库存也存在弊端：

① 占用企业资金。企业的库存水平越高，意味着企业资金被占用得越多，企业无法将被占用的资金用于其他用途。

② 产生库存成本。过高的库存除了占用企业资金，也会产生相应的占用资金成本。如：企业向银行贷款购买物资，产生相应的利息费用支出；对于仓库库存的管理，需要投入相应的人力、物力和财力，产生相应的库存管理成本，以及库存对仓储空间的占用产生的仓储成本。

③ 掩盖企业管理上存在的问题。过高的库存水平会掩盖企业在生产管理中存在的问题，如废品率较高、库存商品过期变质，企业往往通过大批量的生产掩盖了库存管理方面存在的问题。

对于企业来说，库存量越大，流通资金占用越多，产生的库存成本越高；库存量越小，产生的库存成本越小；但库存过小，难以保证供应。因此企业需要设定一个合理的库存水平，以尽可能低的库存水平满足客户的订单需求。要为企业设定合适的库存水平，首先需要了解企业库存周转情况，一般用库存周转率和库存周转天数来衡量一个企业的库存周转情况。

库存周转率是指在一段时间内，库存货物周转的次数，一般以年为单位统计一年内库存货物周转次数。它是反映库存周转快慢程度的指标，库存周转率越高，表示企业的销售情况越好。

2. 库存周转计算公式

对于库存周转率的计算可以采用以下公式：

$$库存周转率 = \frac{商品年销售量}{商品平均库存量}$$

除使用数量来计算库存周转率外，也可以用金额来计算库存周转率。

$$库存周转率 = \frac{期间出库总金额}{期间平均库存金额}$$

$$期间平均库存金额 = \frac{期初库存金额 + 期末库存金额}{2}$$

库存周转天数指企业从取得存货或产成品、存货或产成品入库，到消耗、完成销售所经历的天数。库存周转天数越少，说明库存或存货变现的速度越快，库存周转天数可以通过库存周转率来计算，计算公式如下：

$$库存周转天数 = \frac{360}{库存周转率}$$

在计算库存周转率和库存周转天数时，一般以年或月为统计时间单位，当以年为单位计算时，一年按360天计。

例1—11 A门店每月销售可口可乐金额为8.5万元，月初不含税库存为3.5万元，月末不含税库存为2万元，请计算该门店可口可乐库存天数、年库存周转次数。

解：案例中以金额为单位来计算库存周转率，每月按30天计，全年按360天计。

$$库存月周转率/库存周转次数 = \frac{8.5}{(3.5+2) \div 2} \approx 3$$

$$库存天数 = \frac{30}{3} = 10 \text{（天）}$$

$$年库存周转次数 = \frac{360}{10} = 36 \text{（次）}$$

库存周转天数也可以采用下面公式进行计算：

$$库存周转天数 = \frac{全年实际物流发生天数}{周转次数}$$

$$= \frac{全年实际物流发生天 \times 平均库存数量（箱）}{全年商品销售总量（箱）}$$

$$\approx \frac{平均年库存数量（箱）}{日均商品销售量（箱）}$$

3. 设定库存周转目标

对于库存周转目标的设定，可以在规划建设配送中心之初就进行，为后期规划配送中心仓容、设施设备规划提供参考依据。

设定方法：专家预测法，即根据配送中心历史商品出库数据及库存周转天数，通过分析调查结果，结合专家见解与判断，预测未来配送中心库存周转目标。

专家预测法的缺点：在一定程度上依赖专家的主观判断，对于专家的经验及判断能力要求较高，预测结果带有一定的主观性。

三、分析、预测库存能力

1. 库存数据分析

库存数据分析步骤如下：

（1）对商品进行分类。配送中心涉及的商品品种众多，不同商品的需求量、需求频率不同，因此在对库存数据进行分析时，需要根据不同商品特征进行分类分析，在前面的章节中我们介绍了商品 ABC 分类法，即根据商品的出库金额或出库数量进行分类，将商品划分为 A、B、C 三个大的类别，对不同类别商品采取不同的管理方式。在进行库存数据分析时，可按照特征的不同对商品进行分类：

按商品当前出库拣选方式分类：在任务一中我们介绍了商品货态分析，即将商品存储和拣货单位分为 P、C、B 三种模式，分别代表托盘出库、箱出库、单品出库，采用这种分类方式，可以考察不同拣选方式对库存水平的作用和影响。

按商品 ABC 分类：根据商品出库数量将商品划分为 A、B、C 三类，采用这种分类方式，可以考察不同周转速度对库存变化的影响。

按商品品类分类：配送中心商品品类众多，如日用品类、食品类、服装类、家电类等，每一个大类下又可以划分为众多小类，采用这种分类方式，可以考察不同类别商品的库存特性，并进行横向比较。

（2）计算每类商品平均库存。物流分析中，通常计算一个周期范围内每日库存的算数平均值来求取平均库存，即：

$$平均库存 = \sum_{i=1}^{n} \frac{每日库存（箱）}{n}$$

选取的周期范围一般是年或月。

（3）使用表格统计平均库存。为了更加直观查看不同类别商品的库存水平，可以使用表格对比法来显示结果，通过横向与纵向的对比，直观地得出分析结果，见表1-43。

表1-43 配送中心不同类别产品库存量统计

商品 ABC 分类	食品类 SKU 数	食品类 库存量/箱	日用品类 SKU 数	日用品类 库存量/箱
AA 超超高速回转类	13	14 768.2	1	826.5
AB 超高速回转类	22	8 843.7	14	11 635.0
AC 高速回转类	408	86 842.5	212	21 963.1
B 回转类	1 250	45 506.4	752	22 484.8
C 回转类	1 856	27 749.2	1 504	20 360.8

2. 库存需求预测

库存需求预测流程及计算过程见图1-28。

$$库存周转次数 = \frac{全年商品销售总量（箱）}{平均库存数量（箱）}$$

库存周转次数×平均库存数量（箱）=全年商品销售总量（箱）

$$库存周转天数 \approx \frac{平均年库存数量（箱）}{日均商品销售量（箱）}$$

库存周转天数×日均商品销售量（箱）=平均库存数量（箱）

想象预测法 → 日均出库量 ← 分类吞吐量

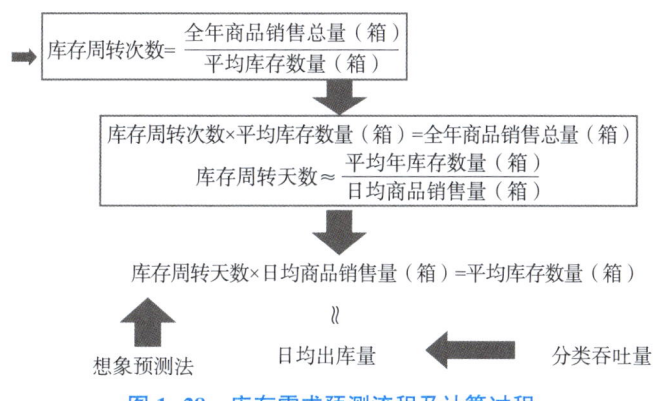

图1-28 库存需求预测流程及计算过程

动态变化的库存量与静态库容量之间的关系见表1-44。

表1-44 动态变化的库存量与库容量之间的关系

关系	意义
库存量<库容量	表明该配送中心正常存储中
库存量=库容量	表明该配送中心达到存储的峰值
库存量>库容量	表明该配送中心可能发生爆仓现象

实际中，当企业进行库存能力规划时，若企业期望仓库留有足够的存储弹性与余量，可取库存需求预测的上限值作为规划库容量；若企业期望最大限度避免投资过度，或期望较少的投资，可取库存需求预测的下限值作为规划库容量。

任务过程展现

一、预测5年后出库量大小

根据情境导入中给出的数据资料，某物流公司5年后销售金额为265.8亿元/年，平均销售价格是1 205元/箱。根据出库数量计算公式，结合公司5年后销售金额和平均销售价格，估算该物流公司 5 年后年出库数量为：

$$出库数量 \approx 销售数量 \approx \frac{销售金额}{平均销售价格}$$

$$年总出库数量 \approx 年总销售数量 \approx \frac{26\ 580\ 000\ 000}{1\ 205} \approx 22\ 058\ 091（箱）$$

根据背景资料数据信息，该物流公司每月配送 25 天，可以估算该公司日均商品出库数量为：

$$日均出库数量 \approx \frac{销售金额}{平均销售价格 \times 出库日数}$$

$$\approx \frac{26\ 580\ 000\ 000}{1\ 205 \times 12 \times 25}$$

$$\approx 73\ 527（箱）$$

预测 5 年后物流公司吞吐量时，根据上述计算结果得出日均出库量为 73 527 箱。已知 A 类高速流通商品占总出库量的 55%，其中 AA 类占 10%，AB 类占 15%，AC 类占 30%；B 类中速流通商品占到总出库量的 40%；C 类低速流通商品占总出库量的 5%，AA 类、AC 类、B 类、C 类商品的出库量详见表 1-45。

表 1-45　某物流公司分类吞吐量对照

商品 ABC 分类	原始统计数据		预测设计数值	
	日均出库量/箱	百分比/%	日均出库量/箱	百分比/%
AA 类	3 867	21.44	7 352.7	10
AB 类	2 678	14.85	11 029.05	15
AC 类	7 792	43.20	22 058.1	30
B 类	3 120	17.30	29 410.8	40
C 类	578	3.2	3 676.35	5
合计	18 035	100	73 527	100

二、计算商品平均在库天数预测值

导入该物流公司库存周转情况的历史数据，见表 1-46。

表 1-46　历史数据统计

商品 ABC 分类	品种数	日均出库量/箱	日均库存量/箱	平均在库天数/天
食品 AA 类	15	3 867	13 921.2	3.6
食品 AB 类	24	2 678	9 373	3.5
食品 AC 类	368	7 792	67 790.4	8.7
食品 B 类	1 362	3 120	45 240	14.5
食品 C 类	1 898	578	20 808	36
合计	3 667	18 035	157 132.6	

根据表 1-46 的历史数据及 5 年后库存周转预测数据，5 年后通过各项流程的完善，可使周转天数在目前的基础上缩小至 1/3，我们可以得出 5 年后该物流公司库存周转情况数据，将历史数据和 5 年后库存周转情况数据对比，得到表 1-47。

表 1-47　某物流公司库存周转情况对照

商品 ABC 分类	平均在库天数（原）/天	平均在库天数（设定）/天
食品 AA 类	3.6	1.2
食品 AB 类	3.5	1.2
食品 AC 类	8.7	2.9
食品 B 类	14.5	4.8
食品 C 类	36	12

三、计算日均库存量预测值

在前面的步骤中，已经得到日出库量与平均在库天数的 5 年后的预测数据，整理后得到表 1-48。

表 1-48　某物流公司日均库存量统计

分类	日均出库量/箱 历史数据	日均出库量/箱 预测数据	平均在库天数/天 历史数据	平均在库天数/天 预测数据	日均库存量/箱 历史数据	日均库存量/箱 预测数据
食品 AA 类	3 867	7 352.7	3.6	1.2	13 921.2	
食品 AB 类	2 678	11 029.05	3.5	1.2	9 373	
食品 AC 类	7 792	22 058.1	8.7	2.9	67 790.4	
食品 B 类	3 120	29 410.8	14.5	4.8	45 240	
食品 C 类	578	3 676.35	36	12	20 808	
合计	18 035	73 527	—	—	157 132.6	

根据公式平均库存数量=日均出库数量×库存周转天数，5 年后日均库存数量可以用 5 年后日均出库数量预测值和 5 年后平均在库天数预测值求解，最后计算出 5 年后日均库存量预测值，结果见表 1-49。

表 1-49　某物流公司日均库存量预测值

商品 ABC 分类	日均出库量/箱 历史数据	日均出库量/箱 预测数据	平均在库天数/天 历史数据	平均在库天数/天 预测数据	日均库存量/箱 历史数据	日均库存量/箱 预测数据
食品 AA 类	3 867	7 352.7	3.6	1.2	13 921.2	8 823.24
食品 AB 类	2 678	11 029.05	3.5	1.2	9 373	13 234.86
食品 AC 类	7 792	22 058.1	8.7	2.9	67 790.4	63 968.49
食品 B 类	3 120	29 410.8	14.5	4.8	45 240	141 171.84
食品 C 类	578	3 676.35	36	12	20 808	44 116.2
合计	18 035	73 527	—	—	157 132.6	271 314.63

从表 1-49 中数据可知，5 年后该物流公司库存量预测值为 271 314 箱，现有库容量为 30 万箱，库存量需求预测值小于现有库容量，因此配送中心库容量能够满足 5 年后库存量需求。

提升训练

配送中心扩建问题分析

某连锁零售企业 2020 年的存储量为 12.5 万箱，平均存储利用率超过 80%，现考虑在不改变作业模式下扩建现有配送中心，以满足企业今后 5 年的使用要求。

已统计的当前数据包括平均库存量 10 万箱、平均每月工作日 25 天、商品平均库存周转天数 25 天，最近 5 年的年销售量数据见图 1-29。

问：
（1）为满足今后 5 年的使用要求，配送中心是否有必要扩建？
（2）若改扩建，则配送中心应当扩大多少存储容量？

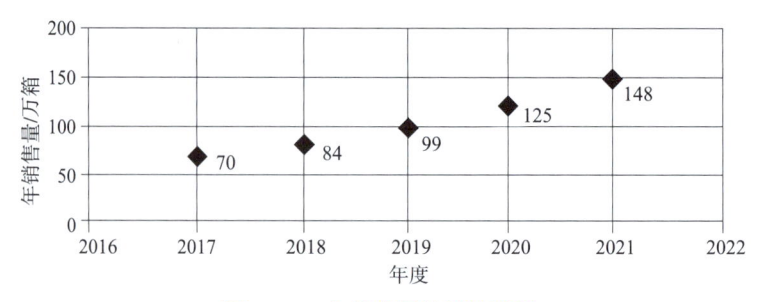

图 1-29 年销售量的统计数据

解：首先，预估该企业 5 年之后的年销售量。企业年销售量一般呈同比增长的势态，基数越大则增长量越大，呈现出指数型趋势。因此可由销售量的统计值前推 5 个周期，画出指数趋势线，趋势线与指数函数的公式见图 1-30，由图及指数函数公式可求得该企业在 5 年之后（2025年）的年总销售量将达到 360 万箱。

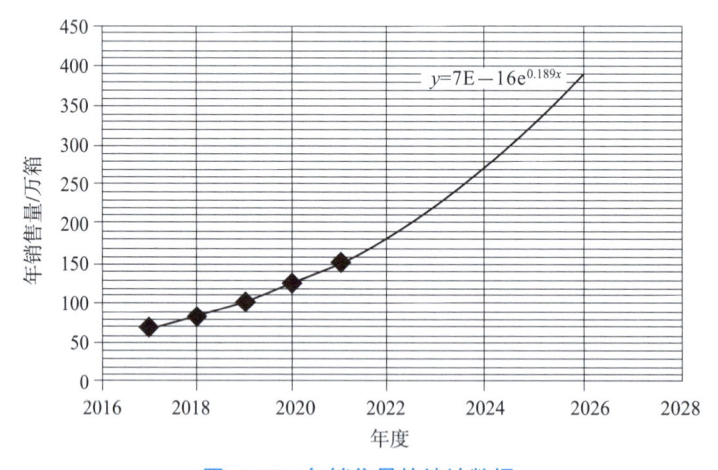

图 1-30 年销售量的统计数据

其次，预估 5 年后商品的平均周转天数。该企业目前商品平均库存周转天数为 25 天，由于扩建配送中心仅仅扩大商品的库容量，各项物流管理活动基本保持现有模式不变，据此可判断商品的周转情况不会在今后发生较大变化，因此设定 25 天作为周转天数。

再次，将这些数据代入平均库存的计算公式，得出：

$$平均库存（箱）= \frac{周转天数×销售总量}{年度实际工作日}$$

$$= \frac{25×360}{25×12}$$

$$= 30（万箱）$$

以此类推，可以得出每一年度的销售量估计值与平均库存量的估计值，数据见表 1-50。

表 1-50　未来 5 年的销售量与平均库存量的估值

年度	预测销售量/万箱	预测库存量/万箱
2021	180	(25×180)÷(25×12) = 15
2022	210	(25×210)÷(25×12) = 17.5
2023	260	(25×260)÷(25×12) = 21.6
2024	300	(25×300)÷(25×12) = 25
2025	360	(25×360)÷(25×12) = 30

由此计算结果表明：

（1）企业 5 年后的库存需求近似值在 30 万箱左右，而企业现有库存量为 12.5 万箱，库容量为 12.5÷0.8＝15.6（万箱），因此若要满足 5 年后的使用要求，必须进行扩建。

（2）改扩建的配送中心应当可以满足日均存储 30 万箱的要求，即增加 14.4 万箱的库容量。

知识拓展

某药品连锁企业预计 5 年后的经营规划将达到 60 亿元/年，预计此规模下单箱价格将达到 1 160 元/箱。现有配送中心平均入库量是 2 641 箱/天，出库量是 2 220 箱/天，每月出库配送工作日 25 天。预测 5 年后配送中心的吞吐量，并考虑该配送中心是否需要进行扩建。

请将解答过程写在下框中。解答完成后，可扫描下面的二维码查看本题的参考答案。

知识拓展（参考答案）

学思之窗

一、教学建议

（1）通过仓库吞吐能力、库存周转率、库存能力的计算的教学，提升学生灵活运用知识的能力，让学生认识到正确的数据分析对于仓储系统规划的重要价值，通过合理规划可以提高资源利用效率，避免资源投入过多或不足，降低企业经营成本，从而增强学生成本意识与物流系统规划意识。

（2）通过小组合作，分析任务中仓库吞吐能力、库存周转率、库存能力等数据，思考讨论如何从资源利用的最大化出发，考虑企业未来发展规划，选择合适的库容水平，培养学生认真仔细的态度与合作意识，提高学生分析问题、解决问题的能力。

（3）通过了解配送中心不同类别产品周转率的情况，学生理解仓储配送服务能力需求的趋势，了解行业发展方向，同时认识到数据分析对企业系统规划的重要性，努力学习物流大数据挖掘相关的知识和技术。

（4）通过仓储规划与设计岗位知识的教学，提升学生的基本职业素养，培养学生爱岗敬业的职业精神，增强学生的民族自信心。

二、典型素材

（一）内容介绍

IDC（互联网数据中心）于2023年1月发布了《IDC FutureScape：全球数据和内容技术2023年预测——中国启示》。IDC中国新兴科技研究组高级分析师李浩然表示，数据作为所有产业发展的核心资产，企业应以解决客户痛点为目标，融合知识引擎、时空一体、时间序列等技术，实现多行业领域高水平分析决策和跨行业融合方案，建立数据—行动闭环管理体系，加快对数据全生命周期管理服务及配套应用的创新和重构。

IDC 2023年中国数据与内容技术十大预测具体内容如下：

预测一：智能分析

到2024年，33%的中国500强企业将广泛使用人工智能分析技术，来支持数据智能、决策行动和数据培训，来应对认知偏差和算法黑盒的风险。

预测二：智能决策

到2024年，无法利用机器学习进行跨功能与统一场景规划和预测，将对75%的中国500强企业在应对市场波动的能力方面产生负面影响。

预测三：数据启示

到2024年，为促进基于数据启示的决策，50%的中国500强企业（2022年为33%）将在企业或生产应用程序中嵌入分析功能，从而增加对精通数据应用程序开发者的用人需求。

预测四：数据安全

到2025年，随着数据市场的增长、数据隐私法规的完善以及对数据主权的担忧，60%的中国500强企业将会成立数据风险管理委员会，设立首席数据官（CDO）、首席信息安全官（CISO）和首席法务官（CLO）。

预测五：知识引擎

到2025年，鉴于混合工作模式和高劳动力流动，有40%的中国500强企业将投资知识引擎，用于知识的保留、管理和非结构化内容共享。

预测六：性能密集型计算

到 2025 年，35%的中国 500 强企业将受益于投资性能密集型计算，解决数字化发展下由于数据混乱导致的非最优化资产回报的问题。

预测七：数据联合

到 2026 年，考虑到已经投资部署的数据仓库和数据湖，60%的中国 500 强企业将考虑对未来数据和内容技术的投资回报率，并导致对数据联合的投资。

预测八：数据行动闭环

到 2027 年，10%的中国 500 强企业将部署数据和行动反馈循环系统，从而在数据和内容获取与分析投资方面获得更高的回报。

预测九：时空一体

到 2026 年，20%的中国 500 强企业将使用时空一体化数据处理技术，来实现 N 维复杂用户实践，并扩大对远程通信技术的需求。

预测十：数字化数据

到 2027 年，70%的经济价值将以高信息密度的商品和服务形式呈现，为保持经济增长速度，将推动计算需求不断扩大。

（二）教学过程实施及预期效果

通过了解 IDC 对于 2023 年中国数据与内容技术十大预测，学生将认识到数据会作为未来所有产业发展的核心资产。对于企业来说，应建立数据—行动闭环管理体系，加快对数据全生命周期管理服务及配套应用的创新与重构。引导学生思考企业应如何采取有效技术对数据进行分析，如何利用数据分析结果完善企业管理，如何保障数据安全，培养学生创新意识、数据敏感意识和数据安全意识。

学有所思

（1）有哪些因素会影响到库存周转率，不同类别商品周转情况有什么区别？

（2）企业在进行库容规划时还需要考虑哪些因素，影响企业库容规划最主要的因素是什么？

知识检测

一、单选题

1. 库存量<库容量，表明（　　）。

A. 该配送中心达到存储的峰值　　　　B. 该配送中心正常存储中

C. 该配送中心可能发生爆仓现象　　　　D. 该配送中心库存不足

2. 某企业某产品的月销售金额是 556 500 元，已知该产品的销售单价为 100 元，则该企业当月的吞吐量是（　　）个单位。

A. 556 500　　　B. 5 565　　　C. 185.5　　　D. 179.5

3. 某零售企业预计 5 年后的经营规模将达到 30 亿元/年，预计此规模下单箱价格将达到 1 000 元/箱。配送中心现有平均入库量是 1 870 箱/天，出库量是 1 650 箱/天，每月出库配送工作日是 25 天，则该企业每月入库活动的发生天数是（　　）天。

A. 20　　　B. 21　　　C. 22　　　D. 23

4. 某零售企业某商品全年销售总量为 584 000 箱，该企业每月实际物流发生天数为 25 天，平均库存数量为 2 350 箱，则该企业的库存周转天数是（　　）天。

A. 1　　　B. 1.1　　　C. 1.2　　　D. 1.3

5. 某公司年销售额达 6 500 万元，平均每箱货品价格为 950 元，若公司每月出库配送 27 天，那么商品日均出库量为（　　）箱。

A. 201　　　B. 211　　　C. 220　　　D. 233

6. （　　）是指一段时期内进、出配送中心的货物数量，以实际箱数为计量单位。

A. 库存能力　　　B. 库存周转率　　　C. 吞吐量　　　D. 吞吐量估算

7. 若企业取库存需求预测的上限值作为（　　），则说明该企业期望仓库留有相应的存储弹性和余量。

A. 库容量　　　B. 库存量　　　C. 出库量　　　D. 周转量

8. 通过对库存需求的推算，当库存量=库容量，表明该配送中心达到存储的（　　）。

A. 低谷　　　B. 正常　　　C. 峰值　　　D. 爆仓

9. （　　）是指某一特定期间内商品的销售成本与平均库存量之间的比例关系，用以衡量库存周转速度的快慢。

A. 库存分析　　　　　　　　　B. 库存拣选
C. 库存预测　　　　　　　　　D. 库存周转率

10. （　　）即企业实际存储的货物，指一切目前闲置的、用于未来的、有经济价值的资源。

A. 库存　　　B. 分拣　　　C. 库存量　　　D. 库容量

二、多选题

1. 在（　　）情况下，可取库存需求预测的下限值作为库容量。

A. 企业期望零库存　　　　　　B. 企业期望仓库留有足够的存储弹性与余量
C. 企业期望最大限度避免投资过度　　D. 企业期望投资较小

2. 全年商品销售总量等于（　　）。

A. 年度销售总量　　　　　　　B. 仓库出库数量减去店铺的后备数量
C. 库存周转天数乘以日均商品销售量　　D. 库存周转次数乘以库容量

3. 下列属于库存数据分析步骤的是（　　）。

A. 确定库存需求规模　　　　　B. 对商品进行分类
C. 计算每类商品的平均库存　　D. 使用表格统计平均库存

4. 分类吞吐量的估算方法主要有（　　）。

A. 历史分类法　　　　　　　　B. 历史类比法
C. 行业类比法　　　　　　　　D. 行业分类法

5. 在进行吞吐量需求的预测中，企业年销售金额与平均销售价格的比值，大约等于（　　）。

A. 年总出库量　　　　　　　　　B. 年总出库量销售价格
C. 年销售数量　　　　　　　　　D. 年销售额

6. 对商品进行分类的具体分类内容是（　　）。
A. 当前拣选出库方式的分类　　　B. 商品 ABC 分类
C. 商品种类的分类　　　　　　　D. 商品数量的分类

7. 在零售物流中，一段时期的供求关系描述正确的是（　　）。
A. 供应商供应数量＝配送中心入库数量
B. 店铺接收数量＝配送中心出库数量
C. 店铺销售数量＝消费者购买数量
D. 供应商供应数量＝消费者购买数量

8. 统计平均库存时，应将存在于（　　）上的货物也统计在内。
A. 运输途中　　　B. 店铺后仓　　　C. 店铺货架　　　D. 运输设备

9. 关于库存周转描述正确的是（　　）。
A. 库存量越大，流动资金占用越多，产生的库存成本越高
B. 库存量越大，流动资金占用越低，产生的库存成本越高
C. 库存量越小，产生的库存成本越大，但库存量过小，难以保证供应
D. 库存量越小，产生的库存成本越小，但库存量过小，难以保证供应

10. 设定库存周转目标的描述正确的是（　　）。
A. 设定时间：在规划之初就予以确定
B. 设定方法：想象预测法，即针对历史数据与调查结果，通过专家的见解与判断，预测库存周转目标
C. 想象预测法：一定程度上依赖主观猜测与想象
D. 设定时间：在运营过程中予以确定

三、判断题

1. 在计算销量时，供应商直接送货的商品也要统计在内。　　　　　　　　（　　）
2. 库存量与流动资金成正比。　　　　　　　　　　　　　　　　　　　　（　　）
3. 吞吐量是实体货物流动的情况。　　　　　　　　　　　　　　　　　　（　　）
4. 库存周转天数约等于平均年库存数量除以日均商品销售量。　　　　　　（　　）
5. 库存周转天数，与日均商品销售量成正比。　　　　　　　　　　　　　（　　）

学习评价

根据学习情况完成表 1-51 和表 1-52。

表 1-51　职业核心能力测评表

（在□中打√，A 通过，B 基本掌握，C 未通过）

职业核心能力	评估标准	评价结果
素质方面	1. 践行社会主义核心价值观，具有深厚的爱国情感和中华民族自豪感； 2. 具有社会责任感和社会参与意识； 3. 具有创新意识、逻辑分析意识、物流系统意识； 4. 具有吃苦耐劳、认真仔细、5S 管理、团队合作等职业道德	□A　□B　□C □A　□B　□C □A　□B　□C □A　□B　□C

续表

职业核心能力	评估标准	评价结果
知识方面	1. 理解仓库吞吐量的含义及计算方法； 2. 掌握吞吐量需求预测方法； 3. 理解库存周转分析的量化指标； 4. 掌握库存周转分析的计算方法； 5. 掌握库存数据分析步骤； 6. 掌握库存需求预测方法； 7. 掌握库容需求计算方法	□A □B □C □A □B □C □A □B □C □A □B □C □A □B □C □A □B □C □A □B □C
能力方面	1. 具有探究学习、终身学习、分析问题和解决问题的能力； 2. 具有数据逻辑意识、分析问题和解决问题能力； 3. 能够有效进行仓库目标能力分析； 4. 能够结合仓库吞吐能力、周转率、库存能力分析结果为仓库能力规划提供参考依据	□A □B □C □A □B □C □A □B □C □A □B □C
学生签字：	教师签字：	年　　月　　日

表1-52　专业能力测评表

（在□中打√，A通过，B基本掌握，C未通过）

专业能力	评价指标	自测结果	要求
吞吐能力	1. 吞吐能力的含义； 2. 吞吐能力的分析与预测方法； 3. 吞吐能力的计算	□A □B □C □A □B □C □A □B □C	能够理解吞吐能力的内涵，掌握吞吐能力的分析与计算方法
库存周转率	1. 库存周转率的含义； 2. 库存周转率的计算方法； 3. 库存周转率的设定	□A □B □C □A □B □C □A □B □C	能够根据库存周转率计算结果合理设定商品库存，降低库存水平
库存能力	1. 库存能力的含义； 2. 库存能力的计算； 3. 库存能力的预测	□A □B □C □A □B □C □A □B □C	理解库存能力的内涵，正确进行库存能力预测，为仓库能力规划提供依据
教师评语：			
成绩：		教师签字：	

模块二

仓库分区

任务一　仓库分区

任务概述

本任务需要仓储规划与设计人员综合考虑商品类别、仓储操作要求以及辅助功能需求等因素，确定配送中心功能区；根据物流园区及仓库的约束条件、仓储作业流程等因素，设计合适的仓库内外物流动线及功能区位置，并绘制仓库内外物流动线及功能区布置图。

学习计划表

【学习目标】
（1）能够考虑仓库及物流园区约束条件、作业流程等因素设计合适的仓库内外物流动线。
（2）能够考虑仓库及物流园区约束条件、作业流程等设计合适的功能区位置。
根据课前预习及学习情况填写表2-1。

表2-1　学习计划表

	项目	基础知识	设计物流动线	布置仓库功能区位置
课前预习	预习时间			
	预习结果	1. 难易程度 　　偏易（即读即懂）（　　）　　适中（需要思考）（　　） 　　偏难（需查资料）（　　）　　难（不明白）　（　　） 2. 需要课堂提问内容 _____ _____ 3. 问题总结 _____ _____		

续表

项目		基础知识	设计物流动线	布置仓库功能区位置
课后复习	复习时间			
	复习结果	1. 掌握程度 　　了解（　　）　　熟悉（　　）　　掌握（　　）　　精通（　　） 2. 疑点、难点归纳 _____ _____ _____ _____		

【知识目标】

（1）掌握仓储基本作业环节。

（2）熟悉仓库功能区类型。

（3）掌握功能需求与功能区匹配方法。

（4）掌握物流动线类型及其特点。

（5）了解物流动线设计原则。

（6）掌握仓库功能区位置规划方法。

（7）掌握仓库功能区位置规划步骤。

【技能目标】

（1）能够确定仓库作业环节。

（2）能够根据仓库作业环节匹配功能区。

（3）能够设计仓库内外物流动线。

（4）能够合理布置仓库功能区位置。

（5）能够提高逻辑思考能力。

【素养目标】

（1）培养学生规范化、标准化的操作技能。

（2）培养学生的成本意识和服务意识。

（3）培养学生分析问题、解决问题的能力。

（4）培养学生吃苦耐劳的精神、认真仔细的态度、遵守5S管理制度的习惯，加强学生团队合作的意识。

情境导入

某物流公司拟在A园区建设仓库（见图2-1），该仓库计划为所在区域的超市提供仓储配送服务。根据前期对配送需求的调研，确定该配送中心基于商品ABC分类进行仓库布局。

任务要求：根据该项目前期数据分析结果，结合商品在配送中心仓储操作要求（见表2-2），确定该仓库所需的功能区域，并对功能区域进行布局。（可结合情境案例，使用仓储规划系统进行操作）

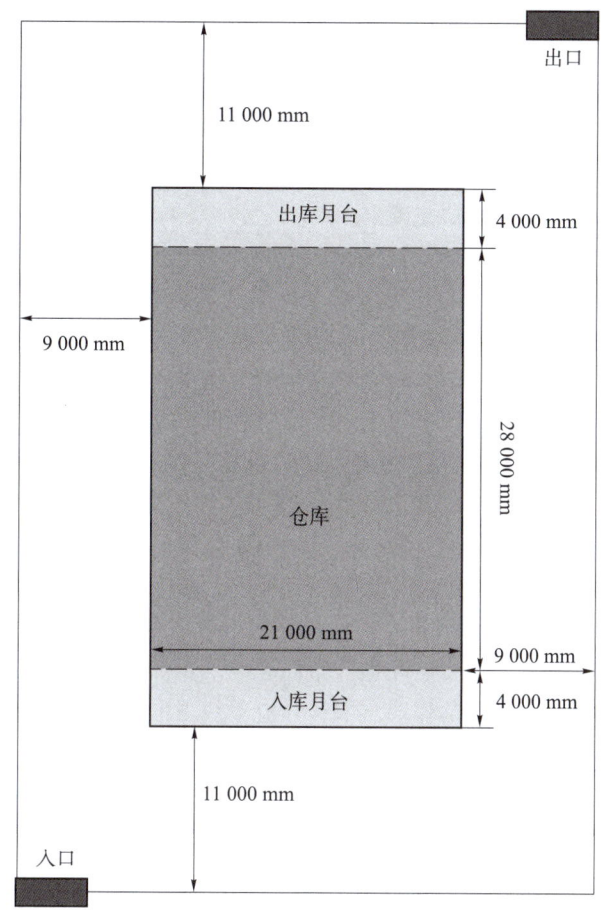

图 2-1　A 园区待建设仓库

表 2-2　商品在配送中心仓储操作要求

商品 ABC 分类	入库要求	存储要求	出库要求
A 类 B 类 C 类	整托或整箱入库 叉车搬运 需检验，地面堆垛待检入库	随机存储+固定货位存储； 托盘货架存储	按照门店订单进行拣选； 整托或整箱拣选出库； RFID（无线射频识别）手持终端指示拣选； 叉车搬运； 装车前复核

任务解析

　　通过前面对仓库需求分析模块的相关内容学习，接下来要进行第二个工作环节仓库分区的学习。本模块有一个学习任务，内容包括仓库功能区确定和仓库功能区位置规划。仓库功能区到底如何确定呢？如果入库商品要求是整托待检入库，就必须规划入库暂存区域，目的是保证商品入库后有地方暂存进行检验；如果商品是整箱存储、出库，那么在确定功能区时，就必须规划整箱存储区；有的商品是拆零出库，就需要规划拆零拣选区；如果存储的商品中有比较贵重的，还应规划贵重品存储区进行单独管理；要是有需要冷藏的生鲜食品，就需要规划冷藏区进行低温保鲜存储。仓库功能区确定是仓库分区的第一个工作环节，只有根据企业需求确定合理的功能区域，才能对整个仓库进行区域空间规划。这些区域的位置如何布局设计，直接影响整个仓库的作业模式和作业效率，那么怎么规划？例如入库暂存区要紧挨着入库月台，出库暂存区要紧挨着出库月台，这是为了方便商品出入库时暂存检验或集货，而出库频率高的商品会紧挨着出库暂存区，这是为了保证商品能够以最快速度出库。

本次任务以食品、日用品仓库功能区确定及仓库功能区位置规划为主线，学习作为一名物流经理人，如何进行仓库功能确定和如何进行仓库功能区位置规划。任务主要包括六个方面的内容：一是学习如何根据规划要求，进行仓储功能定位，并确定仓库功能需求。在学习过程中，应该注意掌握常见业态，例如连锁零售等对仓库功能的要求和不同商品对仓库功能的要求，了解各存储作业模式的特点，而在学习过程中需要突破的难点是根据不同商品类别及其存储要求，合理定位仓库功能需求。二是学习如何确定仓库各功能区域。学习过程中应该了解仓库功能区的类型及其特点，重点学习功能区域与仓库作业需求的匹配方法，需要突破的难点是根据仓库实际作业需求，确定合理的仓库功能区域。三是学习如何设计合理的仓库内外物流动线。在进行设计时，应该注意掌握常见物流动线的特点及适用范围，准确理解物流动线的设计原则，而在学习过程中需要突破的难点是需要根据仓库的实际情况和作业模式，灵活设计仓库物流动线。四是学习如何合理布置仓库功能区位置。在进行布局时应该重点掌握功能区的类型及对应的功能，而需要突破的难点是根据仓库的实际作业需求和物流动线方向来确定各功能区的合理位置布局。五是确定仓库内部货物流向。根据仓库功能区位置布局，确定仓库内货物的流向，注意物流动线设计的原则不可违背。六是借助工具绘制出仓库物流动线图和功能区布局图。通过学习最终能够借助PPT等工具，绘制出仓库布局图。

相关知识

一、仓库基本作业流程

仓库作业是指从商品入库到商品出库的整个作业过程，主要包括入库流程、在库管理和出库流程等内容，其中在库管理包括存储、拣选和集货过程。图2-2展示的是仓库基本作业流程。仓库功能区域的设置与仓库内物流活动（仓库作业环节）密切相关，不同仓库类型对应的作业环节会有所区别。

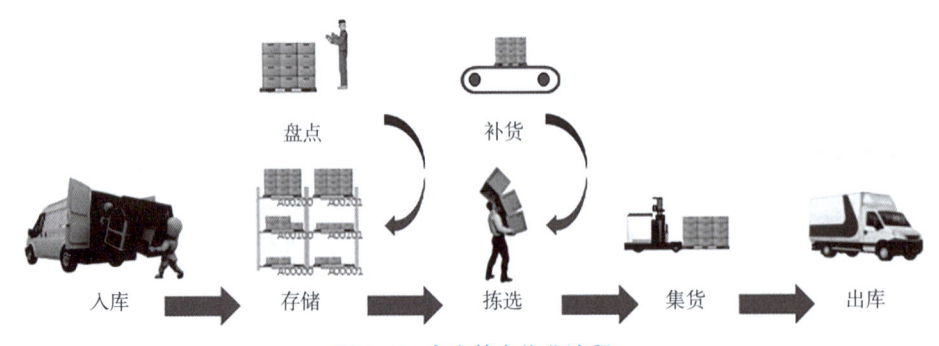

图2-2 仓库基本作业流程

二、仓库基本作业环节认知

（一）入库作业

入库作业是整个仓库物流活动的开始，为了设计一个实用的仓库，应该考虑入库的作业需求。

一个完整的入库作业，一般包括入库预约登记、到货卸车、入库检验、信息录入、货位分配以及入库上架等过程。

（二）出库作业

出库作业是货物离开仓库的最后环节，它是将拣选完毕的货物按一定规则集中起来，将符合要求的货物打包做好标识，最后装车发运的过程。

（三）存储作业

存储作业是指通过仓库对物资进行存储和保管，是以保管物资活动为中心，从仓库接收商品入库开始，到按需要把商品全部完好地发送出去为止的全部过程。

存储的形式有多种，大部分外形尺寸规则的商品的存储单位可以分为托盘存储和箱式存储（见图2-3和图2-4）。托盘存储是把物资堆放在托盘上，并以托盘为单位进行存放管理，这种形式适合大批量货物的存储、拣选区域的货物存放；箱式存储是把物资装箱管理，以装箱为单位进行存放管理，这种形式适合少批量货物的存储、拣选区域的货物存放。

图2-3　托盘存储 　　　　　　　　图2-4　箱式存储

存储方法包括托盘地堆和货架存储。托盘地堆是指托盘物资不上货架或者其他存储设施，而是直接将托盘摆放到地面上。货架存储是指把货物放置在货架上进行存储。常见的货架包括轻型货架、流利货架、托盘货架、悬臂货架等。

（四）拣选作业

拣选作业是指在仓库或配送中心的发货过程中，根据客户的订货要求或配送中心的作业计划，将拣货单上列出的货物由仓库取出并集中在一起的作业过程。

拣选的形式包括托盘拣选、箱式拣选、零货拣选等。

（1）托盘拣选：以托盘整托货物为拣选单位，从存储区中选取整托货物。

（2）箱式拣选：以箱为拣选单位，从存储区或拣选区中选取所需数量的货物，一般以托盘或笼车为承载单位。

（3）零货拣选：零散货物的拣选以最小可销售单位为拣选单位，一般以周转箱为承载容器。

三、不同仓库类型下的作业环节

（一）第三方存储型仓库

第三方存储型仓库是指企业将仓库作业活动外包给外部服务公司，由外部服务公司提供仓库服务的方式。

1. 第三方存储型仓库的物流特点

（1）客户单一，一般一个仓只服务一家大型客户。

（2）商品种类少。

（3）一般为托盘存储，尺寸类型较少。

（4）作业模式简单，一般为整进整出，较少业务量涉及拆零。

2. 第三方存储型仓库的作业环节

（1）入库作业。

（2）存储作业。

（3）拣选作业。

（4）出库作业。

（二）连锁零售型仓库

连锁零售型仓库是指连锁零售企业直接使用和管理的仓库。在商业领域中，存在成千上万个连锁零售企业，这些连锁零售企业为保证市场商品供应，满足消费者需求，根据储备原则，建立必要的商品存储。

1. 连锁零售型仓库的物流特点

（1）物流服务内容多样化。实行集中采购和批量进货，供货商是大包装供货形式；连锁门店销售时要拆零，有时还需进行简单加工；连锁零售企业的物流系统一般要具备拆零、分拣、包装和简单加工等功能。

（2）配送和仓储要求多样化。商品品种繁多，涉及食品、日用品等，对配送和仓储的要求呈现多样化的趋势：冷冻食品在运输和仓储过程中需要冷链食品物流；易碎易压物品（玻璃制品等）在仓储和运输过程中也有专业的操作和运输要求。

（3）配送量波动大，订货频率高，配送量少，时间要求较严格。销售量受随机因素（如促销）影响较大，造成门店的配送量波动大。对于仓储空间等资源有限的门店，每个网点配送量少，一般要依靠提高配送频率来满足需求，而且配送过程有时间限制。

（4）退货、换货等问题。零售商品更新换代的频率较高，如时尚商品或季节性强的商品；配送中心还承担诸如发放赠品、退货换货（正品、残次品）等功能；消费品通常有不同的保质期，需要有针对性地进行保质期管理。

2. 连锁零售型仓库的作业环节

（1）存储作业。

（2）拣选作业。

（3）流通加工作业。

（4）出库作业。

（5）退换货作业。

（三）生鲜食品型仓库

生鲜食品型仓库是指专门存储和分拣生鲜食品的仓库，是生鲜食品行业中不可或缺的一部分。生鲜食品型仓库是生鲜企业的命脉，汇集了大量的生鲜储备，是生鲜企业进行产品销售的重要中转站，生鲜食品型仓库的布局、规模、技术都会给产品营销带来影响。

1. 生鲜食品型仓库的物流特点

（1）存储。对温度、湿度有要求。例如：苹果适合的冷藏温度为 $-1 \sim 1$ ℃，湿度为 $85\% \sim 90\%$。

（2）包装。生鲜食品易损耗，对包装稳定性和完整性要求高。

（3）时效。生鲜食品易腐烂变质，时效要求高，相应地流通率高。

2. 生鲜食品型仓库的作业环节

（1）入库作业。
（2）存储作业。
（3）拣选作业。
（4）冷链加工作业。
（5）出库作业。

四、仓储功能区类型

仓储功能区是指仓库内部按照不同的功能需求划分出来的不同区域。为实现仓库的高效管理和物流运作，仓储功能区按照重要程度可以划分为主要功能区、辅助功能区和次要功能区。

（一）主要功能区

主要功能区一般包括库存区、拣选区、集货区、出/入库月台等。

1. 库存区

库存区是指用以满足货物存储需要的区域。存量需求高，则库存区的空间要求大；存量需求低，则库存区的空间要求小。在库存区，需要按照货物的种类、规格、品牌等进行分类存放，以便实现货物的快速查找和取出。同时，还需要设置货架、货位等库存设备，以便充分利用仓库空间，提高存储效率。

根据存储形式与存储设备的不同，库存区可以分为地堆存储区、托盘货架存储区、自动仓库存储区和轻型货架存储区等（见图2-5）。

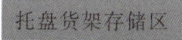

图2-5 不同类型存储区

2. 拣选区

拣选区可以视为存储区的一种特定形式，是特别为拣选作业而设置的区域，主要用于对库存区内的货物进行拣选。整托或整箱的拣选一般在库存区完成，高层货位作为存储点，便于取货的底层货位作为拣选点；零货拣选一般需要通过设置独立的拣选区来完成，故轻型货架存储区一般用于零货拣选和存储。

3. 集货区

集货区是连接内部区域与出库月台的桥梁，是对货物进行发货整理、检查、复核的工作区域。集货区域越大，则同一时间可予备货的店铺越多。

4. 出/入库月台

出/入库月台是指与仓库相连的线路或进入仓库内部的线路，以及线路与仓库的连接点。月台是物流园区货物的入口，也是货物的出口，是货物进出的必经之地。月台用以装卸货物，是连接配送中心外部和内部的桥梁。

（二）次要功能区

次要功能区一般包括出入库暂存区、办公区、充电区、退货区、流通加工区和搬运设备停放区，是主要功能区功能的补充，可让仓库的功能得到进一步扩大。

1. 出入库暂存区

货物在仓库中移动时，入库可能需要暂存，然后从入库暂存区移到货位；出库可能也需要暂存，然后从出库暂存区装货。

2. 办公区

跟踪货物的接收、入库、保管、出库的所有管理工作在办公区进行。办公区一定要设置，而且最好要加锁，不要全面开放。所以办公区的门最好做成玻璃的，可以往里面看，但一般人是不可以随便进去的。

3. 充电区

仓库内放置充电设备需要充分了解安全问题及实际使用的情况，才能既满足充电需求，也能保证仓库内的安全。

4. 退货区

退货区指客户退货、企业内部人员归还借用的货物处理区域，方便仓库人员拆包检查及分类退检。

5. 流通加工区

流通加工区主要完成分拣、包装等工作，在该区可以改变一些商品的功能，使其能得到更广泛的应用，从而提高商品的销售量和销售额。该区的主要作用包括：可以提高原材料的利用率；由于是按照用户要求对原材料进行初级加工，从而方便了用户；提高加工效率及设备利用率；使物流更加合理。

6. 搬运设备停放区

该区的设置一方面是改进仓储管理，延长设备使用生命周期；另一方面便于货物的出入库、库内堆码以及翻垛等作业，减轻劳动强度，提高收发货效率。

（三）辅助功能区

在配送中心主体的外围，还有一些辅助区域，这些区域服务于配送中心，主要包括大门、车辆通道、车辆停车场、绿化区域、警卫室、司机休息室、消防通道、配电室、卫生间、消防池（水泵房用）、消防池、货梯、走廊、电梯等。

五、仓储作业环节与仓库功能区匹配

仓库内的每一项作业都在对应的工作区域完成，表2-3为仓储作业环节与仓库功能区匹配关系。

表2-3　仓储作业环节与仓库功能区匹配关系

作业环节	对应功能区	其他辅助功能区
入库作业	入库月台	办公室 设备存放区 充电区
入库作业	入库暂存区	办公室 设备存放区 充电区
存储作业	存储区	办公室 设备存放区 充电区
拣选作业	拣选区	办公室 设备存放区 充电区
退货作业	退货区	办公室 设备存放区 充电区
集货作业	集货区	办公室 设备存放区 充电区
出库作业	出库暂存区	办公室 设备存放区 充电区
出库作业	出库月台	办公室 设备存放区 充电区

想一想：零售仓库布局（见图2-6）和电商仓库布局（见图2-7）在功能区布局不同，归纳总结两种仓库在功能区布局上有什么区别。

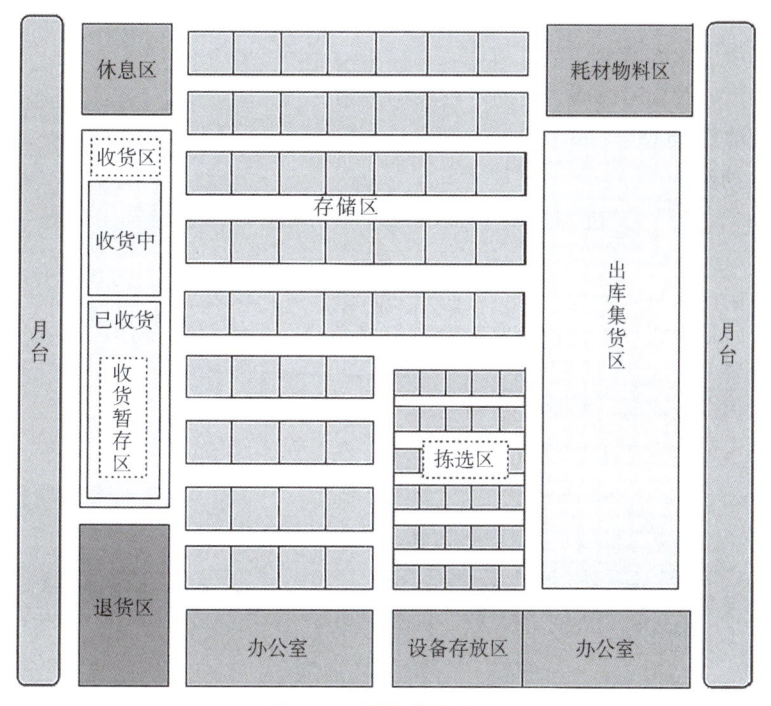

图 2-6 零售仓库布局

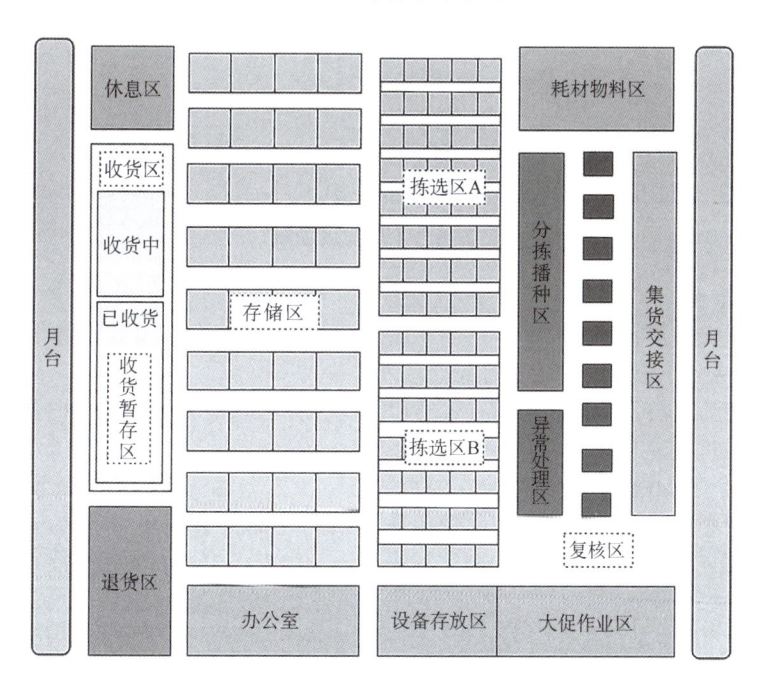

图 2-7 电商仓库布局

六、物流动线

了解仓库需要哪些功能区域后，可以根据物流动线与各个区域之间的关系来设计位置。物流动线是指货物与人员在配送中心内的移动路线，包括区域之间和区域内部两部分。

（一）物流动线设计原则

（1）物流动线不交叉，避免同时间作业时，相互干扰。
（2）物流动线不迂回，避免出现无效搬运。
（3）满足货物进出库特性。
（4）库外物流动线要考虑园区道路、围墙等因素。

（二）物流动线类型

1. I 型物流动线

I 型物流动线的设置是指收货和出货区域在仓库相对立的两个方向（见图 2-8）。I 型物流动线的特点：

（1）适合需快速流转的配送中心，或用不同类型的车辆来进货和发货。
（2）作业流向是直线形的，各作业物流动线平等进行，可降低操作人员和物流手动车相撞的可能性。
（3）出、入货台距离远，增加了货物的整体运输路线，降低操作效率。
（4）需两组人员负责两个货台的监管，增加了人员投入及运作成本。

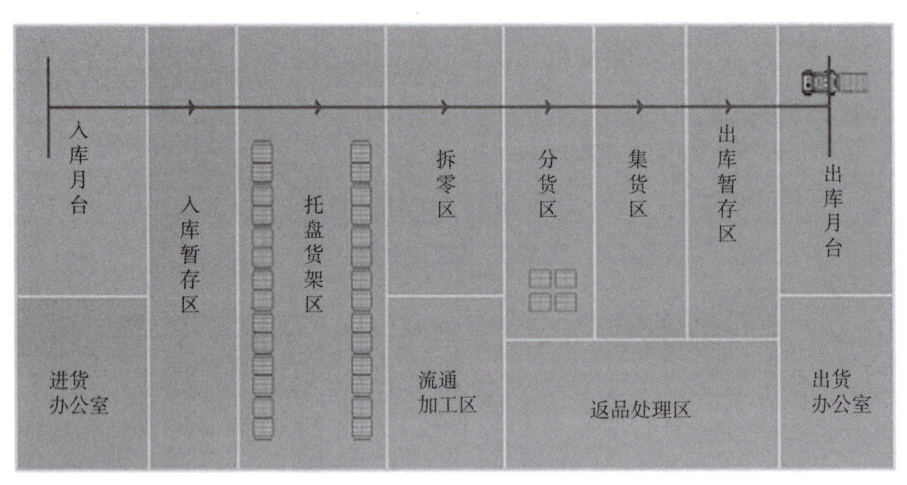

图 2-8　I 型物流动线

2. L 型物流动线

需要处理快速流转货物的仓库通常采用 L 型物流动线，L 型物流动线把货物出入仓库的途径缩至最短（见图 2-9）。L 型物流动线的特点：

（1）L 型物流动线与 I 型物流动线有些类似，同样拥有两个独立货台、较少碰撞交叉点、适合处理快速流转的货物。
（2）可同时处理"快流"及"慢流"的货物。除了 L 型流向范围内的货物，其他功能区的货物的出入效率会相对降低。因此，把"快流"的货物存储在 L 型流向范围内，把"慢流"的货物存储在 L 型流向范围外，按货物的搬运频率有效利用配送中心内的各功能区。

3. U 型物流动线

U 型物流动线的设置是指在仓库的一侧有相邻的入库和出库月台（见图 2-10）。U 型物流动线的特点：

（1）使用同一通道供车辆出入，更有效地利用配送中心外围空间。
（2）可以集中货台管理，减少货台监管人员数量，易于控制和安全防范。
（3）容易造成混淆，特别是在繁忙时段及处理类似货物的情况下。

4. S 型物流动线

S 型物流动线适用于出入库月台分别位于仓库相对两边的情况。需要经过多步骤处理的货

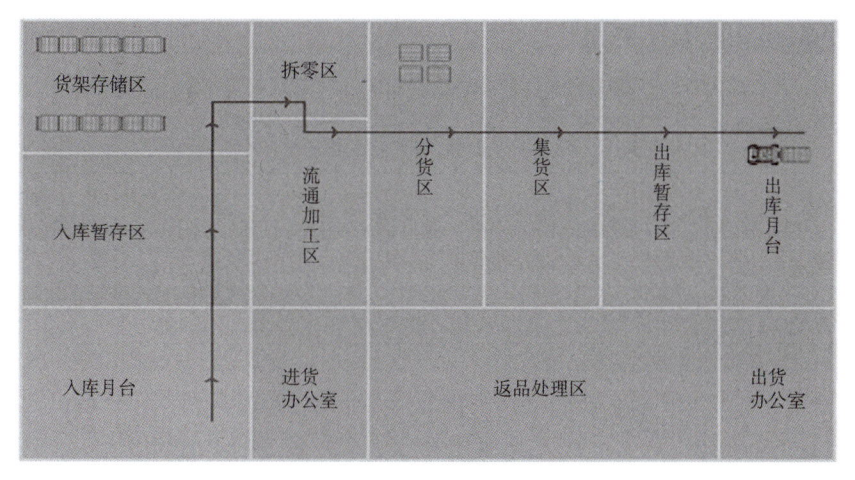

图 2-9　L 型物流动线

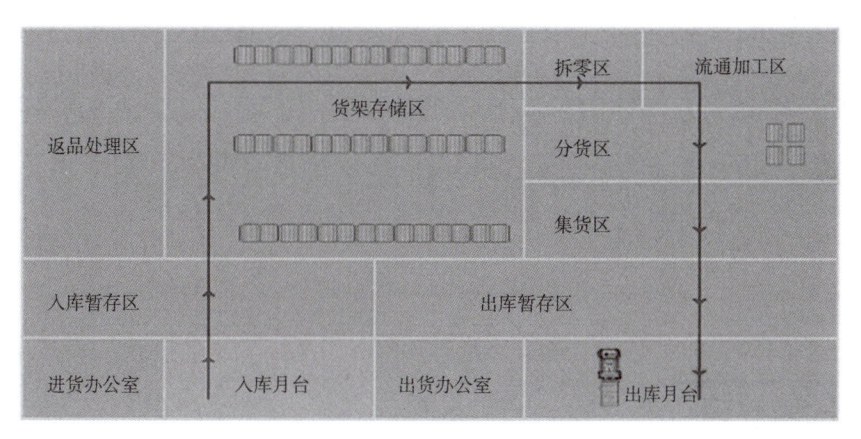

图 2-10　U 型物流动线

物，货物在仓库的物流动线呈 S 型（见图 2-11）。S 型物流动线的特点：
（1）满足多种流通加工等处理工序的需要。
（2）在宽度不足的仓库中作业。
（3）可与 I 型物流动线结合在一起使用。

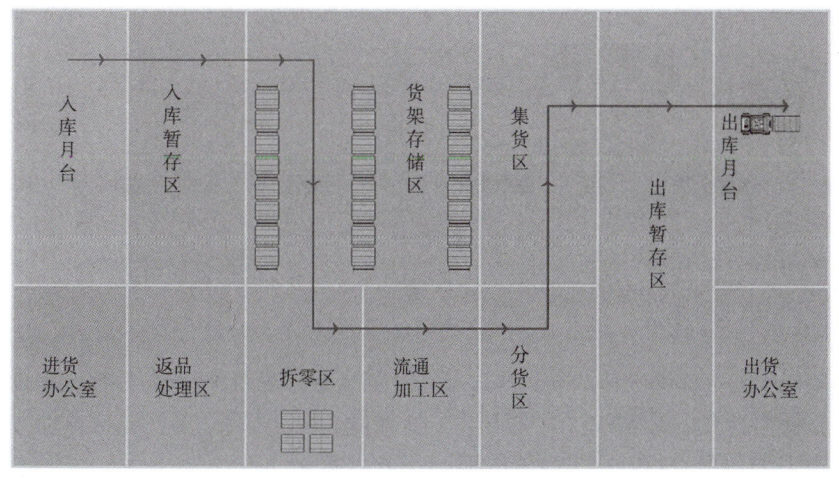

图 2-11　S 型物流动线

七、仓库功能区相互关系

根据仓库内货物流向和各功能区用途，明确各区域之间的关系，见表2-4。

表2-4 仓库功能区相互关系

区域名称	布局说明
入库办公室	靠近入库月台和入库缓存区
功能检验区	靠近入库物流门
入库缓存区	分布于各入库物流门内
不合格品区	靠近入库缓存区
存储区	面积区域最大，根据存储物料属性进行布置
拣选区	（1）和存储区共用；（2）靠近存储区和集货区
集货区	靠近出库物流门，各集货区之间应保留适当距离，防止出库时造成拥堵
出库办公室	靠近出库月台和出库缓存区
出库缓存区	分布于各出库物流门内
叉车停放区	靠近作业区
充电区	充电器需靠墙安装

任务过程展现

一、明确仓库业务类型、作业环节

回顾情境导入中表2-2的内容，可明确仓库的业务类型为零售型配送仓库，物流活动包括入库、存储、出库等。

从已知条件可知，物流作业环节包括入库、存储、拣选、集货和出库，见图2-12。

入库 → 存储 → 拣选 → 集货 → 出库

图2-12 物流作业环节流程

二、确定仓库功能区

案例背景中提及"该配送中心基于商品ABC分类进行仓库布局"，将存储区和拣选区合二为一，采用托盘货架，一层为拣选区，二层以上为存储区。

根据所学的内容，得到该仓库所需的功能区域，见表2-5。

表 2-5　仓储作业环节与仓库功能区匹配关系

主要功能区	区域功能描述	次要功能区	区域功能描述
存储区 A	高周转货物库存保管和拣选出库区域	入库暂存区	货物检验暂存
存储区 B	中周转货物库存保管和拣选出库区域	出库暂存区	货物复核暂存
存储区 C	低周转货物库存保管和拣选出库区域	退货区	处理退货区域
入库月台	卸货、验收	办公室	人员办公区域
出库月台	装车	设备存放区	设备存放
		充电区	设备充电

三、设计合理的物流动线，确定仓库内货物流向

已知：

（1）A 园区仓库出入库月台在库房两侧设置；

（2）功能区设置存储、出入库暂存区等 11 个区域；

（3）作业流程简单，主要包括入库作业、存储作业、拣选作业和出库作业；

（4）拣选区和存储区共用货架。

根据以上已知条件，该仓库物流动线选择 I 型（见图 2-13），即货物的流向是从入库月台到出库月台。因此，采用 I 型布置主要功能区位置。

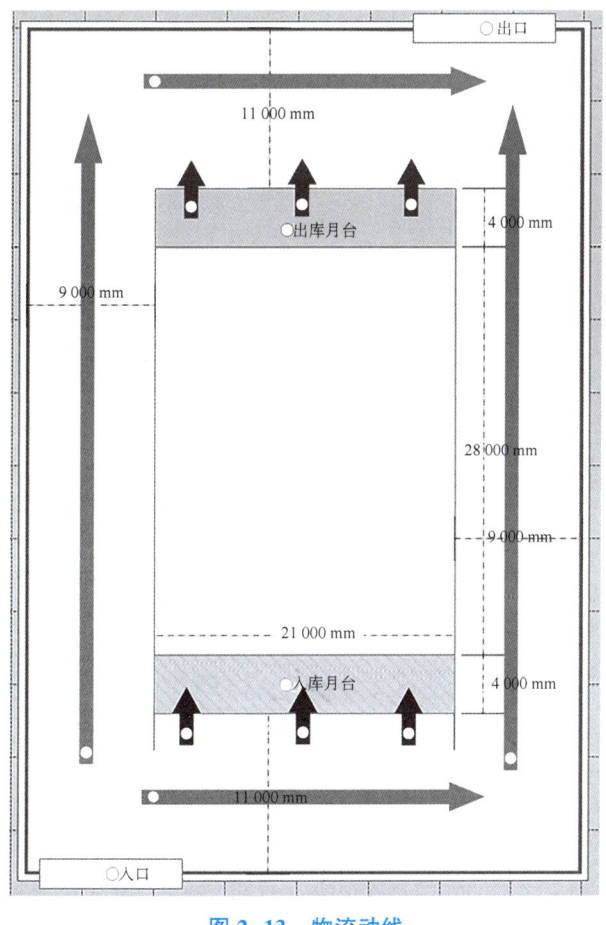

图 2-13　物流动线

四、根据货物流向，合理布置仓库功能区位置

情境导入中案例背景采用Ⅰ型物流动线布局，确定的功能区模块见图2-14，根据各区域相关关系完成布局。

（1）根据入库月台位置确定入库暂存区位置。
（2）根据出库月台位置确定出库暂存区（集货区）位置。
（3）在出入库暂存区之间布置存储区。
（4）根据入库月台和入库暂存区位置布置入库办公室位置，靠墙布置。
（5）根据入库月台和入库暂存区位置布置退货区位置，靠墙布置。
（6）根据存储区和出库暂存区位置布置设备存放区和叉车充电区位置，叉车充电区靠墙布置。

最后得到仓库功能区位置布局图，见图2-15。

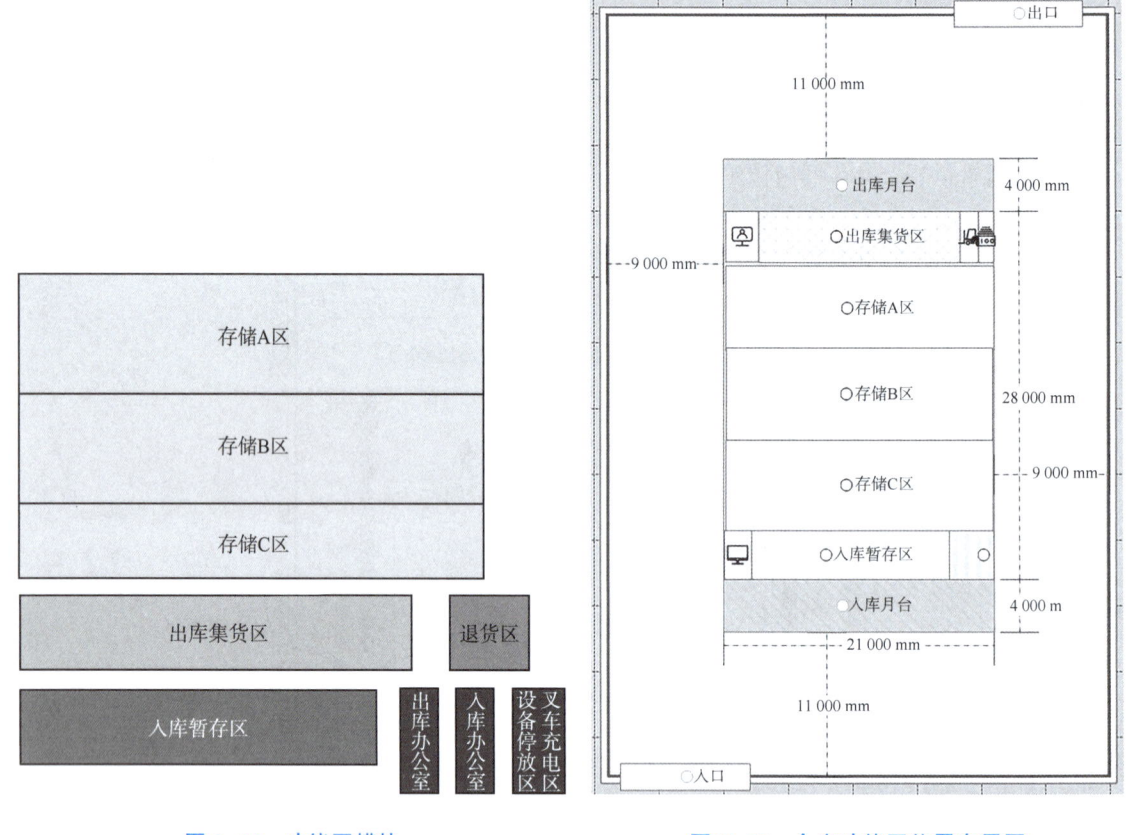

图 2-14　功能区模块

图 2-15　仓库功能区位置布局图

提升训练

广东工贸物流公司拟在A园区内建设配送中心，A园区仓库见图2-16，要求仓库建成后能够进行超市和便利店项目的配送作业。

根据前期对仓储配送需求的调研，确定该配送中心需基于商品ABC分类和商品品类进行库房规划，请结合商品在配送中心的仓储操作要求（见表2-6），对A园区内的仓库进行仓库功能分区及物流动线设计。

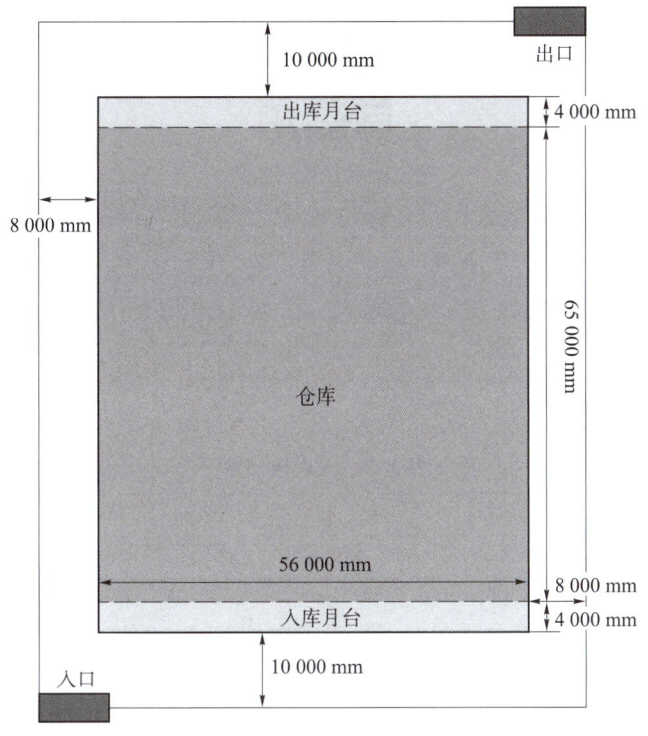

图 2-16 A 园区仓库

表 2-6 商品在配送中心仓储操作要求

商品 ABC 分类	入库要求	存储要求	出库要求
食品 A 类 食品 B 类 食品 C 类 日用品 A 类 日用品 B 类 日用品 C 类	整托或整箱入库； 叉车搬运； 需检验； 地面堆垛待检入库	托盘商品随机存储+固定货位存储（商品出库量差异较大）； 不合格品、退货商品的存储； 按计划进行盘点； 存储无特殊温度要求	按照门店订单进行拣选集货整托出库； 部分商品拆零拣选后复核打包出库； 轻型货架拆零拣选； 周转箱拣选、搬运； 电动叉车搬运； 食品类商品拆零拣选量大，靠近拆零拣选作业区

园区内的仓库长 65 000 mm，宽 56 000 mm，高 11 000 mm，面积为 3 640 m²，建筑立柱间距长 12 000 mm，宽 9 000 mm，地面承重为 3 t；门宽 4 500 mm，高 8 000 mm；月台宽 4 000 mm，高 1 200 mm，库内地面高度与月台同高；月台雨棚宽 4 500 mm，高 8 500 mm；园区内通道宽分别为 10 000 mm 和 8 000 mm。

要求：
(1) 绘制仓库外围车辆出入园区和商品出入库的基本物流动线；
(2) 根据上述条件设计仓库内部功能区域布局；
(3) 绘制 A、B、C 三类商品的出入库物流动线及退回商品入库的物流动线。
解答完成后，可扫描下面的二维码查看参考答案。

提升训练（参考答案）

知识拓展

某仓库建筑面积为 10 000 m²，地坪载荷为 20 000 N/m²，库净高 4.8 m。现该库收到入库通知单，见表 2-7。

表 2-7 入库通知单   入库时间   年   月   日   时

入库编号	品名	包装规格	包装材料	单体毛重/kg	包装标识限高/层	入库总量/箱	备注
00011226	五金工具	400 mm×250 mm×320 mm	杨木	48	5	2 400	

如果该批货物入库后码垛堆存，至少需要多大面积的储位？如果仓库可用宽度受限，仅为 5 m，计划堆成重叠堆码的平台货垛，则垛长、垛宽及垛高各为多少箱？

解：单位包装物面积 = 400×250÷1 000 000 = 0.1（m²）；

单位面积重量 = 48×9.81÷0.1 ≈ 4 710（N）；

可堆层数从净高考虑：

层数 a = 4.8÷0.32 = 15（层）；

可堆层数从包装标识限高考虑：

层数 b = 5 层；

可堆层数从地坪载荷考虑：

层数 c = 20 000÷4 710 ≈ 4.24 ≈ 4（层）；

可堆层数 = min{15,4,5} = 4（层）；

占地面积 = (2 400÷4)×0.1 = 60（m²）；

垛宽 = 5÷0.25 = 20（箱）；

垛长 = 60÷5÷0.4 = 30（箱）；

垛高 = 4 箱。

答：至少需要 60 m² 的储位。如果仓库可用宽度受限，仅为 5 m，堆成重叠堆码的平台货垛，则垛长 30 箱、垛宽 20 箱、垛高 4 箱。

学思之窗

一、教学建议

（1）通过仓储基本作业流程及仓库功能区域分区规划的教学，提升学生对仓储规划岗位的认知及灵活运用知识的能力，让学生认识如何通过规划设计优化配送中心作业流程，提高仓储设施设备利用率，降低企业经营成本，增强学生的数据敏感意识和系统观念。

（2）通过小组合作，分析任务中的问题，思考讨论如何，从仓储基本作业环节、仓储功能区类型、作业环节与功能区匹配、物流动线、物流动线类型、各功能区之间的相互关系等方面综合考虑，设计合适的仓库内外物流动线及功能区位置，并绘制仓库内外物流动线及功能区布置图，提高学生敏锐的观察能力及对发展趋势的判断能力，培养学生认真仔细的态度与合作意识，提高学生分析问题、解决问题的能力。

(3) 通过了解配送中心商品管理策略与方法，学生理解管理方法与水平的提升对生产技术技能水平提升的重要作用。

(4) 通过仓储规划与设计岗位知识的教学，提升学生的基本职业素养，培养学生的爱岗敬业精神，增强学生的自信心。

二、典型素材

(一) 内容介绍

素材名称：天津滨海新区危险品仓库爆炸，天空升起"蘑菇云"。

内容简介：视频播放了天津港内一危险品仓库爆炸的现场，通过视频图片，展示危险品仓库安全的重要性。

思政元素：安全意识。

素材类型：视频案例。

素材内容：自行到网上查找天津滨海新区危险品仓库爆炸的视频。

(二) 教学过程实施及预期效果

该案例在仓储作业流程或仓库功能区类型讲解时引入，通过学习了解仓库的分类及危险品仓库的内容，让学生认识到现实仓储作业中存在的问题以及危险品仓库安全第一，结合视频案例，给予学生警示，增强学生的全局意识和安全意识。

知识检测

一、单选题

1. 为了保证鲜肉、鲜鱼在流通过程中的保鲜及装卸搬运问题，通常在仓储过程中需要对其进行低温冻结的处理，能进行这一处理的仓储功能属于（　　）。

   A. 存储型　　　　B. 流通型　　　　C. 直流型　　　　D. 加工型

2. 仓库中，为满足客户多品种、少批次配送需求，需进行小包装存储配送，可设置的区域是（　　）。

   A. 流通加工区　　B. 拆零区　　　　C. 分货区　　　　D. 集货区

3. 生鲜食品型仓库的物流特点不包含（　　）。

   A. 对温度、湿度有要求

   B. 生鲜食品易损耗，对包装稳定性和完整性要求高

   C. 作业模式简单，一般为整进整出，较少业务量涉及加工

   D. 生鲜食品易腐烂变质，时效要求高，相应地流通率高

4. 外观不规则的商品，应存放于（　　）。

   A. 地堆存储区　　B. 隔板货架　　　C. 轻型货架　　　D. 托盘货架

5. （　　）又称立库、高层货架仓库、自动仓储 AS/RS。

   A. 地堆式存储　　B. 货架存储　　　C. 托盘存储　　　D. 自动化仓库存储

6. （　　）用以满足货物的存储需要。存量需求高，则库存区的空间要求大；存量需求低，

则库存区的空间要求小。

A. 存储区　　　　B. 拣选区　　　　C. 集货区　　　　D. 搬运区

7. （　　）是仓库作业范围中的重要一环，其目的在于正确而迅速地将订单所需的商品集中起来。

A. 存储作业　　　B. 拣选作业　　　C. 出库作业　　　D. 入库作业

8. （　　）是连接内部区域与出库月台的桥梁，是对货物进行发货整理、检查、复核的工作区域。

A. 库存区　　　　B. 拣选区　　　　C. 入库月台　　　D. 集货区

9. （　　）可以视为存储区的一种特定形式，是特别为拣选作业而设置的区域。

A. 存储区　　　　B. 拣选区　　　　C. 集货区　　　　D. 搬运区

10. （　　）用以装卸货，是连接配送中心外部和内部的桥梁。

A. 库存区　　　　B. 拣选区　　　　C. 月台　　　　　D. 集货区

二、多选题

1. 根据存储策略不同，仓库可分为（　　）。

A. 存储型　　　　B. 流通型　　　　C. 直流型　　　　D. 复合型

2. 下面关于拣选区描述正确的是（　　）。

A. 零货拣选一般需要通过设置独立的拣选区来完成，故托盘货架存储区一般用于零货拣选和存储

B. 拣选区可以视为存储区的一种特定形式，是特别为拣选作业而设置的区域

C. 整托或整箱的拣选一般在存储区完成，高层货位作为存储点，便于取货的底层货位作为拣选点

D. 零货拣选一般需要通过设置独立的拣选区来完成，故轻型货架存储区一般用于零货拣选和存储

3. 连锁零售物流的特点有（　　）。

A. 物流服务内容多样

B. 配送和仓储要求多样化

C. 退货、换货等问题

D. 配送量波动大，订货频率高，配送量少，时间要求严格

4. 大部分外形尺寸规则的商品的存储单位可以分为（　　）。

A. 货架存储　　　B. 托盘存储　　　C. 箱式存储　　　D. 自动仓库存储

5. 在有需求时，要对配送中心仓储作业区域进行规划，进货暂存区的规划要点有（　　）。

A. 每日进货数量　B. 托盘使用规格　C. 配送客户数量　D. 容器流通程度

6. 某物流公司现需对占地面积 2 000 m² 的仓库进行规划设计，设计的仓库仓储操作要求如下：仓库商品品类为食品类及日用品类，需整托或整箱地面堆垛检验入库，用托盘货架存储，出库时按照门店订单进行拣选，整托或整箱拣选出库，装车前需要复核，叉车搬运出库。以下描述正确的是（　　）。

A. 该仓库存储商品需要地面堆垛待检入库和复核后出库，所以需要设计入库暂存区和出库暂存区

B. 该仓库不需要进行拆零拣选作业，所以不需要设计拆零拣选区

C. 该仓库还需设计办公区，但由于仓库面积较大不需要单独设计叉车等设备停放区，设备停放于存储区空闲地方即可

D. 该仓库存储商品为食品类和日用品类，可以对商品的周转天数进行进一步分析，将高周

转商品存储位设计在靠近出库月台的地方，低周转商品存储位设计在相对离出库月台较远的地方

7. 根据存储形式与存储设备的不同，库存区可以分为（　　　）。
   A. 地堆存储区　　　　　　　　B. 托盘货架存储区
   C. 自动仓库存储区　　　　　　D. 轻型货架存储区
8. 仓储功能区域类型包括（　　　）。
   A. 内部辅助区域　　B. 主要功能区　　C. 次要功能区　　D. 辅助功能区
9. 仓库功能区可以分为主要功能区、次要功能区以及辅助功能区，（　　　）属于主要功能区。
   A. 库存区　　　　B. 出入库暂存区　　C. 拣选区　　　　D. 集货区
10. 对于食品类商品的存储要求，说法正确的是（　　　）。
    A. 费列罗巧克力需要冷藏存储
    B. 曲奇饼干存储时需要保证通风
    C. 为了防潮，存储饼干时，可放置清香樟脑丸
    D. 奥利奥可以和漱口水相邻存放

三、判断题

1. 在仓库存储过程中，包装好的饼干可以和化妆品相邻存放。　　　　　　　（　　）
2. 物流作业区域在划分时，通常具有流程性的前后关系。　　　　　　　　　（　　）
3. 食品类商品对存储环境有很严格的要求，它怕潮，要通风，要与食品类商品放在一起。
 　　　　　　　　　　　　　　　　　　　　　　　　　　　　　　　　　（　　）
4. 配送中心作业流程的分析程序可利用作业分析图进行，逐步将操作、搬运、检验、暂存、存储保管等不同性质的工作加以分类，并将各作业阶段的储运单位及作业数量加以统计整理。
 　　　　　　　　　　　　　　　　　　　　　　　　　　　　　　　　　（　　）
5. 库存区用以满足商品的存储需要。存量需求高，则库存区的空间要求大；存量需求低，则库存区的空间要求小。　　　　　　　　　　　　　　　　　　　　　（　　）

学习评价

根据学习情况完成表2-8和表2-9。

表2-8　职业核心能力测评表

（在□中打√，A通过，B基本掌握，C未通过）

职业核心能力	评估标准	评价结果
素质方面	1. 践行社会主义核心价值观，具有深厚的爱国情感和中华民族自豪感； 2. 具有社会责任感和社会参与意识； 3. 具有规范化、标准化的操作技能； 4. 具有成本观念、服务意识； 5. 具有吃苦耐劳、认真仔细、5S管理、团队合作等职业道德	□A　□B　□C □A　□B　□C □A　□B　□C □A　□B　□C □A　□B　□C
知识方面	1. 掌握仓储基本作业环节； 2. 熟悉仓库功能区类型； 3. 掌握仓库功能需求与功能区匹配方法； 4. 掌握物流动线类型及其特点； 5. 了解物流动线设计原则； 6. 掌握仓库功能区位置规划方法； 7. 掌握仓库功能区位置规划步骤	□A　□B　□C □A　□B　□C □A　□B　□C □A　□B　□C □A　□B　□C □A　□B　□C □A　□B　□C

续表

职业核心能力	评估标准	评价结果
能力方面	1. 具有探究学习、终身学习、分析问题和解决问题的能力； 2. 具有良好的语言、文字表达能力和沟通能力； 3. 能够熟悉运用 Office 等办公软件； 4. 能够确定仓库作业环节； 5. 能够根据仓库作业环节匹配功能区； 6. 能够设计仓库内外物流动线； 7. 能够合理布置仓库功能区位置； 8. 能够提高逻辑思考能力	□A □B □C □A □B □C □A □B □C □A □B □C □A □B □C □A □B □C □A □B □C □A □B □C
学生签字：	教师签字：	年 月 日

表 2-9 专业能力测评表

（在□中打√，A 通过，B 基本掌握，C 未通过）

专业能力	评价指标	自测结果	要求
仓库功能区	1. 仓储基本作业环节； 2. 仓库功能区类型； 3. 仓库功能需求与功能区匹配方法	□A □B □C □A □B □C □A □B □C	能够确定仓库作业环节； 能够根据仓库作业环节匹配功能区
物流动线	1. 物流动线类型； 2. 物流动线特点； 3. 物流动线设计原则	□A □B □C □A □B □C □A □B □C	能够设计仓库内外物流动线
布置仓库功能区位置	1. 仓库功能区位置规划方法； 2. 仓库功能区位置规划步骤	□A □B □C □A □B □C	能够合理布置仓库功能区位置
教师评语：			
成绩：	教师签字：		

模块三

仓储设备选型

任务一　集装单元化设备选型

任务概述

本任务需要仓储规划与设计人员对客户提供的商品数据进行整理,并根据商品特性、堆垛要求或存储要求,确定托盘、周转箱的类型并计算所需数量。

学习计划表

【学习目标】

（1）能够根据商品特性、堆垛或存储要求,确定托盘类型及其数量。
（2）能够根据商品特性、堆垛或存储要求,确定周转箱类型及其数量。

根据课前预习及学习情况填写表3-1。

表3-1　学习计划表

项目		基础知识	选择托盘并计算其数量	选择周转箱并计算其数量
课前预习	预习时间			
	预习结果	1. 难易程度 　偏易（即读即懂）（　）　　　适中（需要思考）（　） 　偏难（需查资料）（　）　　　难（不明白）　（　） 2. 需要课堂提问内容 3. 问题总结 		

续表

项目		基础知识	选择托盘并计算其数量	选择周转箱并计算其数量
课后复习	复习时间			
	复习结果	1. 掌握程度 　　了解（　　）　　熟悉（　　）　　掌握（　　）　　精通（　　） 2. 疑点、难点归纳 _____ _____ _____ _____		

【知识目标】

（1）掌握集装单元化的基本概念及主要特点。

（2）熟悉托盘的参数、类型。

（3）掌握托盘的堆码方式。

（4）掌握托盘数量的计算方法。

（5）了解周转箱的参数、类型。

（6）掌握周转箱的摆放方法。

（7）掌握周转箱数量的计算要求与计算流程。

【技能目标】

（1）能够对客户提供的商品信息进行整理。

（2）能够正确选择托盘的参数。

（3）能够根据托盘的计算流程及方法计算托盘数量。

（4）能够正确选择周转箱的参数。

（5）能够根据周转箱的计算流程及方法计算周转箱数量。

【素养目标】

（1）培养学生规范化、标准化的操作技能。

（2）培养学生的成本意识和服务意识。

（3）培养学生分析问题、解决问题的能力。

（4）培养学生吃苦耐劳的精神、认真仔细的态度、遵守5S管理制度的习惯，加强学生团队合作的意识。

情境导入

某物流公司根据项目仓储配送需求，计划选择两个相同的仓库建设成配送中心。其中，仓库A用于日化品存储，承接货物存储和整箱配送业务；仓库B专为沃尔玛超市服务，承接拆零配送业务。

仓库参数：仓库长 28 000 mm，宽 21 000 mm，高 11 000 mm，面积 588 m²；门宽 4 500 mm，高 8 000 mm；月台宽 4 000 mm，高 1 200 mm，库内地面高度与月台同高；园区内通道宽分别为 11 000 mm 和 9 000 mm。现已完成仓库功能分区，见图 3-1。

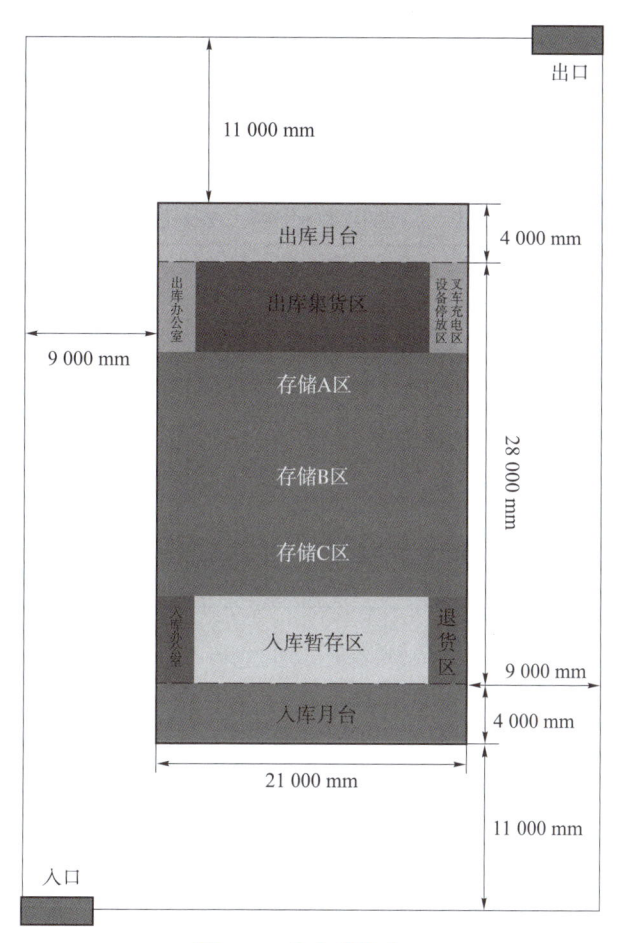

图 3-1 仓库功能分区

请分别阅读《日化品存储项目》和《沃尔玛超市服务项目》的内容，完成任务。

任务要求：

（1）根据《日化品存储项目》中的内容完成仓库 A 托盘的选型和数量计算；

（2）根据《沃尔玛超市服务项目》的内容完成仓库 B 周转箱的选型和数量计算。

日化品存储项目

现需要对配送中心所需仓储设备进行选型及数量估算，根据前期对仓储配送需求的调研，确定该配送中心基于商品 ABC 分类（按照库存周转率高、中、低来分类）进行库房布局，该项目相关信息如下：

日化品每箱最大重量为 4 kg，包装平均规格为 600 mm×200 mm×350 mm，包装的承压能力为 16 kg；托盘码放安全高度为 1 500 mm，仓储配送中心要求使用标准化托盘，且要求设备的存储空间利用率尽量最大化，其中托盘的自身重量一般为 15 kg。托盘数量的计算需考虑 130% 的经验富余值。具体内容见表 3-2~表 3-4。

表 3-2　日化品存储项目配送中心商品 ABC 分类结果

商品 ABC 分类	规划设计值				
	品种数/SKU	日均入库量/箱	日均出库量/箱	库存量/箱	库存天数/天
日化品 A 类	30	510	490	2 100	4
日化品 B 类	68	1 030	1 000	5 200	5
日化品 C 类	50	680	650	4 850	7
合计	148	2 220	2 140	12 150	—

表 3-3　日化品存储项目配送中心规划能力目标值

总体能力目标	规划设计值	
吞吐能力	日均出库量	2 100 箱/天
	日均进货量	2 200 箱/天
	配送店铺数量	小型超市：15 店
		中型超市：2 店
存储能力	存储量	1.3 万箱
	存储品种数量	150 SKU
	平均库存周转天数	5 天

表 3-4　日化品存储项目商品在配送中心的仓储操作要求

商品 ABC 分类	入库要求	存储要求	出库要求
日用品 A 类 日用品 B 类 日用品 C 类	整托或整箱入库； 叉车搬运； 地面堆垛待检入库	随机存储+固定货位存储； 货架存储	按照门店订单进行拣选； 整托或整箱拣选出库； RFID 手持终端指示拣选； 叉车搬运； 装车前复核

沃尔玛超市服务项目

根据前期对配送需求的调研，确定该配送中心基于商品 ABC 分类进行库房布局。该项目配送中心规划能力目标值见表 3-5，前期商品 ABC 分类（按照库存周转率高、中、低来分类）结果见表 3-6，商品在配送中心的仓储操作要求见表 3-7。沃尔玛项目商品重量信息如下：

（1）食品类每箱最大重量为 2 kg。
（2）日用品类每箱最大重量为 3 kg。
（3）家电类每箱最大重量为 5 kg。

表 3-5　沃尔玛超市服务项目配送中心规划能力目标值

总体能力目标	规划设计值	
吞吐能力	日均出库量	1.25 万箱/天
	日均进货量	1.25 万箱/天
	配送店铺数量	卖场：2 店
		标准超市：9 店
		便利店：7 店

续表

总体能力目标	规划设计值	
存储能力	存储量	2 万箱
	存储品种数量	2 400 SKU
	平均库存周转天数	8 天

表 3-6　沃尔玛超市服务项目配送中心商品 ABC 分类结果

商品 ABC 分类	规划设计值			
	品种数/SKU	日均出库量/箱	库存量/箱	库存天数/天
食品 A 类	133	864	5 919	7
食品 B 类	302	4 710	4 710	10
食品 C 类	953	2 227	3 341	15
小计	1 388	7 801	13 970	—
日用品 A 类	102	489	1 955	4
日用品 B 类	118	2 843	1 763	6
日用品 C 类	226	947	1 419	10
小计	446	4 279	5 137	—
小家电 A 类	50	131	392	3
小家电 B 类	100	373	187	5
小家电 C 类	350	187	150	8
小计	500	691	729	—
合计	2 334	12 771	19 836	—

表 3-7　沃尔玛超市服务项目商品在配送中心的仓储操作要求

商品 ABC 分类	入库要求	存储要求	出库要求
食品 A 类 食品 B 类 食品 C 类 日用品 A 类 日用品 B 类 日用品 C 类 小家电 A 类 小家电 B 类 小家电 C 类	整托或整箱入库； 叉车搬运； 需检验； 地面堆垛待检入库	随机存储+固定货位存储； 托盘货架存储	按照门店订单进行拣选； 整托或整箱拣选出库； RFID 手持终端指示拣选； 叉车搬运； 装车前复核

某物流公司根据以往仓储经验，提出在仓储过程中，整箱货物存储使用托盘，拆零货物存储使用周转箱。根据客户特性，某物流公司仓库中有一部分货物需要拆零拣选出库的。由于拆零的

仓配规划与设计

货物需要存放在周转箱之内且存放于轻型货架之上，拆零拣选区的货位数就等于拆零拣选货物的 SKU 数，即一个 SKU 近似需要一个周转箱。某物流公司拆零拣选数量见表 3-8，日均拆零拣选出库数量见表 3-9。

表 3-8　某物流公司拆零拣选数量

商品 ABC 分类	拆零拣选数量/SKU	商品规格	备注
食品 B 类	120	150 mm×90 mm×40 mm	每个 SKU 包括 18 件
食品 C 类	85	125 mm×90 mm×35 mm	每个 SKU 包括 18 件
日用品 B 类	150	150 mm×93 mm×40 mm	每个 SKU 包括 12 件
日用品 C 类	95	150 mm×89 mm×35 mm	每个 SKU 包括 18 件

表 3-9　某物流公司日均拆零拣选出库数量

商品 ABC 分类	拆零拣选数量/件	商品规格
食品 B 类	1 557	150 mm×90 mm×40 mm
食品 C 类	1 024	125 mm×90 mm×35 mm
日用品 B 类	1 328	150 mm×93 mm×40 mm
日用品 C 类	1 129	150 mm×89 mm×35 mm

货物拆零拣选存储及拆零拣选出库环节需要周转箱，因此，周转箱的数量是两部分之和。

任务解析

前面我们已经学习了如何结合实际情况对仓库需求进行分析，并根据需求进行仓库功能分区，这是仓储规划的基础环节；之后，还需要根据商品的特性和区域功能特点，对仓储设施设备进行选型，这是仓储规划的第三个工作模块；这个模块共有四个学习任务，分别为集装单元化设备选型、货架选型、搬运设备选型及设备成本预算。

本任务为第一个学习任务集装单元化设备选型，那么什么是集装单元化设备呢？其实这是一个标准化统称，就是指托盘、周转箱这样的单元设备。这些设备的种类众多，那么又怎么选型和计算所需数量呢？例如，仓库中一般食品类、日用品类的商品，会选择木质托盘进行存储，然而对于化学品这样的特殊商品，则一般会选用特制的化学品托盘进行存储，目的是保证托盘不会被腐蚀，确保仓储的安全。而托盘数量的计算是根据仓库内需要存储多少商品数量来确定的。

本任务以常见的食品、日用品、家电商品仓库为例，探索如何进行仓储集装单元化设备选型及数量计算。本任务主要包括两个方面的内容：一是学习如何合理选择托盘并计算其数量。在选择过程中应该注重掌握托盘的类型及其适用范围、了解托盘数量计算的方法及原则，需要突破的难点是根据仓库作业需求和商品特点，确定合理的托盘类型并准确计算仓库所需的托盘数量。二是学习如何合理选择周转箱并计算其数量。在选择过程中应该着重掌握周转箱的类型及其适用范围，重点学习周转箱数量计算的方法及原则，其中难点是根据仓库作业需求和商品特点确定周转箱类型并准确计算仓库所需的周转箱数量。

相关知识

一、集装单元

（一）集装单元的定义

《物流术语》（GB/T 18354—2021）对集装单元的定义是：用专门器具盛放或捆扎处理的，便于装卸、搬运、储存、运输的标准规格的单元货件物品。

（二）集装单元化的定义

集装单元化，是指物资以集装单元为包装基础，或以集装单元化作为作业方式，从供给者到需要者组织物品的装卸、搬运、储和运输等一系列物流活动的方式。在货物的储运过程中，为便于装卸和搬运，用集装器具或采用捆扎方法将物品组成标准规格的单元货件，称为货物的集装单元化。被集装单元化的货物称为单元货物。用于集装货物的工具称为集装单元器具。

（三）集装单元化的特点

(1) 通过标准化、通用化、配套化和系统化以实现物流功能作业的机械化、自动化。
(2) 物品移动简单，减少重复搬运次数，缩短作业时间和提高效率，装卸机械的机动性提高。
(3) 改善劳动条件，降低劳动强度，提高劳动生产率和物流载体利用率。
(4) 物流各功能环节中便于衔接，容易进行物品的数量检验，清点交接简便，减少差错。
(5) 货物包装简单，节省包装费用，降低物流功能作业成本。
(6) 容易高堆积，减少物品堆码存放的占地面积，能充分灵活地运用空间。
(7) 能有效地保护物品，防止物品的破损、污损和丢失。
(8) 集装单元化的缺点是：作业有间歇；需要宽阔的道路和良好的路面；托盘和集装箱的管理烦琐；设备费一般较高；由于托盘和集装箱本身有体积及重量，物品的有效装载减少。

（四）集装单元化设备的定义

集装单元化设备是指用集装单元化的形式进行存储、运输作业的物流装备，主要包括集装箱、托盘、周转箱、滑板、集装袋等。

二、托盘

（一）托盘的含义及功能

《物流术语》（GB/T 18354—2021）对托盘（pallet）的定义是：在运输、搬运和存储过程中，将物品规整为货物单元时，作为承载面并包括承载面上辅助结构件的装置。托盘（见图3-2）的出现促进了集装箱和其他集装方式的形成和发展，目前，托盘和集装箱已成为集装系统的两大支柱。托盘作为一种装卸储运物资的轻便平台，便于利用叉车、搬运车辆或吊车等装卸搬运单元物品或小数量的物品。托盘既起搬运器具的作用，又具有集装容器的功能，是国内外运输包装普遍采用的集装器具。作为与集装箱类似的一种集装设备，托盘现已广泛应用于生产、运输、仓储和流通等领域，被认为是20世纪物流产业中两大关键性创新之一。

托盘是使静态货物转变为动态货物的媒介物，是一种载货平台。托盘通常和叉车、手推平板车或液压车配合使用，可以提高物流效率，并且减少货损货差，在物流行业发挥着不可估量的作用。托盘作业不仅可以显著提高装卸效果，而且托盘的运用，使仓库建筑的形式、船舶的构造、铁路运输和其他运输方式的装卸设施，以及管理组织都发生了变化。在货物包装方面，托盘促进了包装规格化和模块化。托盘见图 3-2。

图 3-2 托盘

（二）托盘的类型

按材质分，托盘可分为木质托盘、塑料托盘、金属托盘、纸质托盘和塑木托盘等。木质托盘约占 90%，塑料托盘占 8%，金属托盘、纸质托盘和塑木托盘合计占 2%。

1. 木质托盘

目前，国内木质托盘（见图 3-3）的材料主要有松木、铁杉、冷杉，以及其他杂类硬木，不同的材料代表托盘的不同使用性能。木质托盘抗弯强度大，刚性好，承载能力大，成本低，易于维修，耐低温和高温性能好，适用范围广。木质托盘抗冲击性差，在频繁的周转使用中容易损坏，生命周期短；容易受潮，不易清洁。

2. 塑料托盘

大部分塑料托盘（见图 3-4）采用 PP（高密度聚丙烯）或 HDPE（高密度聚乙烯）为主要原料。塑料托盘形状稳定，使用安全，耐用，生命周期长；不吸水，耐酸耐碱，易于清洁；结构种类多样，应用范围广；可回收利用。塑料托盘抗弯强度低，容易变形而难以恢复；与木质托盘相比，其承载能力要小很多。

图 3-3 木质托盘 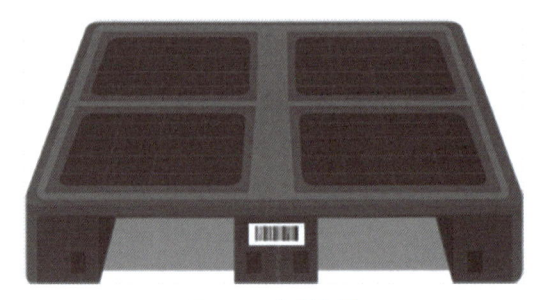　　图 3-4 塑料托盘

3. 金属托盘

金属托盘（见图 3-5）包括重载钢质托盘、镀锌钢板托盘，由钢板焊接成型。金属托盘刚性好，抗弯强度大，承载能力大；易于清洗，适用于出口产品的空运及远洋运输。金属托盘自重大，表面摩擦力小而容易导致货物滑落，对地板等物流作业场所破坏性大，易生锈；应用范围小。

4. 纸质托盘

纸质托盘（见图 3-6）分为蜂窝纸质托盘、纸质托盘箱、瓦楞纸质托盘、滑托盘等。纸质托盘不污染环境，符合环保要求，用后可直接送造纸厂回收；轻巧便利、清洁卫生、无虫蛀，完全不需要熏蒸消毒，医药食品等行业可直接使用；价格低廉。纸质托盘承重能力差，防潮性能差。

图 3-5　金属托盘　　　　　　　　　图 3-6　纸质托盘

5. 塑木托盘

塑木托盘（见图 3-7）是指用一定比例的锯木和塑料复合材料混合，压制成型塑木板材，切割加工并用螺栓固定而成的托盘。塑木托盘结合了部分木质托盘和塑料托盘的特点，具有良好的防潮、防腐、防酸碱的性能，价格却低于其他各类托盘。

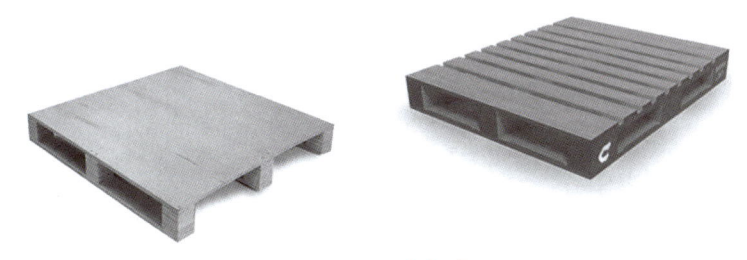

图 3-7　塑木托盘

此外，按用途分，托盘可分为一次性使用托盘、重复使用托盘、专业托盘和互换托盘等。按结构分，托盘可分为两面进叉平托盘、四面进叉平托盘、立柱式托盘、箱式托盘等。托盘的种类见图 3-8。

```
                            ┌─ 木质托盘
                            ├─ 金属托盘
                 按材质分类 ─┼─ 塑料托盘
                            ├─ 纸质托盘
                            └─ 塑木托盘

                            ┌─ 一次性使用托盘
                            ├─ 重复使用托盘
托盘的种类 ──── 按用途分类 ─┤
                            ├─ 专业托盘
                            └─ 互换托盘

                            ┌─ 两面进叉平托盘
                            ├─ 四面进叉平托盘
                 按结构分类 ─┤
                            ├─ 立柱式托盘
                            └─ 箱式托盘
```

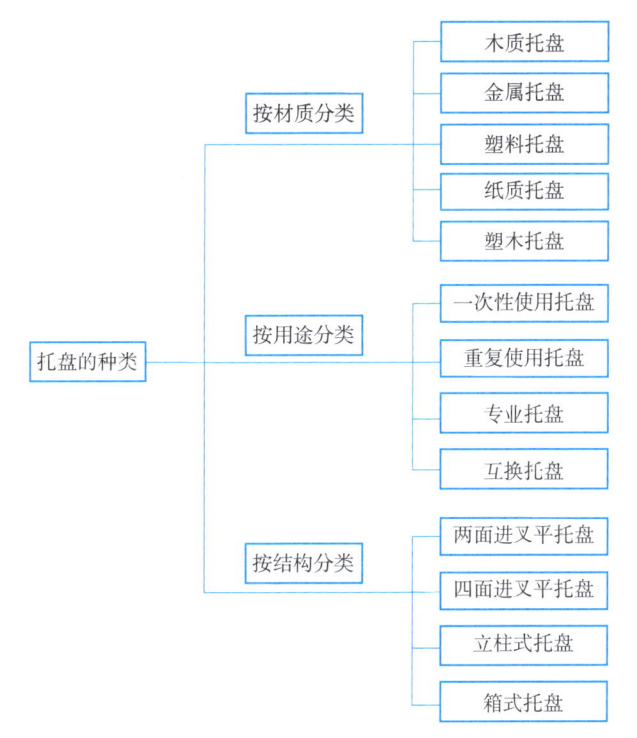

图 3-8　托盘的种类

（三）托盘的性能比较

不同材质的托盘具有不同的性能，具体性能比较见表3-10。

表3-10 托盘性能比较

托盘名称	木质托盘	塑料托盘	钢质托盘	纸质托盘
成本	100元左右	230~480元		30~80元
使用寿命	约1年	5~8年		
平均价格	约13.3元/月	8元/月		
承载能力	静载：0.5~2 t 动载：0.5~1 t	静载：1 t、4 t、6 t 动载：0.5 t、1 t、1.5 t、2 t 货架载重：0.5 t、0.8 t、1 t		静载：0.5~1.2 t
耐腐蚀程度	一般	最好	最差	一般
优点	抗弯强度大，刚性好； 精确度高，不易变形； 用高强度螺钉加固，牢固性好	免熏蒸； 外观整洁、易清洗、易消毒； 可回收并重新利用； 无钉无刺、无毒无味	可100%回收； 防水、防潮； 有稳定的包装性能； 灵活性强	质轻，并具有缓冲、隔振、保温、隔热、隔音等性能； 免检验检疫，易通行； 尺寸不受限制，能满足客户的各种需求
缺点	材料易受潮、发霉、虫蛀，无法清洗； 不防水、不防火； 对使用场地的温度、湿度要求相对较高	一次性投入成本较大； 在结构和尺寸上有很大的局限性； 产品规格的灵活度不高	重量大，无法人工搬运； 价格昂贵	防水、防潮效果欠佳
注意事项	在和货架使用时，应注意托盘的额外货架载重，禁止超载使用； 进出口时必须要有检验检疫部门出具的熏蒸证明、消毒或热处理签证	避免遭受阳光暴晒； 叉车叉刺不可撞击托盘侧面，以免造成托盘破碎、裂纹		旋转在托盘上的货物必须打包成型； 托盘应放在室内干燥的地方

（四）托盘的规格

《平托盘主要尺寸及公差》（GB/T 2934—2007）从六种国际通用托盘（规格分别是 1 200 mm×1 000 mm、1 200 mm×800 mm、1 219 mm×1 016 mm、1 140 mm×1 140 mm、1 100 mm×1 100 mm 和 1 067 mm×1 067 mm）中选择了两种作为我国的通用托盘（规格分别是 1 200 mm×1 000 mm、1 100 mm×1 000 mm），我国应用最广泛的是 1 200 mm×1 000 mm 托盘。部分托盘规格见图3-9。

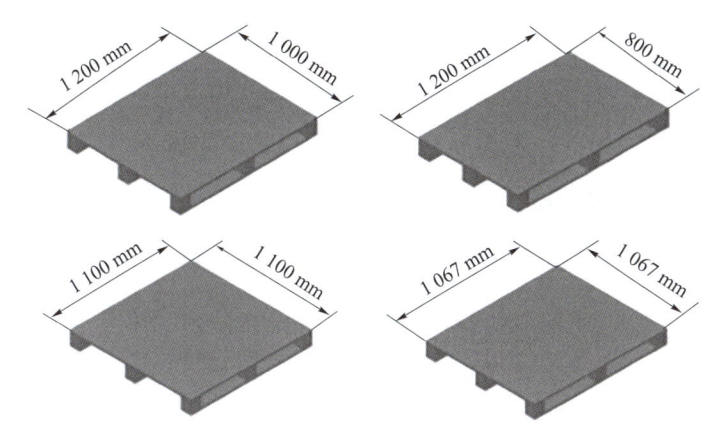

图 3-9 部分托盘规格

（五）托盘尺寸选择考虑因素

1. 考虑托盘装载货物的包装规格

根据托盘装载货物的包装规格选择合适的托盘，尽量最大限度地利用托盘的表面积控制所载货物的重心高度。托盘承载货物的合理指标为：达到托盘 80% 的表面积利用率，所载货物的重心高度不应超过托盘宽度的 2/3。

2. 考虑运输工具和运输装备的规格尺寸

合适的托盘尺寸应该符合运输工具的尺寸，可以充分利用运输工具的空间，提高装载率，降低运输费用，尤其要考虑海运集装箱和运输商用车的箱体内尺寸。

3. 考虑托盘尺寸的通用性

尽可能地选用国际标准的托盘规格，便于托盘的交换和使用。托盘承重一般在 1 t 左右。

4. 考虑托盘尺寸的使用区域

装载货物的托盘流向直接影响托盘尺寸的选择。通常发往欧洲的货物要选择 1 200 mm×1 000 mm 托盘；发往日本、韩国的货物要选择 1 100 mm×1 100 mm 托盘；发往美国的货物要选择 48 英寸[①]×40 英寸的托盘，国内常用 1 200 mm×1 000 mm 的托盘发往美国。1 200 mm×1 000 mm 的托盘在全球应用最广，在中国也得到最广泛的应用。

（六）托盘堆码方式

在托盘上放装同一形状的立体包装货物时，可采取各种交错咬合的办法码垛，以提高货垛的稳定性。从货物在托盘上堆码时的行列配置来看，托盘集装方式有重叠式码垛、纵横交错式码垛、正反交错式码垛和旋转交错式码垛四种。

1. 重叠式码垛

重叠式码垛是各层码放方式相同，上下对应。此方式的优点是操作速度快，各层重叠之后，包装物四个角和边重叠垂直，能承受较大的荷重（见图 3-10）。其缺点是各层间缺少咬合作用，货垛稳定性差，容易产生塌垛。一般情况下，重叠式码垛需再配以各种紧固方式。具体操作内容请扫描二维码。

2. 纵横交错式码垛

纵横交错式码垛是相邻两层货物摆放旋转 90°，层间有一定咬合效果，但咬合强度不高

---

① 1 英寸 = 2.54 cm。

（见图 3-11）。如果配以托盘转向器，装完一层之后，利用转向器将托盘旋转 90°，则装盘操作劳动强度和重叠式码垛相同。在正方形托盘一边长度为货物的长、宽尺寸的公倍数的情况下，可以采用这种方式。重叠式和纵横交错式码垛都适合用自动装盘机进行装盘操作。具体操作内容请扫描二维码。

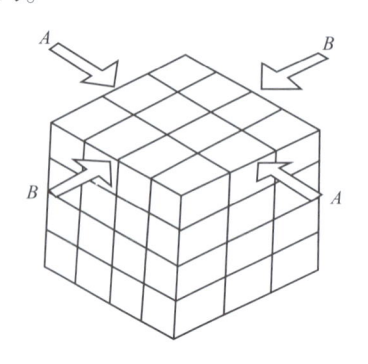

图 3-10 重叠式码垛及操作

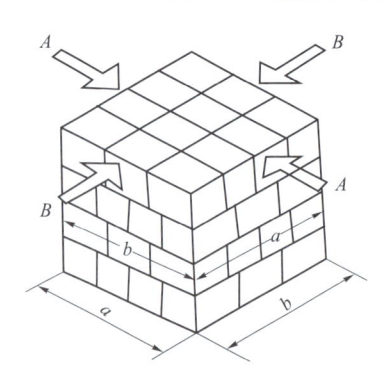

图 3-11 纵横交错式码垛及操作

3. 正反交错式码垛

正反交错式码垛是在同一层中，不同列的货物以 90°角垂直码放，而奇数层和偶数层之间成 180°进行堆码的方式（见图 3-12）。这种方式类似于房屋砖的砌筑方式，不同层间咬合强度较高，相邻层间不重逢，货垛稳定性高。但操作较麻烦，且包装体间不是垂直相互承受载荷，下部货体易被压坏。具体操作内容请扫描二维码。

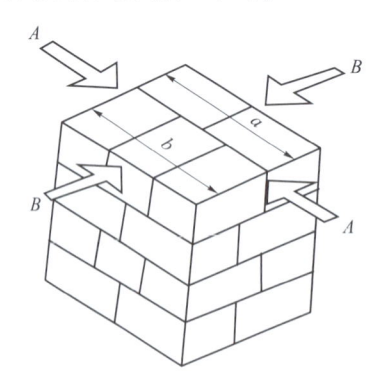

图 3-12 正反交错式码垛及操作

4. 旋转交错式码垛

旋转交错式码垛是一种风车型的堆码形式，通过在各层中改变货物的方向进行堆码，每层相邻两个货体成90°，上下两层间的码放又相差180°（见图3-13）。这种码放方式的优点是层间相互咬合强度大，托盘货体稳定性高，不易塌垛。其缺点是码放难度大，中央部分的无效空间也过大，致使托盘的利用率降低，从而降低托盘装载能力。具体操作内容请扫描二维码。

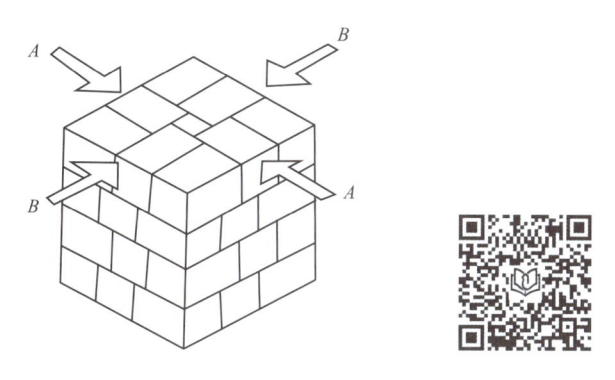

图3-13 旋转交错式码垛及操作

（七）托盘数量计算

1. 每层可放货物箱数

计算公式：max{[（托盘长÷包装长）向下取整]×[（托盘宽÷包装宽）向下取整]；[（托盘长÷包装宽）向下取整]×[（托盘宽÷包装长）向下取整]；（托盘面积÷包装面积）向下取整}。并通过实际模拟摆放，验证每层可放箱数。具体参数见图3-14。

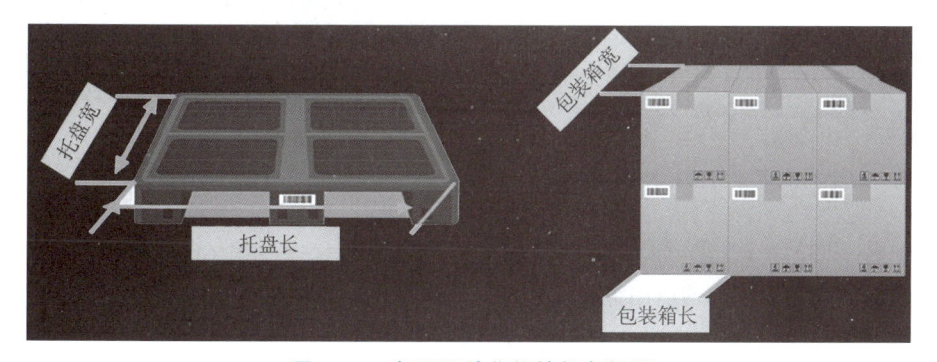

图3-14 每层可放货物箱数参数图

2. 包装承压可堆码层数

计算公式：[向下取整（包装承压能力÷包装毛重）]+1。具体参数见图3-15。

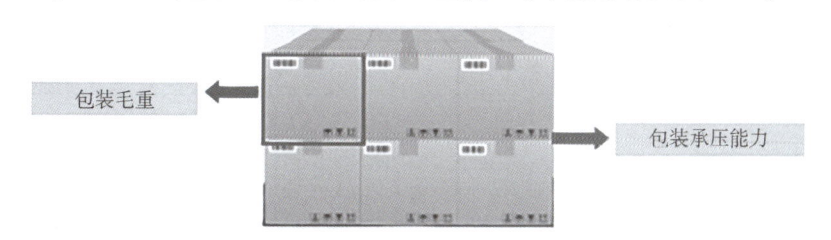

图3-15 包装承压可堆码层数参数图

3. 托盘可堆码层数

计算公式：[托盘承压能力÷托盘每层可放置箱数总重量] 向下取整。

4. 确定托盘实际可堆码层数

计算如下：

（1）当托盘可堆码层数＞包装承压可堆码层数时，托盘实际可堆码层数＝每托盘可堆码层数。

（2）当托盘可堆码层数≥包装承压可堆码层数时，托盘实际可堆码层数＝包装承压可堆码层数。

5. 每个托盘可放货物箱数

计算公式：托盘实际可堆码层数×每层可放货物箱数。其图示见图3-16。

6. 所需托盘数量

计算公式：向上取整（货物总箱数÷每个托盘可放货物箱数）。

三、周转箱

（一）周转箱的定义

物流周转箱简称物流箱或周转箱，广泛用于机械、汽车、家电、轻工、电子等行业，能耐酸耐碱、耐油污，无毒无味，可用于盛放食品等，清洁方便，零件周转便捷、堆放整齐，便于管理，适用于工厂物流中的运输、配送、储存、流通加工等环节。周转箱见图3-17。

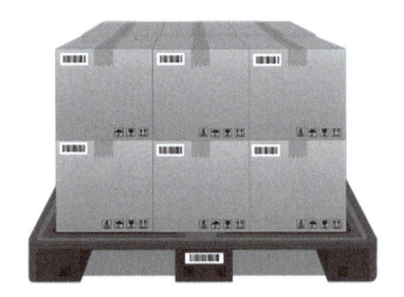

图3-16 每个托盘可放货物箱数图示　　　　图3-17 周转箱

周转箱按不同的形状，可分为标准式周转箱、斜插式周转箱、错位式周转箱、折叠式周转箱。各类型的周转箱有不同的适用范围、特点，具体对比见表3-11。

表3-11 周转箱对比

项目	标准式周转箱	斜插式周转箱	错位式周转箱	折叠式周转箱
适用范围	广泛应用于汽车制造、医药、家电、商业流通、配送及仓储领域	广泛用于机械、汽车、家电、轻工、电子等行业，适用于工厂物流中的运输、配送、存储、流通加工等环节	多用于机械厂、食品厂、果品市场等货物的存储与周转	广泛用于电子机械、医药、汽车、家电、轻工食品等行业
特点		在空箱时候减少仓储的体积，同时也可以减少周转的来回费用	空箱时可相互插入堆放，有效减少运输成本，特别适用于物流配送过程；翻转180°时可互相堆垛，满箱时可堆垛4层	重量轻、占地少、组合方便

续表

共同特点	耐用、密封、多功能性、可堆叠；质轻节材；防静电、阻燃；化学性质稳定；防水、防潮、防腐蚀、防虫蚀、免熏蒸；与纸板、木板相比具有明显优势；抗折、抗老化、承载强度大
注意事项	避免遭受暴晒；严禁将货物从高处抛掷在塑料周转箱内

（二）塑料周转箱的特点

物流周转箱主要以塑料材质为主，塑料周转箱的特点主要包括：

（1）具有良好的承压能力，在放置货物后，不会因为长时间久置而引起变形，具备一定的韧性，可以防止意外冲击导致箱体破裂从而损伤产品。

（2）具有良好的化学及物理性质，既不会因为夏季的炎热而引起塑料周转箱的变形，也不会因为塑料托盘的不平整导致箱体的变形。

（3）具有很好的耐老化性能，主要是看是否采用纯聚乙烯制造，是否有相关的检验合格证明。

（4）具有良好的耐腐性，不会因为浓酸、浓碱而引起化学性质的改变。

（5）具有良好的卫生性。塑料周转箱很大一部分用于食品加工行业，此行业需要周转箱无毒、无异味。

（三）周转箱的尺寸

常见周转箱尺寸见表3-12。

表3-12　常见周转箱尺寸

周转箱型号	尺寸	
	内尺寸	外尺寸
1号周转箱	135 mm×85 mm×50 mm	150 mm×100 mm×55 mm
2号周转箱	180 mm×130 mm×70 mm	205 mm×135 mm×65 mm
3号周转箱	320 mm×240 mm×125 mm	360 mm×270 mm×135 mm
4号周转箱	380 mm×280 mm×145 mm	420 mm×310 mm×155 mm
5号周转箱	455 mm×325 mm×165 mm	500 mm×360 mm×175 mm
6号周转箱	510 mm×390 mm×235 mm	565 mm×420 mm×240 mm
7号周转箱	630 mm×375 mm×145 mm	670 mm×420 mm×155 mm
8号周转箱	510 mm×390 mm×295 mm	565 mm×420 mm×300 mm
9号周转箱	510 mm×390 mm×375 mm	565 mm×420 mm×380 mm
10号周转箱	560 mm×460 mm×355 mm	610 mm×500 mm×360 mm

（四）周转箱数量计算

1. 周转箱数量计算的方法

（1）商品情况分析：确定商品的信息，包括商品包装规格、商品类别等商品库存数据分析（包括商品的周转天数、商品日均出货量）。

（2）选择周转箱并确定适合实际货物的周转箱尺寸。

（3）周转箱存放货物数量=（周转箱体积÷货物平均体积×周转箱利用率）向上取整。

（4）周转箱数=[向上取整（日均出货量÷每周转箱存放商品数量）]×周转箱周转天数。

2. 周转箱数量计算要点

（1）在计算周转箱数量的过程中，需要考虑货物的体积及周转箱的容积。

（2）进行体积计算的时候，需要考虑一定的空隙率，一般在10%~30%。

（3）在考虑周转天数的时候，需要考虑一定的富余量，一般多增加2~3天。

（4）货物量的计算选择高峰时期的值，求平均值。

任务过程展现

日化品存储项目

一、托盘选择

1. 托盘材质确定

根据托盘的选择要求，选择经济实用、牢固性好、不易变形的托盘；若仓库不易受潮，则可选择耐腐蚀程度一般的托盘；同时，根据货物特征及木质托盘特点，因此选择木质托盘。（也可选择塑料托盘）

2. 托盘尺寸确定

根据两种托盘规格，计算每托盘每层可放箱数，选取箱数多的托盘尺寸。

（1）1 200 mm×1 000 mm 托盘。

托盘每层可码放货物的数量=max{[向下取整(1.2÷0.6)]×[向下取整(1÷0.2)]}=10（箱）。

通过实际模拟摆放，验证得出 1 200 mm×1 000 mm 托盘每层可摆放货物 10 箱。

（2）1 100 mm×1 100 mm 托盘。

托盘每层可码放货物的数量=max{[向下取整(1.1÷0.6)]×[向下取整(1.1÷0.2)]}=5（箱）。

通过实际模拟摆放，验证得出 1 100 mm×1 100 mm 托盘每层仅能摆放 5 箱货物。

综合考虑，选择 1 200 mm×1 000 mm 的木质托盘。

二、托盘数量计算

托盘每层可码放货物的数量=max{[向下取整(1.2÷0.6)]×[向下取整(1÷0.2)]}=10（箱）；

可码放层数=向下取整(1.5÷0.35)=4（层）；

每托盘可堆码箱数为 40 箱；

日化品 A 所需托盘数量：向上取整(2 100÷40)=53（个）；

日化品 B 所需托盘数量：向上取整（5 200÷40）= 130（个）；
日化品 C 所需托盘数量：向上取整（4 850÷40）= 122（个）；
实际需要托盘总数量：（53+130+122）×130% = 397（个）。
日化品存储项目所需托盘数量见表 3-13。

表 3-13　日化品存储项目所需托盘数量

商品 ABC 分类	每托盘每层可放箱数/个	每托盘可码放层数/层	每托盘可堆码箱数/个	实际所需托盘总数量/个
日化品 A 类	10	4	40	53
日化品 B 类	10	4	40	130
日化品 C 类	10	4	40	122
总计	—	—	—	305×130% = 397

沃尔玛超市服务项目

一、周转箱选择

通过对任务中的货物规格、仓储过程对货物存放要求等进行分析，结合周转箱的尺寸，本项目的货物应选择内尺寸为长 630 mm，宽 375 mm，高 145 mm 的周转箱。

二、周转箱数量计算

（1）根据一个 SKU 近似需要一个周转箱，拆零拣选所用周转箱个数为：

$$数量 1 = 120+85+120+95 = 450（个）$$

（2）拆零拣选出库环节所用周转箱个数：

$$1\ 557 ÷ 18 = 87（个）$$
$$1\ 024 ÷ 18 = 57（个）$$
$$1\ 328 ÷ 12 = 110（个）$$
$$1\ 129 ÷ 18 = 63（个）$$
$$数量 2 = 87+57+110+63 = 317（个）$$

（3）确定总的周转箱数量：

$$周转箱数量 = 450+317 = 767（个）$$

提升训练

广东工贸物流公司根据超市和便利店项目配送需求，拟将仓库 A 建设成配送中心。现已完成仓库 A 的功能分区，见图 3-18。

仓库 A 长 65 000 mm，宽 56 000 mm，高 11 000 mm，面积为 3 640 m²；建筑立柱间距长 12 000 mm，宽 9 000 mm；地面承重为 3 t；门宽 4 500 mm，高 8 000 mm；月台宽 4 000 mm，高

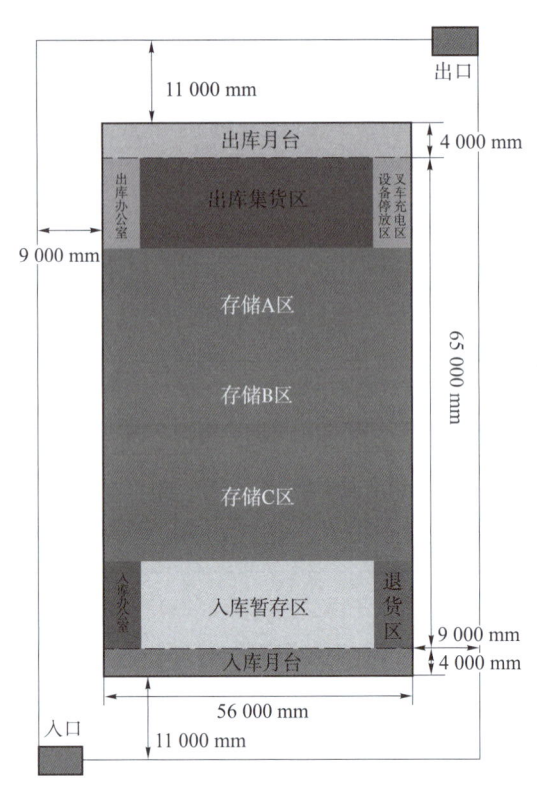

图 3-18 仓库功能分区

1 200 mm，库内地面高度与月台同高；月台雨棚宽 4 500 mm，高 8 500 mm。

现需要对配送中心所需仓储设备进行选型及数量估算，根据前期对配送需求的调研，确定该配送中心基于商品 ABC 分类（按照库存周转率高、中、低来分类）和商品品类进行库房布局，该项目相关信息如下：

（1）食品每箱最大重量为 2 kg，包装规格为 500 mm×400 mm×350 mm；

（2）日用品每箱最大重量为 3 kg，包装规格为 400 mm×300 mm×350 mm。

包装的承压能力为 10 kg，托盘码放安全高度为 1 800 mm，仓库货架的安全层高为 2 000 mm。配送中心要求使用标准化托盘和周转箱，且要求设备的存储空间利用率尽量最大化，其中托盘的自身重量通常为 15 kg。仓库内叉车司机操作叉车时，每个上架或下架作业的平均效率约 2 min/次，搬运人员进行手动入库搬运作业的平均效率为 3 min/托，手动出库搬运作业的平均效率为 2 min/托。同时，仓库设定每天的工作时长为 8 h，每小时有效工作时间大约为 45 min，托盘和周转箱数量的计算需考虑 130% 的经验富余值，考虑仓库利用率，货架计算时以货物实际需求量确定。具体内容见表 3-14~表 3-16。

表 3-14 广东工贸物流公司仓储配送中心商品 ABC 分类结果

商品 ABC 分类	规划设计值				
	品种数/SKU	日均入库量/箱	日均出库量/箱	库存量/箱	库存天数/天
食品 A 类	133	900	864	5 919	7
食品 B 类	302	4 722	4 710	47 100	10

续表

商品ABC分类	规划设计值					
	品种数/SKU	日均入库量/箱	日均出库量/箱	库存量/箱	库存天数/天
食品C类	953	2 300	2 227	33 405	15
小计	1 388	7 922	7 801	86 424	—
日用品A类	102	510	489	1 956	4
日用品B类	118	2 900	2 843	17 058	6
日用品C类	226	1 000	947	9 470	10
小计	446	4 410	4 279	28 484	—
合计	1 834	12 332	12 080	114 908	—

表3-15　广东工贸物流公司仓储配送中心规划能力目标值

总体能力目标	规划设计值	
吞吐能力	日均出库量	1.20万箱/天
	日均进货量	1.22万箱/天
	配送店铺数量	标准超市：9店
		便利店：7店
存储能力	存储量	12万箱
	存储品种数量	2 400 SKU
	平均库存周转天数	9天

表3-16　商品在配送中心的仓储操作要求

商品ABC分类	入库要求	存储要求	出库要求
食品A类 食品B类 食品C类	整托或整箱入库； 叉车搬运； 需检验； 地面堆垛待检入库	托盘商品随机存储+固定货位存储（商品出库量差异较大）； 不合格品、退货商品的存储； 按计划进行盘点； 存储无特殊温度要求	按照门店订单进行拣选集货； 整托出库； 装车前复核； 部分商品拆零拣选后复核打包出库； 轻型货架拆零拣选； 周转箱拣选、台车搬运； 电动叉车搬运； 食品类商品拆零拣选量大，应靠近拆零拣选作业区
日用品A类 日用品B类 日用品C类			

根据客户需求，广东工贸物流公司仓库中有一部分货物需要拆零拣选出库（见表3-17）。对超市和便利店每日各配送2次，拆零出库商品存储选用轻型货架，拣选出库使用周转箱进

仓配规划与设计

行作业,超市周转箱周转天数为 5 天,便利店周转箱周转天数为 3 天,人员作业效率平均为 200 次/(人·h)。设定周转箱的利用率为 70%。

表 3-17　广东工贸物流公司拆零拣选数量

商品 ABC 分类	品种数	商品平均规格	超市日均出货量/箱	便利店日均出货量/箱
食品 B 类	17	160 mm×140 mm×120 mm	1 000	600
食品 C 类	18	160 mm×130 mm×110 mm	900	450
日用品 B 类	26	150 mm×120 mm×100 mm	860	500
日用品 C 类	22	150 mm×120 mm×110 mm	150	650

任务要求:

(1) 下列托盘中,哪种最适合该案例的仓库使用?并计算所需数量。

长1 100 mm × 宽1100 mm × 高150 mm 　　长1 200 mm × 宽1 000 mm × 高150 mm 　　长1 300 mm × 宽1 300 mm × 高300 mm 　　长1 400 mm × 宽1 400 mm × 高160 mm

(2) 下列周转箱中,哪种最适合该案例的仓库使用?并计算所需数量。

560 mm × 460 mm × 355 mm 　　600 mm × 400 mm × 350 mm 　　380 mm × 280 mm × 145 mm 　　180 mm × 130 mm × 70 mm

提升训练:参考答案

知识拓展

某仓库计划进 9 000 箱青岛啤酒,已知包装体积长 0.3 m,宽 0.3 m,高 0.4 m,毛重 12 kg,净重 10 kg,托盘规格为 1.2 m×1.2 m(托盘重量不计),包装的承压能力为 50 kg,托盘承重 1 000 kg。计算需要多少个托盘。

请将解答过程写在下框中。解答完成后,可扫描下面的二维码查看本题的参考答案。

参考答案

学思之窗

一、教学建议

(1) 通过商品集装单元化设备的选择和计算的教学，提升学生灵活运用知识的能力，计学生认识共享托盘可以提高资源利用率、节约社会资源、降低企业成本，并可以由第三方回收重塑破损托盘，实现绿色环保，从而增强学生的成本意识与绿色物流意识。

(2) 通过小组合作，分析任务中商品、托盘、周转箱等信息，思考讨论如何从托盘和周转箱最大化利用、货物稳定性等因素考虑，选取恰当码放方式，制作托盘码放示意图，培养学生认真仔细、团队合作的意识，提高学生分析问题、解决问题的能力。

(3) 通过小组合作，实操托盘码货，学生能够遵守码货规则、5S管理及安全事项，熟练托盘码货操作步骤；采取小组互评方式，学生查漏补缺，不断尝试，实现准确操作；培养学生吃苦耐劳的精神，以及合作意识、安全意识的职业素养。

（4）通过了解仓库集装化设备的迭代更新，学生理解科技创新对生产技术技能水平提升的重要作用。

（5）通过仓储规划与设计岗位知识的教学，提升学生的基本职业素养，培养学生的爱岗敬业精神，增强学生的自信心。

二、典型素材

（一）内容介绍

上海乐橘科技有限公司（以下简称乐橘）是结合智能包装与运输、仓储为一体的科技型供应链综合管理公司，旗下包括乐医云盘、乐橘云盘、乐橘云途、乐橘云仓等产品，旨在通过标准化物流提升中国供应链品质，为每一个客户提供优质的供应链综合服务。

乐橘本着"让一切变得简单"的原则，让用户在乐橘高效庞大的技术平台上，轻松全面地使用共享托盘。共享托盘流转模式主要是帮助客户企业解决带托运输且没有回收托盘能力的情况。除托盘租赁费用外，根据托盘的流转和回收，乐橘收取一定比例的服务费，同时为客户提供免费的清洗、维护和维修服务。在托盘租赁基础上，通过发展托盘共用系统可有效实现社会资源综合利用，并使产业链各环节获得更多的长期收益，从而大幅减少托盘采购的资本性支出，解决季节性波动带来的托盘缺乏或托盘闲置问题，制造企业能够减少托盘采购导致的资金占用，以及货物送达后可能发生的人工搬运和装卸费用。

乐橘系统以运营平台、物流平台和仓储平台三大平台为一体，为客户提供一套完善的带托运输及托盘循环共享解决方案。运营平台包含 App 和 Web 端，让客户随时随地可以查看托盘流向并有效进行托盘库存管理。

乐橘通过流通与共享，实现了低成本、高效率、绿色环保，依靠强大的网络和资源，为合作伙伴提供了全面的服务和解决方案。

（二）素材类型

视频案例请扫描右面的二维码观看。

视频案例："乐橘共享智能托盘，助力绿色物流"

（三）教学过程实施及预期效果

该视频作为托盘认知开篇案例，通过观看乐橘共享智能托盘及操作流程，学生认识托盘智能化；通过观看第三方回收重塑破损托盘，了解如何实现资源高利用率，节约社会资源，降低企业成本，实现绿色环保，培养学生的创新意识、成本意识以及绿色物流意识。

学有所思

（1）集装单元化设备除了本任务介绍的设备，还有哪些？请列举。

_____
_____
_____

（2）选取集装箱装货时，是否货物越重选择的集装箱就要越大，为什么？

_____
_____
_____

知识检测

一、单选题

1. 某仓库出库 300 箱 A 商品，A 商品包装尺寸为 0.4 m×0.4 m×0.4 m，重 3 kg，用托盘堆码，托盘规格为 1.2 m×1.2 m，托盘的承压能力是 140 kg，包装箱的承压能力是 28 kg，则每托可堆码（　　）层。

　　A. 5　　　　　　B. 6　　　　　　C. 7　　　　　　D. 8

2. 某仓库商品 A 用周装箱出库的日均出库量为 1 200 件，周转箱尺寸为 500 mm×360 mm×175 mm，商品 A 规格尺寸为 100 mm×80 mm×50 mm，周转箱利用率为 90%，周转箱周转天数为 3 天，则为满足商品 A 的正常出库，需要（　　）个周转箱。

　　A. 45　　　　　B. 16　　　　　C. 51　　　　　D. 18

3. 托盘尺寸为 1.2 m×1.0 m，货物包装箱尺寸为 0.4 m×0.3 m×0.3 m，则该托盘每层可放（　　）箱货物。

　　A. 9　　　　　　B. 10　　　　　C. 11　　　　　D. 12

4. 某仓库进 10 000 箱货物，货物包装体积长 0.3 m，宽 0.3 m，高 0.4 m，毛重 12 kg，净重 10 kg，托盘规格为 1.2 m×1.2 m×0.15 m（托盘重量不计），包装的承压能力为 50 kg，托盘承重 1 000 kg，限高 1.5 m，则需要（　　）个托盘。

　　A. 211　　　　　B. 209　　　　　C. 185　　　　　D. 186

5. 某仓库出库 300 箱 A 商品，A 商品包装尺寸 0.4 m×0.4 m×0.4 m，重 3 kg，用托盘堆码，托盘规格为 1.2 m×1.2 m，托盘的承压能力是 140 kg，包装箱的承压能力是 28 kg，则每托可堆码（　　）层。

　　A. 5　　　　　　B. 6　　　　　　C. 7　　　　　　D. 8

6. 耐腐蚀程度最差的托盘是（　　）。

　　A. 木质托盘　　B. 塑料托盘　　C. 钢质托盘　　D. 纸质托盘

7. 耐腐蚀程度最好的托盘是（　　）。

　　A. 木质托盘　　B. 塑料托盘　　C. 钢质托盘　　D. 纸质托盘

8. 对使用场地的温度、湿度要求相对较高的托盘是（　　）。

　　A. 木质托盘　　B. 塑料托盘　　C. 钢质托盘　　D. 纸质托盘

9. 某货物包装承压能力为 3 kg，该货物每包装重 0.5 kg，则该包装承压可堆码层数是（　　）。

　　A. 5　　　　　　B. 6　　　　　　C. 7　　　　　　D. 8

10. 某仓库为了节约成本，用纸质托盘存放矿泉水，则其违背了设备选型的（　　）原则。

　　A. 环保性　　　B. 适用性　　　C. 低成本　　　D. 安全性

二、多选题

1. 托盘的类型，包括（　　）。

　　A. 木质托盘　　B. 塑料托盘　　C. 钢质托盘　　D. 纸质托盘

2. 下列属于集装单元化设备的是（　　）。

　　A. 货架　　　　B. 叉车　　　　C. 托盘　　　　D. 周转箱

3. 塑料托盘的优点是（　　）。

　　A. 外观整洁、易清洗、易消毒　　　　　B. 免熏蒸
　　C. 无钉无刺、无毒无味　　　　　　　　D. 可回收并重新利用

4. 在计算托盘数量时，除了需要货物数量，还需要（　　）。
   A. 货物包装规格　　　　　　　　B. 托盘规格
   C. 托盘每层可放货物箱数　　　　D. 可堆码层数
5. 周转箱的类型包括（　　）。
   A. 折叠式周转箱　　　　　　　　B. 错位式周转箱
   C. 标准式周转箱　　　　　　　　D. 斜插式周转箱
6. 仓储设备选型时，应遵循的原则有（　　）。
   A. 系统性原则　　B. 适用性原则　　C. 低成本原则　　D. 安全性原则
   E. 节能环保原则
7. 选择塑料周转箱时应考虑（　　）。
   A. 具有良好的承受能力　　　　　B. 具有良好的化学及物理性质
   C. 具有耐老化性能　　　　　　　D. 卫生且耐腐蚀
8. 进行托盘数量配置时，需要考虑（　　）。
   A. 配送环节所需托盘数　　　　　B. 存储环节所需托盘数
   C. 托盘维修占用量　　　　　　　D. 托盘损坏占用量
9. 下列关于纸质托盘说法正确的是（　　）。
   A. 耐腐蚀　　　B. 免检验检疫　　C. 保温、隔热　　D. 缓冲、隔振
10. 托盘堆码的方式有（　　）码垛。
    A. 正反交错式　　B. 纵横交错式　　C. 重叠式　　D. 旋转交错式

三、判断题

1. 木质托盘在物流企业的使用率非常高，这是由于其具有抗弯强度大、刚性好、免熏蒸的特点。（　　）
2. 如果货物运往欧洲，一般需要选择 1 100 mm×1 100 mm 的托盘。（　　）
3. 当每托盘可堆码层数<包装承压可堆码层数时，托盘实际可堆码层数为包装承压可堆码层数。（　　）
4. 塑料周转箱具有良好的耐腐蚀性，不会因为浓酸、浓碱而引起化学性质的改变。（　　）
5. 选用周转箱的尺寸需要考虑通用性。（　　）

学习评价

根据学习情况完成表 3-18 和表 3-19。

表 3-18　职业核心能力测评表

（在□中打√，A 通过，B 基本掌握，C 未通过）

职业核心能力	评估标准	评价结果
素质方面	1. 践行社会主义核心价值观，具有深厚的爱国情感和中华民族自豪感； 2. 具有社会责任感和社会参与意识； 3. 具有规范化、标准化的操作技能； 4. 具有成本意识、服务意识； 5. 具有吃苦耐劳、认真仔细、5S 管理、团队合作等职业道德	□A　□B　□C □A　□B　□C □A　□B　□C □A　□B　□C □A　□B　□C

续表

职业核心能力	评估标准	评价结果
知识方面	1. 掌握集装单元化的基本概念及主要特点； 2. 熟悉托盘的参数及类型； 3. 掌握托盘的堆码方式； 4. 掌握托盘数量的计算方法； 5. 了解周转箱的参数及类型； 6. 掌握周转箱的摆放方法； 7. 掌握周转箱数量的计算要求与计算流程	□A □B □C □A □B □C □A □B □C □A □B □C □A □B □C □A □B □C □A □B □C
能力方面	1. 具有探究学习、终身学习、分析问题和解决问题的能力； 2. 具有对客户提供的商品信息进行整理的能力； 3. 具备正确选择托盘参数的能力； 4. 能够根据托盘计算的流程及方法计算托盘数量； 5. 具备正确选择周转箱参数的能力； 6. 能够根据周转箱计算的流程及方法计算周转箱数量	□A □B □C □A □B □C □A □B □C □A □B □C □A □B □C □A □B □C
学生签字：	教师签字：	年　　月　　日

表 3-19　专业能力测评表

（在□中打√，A 通过，B 基本掌握，C 未通过）

专业能力	评价指标	自测结果	要求
集装单元	1. 集装单元的定义； 2. 集装单元化的定义； 3. 集装单元化的特点； 4. 集装单元化设备的定义	□A □B □C □A □B □C □A □B □C □A □B □C	能够认识并熟悉使用仓库常用的集装单元化设备
托盘	1. 托盘的含义及功能； 2. 托盘的类型； 3. 托盘的性能比较； 4. 托盘的规格； 5. 托盘尺寸选择考虑因素； 6. 托盘堆码方式； 7. 托盘数量计算	□A □B □C □A □B □C □A □B □C □A □B □C □A □B □C □A □B □C □A □B □C	能够根据商品的情况合理选择合适的托盘，并进行合理组托； 能够根据商品的情况正常计算所需托盘的数量
周转箱	1. 周转箱的定义； 2. 塑料周转箱的特点； 3. 周转箱的尺寸； 4. 周转箱数量计算	□A □B □C □A □B □C □A □B □C □A □B □C	能够根据商品情况选择合适的周转箱； 能够根据商品情况计算所需周转箱的数量
教师评语：			
成绩：		教师签字：	

任务二　货架选型

任务概述

本任务需要仓储规划与设计人员根据商品性质、存储要求、库存及周转分析结果等确定合适的货架类型，确定货架相关参数并计算所需数量。

学习计划表

【学习目标】

能够根据商品特性、存储要求、库存及周转分析结果，确定货架的类型及所需数量。
根据课前预习及学习情况填写表3-20。

表3-20　学习计划表

项目		基础知识	确定货架的类型	计算所需货架的数量
课前预习	预习时间			
	预习结果	1. 难易程度 　　偏易（即读即懂）（　　）　　　　适中（需要思考）（　　） 　　偏难（需查资料）（　　）　　　　难（不明白）　（　　） 2. 需要课堂提问内容 3. 问题总结 		
课后复习	复习时间			
	复习结果	1. 掌握程度 　　了解（　　）　　　熟悉（　　）　　　掌握（　　）　　　精通（　　） 2. 疑点、难点归纳 		

模块三　仓储设备选型

【知识目标】

（1）掌握货架的类型、特点及用途。

（2）熟悉货架的主要参数。

（3）了解货架选型的考虑因素。

（4）熟悉货架选择的注意事项。

（5）掌握货架数量的计算流程。

（6）掌握货架数量的计算方法。

【技能目标】

（1）能够识别仓库中常用货架的类型、特点及使用范围。

（2）能够根据货架选型的考虑因素选择合适的货架类型。

（3）能够根据货架的计算流程及方法计算货架数量。

【素养目标】

（1）培养学生的创新意识、成本意识和绿色物流意识。

（2）培养学生分析问题、解决问题的能力。

（3）培养学生灵活运用知识的能力。

（4）培养学生的合作意识、安全意识。

情境导入

某物流公司根据项目仓储配送需求，拟将仓库建设成仓储配送中心。仓库长 28 000 mm，宽 21 000 mm，高 11 000 mm，面积为 588 m²；门宽 4 500 mm，高 8 000 mm；月台宽 4 000 mm，高 1 200 mm，库内地面高度与月台同高；园区内通道宽分别为 11 000 mm 和 9 000 mm。现已完成仓库的功能分区，见图 3-19。

任务要求：请根据仓库需求信息中的内容，确定货架的类型及所需数量。

仓库需求信息

根据前期对仓储配送需求的调研，确定该仓储配送中心基于商品 ABC 分类（按照商品周转率高、中、低来分类）进行库房布局，该项目相关信息如下：

商品重量及规格：日化品每箱最大重量为 4 kg；包装平均规格为 600 mm×200 mm×350 mm。

其他信息及要求：包装的承压能力为 16 kg，托盘码放安全高度为 1 500 mm，仓库货架的安全层高为 1 700 mm，在确定货架每层各规格参数时，需考虑预留间隙距离（100 mm），同时仓库顶端设置 1 000 mm 灯距、管距等预留距离。仓储配送中心要求使用标准化托盘，且要求设备的存储空间利用率尽量最大化，其中托盘的自身重量通常为 15 kg，托盘数量的计算需考虑 130% 的经验富余值。仓库内叉车司机操作叉车时，每个上架或下架作业的平均效率约 2 min/次，搬运人员进行手动入库搬运作业的平均效率为 2 min/托，手动出库搬运作业的平均效率为 3 min/托，同时仓库设定每天的工作时长为 8 h，每小时有效工作时间大约为 45 min。具体内容见表 3-21~表 3-23。

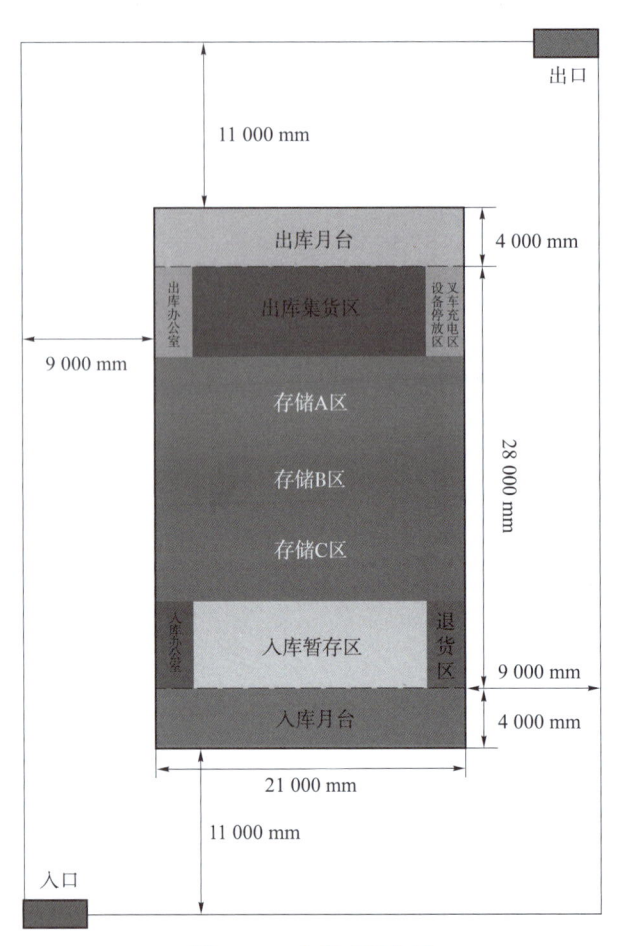

图 3-19 仓库功能分区

表 3-21 某物流公司仓储配送中心商品 ABC 分类结果

商品 ABC 分类	规划设计值				
	品种数/SKU	日均入库量/箱	日均出库量/箱	库存量/箱	库存天数/天
日化品 A 类	30	510	490	2 100	4
日化品 B 类	68	1 030	1 000	5 200	5
日化品 C 类	50	680	650	4 850	7
合计	148	2 220	2 140	12 150	—

表 3-22 某物流公司仓储配送中心规划能力目标值

总体能力目标	规划设计值	
吞吐能力	日均出库量	2 100 箱/天
	日均进货量	2 200 箱/天
	配送店铺数量	小型超市：15 店
		中型超市：2 店
存储能力	存储量	1.3 万箱
	存储品种数量	150 SKU
	平均库存周转天数	5 天

表 3-23　商品在配送中心的仓储操作要求

商品 ABC 分类	入库要求	存储要求	出库要求
日化品 A 类 日化品 B 类 日化品 C 类	整托或整箱入库； 叉车搬运； 地面堆垛待检入库	随机存储+固定货位存储； 货架存储	按照门店订单进行拣选； 整托或整箱拣选出库； RFID 手持终端指示拣选； 叉车搬运； 装车前复核

任务解析

在仓储中除了托盘、周转箱等这些集装单元化设备，货架的选型及数量的确定也是非常重要的。货架是商品存储的主要设备，货架类型有很多种，配合不同的作业方式和商品类别，会选择不同类型的货架。比如：一般整托入库、出库的商品会选用托盘式货架进行整托存储；如果商品吞吐量大，则改用自动化立体仓库存储，提高出入库效率；仓库如果有需要拆零拣选出库的商品，一般会选用轻型货架进行拆零商品存储，便于拆零拣选；如拆零量大的话，则会改用流利式货架配合电子拣选系统进行电子拣选，增加拣选效率；还有一些异形商品，如钢管等，就需要一些特殊货架（如悬臂式货架）来进行存储。

本任务以食品、日用品、家电商品的仓库货架选型为主线，探索如何进行货架选型及数量计算。本任务主要包括两个方面的内容：一是学习如何根据商品特性、存储要求、库存等内容确定合理的货架类型。在确定过程中应该注重掌握货架的类型及特点，重点学习货架参数的设计，需要突破的难点是根据仓库实际存储要求和商品特性选择合适的货架，确定合理的货架规格参数。二是学习如何计算所需货架数量。其中难点是灵活应用计算方法，根据仓库实际情况，准确计算所需货架数量。

相关知识

一、货架概述

（一）货架的概念

《物流术语》（GB/T 18354—2021）中关于货架的定义是：货架是由立柱、隔板或横梁等结构件组成的储物设施（图 3-20）。货架是用于存放成件物品的保管设备，在物流领域中占有非常重要的地位，是现代化仓库提高作业效率的重要工具。随着物流业的飞速发展，为满足物流量大幅增加的需要，为实现仓库的现代化管理，改善仓库的功能，不仅要求有足够多的货架数量，而且要求货架具有多种功能，并能满足机械化、自动化的要求。

图 3-20　货架

（二）货架的作用及功能

货架在现代物流活动中起着相当重要的作用。仓库管理能否实现现代化，与货架的种类、功能有直接的关系。货架的作用及功能如下：

(1) 货架是一种架式结构物，可充分利用仓库空间，提高库容量利用率，扩大仓库存储能力。

(2) 存入货架中的货物互不挤压，物资损耗小，可完整保存货物本身的功能，减少货物的损失。

(3) 货架中的货物存取方便，便于清点及计量，可做到先进先出。

(4) 保证存储货物的质量，可以采取防潮、防尘、防盗、防破坏等措施。

(5) 很多新型货架的结构有利于实现仓库的机械化及自动化管理。

（三）货架的分类

1. 按照货架的发展分类

(1) 传统式货架：包括层架、层格式货架、抽屉式货架、U 形货架、悬臂架、栅架、鞍架、气罐钢筒架、轮胎专用货架等。

(2) 新型货架：包括旋转式货架、移动式货架、装配式货架、调节式货架、托盘式货架、驶入式货架、高层式货架、阁楼式货架、重力式货架、臂挂式货架等。

2. 按照货架的适用性分类

按照货架的适用性，可以分为通用货架和专用货架。按照货架的制造材料不同，可以分为钢货架、钢筋混凝土货架、钢与钢筋混凝土混合式货架、木质货架、钢木合制货架等。

3. 按照货架的载货分类

按照货架的载货方式不同，可以分为悬臂式货架、橱柜式货架、棚板式货架。

4. 按照货架高度不同分类

按照货架高度不同，可以分为低层货架、中层货架和高层货架。低层货架的高度在 5 m 以下，中层货架的高度在 5~15 m，高层货架的高度在 15 m 以上。

5. 按照货架重量分类

按照货架重量不同，可以分为重型货架、中型货架和轻型货架。重型货架的每层货架载重量在 500 kg 以上，中型货架的每层搁板载重量 150~500 kg，轻型货架的每层货架载重量在 150 kg 以下。

二、几种常用的货架

（一）托盘式货架

1. 定义

托盘式货架俗称重型货架、横梁式货架、货位式货架，用于存储单元化托盘货物，在国内的各种仓储货架系统中是最为常见的一种货架（见图 3-21）。

2. 结构

托盘式货架多为钢材结构，也可用钢筋混凝土结构，可做单排型连接，也可做双排型连接。托盘式货架的尺寸大小，视仓库的大小及托盘尺寸的大小而定。

3. 特点及用途

(1) 特点。托盘式货架可实现机械化装卸作业，便于单元化存取，库容利用率高，可提高劳动生产率，实现高效率的存取作业，便于实现计算机的管理和控制；但是这种货架的存储密度较低，需要较多的通道。

图 3-21 托盘式货架

(2) 用途。托盘式货架适用于品种数量适中、批量一般的货架存储，通常在 6 m 以下，以 3~5 层为宜。此外，它可以任意调整组合，施工简易，经济实惠，出入库不受先后顺序的影响，一般的叉车都可使用。在选用托盘式货架时，应考虑存储单元的尺寸、重量和堆放层数，以便决定支柱和横梁尺寸。

4. 设计要求

（1）背面连接杆的作用。这种连接杆用于两列货架背对背之间的连接，以增加整体刚性。见图3-22，货物长1 150 mm，支柱宽1 000 mm，如选用100 mm杆时，货物将伸出架外，因此宜选用300 mm的连接杆。

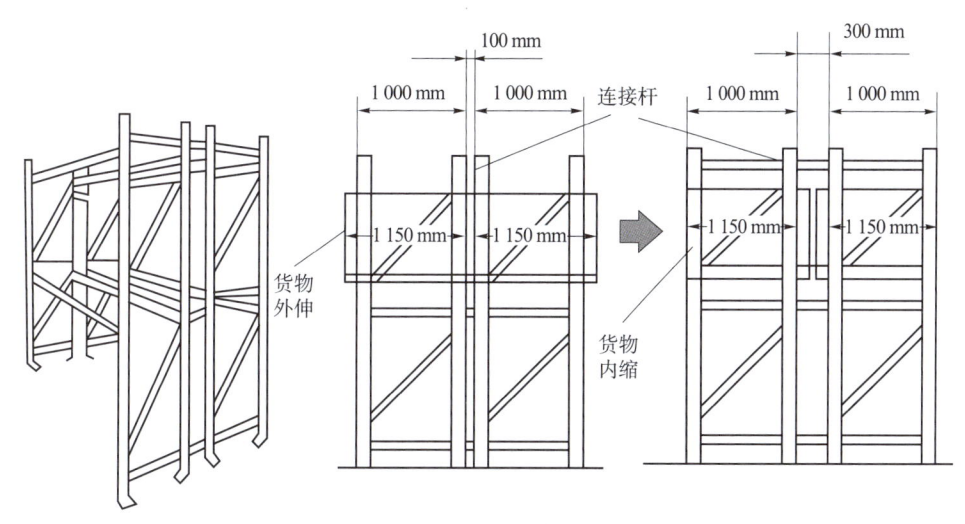

图3-22 背面连接杆的作用

（2）货架与托盘的间隙尺寸。见图3-23，为了便于存取作业，要求托盘与支柱及托盘之间的间隔$A>100$ mm，货物与横梁之间的间隔以80~100 mm为宜。

A：100 mm以下　　　B：80~100 mm

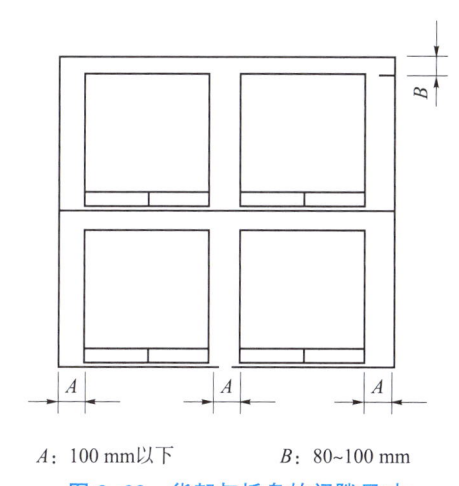

图3-23 货架与托盘的间隙尺寸

（3）货架上层横梁与天花板的距离。见图3-24，叉车顶或托盘顶的高度将超过货架上层横梁2 000 mm以上，叉车顶或托盘顶的高度与天花板最少有300 mm的间隙，为此，要求货架上层横梁与天花板的距离为2 300 mm以上。

（4）支柱架的选择标准。货架的承载能力取决于最下层货位的负荷能力，见图3-25（a），最下层支柱承受载荷为6 t，最下层横梁主高度为1 100 mm，因此可由此两因素再对照图3-25（b）而选择中量级的支柱。

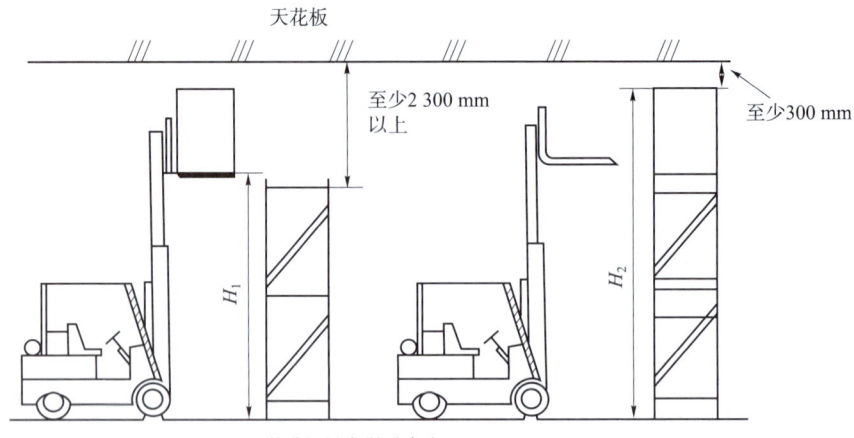

H_1：举升机最大举升高度
H_2：可堆叠的最大高度

图 3-24　货架上层横梁与天花板的距离

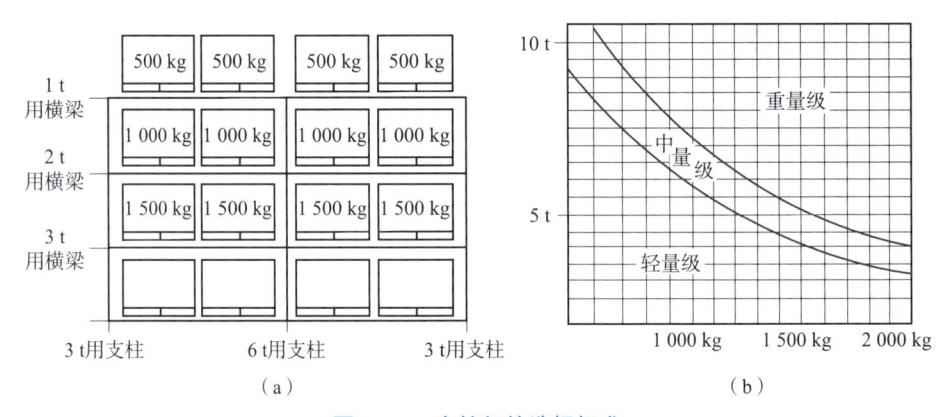

图 3-25　支柱架的选择标准

（5）支柱与横梁的装配结构。见图 3-26，利用横梁端部卡钩装入支柱的卡槽中，这种结构安装快速方便、牢固可靠。

（6）托盘支撑梁的安装方式。为了增加横梁刚性，每隔一定距离安装一根托盘支撑梁，安装方法见图 3-27。

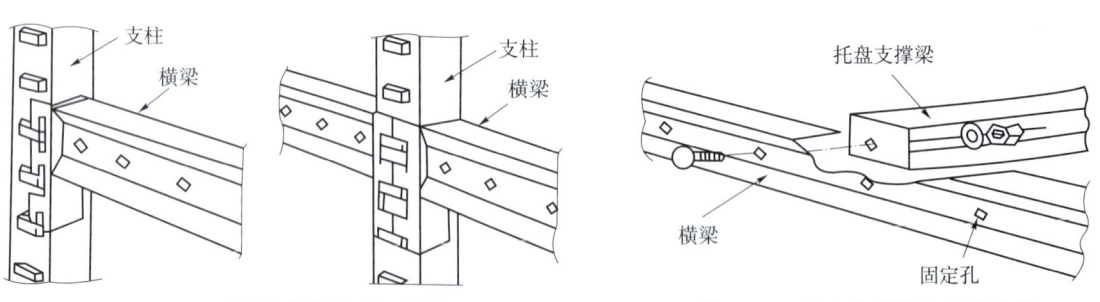

图 3-26　支柱与横梁的装配结构　　　　　图 3-27　托盘支撑梁的安装方式

（7）支柱设计。在设计支柱断面形状时先要考虑有足够的强度和刚性，在受载时不发生变形。支柱上每隔一定距离有一个卡槽，使其与横梁组装时方便灵活（见图 3-28）。在设计支柱时，为满足各种货架的要求，设计成不同高度和宽度，并按重量级、中量级和轻量级设计成不同的断面厚度。重量级选用厚钢板作支柱。

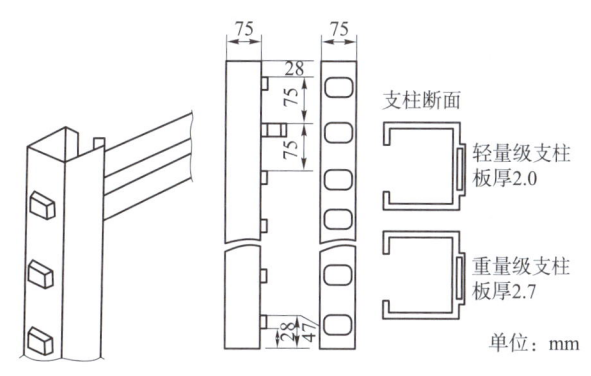

图 3-28 支柱设计

（8）横梁设计。在设计横梁断面时，主要考虑受载产生的挠曲变形最小。横梁卡钩设计见图 3-29，横梁防撞击脱落设计见图 3-30，其目的是防止叉车作业时不小心顶到横梁，造成横梁脱离立柱的危险。

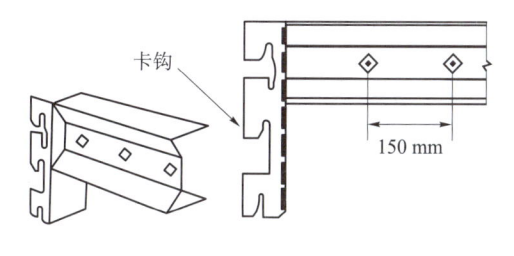

图 3-29　横梁卡钩设计

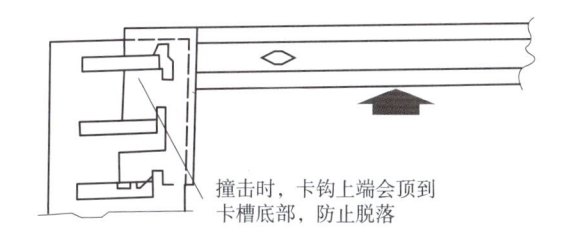

图 3-30　横梁防撞击脱落设计

（二）重力式货架

1. 定义

重力式货架（见图 3-31）又称自重力货架流动式货架，由托盘式货架演变而来，是现代物流系统中一种被广泛应用的装备。其原理是利用货体的自重，使货体在有一定高度差的通道上，从高处向低处运动，从而完成进货、存储、出库等作业，适用于少品种、大批量同类货物的存储，空间利用率较高。重力式货架可分为滚筒式重力货架和流利式重力货架两种。滚筒式重力货架主要以托盘为单位存放货物，其承载力大；流利式重力货架主要以塑料箱、纸箱为单位存放货物。

图 3-31　重力式货架

2. 结构

重力式货架是横梁式货架的衍生品之一，其结构与横梁式货架相似，只是在横梁上安装了呈 3°~5°倾斜的滚筒式轨道。先用叉车将托盘货物搬运至货架进货口，再利用自重，使托盘从进货口自动滑至另一端的取货口。重力式货架属于先进先出的存储货架。

3. 特点

重力式货架主要有以下 5 个特点：

（1）单位库房面积存储量大。重力式货架是密集型货架的一种，能够大规模密集存放货物。与移动式货架密集存放的功能相比，其规模可做得很大，从 1 kg 以下的轻体小件货物与集装托盘到小型集装箱都可以采用重力式货架。

由于重力式货架密集程度较高，可减少通道数量，从而有效节约仓库的面积。将普通货架改为重力式货架后，仓库面积可节省近 50%。

（2）固定了出入库位置，缩短了出入库工具的运行距离。采用普通货架出入库时，搬运工具如叉车、作业车需要在通道中穿行，易出差错，且运行线路难以规划，运行距离长，采用重力式货架后，运行距离可缩短 1/3。

（3）由于入库作业和出库作业完全分离，两种作业可各自向专业化、高效率方向发展，而且出入库时，工具不互相交叉、干扰，事故率降低，安全性增加。

（4）和驶入式货架等密集存储方式不同，重力式货架绝对保证先进先出，因而符合仓库管理现代化的要求。

（5）重力式货架和一般货架相比，大大缩小了作业面，有利于进行拣选活动。

基于以上特点，重力式货架主要应用在需大量存储货架或有拣选作业要求的场合，如用于配送中心、转运中心、仓库、商店的拣选配货操作中，也用于生产线的零部件供应线上。大型重力式货架存储量较大，是以存储为主的货架；而轻型、小型重力式货架则属于拣选式货架。

（三）移动式货架

1. 定义

移动式货架（见图 3-32）又称动力式货架，是"可在轨道上移动的货架"，即在货架的底部安装运行车轮或轨道，可在地面上运行的货架。

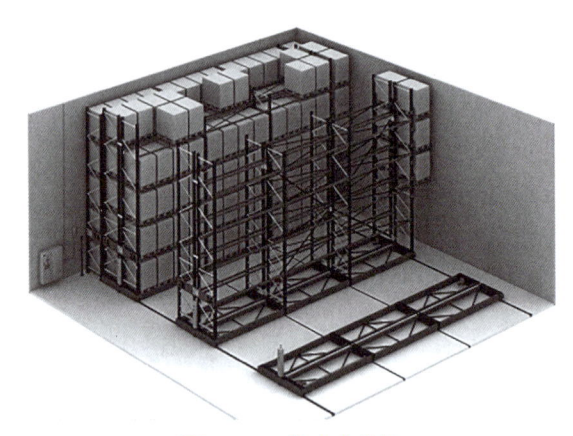

图 3-32 移动式货架

2. 结构

移动式货架通过货架底部的电动机驱动装置，可在直线导轨上水平移动。它一般设有控制装置和开关，在 30 s 内使货架移动，叉车可进入货架存取货物。此外，这种货架有变频控制功能，可控制驱动和停止时的速度，以防止货架上的物品抖动、倾斜和倾倒。在其适当位置还安装有定位用的光电传感器和可刹车的齿轮马达，以提高定位精度。

3. 特点

（1）适用于库存品种多，出入库频率较低的仓库。
（2）适用于库存频率较高，可按巷道顺序出入库的仓库。
（3）大于一般货架的存储量，空间利用率高。
（4）节省地面面积，地面使用率达 80%。
（5）通道位置可调，存取方便。
（6）高度可达 12 m，单位面积的存储量可达托盘式货架的 2 倍左右。
（7）货架机电装置多，维护困难，成本高，施工周期长。

（四）驶入式货架

1. 定义

驶入式货架（见图 3-33）又称通廊式货架或贯通式货架，是一种不以通道分割，连续性的整体性货架。驶入式货架可供叉车（或带货叉的无人搬运车）驶入通道存取货物。驶入式货架采用托盘存取模式，适用于存放品种单一、批量大的货物，尤其适合存放大批量的同类型的货物。

图 3-33 驶入式货架

2. 结构

驶入式货架（见图 3-34）主要由立柱、斜撑、背拉、顶横梁、隔撑、双牛腿、护脚、导轨等组成。驶入式货架可根据实际需要选择配置导向轨道，在轨道上，托盘一个紧接着一个存放，这使得高密度存储成为可能。驶入式货架的牛腿及牛腿搁板均采用整体冲压/滚压技术，具有承载能力强，外形美观的特点。

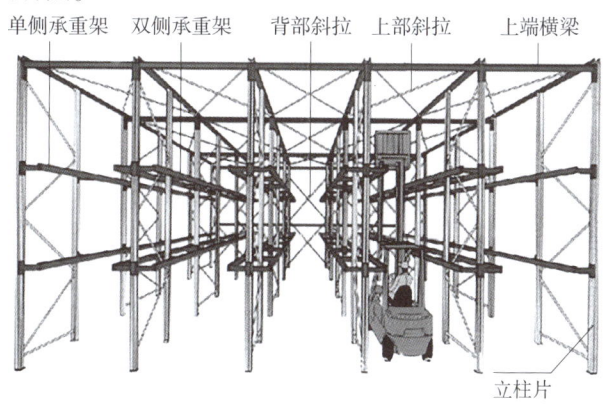

图 3-34 驶入式货架

3. 特点及用途

驶入式货架的特点是叉车直接驶入货架进行作业。叉车与货架的正面成垂直角度驶入，在最里面设有托盘的位置，卸放托盘货载直至装满，取货时再从外向内顺序取货。驶入式货架能起到保管场所及叉车通道的双重作用，但叉车只能从货架的正面驶入，这样一来，虽然可提高库容利用率，但很难实现先进先出。因此，每巷道只宜保管同一品种货物或必须一次性完成出入库作业，并且只适宜保管少品种、大批量以及不受保管时间限制的货物。驶入式货架是高密度存放货物的重要货架，库容利用率可达 90% 以上。

（五）阁楼式货架

1. 定义

阁楼式货架（见图 3-35）是一种充分利用仓库上层空间的简易货架，它在已有的货架或工作场地上建造一个中间阁楼，以增加存储的面积。阁楼式货架适用于空间利用率高，货物较轻，人工存取，存放多品种、少批量货物的仓库。阁楼式货架存取、管理货物均较为方便。

图 3-35 阁楼式货架

2. 结构

阁楼式货架基础结构采用中型或重型货架立柱，一般将仓库分为 2~3 层。货架楼板采用专用楼板，楼板采用互扣式结构，在楼板下面架设支撑梁。货架具有承载能力强、整体性能好、承载均匀性好、稳定性强等优势。单元货架每层载重量通常在 500 kg 以内，楼层间距通常为 2.2~2.7 m，顶层货架高度一般为 2 m 左右，充分考虑了工作人员操作的便利性。

3. 特点及用途

阁楼式货架是在已有的仓库工作场地上建造阁楼，在阁楼上旋转货架或直接放置货物，或将原有的平房库改为两层楼库，货物提升可用输送机、提升机、电葫芦，也可用升降台。在阁楼上可用轻型小车或托盘牵引车进行货物的堆码。这种货架的特点是充分利用空间，一般用于旧库改造。

一般的旧库，库存有效高度在 4.5 m 以上，如果安装一般货架或者就地堆放货物，在操作上受人的高度所限，只能利用 2 m 左右。采用阁楼式货架后，几乎可成倍地提高原有仓库的利用率。其缺点是存取作业效率低。阁楼式货架主要用于存储较长的中小件货物。

（六）层格式货架

1. 定义

层格式货架（见图 3-36）又称搁板货架，是货架类型中最为常见，也是应用最为广泛的一类货架。根据其承载力大小不同，可以分为轻型层格式货架、中型层格式货架和重型层格式货架。层格式货架一般使用 3~5 层，货架高度受限，一般在 6 m 以下。

2. 结构

层格式货架是由立柱、横梁、层板组装而成的（见图 3-37）。独立的一组有两片立柱，为主架。如果把几组货架组装成为一列，那么除了第一组需要两片立柱，其他的可以和它前面的一组共用一片立柱，为副架。

图 3-36　层格式货架

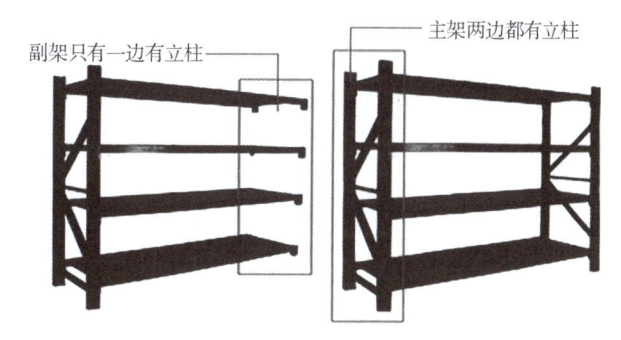

图 3-37　层格式货架结构

3. 特点及用途

层格式货架具有结构简单、省料、适用性强等特点，便于货物的收发，是人工作业仓库的主要存储设备，但存放货物数量有限。轻型层格式货架多用于小批量、零星收发的小件货物的存储；中型和重型层格式货架要配合叉车等工具存储大件、重型货物，其应用领域广泛。

（七）悬臂式货架

1. 定义

悬臂式货架（见图 3-38）是货架中重要的一种，适于存放长物料、环形物料、板材、管材及不规则货物，多用于机械制造行业和建材超市等。

2. 结构

悬臂式货架主要是由立柱、悬臂、连接杆等构件组成的货架（见图 3-39）。悬臂可以是固定的，也可以是移动的。悬臂可以是单面或双面的，单面悬臂一般靠墙使用。货架高度受限，一般在 6 m 以下。悬臂式货架既可以通过人工存取货物，也可以通过叉车存取货物。人工存取货物一般设计在 3 m 以下。叉车存取货物一般设计在 6 m 以下，因为是长条形货物，所以不宜设计太高，这样才不会影响存取货物。悬臂长度在 1.5 m 以内，每臂载重通常在 800 kg 以内。

图 3-38　悬臂式货架

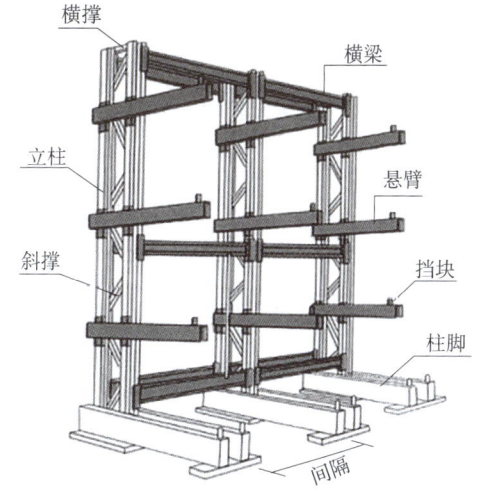

图 3-39　悬臂式货架结构

3. 特点及用途

悬臂式货架是边开式货架的一种，可以在架子两边存放货物，但不太方便机械化作业，存取作业强度大，一般适用于轻质的长条形材料存放，可用人力存取操作。重型悬臂式货架可用于存放长条形金属材料。

（八）抽屉式货架

1. 定义

抽屉式货架（见图 3-40）又称模具货架，主要用于存放各种模具。其顶部可配置移动葫芦车（手拉或电动），抽屉底部设有滚轮轨道，承载后依然可用很小的力自如地拉动，附加定位保险装置，安全可靠。根据承载能力可分为轻量型、重量型两种。抽屉式货架操作轻便，采用轴承组合，滑动平移，无需大型行车及叉车。

2. 结构

抽屉式货架与层格式货架类似，区别在于层格式货架中没有抽屉。

3. 特点及用途

抽屉式货架属于封闭式货架的一种，具有防尘、防湿、避光的作用，可用于比较贵重的小件物品的存放，或用于怕土、怕湿等贵重物品的存放，如刀具、量具、精密仪器、药品等物品。

图 3-40　抽屉式货架

三、货架的选型

（一）货架选型的考虑因素

一般货架的选型应按照系统化的原则，从经济及效率的观点，综合考虑各项因素，选择最适合的类型。货架选型的考虑因素见图 3-41。

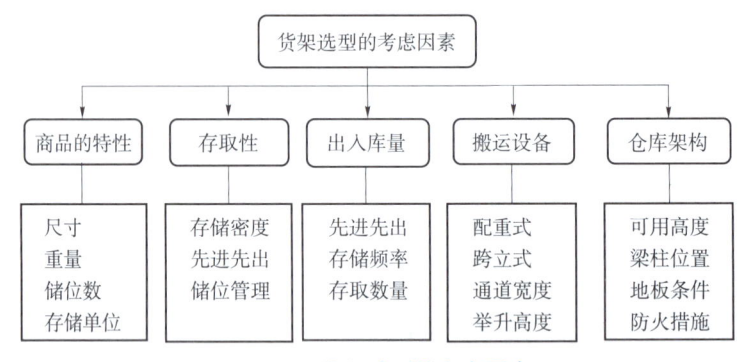

```
                    货架选型的考虑因素
    ┌──────────┬──────────┬──────────┬──────────┐
商品的特性    存取性     出入库量    搬运设备    仓库架构
    │          │          │          │          │
  尺寸      存储密度    先进先出    配重式      可用高度
  重量      先进先出    存储频率    跨立式      梁柱位置
  储位数    储位管理    存取数量    通道宽度    地板条件
  存储单位                         举升高度    防火措施
```

图 3-41　货架选型的考虑因素

1. 商品的特性

商品的外形、尺寸直接关系到货架规格的选择，而商品的重量则直接影响到选择何种强度的货架。不同的存储单位，如托盘、容器或单品均有不同的货架选择类型，在预估总储位数时，必须考虑到企业未来两年的成长需求。

2. 存取性

一般存取性与存储密度是相对的，也就是说，为了得到较高的存储密度，则必须相对牺牲物品的存取性。虽然有些类型的货架可得到较佳的存储密度，但其储位管理较为复杂，也常无法做到先进先出。唯有自动化立体仓库的存取性与存储密度俱佳，但相对投资成本较为昂贵。因此，选用何种类型的存储设备，可以说是各种因素的折中，也是一种策略的应用。不同货架特性比较参见表3-24。

表3-24 不同货架特性比较

比较项目	托盘货架	驶入式	驶出式	流动式	移动式	自动化立体仓库
货架占用面积	大	小	小	小	小	小
存储密度	低	高	高	高	高	高
空间利用	普通	很好	很好	非常好	非常好	非常好
存取性	非常好	差	差	普通	好	非常好
先进先出	可	不可	不可	可	可	可
通道数	多	少	少	少	少	少
单位纵深货位数	1	最多15	最多10	最多15	1	2
堆叠高度	6 m	10 m	10 m	10 m	10 m	14 m
出入库能力	中	小	小	大	小	大

3. 出入库量

某些类型的货架虽有很高的存储密度，但出入库量却不高，适合于低频率的作业。出入库量高低是非常重要的数据，也是货架设备类型选用的考虑重点。针对不同的存储单位，与出入库频率相适应的存储设备类型的参考数据见表3-25。

表3-25 与出入库频率相适应的存储设备类型的参考数据

存储单位	高频率	中频率	低频率
托盘	托盘式流动货架（20~30 托盘/h）	托盘式流动货架（10~15 托盘/h）	驶入式货架（10 托盘/h 以下）
	自动化立体仓库（30 托盘/h）		驶出式货架
	水平旋转自动仓库（20~60 s/单位）		移动式货架
容器	容器流动货架	轻型货架（中量型）	抽屉式流动货架
	轻负载自动仓库（20~50 箱/h）		
	水平旋转自动仓库（20~40 s/单位）		
	垂直旋转自动仓库 20~30 s/单位		
单品	单品自动拣取系统	转型货架（轻量型）	抽屉式货架

4. 搬运设备

仓储的存取作业是用搬运设备来完成的。叉车是通用的搬运设备，而货架的通道宽度会直接影响到叉车的选用形式。所以货架通道宽度的选择，应该根据叉车的作业通道的宽度来选择。

5. 仓库架构

仓库的结构直接影响到货架的安装与使用。仓库的高度决定了货架的高度，梁柱位置则会影响货架的配置，地面承受力和平整度也与货架的设计及安装有关，另外尚须考虑防火设施和照明设施的安装位置问题。

(二) 货架选择的注意事项

(1) 电子系统配套，若资金投入充足，可以考虑一些技术含量相对较高的设备。
(2) 仓库平面图、单元（包装）货物的规格、特性、重量。
(3) 货架承装物料的品类和承装物料的容器。
(4) 单元托盘货物的规格、堆高机载重量。
(5) 存储量要求，出入库频率要求，管理系统要求。
(6) 存取方式（人工存取、机械存取、自动化存取）和存取设备。

四、货架参数

在选择了正确的货架类型后，还需确定货架参数。货架参数包括货架承重、货架尺寸和货架层数等。

(一) 货架尺寸参数

货架尺寸参数包括开间宽度、横梁长度、立柱宽度、货架进深、货架高度等，见图3-42。

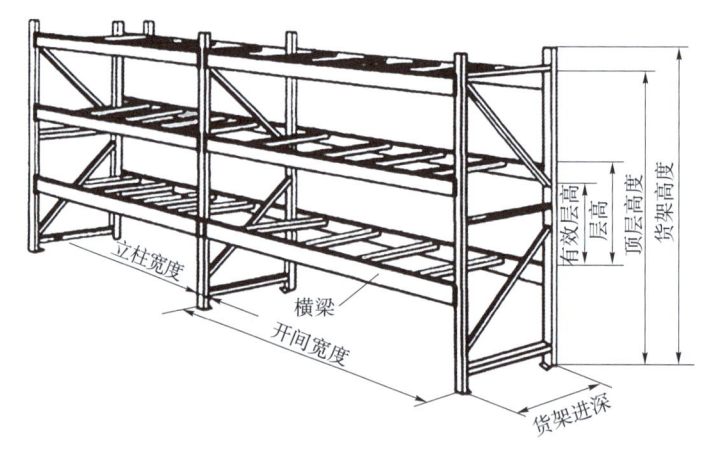

图 3-42　货架尺寸参数

(二) 货架参数设计

以较为通用的横梁式货架为例说明参数设计。

1. 横梁式货架长度的设计

对托盘的规格要有所了解，如货物超出托盘时，应以超出的尺寸来计算，一般每层设计放2个托盘，托盘与托盘之间、托盘与左右立柱之间间隔70~100 mm（高位货架间隔100 mm，较矮货架可间隔70 mm），计算公式如下：

$$L(长度) = 托盘长度×2 +(70~100 mm)×3$$

2. 横梁式货架宽度的设计

以托盘宽度的实际尺寸来计算，托盘旋转货架时，需考虑前后富余（一般前后各100 mm），计算公式如下：

$$W(宽度) = 托盘宽度 - 200 mm$$

3. 横梁式货架高度的设计

具体高度根据客户仓库以及叉车抬高等因素而定，计算公式如下：

H(层高)= 堆码高度+间隙(间隙根据客户规定而定)

4. 通道的设计
根据叉车性能（如作业通道、抬高、载重等）确定叉车通道。

5. 相关配件的设计
相关配件包括立柱、横梁、跨梁等配件，具体根据现场而定。

6. 注意
要特别注意托盘样式、货物是否突出、货架尺寸规格、层高、场地、消防等。

五、货架数量计算

（一）货架数量计算流程

货架数量计算流程见图3-43。

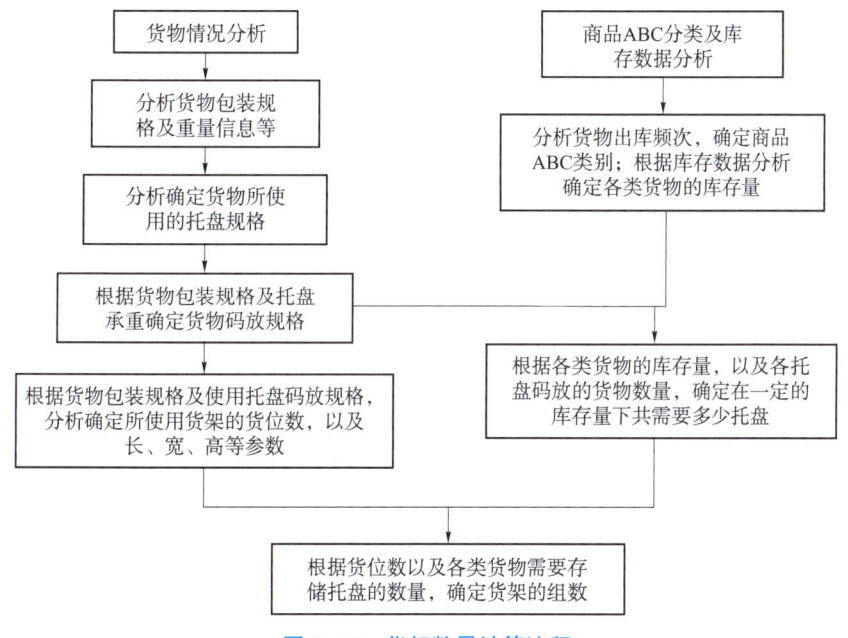

图3-43 货架数量计算流程

（二）货架数量计算方法

货架数量与存储货物的量以及单位货架的存储能力有关，计算公式如下：

$$N = \frac{Q}{P \times L \times 2}$$

式中：N——重型货架需求级数；

Q——货物存放总量；

P——单位托盘存放货物的量；

L——规划货架的层数。

注意：其中系数2是因为每组货架每层一般有2个托盘。

一般情况下，货物存储量随着季节性变化有一定的波动，因此，规划时还需要考虑高峰库存的需求。另外，随着业务量的增长，库存量也会不断增大，也需要考虑。

一般货架层数为5~8层。货架层数太少难以体现其充分利用空间和提升存储容量的优势，而层数太多则会增加叉车取货的难度，使货物坠落的风险增大。

任务过程展现

一、货架选择

1. 货架类型选择

考虑配送中心存储商品的属性为日用品类，且都是以整托或整箱的形式出库，商品的周转能力较强，因此最适合的货架类型为托盘式货架。

2. 货架参数设计

根据情境中的数据（选择规格为 1 200 mm×1 000 mm×150 mm 的托盘，可码放 4 层货物），确定每组货架的层高、长度、高度、宽度和承重等参数。具体计算如下：

每组货架层高：堆垛高度+预留间隙=350×4+150+100=1 650（mm）；

货架层数：向下取整［(11-1)÷1.65］=6（层）；

货架长度：托盘长度×2+间隙=1 200×2+100×3=2 700（mm）；

货架宽度：托盘宽度 -200 mm=1 000-200=800（mm）；

每组货架高度：1 650×6=9 900 ≈ 10 000（mm）；

每组货架承重：每托盘货物重量×货架放置托盘数=（4×40+15）×12=2 100（kg）。

二、计算所需的货架数量

A、B、C 三类商品库存量分别为 2 100 箱、5 200 箱、4 850 箱。根据货架数量计算公式：

日用品 A 类所需货架数量：2 100×130%÷(40×6×2) = 6（组）；

日用品 B 类所需货架数量：5 200×130%÷(40×6×2) = 15（组）；

日用品 C 类所需货架数量：4 850×130%÷(40×6×2) = 14（组）；

则共需要货架 35 组（6+15+14 =35 组）。

提升训练

广东工贸物流公司根据超市和便利店项目仓储和配送需求，拟将仓库 A 建设成配送中心。现已完成仓库 A 的功能分区，见图 3-44。

仓库 A 长 65 000 mm，宽 56 000 mm，高 11 000 mm，面积为 3 640 m²；建筑立柱间距长 12 000 mm，宽 9 000 mm；地面承重为 3 t；门宽 4 500 mm，高 8 000 mm，月台宽 4 000 mm，高 1 200 mm，库内地面高度与月台同高；月台雨棚宽 4 500 mm，高 8 500 mm。

根据前期对配送需求的调研，现需要对配送中心所需仓储设备进行选型及数量估算，确定该配送中心基于商品ABC分类（按照库存周转率高、中、低来分类）和商品品类进行库房布局，该项目相关信息如下：

（1）食品类每箱最大重量为 2 kg，包装规格为 500 mm×400 mm×350 mm；

（2）日用品类每箱最大重量为 3 kg，包装规格为 400 mm×300 mm×350 mm。

包装的承压能力为 10 kg，托盘码放安全高度为 1 800 mm，仓库货架的安全层高为 2 000 mm。

配送中心要求使用标准化托盘和周转箱，且要求设备的存储空间利用率尽量最大化，其中托盘的自身重量通常为 15 kg。仓库内叉车司机操作叉车时，每个上架或下架作业的平均效率约为 2 min/次，搬运人员进行手动入库搬运作业的平均效率为 3 min/托，手动出库搬运作业的平均效率为 2 min/托。同时，仓库设定每天的工作时长为 8 h，每小时有效工作时间大约为 45 min，托盘和周转箱数量的计算需考虑 130% 的经验富余值，考虑仓库利用率，货架计算时以货物实际需求量确定。相关数据见表 3-26~表 3-28。

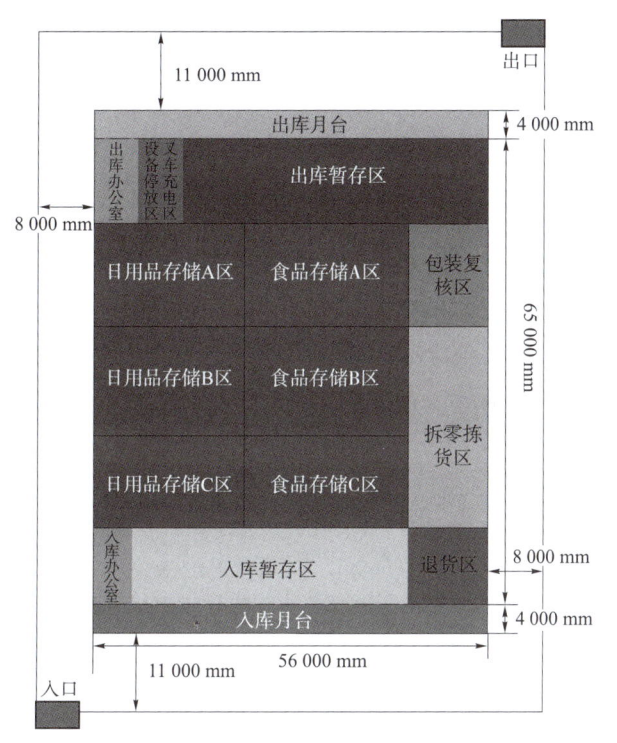

图 3-44 仓库 A 功能分区

表 3-26 广东工贸物流公司配送中心商品 ABC 分类结果

商品 ABC 分类	规划设计值				
	品种数/SKU	日均入库量/箱	日均出库量/箱	库存量/箱	库存天数/天
食品 A 类	133	900	864	5 919	7
食品 B 类	302	4 722	4 710	47 100	10
食品 C 类	953	2 300	2 227	33 405	15
小计	1 388	7 922	7 801	86 424	—
用品 A 类	102	510	489	1 956	4
用品 B 类	118	900	2 843	17 058	6
用品 C 类	226	1 000	947	9 470	10
小计	446	4 410	4 279	28 484	—
合计	2 334	12 332	12 080	114 908	—

表 3-27　广东工贸物流公司配送中心的规划能力目标值

总体能力目标	规划设计值	
吞吐能力	日均出库量	1.20 万箱/天
	日均进货量	1.22 万箱/天
	配送店铺数量	标准超市：7 店
		便利店：7 店
存储能力	存储量	12 万箱
	存储品种数量	2 400 SKU
	平均库存周转天数	9 天

表 3-28　商品在配送中心的仓储操作要求

商品 ABC 分类	入库要求	存储要求	出库要求
食品 A 类 食品 B 类 食品 C 类	整托或整箱入库； 叉车搬运； 需检验； 地面堆垛待检入库	托盘商品随机存储+固定货位存储（商品出库量大小差异较大）； 不合格品、退货商品的存储； 按计划进行盘点； 存储无特殊温度要求	按照门店订单进行拣选集货； 整托出库； 装车前复核； 部分商品拆零拣选后复核打包出库； 轻型货架拆零拣选； 周转箱拣选台车搬运； 电动叉车搬运； 食品类商品拆零拣选量大，应靠近拆零拣选作业区
日用品 A 类 日用品 B 类 日用品 C 类			

根据客户需求，广东工贸物流公司仓库中有一部分货物需要拆零拣选出库（见表 3-29）。对超市和便利店每日各配送 2 次，拆零出库商品存储选用轻型货架，拣选出库使用周转箱进行作业，超市周转箱周转天数为 5 天，便利店周转箱周转天数为 3 天，人员作业效率平均为 200 次/(人·h)。设定周转箱的利用率为 70%。

表 3-29　广东工贸物流公司拆零商品数据

商品 ABC 分类	品种数	商品平均规格	超市日均出货量/箱	便利店日均出货量/箱
食品 B 类	17	160 mm×140 mm×120 mm	1 000	600
食品 C 类	18	160 mm×130 mm×110 mm	900	450
日用品 B 类	26	150 mm×120 mm×100 mm	860	500
日用品 C 类	22	150 mm×120 mm×110 mm	150	650

任务要求：请从以下所给货架中，选择最适合该案例仓库存储区、拣选区的货架类型并计算所需数量。

托盘式货架 　　　　　　　　　悬臂式货架 　　　　　　　　　驶入式货架

轻型货架：长1 200 mm×宽400 mm×高1 800 mm×4层 　　轻型货架：长1 500 mm×宽600 mm×高1 800 mm×4层

提升训练：参考答案

知识拓展

技能训练

（一）实训名称

货架的选择。

（二）实训目标

学生在认识不同货架的前提下，通过实训达到下列目标：掌握不同类型货架，如托盘式货架、悬臂式长形货架、驶入式货架、移动式货架、重力式货架、旋转式货架、抽屉式货架、橱柜式货架等的特点及用途。

（三）环境要求

实训场地名称：物流实训室。

应配备的实训设施设备：托盘、捆扎设备、胶带、收缩薄膜、纸箱、各种类型的货架。

（四）情境描述

物流设备操作实训基地内配置有各种不同类型的货架。学生在掌握货架的种类、货架的承重能力等基本知识的基础上，能够针对不同种类的货物选择不同的货架。

（五）工作流程

组织实训所需设施设备—熟悉训练场地—完成规定的操作流程。

（六）实训步骤

(1) 学生熟悉各种货架。

(2) 给定一些货物，让学生根据不同性质的货物选择适合的货架进行摆放。

(3) 指定几种货架，让学生操作存取货物的过程。

(4) 完成托盘堆垛任务。

(5) 根据货物选择正确的货架并完成上架作业。

(6) 学生上交技能训练报告。

（七）注意事项

(1) 能够辨别不同类型的货架，并知道其结构和特点。

(2) 货位上的货物不挤压、不紧贴、不超出仓位，留出合理的作业空间。

(3) 上架过程中，设备不相互碰撞。

(4) 严禁出现混区作业等违反安全规定的操作。

（八）实训报告

实训报告见表3-30。

表3-30 实训报告

班级：	姓名：	时间：
实训内容：		分数：
实训目的：		
实训步骤：		
实训总结：		
实训建议：		

学思之窗

一、教学建议

(1) 通过货架选择、参数设计和货架数量计算的教学，提升学生灵活运用知识的能力，让学生认识共享货架可以提高资源利用率、节约社会资源、降低企业成本，并可以进行货架的自由组合，实现绿色环保，从而增强学生的成本意识与绿色物流意识。

（2）通过小组合作，分析任务中商品、货架等信息，思考讨论如何从货架的合理选择和规划等因素考虑，正确存放货物等，培养学生认真仔细、团队合作的意识，提高学生分析问题、解决问题的能力。

（3）通过观看仓库安全隐患的视频，培养学生的安全意识。

（4）通过了解仓库货架的迭代更新，学生理解科技创新对生产技术技能水平提升的重要作用。

（5）通过仓储规划与设计岗位知识的教学，提升学生的基本职业素养，培养学生的爱岗敬业精神，增强学生的自信心。

二、典型素材

（一）内容介绍

中国的电商市场是最大的，要求也是最严格的，在领跑全球的物流时效性和准确性的背后，是智能仓储对于商品周转速度、出入库效率、发货精准度的保障，是智能设备成熟的落地应用和不断升级。近几年，中国的智能仓储方案开始走向国际、全球落地，一些经过中国复杂环境考验和打磨的项目在全球具备了极高的竞争力和适用性。

（二）素材类型

快速发展的智能仓储需要不断地创新

2020年6月，全球最权威的机器人研究咨询机构《机器人商业评论》（简称RBR）评选的全球Top50机器人公司中，一家来自中国的智能机器人公司极智嘉（Geek+）继2019年获奖后蝉联RBR Top50，成为2020年唯一登榜的中国企业。这个奖表彰的不光是该公司的产品品质和创新实力，更是对其全球化布局、项目的全球化复制和落地的高度肯定。要知道，成就一个成功的落地项目，产品系统、专业团队、定制化规划、交付前中后期的沟通、项目实施、服务响应、复盘等各方面都要做好，这些都对智能设备企业提出了极高的要求。

成功的商业落地、项目复制与企业的创新密不可分，以创新算法对于智能仓储的重要性为例：如何优化不同的波次组合、进行热度的分析？哪些商品是热点商品？哪些货架应该放在前面？哪些货架放在后面？如何一次性拣选更多的商品……这些问题都是靠算法来解决。

2020年"6·18"期间，极智嘉完成了860万单发货，较2019年同期增长110%，助力上百家品牌从容应对发货峰值考验。极智嘉在24 h内订单发货率超80%，48 h内订单发货率达100%，发货效率比人工仓提升近1倍，发货准确率高于99.99%。凭借超强AI算法和软件系统，极智嘉在"6·18"期间成功完成数千台机器人的大规模集群调度，极速处理海量订单，并保障了零中断、零事故的高效作业。

自诞生至今，极智嘉每年都为行业带来引领性的产品和举措，并且都是针对客户的切实需求。随着物流用地的单价持续上升，行业越来越需要仓储物流自动化系统能够实现高密度的存储，在有限空间内存储更多的货物，进而向垂直方向拓展。为了满足客户高存储能力、高效率、高性价比和高柔性的全部需求，极智嘉在2019年推出了采用货箱到人方式的新一代仓储机器人系统RobotShuttle，该系统包括两种适配方案：C200S（适用于多层立体存储）、C200M（适用于单层存储）。以天津丰树的某仓库为例，9 m高的三层阁楼货架上，C200S可以高效完成产品的存拣作业，相较同等面积的人工仓，效率提升2.5倍，是拣货效率极高的AMR解决方案。

仓配规划与设计

目前，极智嘉拥有全品类物流机器人产品线，包括货架到人拣选、货箱到人拣选、分拣、搬运和叉车，以及智能仓和智慧工厂解决方案，在电商、零售、鞋服、物流、医药、汽车和3C制造行业获得了深度应用。极智嘉在帮助客户不断优化供应链的过程中，积累了丰富的经验和数据，使得产品和算法迭代更快、更有效，这些技术优势结合极智嘉的成功项目经验，以及对于行业深耕，得以吸引更多客户使用和验证这些产品和算法，进而构成了飞轮效应，助力极智嘉在智能机器人、智慧物流领域取得更多成果。在中国电商物流的土壤中和中国物流快速发展的背景下，我们期待中国的机器人企业蓬勃发展，为全球用户带来稳定、高效、智能的物流机器人和落地项目，进一步推动智慧物流的发展。

（三）教学过程实施及预期效果

该案例作为课后拓展，帮助学生回顾本章内容的同时，提高学生对知识的扩展能力。例如，货架与软件的结合，可让货架变成智慧货架，实现高效运转。通过行业前瞻性介绍，增强学生的创新意识以及分析和解决问题的能力；通过对我国行业领导企业的认知，让学生树立民族自信心、建立职业自豪感。

学有所思

（1）结合本任务的内容，谈谈在做仓库规划时是否一定需要配置货架，并进行解释。

_____
_____
_____
_____
_____
_____

（2）谈谈自动化与货架的关系。

_____
_____
_____
_____
_____
_____

知识检测

一、单选题

1. 下图货物存储中使用的货架是（　　）。

A. 托盘式货架　　B. 重力式货架　　C. 移动式货架　　D. 贯通式货架

2. 下图货物存储中使用的货架是（　　）。

A. 托盘式货架　　B. 移动式货架　　C. 重力式货架　　D. 贯通式货架

3. 某仓库存储区选用 4 层重型货架，每层一个托盘位，已知该仓库日均存储量 3 万箱，每托盘可堆码 12 箱货物，则该仓库共有（　　）组重型货架。

A. 313　　B. 500　　C. 625　　D. 650

4. （　　）又称横梁式货架、货位式货架，通常为重型货架，在国内的各种仓储货架系统中最为常见。

A. 流利式货架　　B. 贯通式货架　　C. 托盘式货架　　D. 移动式货架

5. 适合先进先出存储方式的货架是（　　）。

A. 托盘式货架　　　　　　B. 重力式货架
C. 搁板式轻型货架　　　　D. 悬臂式货架

6. 专门用于存放长条形货物的货架是（　　）。

A. 托盘式货架　　B. 重力式货架　　C. 搁板式轻型货架　　D. 悬臂式货架

7. 某配送中心日均拆零出库量为 3 000 件，占出库较大比例，为便于拣货，其拆零拣选作业可用（　　）。

A. 托盘式货架　　B. 重力式货架　　C. 流利式货架　　D. 阁楼式货架

8. 重型货架需求数量计算公式 $N=Q\div(P\times L\times 2)$，其中 P 指（　　）。

A. 货物存放数量　　　　　B. 规划货架的高度
C. 单位托盘存放量　　　　D. 规划货架的层数

9. 对重型货架需求数量计算公式 $N=Q\div(P\times L\times 2)$ 中系数 2 理解正确的是（　　）。

A. 每组货架每层放 2 个托盘　　　B. 每组货架放 2 个托盘
C. 每个货架放 2 层货物　　　　　D. 每组货架每层存放 2 箱货物

10. 某仓库存储区共有 125 组 5 层高重型货架，已知该仓库托盘规格为 1.2 m×1.2 m×0.15 m，货物规格为 0.4 m×0.3 m×0.3 m，重 6 kg，包装箱承重 30 kg，托盘承重 500 kg，每组货架每层一般可存放 2 个托盘，则该仓库可存储（　　）箱货物。

A. 37 500　　B. 45 000　　C. 75 000　　D. 90 000

二、多选题

1. 货架的数量受（　　）影响。

A. 商品规格　　B. 托盘承重　　C. 托盘规格　　D. 商品库存量

2. 在选择货架时，主要是确定货架的（　　）。

A. 类型　　B. 尺寸　　C. 承重　　D. 层数

3. 关于搁板式轻型货架说法正确的是（　　）。

A. 适合存放纸箱、包、小件物品　　B. 结构简单、自重轻
C. 式样变化多　　　　　　　　　　D. 人力直接存取货物

4. 关于流利式货架说法正确的是（　　）。

A. 实现先进先出　　　　　　　　　B. 一次补货、多次拣选
C. 货物存取效率是普通货架的 10 倍　D. 操作简便、可靠耐用

5. 仓库货架选择前，需要确定（　　）。
A. 货物的存取方式　　　　　　　B. 单元托盘货物的规格
C. 存储量要求　　　　　　　　　D. 配套电子系统

6. 货架选型时，需要考虑货物的（　　）。
A. 性质　　　B. 库存量　　　C. 单元装载形式　　　D. 包装形式

7. 横梁式货架由（　　）组成。
A. 滑滚　　　B. 柱片　　　C. 横梁　　　D. 流利条

8. 下列关于阁楼式货架的说法正确的是（　　）。
A. 可充分利用仓库高度　　　　　B. 可根据实际灵活设计
C. 适合存储多种类型货物　　　　D. 上层可存放轻型物品

9. 计算货架数量时，需要的数据包括（　　）。
A. 货物存放总量　　　　　　　　B. 货架层数
C. 单位托盘存货量　　　　　　　D. 堆垛高度

10. 贯通式货架的特点有（　　）。
A. 货物堆垛密集度高　　　　　　B. 先进先出作业
C. 货架空间利用率高　　　　　　D. 适合存放纸箱等小件货物

三、判断题

1. 重力式货架的每一个货格就是一个具有一定坡度的库存滑道。　　　　　　（　　）
2. 重力式货架和流利式货架都是利用货物自重，使其从货架的一端滑向另一端。（　　）
3. 货架选型时需要考虑库房的地面结构与货物进出库方式。　　　　　　　　（　　）
4. 在选择仓库货架时，不需要考虑仓库现有存取设备。　　　　　　　　　　（　　）
5. 在计算货架数量时，不需要考虑商品包装规格。　　　　　　　　　　　　（　　）

学习评价

根据学习情况完成表3-31和表3-32。

表3-31　职业核心能力测评表

（在□中打√，A 通过，B 基本掌握，C 未通过）

职业核心能力	评估标准	评价结果
素质方面	1. 践行社会主义核心价值观，具有深厚的爱国情感和中华民族自豪感； 2. 具有社会责任感和社会参与意识； 3. 具有创新意识、成本意识、绿色物流意识、工匠精神、创新思维； 4. 具有职业道德、合作意识、安全意识	□A　□B　□C □A　□B　□C □A　□B　□C □A　□B　□C
知识方面	1. 熟悉与本专业相关的法律法规以及环境保护、安全消防、设备安全等相关知识； 2. 掌握货架的类型、特点及用途； 3. 熟悉货架的主要参数； 4. 了解货架选型的考虑因素； 5. 熟悉货架选择的注意事项； 6. 掌握货架数量的计算流程； 7. 掌握货架数量的计算方法；	□A　□B　□C □A　□B　□C □A　□B　□C □A　□B　□C □A　□B　□C □A　□B　□C □A　□B　□C

续表

职业核心能力	评估标准	评价结果
能力方面	1. 具有探究学习、终身学习、分析问题和解决问题的能力； 2. 具有识别仓库中常用货架的类型、特点及使用范围的能力； 3. 能够根据货架选型的考虑因素选择合适的货架类型； 4. 能够根据货架计算的流程及方法计算所需货架数量； 5. 具备知识的灵活运用能力	□A □B □C □A □B □C □A □B □C □A □B □C □A □B □C
学生签字：	教师签字：	年　月　日

表3-32　专业能力测评表

（在□中打√，A通过，B基本掌握，C未通过）

专业能力	评价指标	自测结果	要求
货架概述	1. 货架的概念； 2. 货架的作用及功能； 3. 货架的分类	□A □B □C □A □B □C □A □B □C	能够认识并熟悉货架的作用及功能，并对货架进行合理分类
几种常用的货架	1. 托盘式货架； 2. 重力式货架； 3. 移动式货架； 4. 驶入式货架； 5. 阁楼式货架； 6. 层板式货架； 7. 悬臂式货架； 8. 抽屉式货架	□A □B □C □A □B □C □A □B □C □A □B □C □A □B □C □A □B □C □A □B □C □A □B □C	能够掌握各类常用货架的定义、结构、特点和使用范围，重点掌握托盘式货架
货架的选用	1. 货架选型的考虑因素； 2. 货架选择的注意事项	□A □B □C □A □B □C	能够根据商品情况合理选择货架进行存放
货架参数	1. 货架尺寸参数； 2. 货架参数设计	□A □B □C □A □B □C	能够认识货架的尺寸参数，并且能够根据商品信息对各货架参数进行设计
货架数量计算	1. 货架数量计算流程； 2. 货架数量计算方法	□A □B □C □A □B □C	掌握货架数量的计算流程和计算方法

教师评语：

成绩：　　　　　　　　　　　　　　教师签字：

任务三 搬运设备选型

任务概述

本任务需要仓储规划与设计人员确定搬运设备类型,并综合各环节作业量、设备预算等因素,估算搬运设备数量。

学习计划表

【学习目标】
(1)能够根据商品特性、各环节搬运要求,确定装卸搬运设备类型。
(2)能够综合各环节作业量等因素,估算装卸搬运设备数量。
根据课前预习及学习情况填写表3-33。

表3-33 学习计划表

项目		基础知识	选择搬运设备类型	计算所需搬运设备数量
课前预习	预习时间			
	预习结果	1. 难易程度 　偏易(即读即懂)(　)　　　适中(需要思考)(　) 　偏难(需查资料)(　)　　　难(不明白)　(　) 2. 需要课堂提问内容 _____ _____ 3. 问题总结 _____ _____ _____		
课后复习	复习时间			
	复习结果	1. 掌握程度 　了解(　)　　熟悉(　)　　掌握(　)　　精通(　) 2. 疑点、难点归纳 _____ _____ _____ _____		

【知识目标】

（1）掌握搬运设备的类型、特点及用途。
（2）掌握搬运设备的主要参数。
（3）掌握手推车、叉车选型的考虑因素。
（4）熟悉搬运设备数量的计算流程。
（5）掌握叉车数量选择的计算方法。

【技能目标】

（1）能够识别仓库中常用搬运设备的类型、特点及使用范围。
（2）能够根据搬运设备选型的考虑因素选择合适的搬运设备类型。
（3）能够根据搬运设备的计算流程及方法计算所需搬运设备数量。

【素养目标】

（1）培养学生的创新意识、成本意识、绿色物流意识。
（2）培养学生分析问题、解决问题的能力。
（3）培养学生灵活运用知识的能力。
（4）培养学生吃苦耐劳的精神，以及合作意识、安全意识。

情境导入

某物流公司根据项目仓储配送需求，拟将仓库建设成仓储配送中心。仓库长 28 000 mm，宽 21 000 mm，高 11 000 mm，面积为 588 m²；门宽 4 500 mm，高 8 000 mm；月台宽 4 000 mm，高 1 200 mm，库内地面高度与月台同高；园区内通道宽分别为 11 000 mm 和 9 000 mm。现已完成仓库的功能分区，见图 3-19。

任务要求：请根据本模块"任务二 情境导入"中的"仓库需求信息"内容，确定搬运设备的类型及其数量。

任务解析

搬运设备是仓库中最为常见的设备之一，如手推车、地牛、电动叉车等都属于搬运设备的一种。搬运设备的种类有很多，对于不同的商品特性和各环节搬运要求，会选择不同类别的搬运设备。比如：一些零散物料和商品的短距离搬运，一般选择手推车，既方便灵活又节省成本；整托商品的装卸和短距离搬运，一般选择地牛；如果整托商品装卸搬运量大，则会选择电动搬运叉车，以提高工作效率，保证仓库整体的吞吐能力；如果整托商品需要上、下架操作，就需要选择托盘堆垛叉车或前移式叉车，以便能够插取或旋转到高位货架上。

本任务以食品、日用品、家电商品的仓库搬运设备选型为主线，探索如何进行搬运设备选型及其数量计算。本任务主要包括两个方面的内容：一是学习如何根据商品特性、各环节搬运要求合理选择搬运设备。应该注重掌握搬运设备的类型及特点，重点学习搬运设备选型原则，需要突破的难点是根据仓库实际搬运要求和商品特性选择合适的搬运设备。二是学习如何计算所需搬运设备数量。应该着重掌握搬运设备数量计算的方法，其中难点是灵活应用计算方法，根据仓库实际情况，准确计算所需搬运设备数量。

相关知识

一、装卸搬运设备

（一）装卸搬运设备的定义

装卸搬运设备是指用来搬移、升降、装卸和短距离输送物料或货物的机械。装卸搬运设备是实现装卸搬运作业机械化的基础，是物流设备中重要的机械设备。它不仅可用于完成船舶与车辆货物的装卸，而且还可用于完成库场货物的堆码、拆垛、运输，以及舱内、车内、库内货物的起重输送和搬运。

（二）装卸搬运设备的特点

为了顺利完成装卸搬运任务，装卸搬运设备必须适应装卸搬运作业要求。装卸搬运作业要求装卸搬运设备结构简单牢固、作业稳定、造价低廉、易于维修保养、操作灵活方便、安全可靠，能最大限度地发挥其工作能力。装卸搬运的机械性能和作业效率对整个物流系统的作业效率影响很大。其主要工作特点如下：

（1）适应性强。由于装卸搬运作业受货物品种、作业时间、作业环境等因素的影响较大，而装卸搬运活动又各具特点，因此，要求装卸搬运设备具有较强的适应性，能够在各种环境下正常工作。

（2）工作能力强。装卸搬运设备起重能力大，起重范围广，生产作业效率高，具有很强的装卸搬运作业能力。

（3）机动性较差。大部分装卸搬运设备都在设施内完成装卸搬运任务，只有个别装卸搬运设备可在设施外作业。

（三）装卸搬运设备的作用

大力推广和应用装卸搬运设备，不断更新装卸搬运设备和实现现代化管理，对于加快现代化物流发展、促进国民经济发展，均有十分重要的作用，主要表现在以下几个方面：

（1）提高装卸效率，节省劳动力，减轻装卸工人的劳动强度，改善劳动条件。

（2）缩短作业时间，加速车辆周转，加快货物的送达。

（3）提高装卸质量，保证货物的完整和运输安全。特别是体积大且笨重货物的装卸，仅依靠人力，一方面难以完成，另一方面保证不了装卸质量，容易发生货物损坏或偏载，甚至危及行车安全；采用机械作业，则可避免这种情况发生。

（4）降低装卸搬运作业成本。装卸搬运设备的应用，势必会提高装卸搬运作业效率，而效率的提高会使每吨货物分摊到的作业费用相应减少，从而使作业成本降低。

（5）充分利用货位，加速货位周转，减少货物堆码的场地面积。由于采用机械作业，堆码可达到一定的高度，加快了装卸搬运的速度，及时腾空货位，减少了场地面积。

随着物流现代化的不断发展，装卸搬运设备将会得到更为广泛的应用。从装卸搬运设备的发展趋势来看，发展多类型的、专用的装卸搬运设备来适应货物的装卸搬运作业要求，是今后装卸搬运设备的发展方向。

（四）装卸搬运设备的分类

1. 按作业性质分类

按装卸及搬运两种作业性质不同可分成装卸机械、搬运机械及装卸搬运机械三类。

2. 按有无动力分类

按有无动力可分为重力式装卸输送机具、动式装卸搬运机具和人力式装卸搬运机具。

（1）重力式装卸输送机具：辊式、滚轮式等输送机属于此类。

（2）动式装卸搬运机具：有内燃式及电动式两种，大多数装卸搬运机具属于此类；

（3）人力式装卸搬运机具：用人力操作作业，主要是小型机具和手动叉车、手车、手推车、手动升降平台等。

3. 按机具工作原理分类

按装卸搬运机具的工作原理可将其分为叉车类、吊车类、输送机类、作业车类和管道输送设备类。

（1）叉车类，包括各种通用和专用叉车。

（2）吊车类，包括门式、桥式、履带式、汽车式、岸壁式、巷道式等各种吊车。

（3）输送机类，包括辊式、轮式、皮带式、链式、悬挂式等各种输送机。

（4）作业车类，包括手车、手推车、搬运车、无人搬运车、台车等各种作业车辆。

（5）管道输送设备类，包括液体、粉体的装卸搬运一体化的，由泵、管道为主体的一类设备。

在本任务环节中我们主要掌握仓储常用的叉车与作业车类的装卸搬运设备。

二、叉车

（一）叉车的定义

《物流术语》（GB/T 18354—2021）对叉车的定义是：叉车指具有各种叉具及属具，能够对物品进行升降和移动以及装卸作业的搬运车辆。国际标准化组织工业车辆技术委员会（ISO/TC110）将叉车定义为：工业车辆，属于物料搬运机械，广泛应用于车站、港口、机场、工厂、仓库等各国民经济部门，是机械化装卸、堆垛和短距离运输的高效设备。配送中心使用的内燃叉车见图3-45。

图 3-45　配送中心使用的内燃叉车

（二）叉车的结构

叉车的主要组成部分有动力装置、传动装置、转向装置、工作装置、液压系统和制动装置。内燃叉车结构见图3-46。

（三）叉车的主要技术参数

叉车主要技术参数是反映叉车技术性能的指标，也是选择叉车的主要依据。叉车的主要技术参数包括载荷中心距、额定起重量、最大起升高度、最大起升速度、门架倾角、满载最高行驶速度、满载最大爬坡度、最小转弯半径、堆垛通道最小宽度、叉车的最大高度和宽度、叉车的制动性能指标、最小离地间隙、直角通道最小宽度、叉车的稳定性指标、回转通道最小宽度等。以下介绍其中的主要技术参数。

1. 载荷中心距

载荷中心距指叉车设计规定的标准载荷中心到货叉垂直段前臂之间的距离。

2. 额定起重量

额定起重量指当货叉上的货物重心位于规定的载荷中心距上时，允许叉车举升的最大重量。

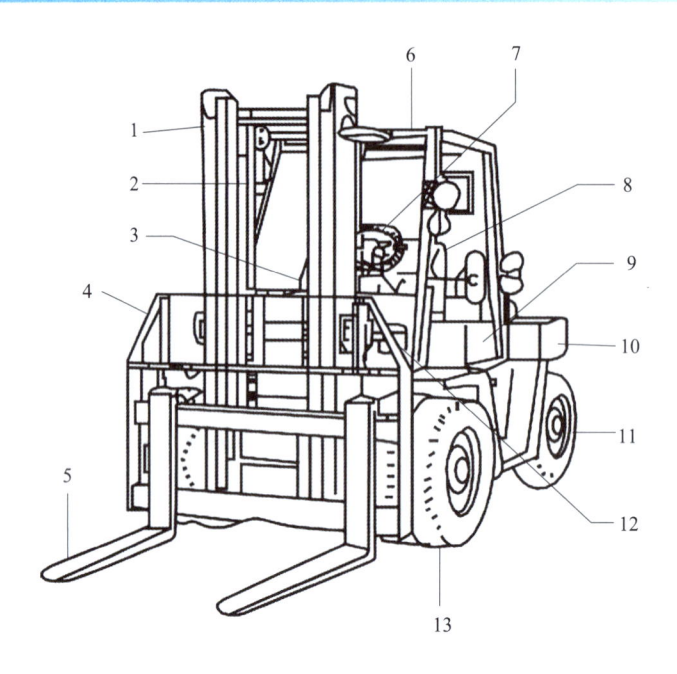

图 3-46　内燃叉车结构

1—门架；2—起升油缸；3—控制杆；4—挡货架；5—货叉；6—护顶架；7—方向盘；
8—座椅；9—内燃机罩；10—平衡重；11—后轮胎；12—倾斜油缸；13—前轮

3. 最大起升高度

最大起升高度指当叉车的门架垂直，额定起重量的货物起升到最高位置时，货叉上平面距离地面的垂直距离。

4. 最大起升速度

最大起升速度指门架垂直、额定起重量的货物起升的最大速度。

5. 门架倾角

门架倾角指叉车在平坦、坚实的路面上，门架相对其垂直位置向前或向后的最大倾角。

6. 满载最高行驶速度

满载最高行驶速度指叉车在平直、干硬的路面上满载行驶时所能达到的最高车速。

7. 满载最大爬坡度

满载最大爬坡度指叉车在良好的干硬路面上能够爬止的最大坡度。

8. 最小转弯半径

最小转弯半径指叉车在空载低速行驶、打满方向盘即转向轮处于最大偏转角时，瞬间转向中心距车体最外侧的距离。

9. 堆垛通道最小宽度

堆垛通道最小宽度指叉车正常作业时，通道的最小理论宽度。叉车正常作业是指叉车在通道内直线运行，并且要做 90°转向进行取货。

10. 叉车的最大高度和宽度

叉车的最大高度和宽度指叉车顶部与底部之间的最大高度和横向最大宽度。

（四）叉车的分类

见图 3-47，按性能和功用分类，叉车可分为平衡重式叉车、插腿式叉车、侧面式叉车、前移式叉车、集装箱式叉车、高位拣选式叉车六种，其中平衡重式叉车的应用最为广泛；按使用的动力装置分类，叉车可分为电动式叉车、内燃式叉车和人力驱动式叉车三种，其中电动式叉车主要包括电动托盘搬运叉车、电动托盘堆垛叉车、前移式叉车、电动拣选叉车、电动平衡重式叉车，内燃式叉车主要包括内燃式平衡重式叉车，人力驱动式叉车主要包括手动液压搬运叉车（地牛）。目前，内燃式叉车占80%的市场份额。

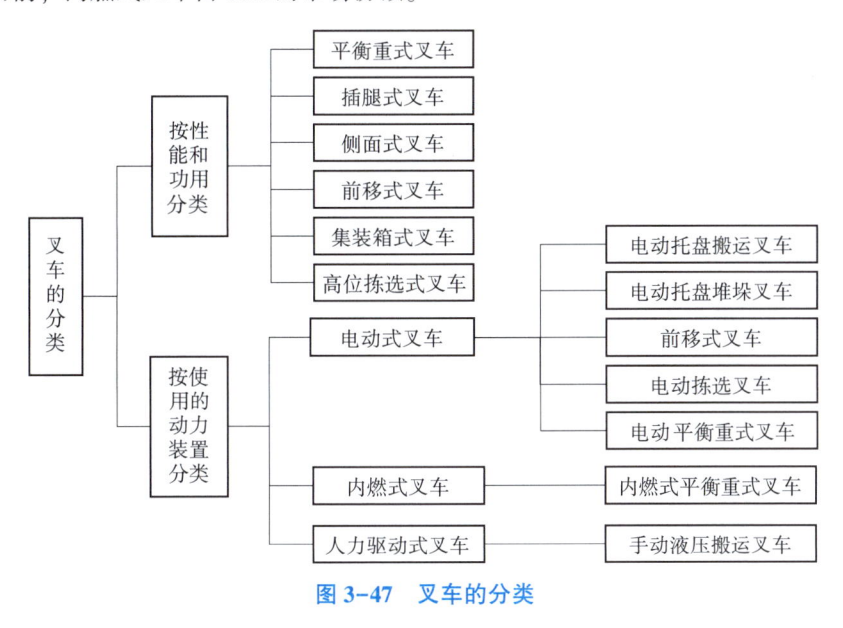

图 3-47 叉车的分类

（五）叉车的性能指标

叉车以其机动灵活、性能可靠的特点应用在各种物理场所。叉车的作业对象、作业方式及作业内容见表 3-34。

表 3-34 叉车的作业对象、作业方式及作业内容

作业对象	集装箱或杂货
作业方式	堆场垂直堆垛，或用于水平运输
作业内容	装卸货物，或进行物品的上下架

几种常用叉车的性能指标见表 3-35。

表 3-35 几种常用叉车的性能指标

叉车名称	额定起重量	起重高度	最高时速	适用场合
平衡重式叉车	40 t	12 m	—	室外搬运作业
插腿式叉车	2 t	—	—	室内搬运作业
前移式叉车	5 t	3 m	15 km/h	室内搬运作业
侧面式叉车	10 t	3 m	30 km/h	室外搬运作业
通用跨车	—	1.2~2.5 m	60 km/h	中短距离搬运长大件
门式跨车	50 t	7~13 m	8 km/h	跨越铁路车辆、汽车及并列集装箱之间的货物搬运
集装箱跨车	40 t	2层或3层集装箱高	60 km/h	专用于搬运、堆垛集装箱

三、仓储作业中几种常用的叉车

(一) 平衡重式叉车

平衡重式叉车（见图3-48）又称直叉式叉车，是当前应用最广泛的叉车。货叉在前轮中心线以外；为了平衡货物重量产生的倾覆力矩，在叉车后部装有平衡配重，以保持叉车稳定性。平衡重式叉车分为内燃式平衡重式叉车和电动平衡重式叉车。内燃式平衡重式叉车出于噪声和尾气方面原因，较少在配送中心仓库使用，电动叉车应用较为广泛。

平衡重式叉车的具有以下特点：

(1) 价格较电动前移式叉车便宜，轮胎相对较大。

图3-48 平衡重式叉车

(2) 适合库内搬运和库内货物上架。
(3) 适合货架通道大于3 500 mm，货叉举高小于5 m的仓库。
(4) 货叉举高较低，车体较长，对货架通道要求较宽。

(二) 托盘搬运叉车

托盘搬运叉车又称托盘叉车，其外形结构小巧，操作灵活，主要应用于大型超市、物流仓库或者工厂仓库等场地的运输，可在狭窄空间作业。

托盘搬运叉车历经四代发展，依次为手动液压托盘搬运叉车、半电动托盘搬运叉车、电动托盘搬运叉车和无人托盘搬运叉车（见图3-49）。

(a)　　　　　　　　　　(b)

图3-49 托盘搬运叉车
(a) 手动液压托盘搬运叉车；(b) 电动托盘搬运叉车

1. 手动液压托盘搬运叉车

手动液压托盘搬运叉车又称手动托盘搬运叉车，俗称地牛，主要由手柄、控制挡、油缸、货叉、方向轮和前轮六部分组成（见图3-50）。手动液压托盘搬运叉车国家标准载重分为2 000 kg、2 500 kg、3 000 kg和5 000 kg四种。

手动液压托盘搬运叉车的特点如下：

(1) 操作安全、便利。

(2) 运送灵活、操作方便，转弯半径小。
(3) 削减工作量和堆积方位，提高工作效率。
(4) 适用于仓储及防火防爆的场所。

2. 电动托盘搬运叉车

电动托盘搬运叉车主要用于仓库内的水平搬运及货物装卸。一般有步行式和站驾式两种操作方式，可根据效率要求选择，适用于工作效率要求较高的场合。电动托盘搬运叉车承载能力为 1.6~3.0 t，作业通道宽度为 2.3~2.8 m，货叉提升高度一般为 210 mm 左右。

图 3-50 地牛结构
1—控制挡；2—手柄；3—货叉；
4—前轮；5—方向轮；6—油缸

（三）托盘堆垛叉车

托盘堆垛叉车又称堆高车或堆垛车，是指对成件托盘货物进行装卸、堆高、堆垛和短距离运输作业的各种轮式搬运车辆。托盘堆垛叉车广泛应用在工厂车间、仓库、流通中心和配送中心，以及港口、车站、机场、货场等，主要用于平面内轻量货物快速搬运的举升堆垛和货架入库。托盘堆垛叉车主要有四大类，分别是手动液压托盘堆垛叉车、半电动托盘堆垛叉车、电动托盘堆垛叉车和无人托盘堆垛叉车（见图3-51）。

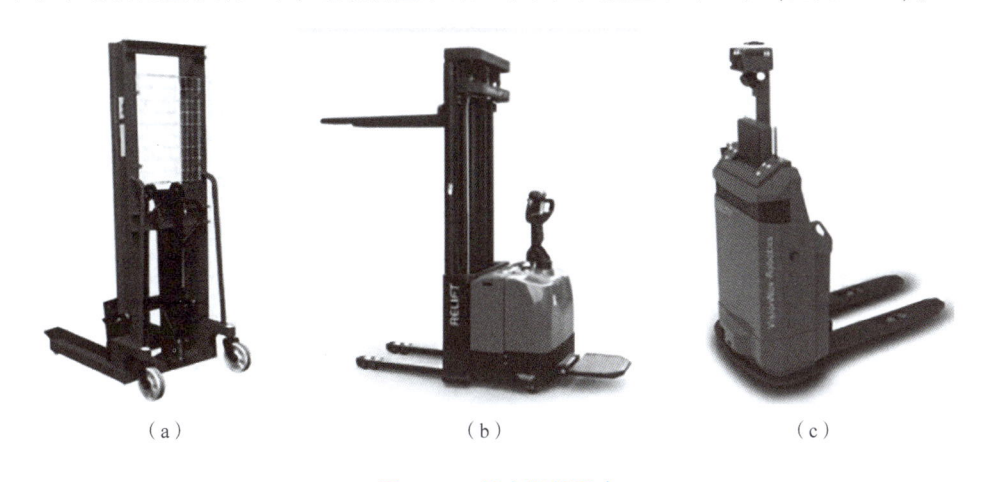

图 3-51 托盘堆垛叉车
(a) 手动液压托盘堆垛叉车；(b) 电动托盘堆垛叉车；(c) 无人托盘堆垛叉车

电动托盘堆垛叉车在结构上比电动托盘搬运叉车多了门架，主要用于仓库内的货物堆垛及装卸。电动托盘堆垛叉车主要由门架、货叉、蓄电池、承载轮、方向轮、控制手柄、电源开关、踏板等组成（见图3-52）。电动托盘堆垛叉车承载能力为 1.0~1.6 t，作业通道宽度 2.3~2.8 m，货叉提升高度一般为 4.8 m 内。

（四）前移式叉车

前移式叉车（见图3-53）的门架或货叉可以前后移动，并且可发展成为用于存取长、宽件货物的多方向前移式叉车、双深度前移式叉车、室内外通用性前移式叉车等特殊用途产品，目前已逐渐成为主要的叉车类型。前移式叉车的门架可以整体前移或缩回，常用于仓库内中等高度的堆垛、取货作业。前移式叉车承载能力为 1.0~2.5 t，作业通道宽度为 2.7~3.2 m，提升高度最高可达 11 m 左右，其叉车提升高度较高，所以对仓库地面要求较高。

（五）电动拣选叉车

按照拣选货物的高度，电动拣选叉车可分为低位拣选叉车和中高位拣选叉车（见图3-54）。

低位拣选叉车承载能力为 2.0~2.5 t，货叉提升高度在 2.5 m 内；中高位拣选叉车承载能力为 1.0~1.2 t，货叉提升高度可达 10 m。

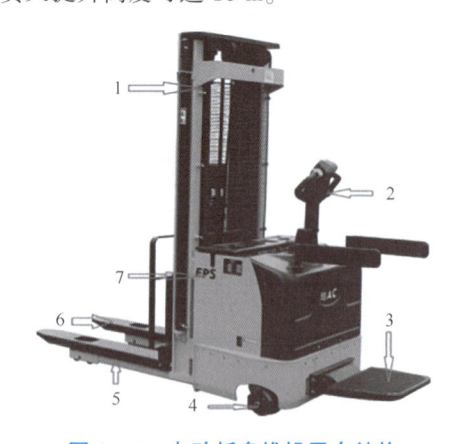

图 3-52　电动托盘堆垛叉车结构
1—门架；2—控制手柄；3—踏板；4—方向轮；5—承载轮；6—货叉；7—蓄电池

图 3-53　前移式叉车

图 3-54　电动拣选叉车
（a）低位拣选叉车；（b）中高位拣选叉车

四、手推车

手推车（见图 3-55）是以人力推、拉的搬运车辆，独特的静音、传动技术设计使其广泛适用于厂区、餐饮业、图书馆以及物流仓储配送等物料搬运行业。手推车具有造价低廉、维护简单、操作方便、自重轻，能在不便使用机动车辆的地方工作，在短距离搬运较轻的物品时比较方便等特点。

五、物流台车

物流台车（见图 3-56）又称载货台车或笼车，是一种安装有四只脚轮的运送与存储物料的单元移动集装设备，常用于大型超市的物流配送或工厂、仓库工序间的物流周转。物流台车存放的货物陈列醒目，在运输中，既对货物的安全起到保护作用，又不会使已分拣配备好的货物变得杂乱，装卸还十分省力。轮子通常设计为两只定向轮、两只万向轮，以方便人工推行。

图 3-55　手推车

物流台车具有以下特点：

（a）　　　　　　　　　　　（b）　　　　　　　　　　　（c）

图 3-56　物流台车

(a) 固定式物流台车；(b) 折叠式物流台车；(c) 拆卸式物流台车

（1）可配合卸货平台，方便货物装卸。
（2）可使生产暂存更为规范。
（3）可折叠收藏，不占空间。
（4）组装线上顺手方便，可提高工作效率。
（5）按线输送物料，快速正确，不会出错。
（6）拆装快速方便，可节省 1/4 以上存放空间。
（7）可折叠收藏，不占空间。

六、仓储作业装卸搬运设备选型的考虑因素

仓储作业装卸搬运设备选型的考虑因素包括商品特性、货物搬运要求、仓库架构和仓库环境要求四个方面，其中商品特性包括商品的性质、种类等，货物搬运要求包括货物是整箱、整托或者整件搬运等要求，仓库架构包括仓库内立柱间距离、仓库可用高度等，仓库环境要求包括地面材料、库房内的温度要求等。

（一）叉车选择的考虑内容

叉车选择时需要考虑的内容包括日作业量、作业功能、作业要求、作业环境、地坪等，具体内容见表 3-36。

表 3-36　叉车选择需要考虑的内容

日作业量	仓库的进出货频繁度、叉车每天的作业量关系叉车电瓶容量和叉车数量的选择，要保证日常工作进行
作业功能	叉车的基本作业分为水平搬运、堆垛/取货、装货/卸货、拣选，要根据企业所要达到的作业功能来初步确定车型。另外，特殊的作业功能会影响到叉车的具体配置
作业要求	叉车的作业要求包括托盘或货物规格、提升高度、作业通道宽度、爬坡度等，同时还需要考虑作业效率（不同的车型效率不同）、作业习惯（坐驾还是站驾）等方面的要求。例如，大部分叉车都是以托盘为操作单位，托盘的尺寸与形式往往影响叉车的形式及规格的选择
作业环境	如果企业需要搬运的货物或仓库环境对噪声或尾气排放等环保方面有要求，在选择车型或配置时应有所考虑。如果是在冷库中或是在有防爆要求的环境中，叉车的配置也应该是冷库型或防爆型的
地坪	地坪的光滑度及平整度极大地影响叉车的使用，尤其是使用高提升的室内叉车时，选择地坪时需要考虑的因素还包括承重能力、叉车轮压等

（二）手推车选择的考虑内容

手推车选择时需要考虑的内容包括自身因素和外界因素，其中自身因素主要包括重量和形状、运输距离、数量，外界因素主要包括搬运对象的性质、仓库路面情况。

七、搬运设备选型的计算流程

根据商品需求进行分析，结合搬运设备选型的情况，可以计算出各环节所用搬运设备的数量，具体计算流程见图3-57。

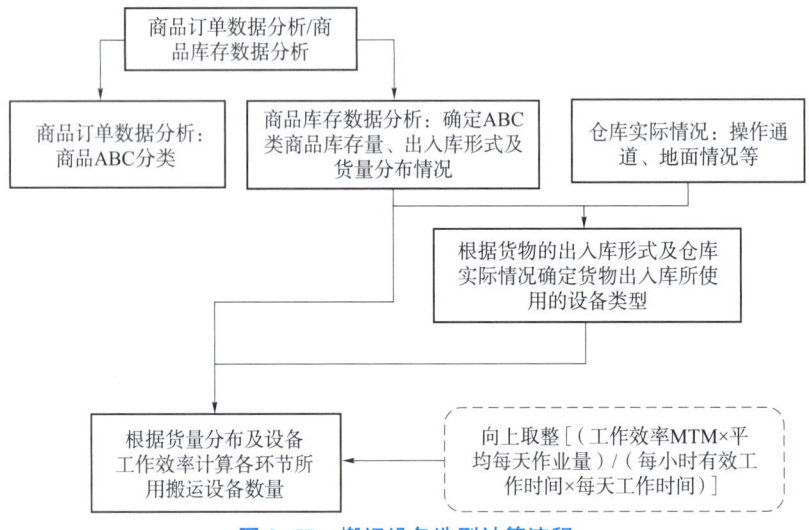

图3-57 搬运设备选型计算流程

任务过程展现

一、叉车选择

由计算货架参数时可知，货架最大高度可达10 m，各类型叉车在提升高度上有所限制，因此选择电动前移式叉车。

因为堆垛最大重量为4×40+15=175（kg），所以选择1.68 t手动搬运叉车即可。

二、计算所需的叉车数量

根据情境中的相关信息，计算所需的叉车数量。
配送中心货物出、入库量：
入库货物所用托盘数量：2 220÷40=56（个）；
出库货物所用托盘数量：2 140÷40=54（个）。
所需电动前移式叉车数量：
入库：(56×2)÷(45×8)=1（台）；
出库：(54×2)÷(45×8)=1（台）；
共需要2台。
所需手动搬运叉车数量：
入库：(56×2)÷(45×8)=1（台）；

出库：（54×2）÷(45×8)＝1（台）；

共需要 2 台。

提升训练

广东工贸物流公司根据超市和便利店项目的仓储和配送需求，拟将仓库 A 建设成配送中心。仓库 A 长 65 000 mm，宽 56 000 mm，高 11 000 mm，面积为 3 640 m²；建筑立柱间距长 12 000 mm，宽 9 000 mm；地面承重为 3 t；门宽 4 500 mm，高 8 000 mm；月台宽 4 000 m，高 1 200 mm，库内地面高度与月台同高；月台雨棚宽 4 500 mm，高 8 500 mm。

现需要对配送中心所需仓储设备进行选型及数量估算，根据前期对配送需求的调研，确定该配送中心基于商品 ABC 分类（按照库存周转率高、中、低来分类）和商品品类进行库房布局，该项目的仓库 A 功能分区及相关信息请参照本模块"任务二中提升训练"的内容。

任务要求：

（1）从以下所给台车中，选择最适合该案例仓库的台车，并计算所需数量。

长 1 100 mm×宽 800 mm×高 1 700 mm 　　长 800 mm×宽 600 mm×高 1 450 mm 　　长 800 mm×宽 600 mm×高 1 700 mm 　　长 1 100 mm×宽 800 mm×高 1 500 mm

（2）从以下所给叉车中，选择最适合该案例仓库的叉车，并计算所需数量。

电动前移式叉车
起升高度：10 m 以下　　电动叉车
起升高度：5 m 以下　　电动托盘堆垛叉车
起升高度：4.8 m 以下　　电动前移式堆高车
起升高度：4.4 m 以下

（3）从以下所给搬运车中，选择最适合该案例仓库搬运作业的搬运设备，并计算所需数量。

1.68 t 手动液压搬运车 　　2.0 t 手动液压搬运车 　　2 t 电动搬运车 　　手动堆高车

提升训练：参考答案

知识拓展

风顺物流公司是一家三方物流企业，总部位于北京，主要为各个连锁超市和便利店提供仓配一体化服务。随着业务的不断拓展以及公司信誉的不断提高，公司原有的仓库已经不能满足众多客户的需求，基于以上原因，风顺公司决定新建一个仓库来满足不同客户的需求。

基于连锁超市和便利店仓储配送需求，风顺公司已经初步完成了新的配送中心仓库的布局。仓库长 56 000 mm，宽 43 000 mm，高 15 000 mm，面积为 2 408 m^2；建筑立柱间距长 12 000 mm，宽 9 000 mm；地面承重 5 t；门宽 5 000 mm，高 9 000 mm；月台宽 4 000 mm，高 1 200 mm，库内地面高度与月台同高；月台雨棚宽 4 500 mm，高 8 500 mm。

现需要对该配送中心所需仓储设备进行选型及数量估算。经过相关规划人员对公司的仓储现场操作的调研和数据搜集分析，得到信息如下：

一、风顺物流公司主营商品类别

风顺物流公司主营商品类别有食品、洗化用品、生鲜食品、办公用品。由于生鲜物品的特性，新建仓库不存储生鲜物品，只拟存储食品、洗化用品以及办公用品。

二、风顺物流公司订单及库存数据搜集

规划人员对搜集到的数据进行商品 ABC 分类及库存数据分析，见表 3-37。

表 3-37 风顺物流公司商品 ABC 分类及库存数据分析

商品 ABC 分类	规划参考值			
	品种数/SKU	日均出库量/箱	库存量/箱	库存天数/天
洗化用品 A	204	733	3 910	3
洗化用品 B	236	4 309	3 526	5
洗化用品 C	452	1 420	2 838	8
小计	892	6 462	10 274	—
食品 A	266	1 296	11 838	6
食品 B	604	7 065	9 420	8
食品 C	1 706	3 340	6 682	9
小计	2 576	11 701	27 940	—
办公用品 A	100	196	784	7
办公用品 B	200	560	374	9
办公用品 C	572	280	300	11
小计	872	1 036	1 458	—
合计	4 340	19 199	39 672	—

三、风顺物流公司商品重量及商品包装规格

风顺物流公司规划人员对本公司的商品情况进行分析，得出主要商品的包装规格、重量信

息，以及各类商品出入库、装卸搬运的情况，具体见表3-38和表3-39。

(1) 洗化用品每箱最大重量为3 kg，包装规格：400 mm×400 mm×300 mm；

(2) 食品每箱最大重量为2 kg，包装规格：300 mm×300 mm×400 mm；

(3) 办公用品每箱最大重量为2 kg，包装规格：400 mm×400 mm×400 mm。

表3-38　商品在配送中心的仓储操作要求

商品ABC类	入库要求	存储要求	出库要求
洗化用品A类 洗化用品B类 洗化用品C类	整托或整箱入库； 叉车搬运； 需检验； 地面堆垛待检入库	随机存储+固定货位存储； 托盘货架存储	按照各超市门店订单及各便利店订单进行拣选； 整托或整箱或拆零拣选出库（拆零出库量占总出库量的75%）； RFID手持终端指示拣选； 叉车搬运； 装车前复核
食品A类 食品B类 食品C类			
办公用品A类 办公用品B类 办公用品C类			

表3-39　风顺公司配送中心项目功能区具体事项

主要功能区	区域功能描述	功能区需求 存储需求	功能区需求 出、入库需求	对应品类
A区域	高周转商品库存保管和拣选出库区域	随机存储+固定货位存储； 托盘货架存储	整托或整箱或拆零拣选出库； RFID手持终端指示拣选； 叉车搬运	洗化用品A类 食品A类 办公用品A类
B区域	中周转商品库存保管和拣选出库区域	随机存储+固定货位存储； 托盘货架存储	整托或整箱或拆零拣选出库； RFID手持终端指示拣选； 叉车搬运	洗化用品B类 食品B类 办公用品B类
C区域	低周转商品库存保管和拣选出库区域	随机存储+固定货位存储； 托盘货架存储	整托或整箱或拆零拣选出库； RFID手持终端指示拣选； 叉车搬运	洗化用品C类 食品C类 办公用品C类
入库暂存区	商品检验暂存	整托或整箱暂存地面堆垛		全品类
入库月台	卸货	—	整托或整箱入库； 叉车搬运	全品类
出库暂存区	商品复核和暂存	整托或整箱或周转箱暂存； 地面堆垛		全品类
出库月台	装货	—	托盘出库； 叉车搬运	全品类

四、分析各个环节的作业量

仓库规划人员在对库存数据分析时，分析出各个环节的作业量，见表3-40。

表 3-40 作业量情况

序号	环节	平均每天作业量/托
1	入库搬运	1 475
2	整托货物上下架	975
3	中高层货位整箱拣选	1 260
4	出库装车搬运	1 260

仓库中的其他情况：设备每天工作时间 8 h，设备每小时工作时间为 45 min，叉车搬运一个托盘需要的时间为 0.8 min，叉车完成一次拣取动作的时间为 2 min。

针对不同的叉车，一个拣取动作有两种情况：一种情况是指叉车从货架上把货物下架，拣取所需货物，剩余货物上架；另一种情况是指从货架上直接拣取下架所需商品。

问题：请根据已知条件选择适合该仓库需要的叉车类型，并初步计算所需叉车数量。

解答：

（1）根据已知情况，以及所学习到的知识，选择叉车的类型。

由已知情况可知，风顺物流公司的出库货物量属于中等水平，考虑到实际情况、成本及常用设备，在货物入库搬运及出库搬运环节选用电动平衡重式叉车。

对于拣选环节，由于该仓库高度较高，拣选环节出现不是整托拣选的情况，结合两种情况，分别选择电动前移式叉车及电动中高位拣选叉车。

根据以上情况，选择的叉车类型及其理由见表 3-41。

表 3-41 选择的叉车类型及其理由

作业环节	设备	选择理由
入库搬运	电动平衡重式叉车	相比内燃式叉车，更环保、噪声小，尤其适用于存储食品的仓库，电动比内燃式价格略高。轮胎相对较大，同时适用于库内外搬运与库内低层货物上架
整托货物上下架	电动前移式叉车	拣选高度可达 11 m 左右。对货架间通道要求相对较小，一般直角堆垛通道在 2.7~3.2 m。常用于仓库内中等高度的堆垛、整托取货作业
中高层货位整箱拣选	电动中高位拣选叉车	中高位拣选指在货架任意高度上的拣选，操作者可随叉车驾驶室升高，最大提升高度可达 10 m。在某些工况下（如超市的配送中心），不需要整托盘出货，而是按照订单拣选多个品种的货物组成一个托盘，此环节称为拣选。按照拣选货物的高度，选择电动中高位拣选叉车
出库装车搬运	电动平衡重式叉车	相比内燃式叉车，更环保、噪声小，尤其适用于存储食品的仓库，电动比内燃式价格略高

（2）设备数量计算。

① 确定设备的类型之后，再分析各个环节所使用的设备情况，见表 3-42。

表 3-42 各个环节所使用的设备情况

序号	环节	平均每天作业量/托	设备名称
1	入库搬运	1 475	电动平衡重式叉车
2	整托货物上下架	975	电动前移式叉车
3	中高层货位整箱拣选	1 260	电动中高位拣选叉车
4	出库装车搬运	1 260	电动平衡重式叉车

② 计算储量。

根据每个阶段的作业量及已知条件，利用公式：叉车数量=向上取整[（工作效率MTM×平均每天作业量)/(每小时有效工作时间×每天工作时间)]，分别计算出各设备的数量。

电动平衡重式叉车=向上取整[（1 475×0.8）÷（45×8）]+向上取整[（1 260×0.8）÷（45×8）]= 4+3=7（台）；

电动前移式叉车=向上取整 [（975×2）÷（45×8）]=6（台）；

电动中高位拣选叉车=向上取整 [（1 260×2）÷（45×8）]=7（台）。

学思之窗

一、教学建议

（1）通过叉车选择及数量计算的教学，提升学生灵活运用知识的能力，让学生认识到合理选择叉车可以降低企业成本、提高工作效率。

（2）通过小组合作，分析任务中商品、叉车等信息，思考讨论如何从叉车的合理选择和规划等因素考虑，选择合适的叉车搬运设备，培养学生认真仔细的职业素养以及合作意识，提高学生分析问题、解决问题的能力。

（3）通过叉车操作的视频和叉车操作安全注意事项的阅读，培养学生的安全意识。

（4）通过了解仓储叉车的迭代更新，学生理解科技创新对生产技术技能水平提升的重要作用。

（5）通过仓储规划与设计岗位知识的教学，提升学生的基本职业素养，培养学生的爱岗敬业精神，增强学生的自信心。

二、典型素材

（一）内容介绍

通过阅读手动液压托盘搬运叉车操作规程及安全注意事项，掌握叉车操作过程中的安全要求。

（二）素材类型

视频案例请扫描二维码观看。

提升安全意识：
手动液压托盘搬运叉车操作

（三）教学过程实施及预期效果

可以安排在讲解叉车分类的手动液压搬运叉车的内容时插入，帮助学生加深相关设备操作的安全要求，增强学生的安全意识。

学有所思

（1）在物流运作中，除了仓储需要使用叉车，还要在什么作业环节中使用叉车？

（2）搬运装卸属于物流的什么功能要素？是不是一定存在？为什么？

知识检测

一、单选题

1. 某仓库日均出库量是 3 000 托，已知该仓库共有 8 台叉车进行出库作业，且叉车每搬运一托货物需要 0.8 min，叉车每小时有效工作时间为 40 min，则这 8 台叉车每天需要工作（　　）h 才能完成出库搬运任务。

　　A. 6.5　　　　　　B. 7　　　　　　C. 7.5　　　　　　D. 8

2. 某仓库采用电动前移式叉车进行出库拣选作业，已知该仓库日均拣选量是 1 000 托，叉车每完成一系列拣选动作需 1.5 min，叉车每天工作 10 h，共有 5 台电动前移式叉车用于拣选作业，则电动前移式叉车每小时有效工作时间是（　　）min。

　　A. 30　　　　　　B. 35　　　　　　C. 40　　　　　　D. 45

3. 下列不属于物流台车参数的是（　　）。

　　A. 最高行驶速度　　B. 材质　　　　C. 承重　　　　D. 自重

4. 某仓库日均入库搬运量是 1 600 托，已知叉车每搬运一托盘货物需要 0.5 min，叉车每小时有效工作时间为 40 min，每天工作 4 h，则该仓库需要（　　）台叉车进行入库作业。

　　A. 4　　　　　　B. 5　　　　　　C. 6　　　　　　D. 7

5. 某车间利用手推车进行物料 A 的搬运作业，已知物料 A 日均搬运量是 900 箱，每手推车可装运 2 箱，且手推车每小时有效工作时间为 45 min，每搬运一次需要 1 min，每天工作 8 h，则该车间需要（　　）台手推车。

　　A. 1　　　　　　B. 2　　　　　　C. 3　　　　　　D. 4

6. 下列公式可用于搬运设备数量计算的是（　　）。

　　A. 向上取整[（工作效率 MTM×平均每天作业量）÷（每小时有效工作时间×每天工作时间）]

　　B. 向下取整[（工作效率 MTM×每天工作时间）÷（每小时有效工作时间×平均每天作业量）]

　　C. 向上取整[（工作效率 MTM×平均每天作业量）÷（每小时有效工作时间÷每天工作时间）]

D. 向下取整[(工作效率MTM×每小时有效工作时间)÷(平均每天作业量÷每天工作时间)]
7. 前移式叉车货叉的提升高度可达（　　）m。
   A. 2.5　　　　　B. 4.8　　　　　C. 8　　　　　D. 11
8. 电动托盘堆垛叉车在结构方面与电动托盘搬运叉车的主要区别是（　　）。
   A. 电动托盘搬运叉车多了脚踏板　　B. 电动托盘堆垛叉车多了脚踏板
   C. 电动托盘搬运叉车多了门架　　　D. 电动托盘堆垛叉车多了门架
9. 以下叉车设备中，（　　）要求通道最宽。
   A. 电动拣选叉车　　　　　　　　B. 平衡重式叉车
   C. 前移式叉车　　　　　　　　　D. 电动托盘搬运车
10. 下列搬运设备中，（　　）是一种安装有四只脚轮的运送与存储物料的单元移动集装设备，不仅可保护货物安全，还能避免已分拣好的货物杂乱，且装卸十分省力。
   A. 平衡重式叉车　　　　　　　　B. 手动液压托盘搬运叉车
   C. 物流手推车　　　　　　　　　D. 物流台车

二、多选题

1. 叉车选择时需要考虑（　　）。
   A. 地坪　　　　　　　　　　　　B. 作业环境
   C. 日作业量　　　　　　　　　　D. 作业功能
   E. 作业要求
2. 叉车的结构特征和工作性能主要取决于叉车的（　　）。
   A. 额定起重量　　　　　　　　　B. 最大起升高度
   C. 最大起升速度　　　　　　　　D. 最高行驶速度
3. 国标中，手动液压托盘搬运叉车的载重有（　　）。
   A. 2 t　　　　B. 2.5 t　　　　C. 3 t　　　　D. 4 t
   E. 5 t
4. 关于平衡重式叉车说法正确的是（　　）。
   A. 价格较电动前移式叉车便宜　　B. 作业通道宽度为2.3~2.8 m
   C. 货叉举高小于5 m　　　　　　D. 车体较长
5. 物流手推车的特点包含（　　）。
   A. 造价低廉　　　　　　　　　　B. 维护简单
   C. 自重轻　　　　　　　　　　　D. 操作方便
6. 关于物流台车的说法正确的是（　　）。
   A. 可配合卸货平台，方便货物装卸
   B. 可使生产暂存更为规范
   C. 拆装快速方便，可节省1/4以上存放空间
   D. 按线输送物料，快速正确，不会出错
7. 以动力装置为分类依据，叉车可分为（　　）。
   A. 前移式叉车　　　　　　　　　B. 电动式叉车
   C. 内燃式叉车　　　　　　　　　D. 人力驱动式叉车
8. 平衡重式叉车的特点是（　　）。
   A. 货叉举高较低，车体较长，对货架通道要求较宽
   B. 适用于货架通道大于3 500 mm，货叉举高小于5 m的仓库
   C. 适用于库内拣选

D. 价格较电动前移式叉车便宜

9. 搬运设备的主要参数包括（　　）。
A. 最小转弯半径　　　　　　　B. 水平行驶速度
C. 起升速度　　　　　　　　　D. 下降速度

10. 可用于仓库拣选的叉车有（　　）。
A. 前移式叉车　　　　　　　　B. 中高位拣选叉车
C. 地牛　　　　　　　　　　　D. 平衡重式叉车

三、判断题

1. 手推车是以人力推、拉的搬运车辆，是一切车辆的始祖，独特的静音、传动技术设计使其广泛适用于厂区、餐饮业、图书馆，以及物流仓储配送等物料搬运行业。（　　）
2. 叉车的转弯半径愈小，则叉车转弯时需要的地面面积愈小，机动性愈好。（　　）
3. 内燃式叉车成本低廉，相比电动叉车更适合在配送中心仓库内使用。（　　）
4. 平衡重式叉车分为内燃式叉车和电动叉车。（　　）
5. 在物流作业中，并不是所有的因素都会影响叉车选型。例如，货物或仓库环境对噪声或尾气排放等环保方面有要求，因此在选择叉车车型和配置时应有所考虑，但是温度要求并不会影响叉车选型。（　　）

学习评价

根据学习情况完成表3-43和表3-44。

表3-43　职业核心能力测评表

（在□中打√，A通过，B基本掌握，C未通过）

职业核心能力	评估标准	评价结果
素质方面	1. 践行社会主义核心价值观，具有深厚的爱国情感和中华民族自豪感； 2. 具有社会责任感和社会参与意识； 3. 具有创新意识、成本意识、绿色物流意识、工匠精神、创新思维； 4. 具有职业道德、合作意识、安全意识；	□A　□B　□C □A　□B　□C □A　□B　□C □A　□B　□C
知识方面	1. 熟悉与本专业相关的法律法规以及环境保护、安全消防、设备安全等相关知识； 2. 掌握搬运设备的类型、特点及用途； 3. 掌握搬运设备的主要参数； 4. 掌握手推车、叉车选型的考虑因素； 5. 熟悉搬运设备数量的计算流程； 6. 掌握叉车数量选择的计算方法	□A　□B　□C □A　□B　□C □A　□B　□C □A　□B　□C □A　□B　□C □A　□B　□C
能力方面	1. 具有探究学习、终身学习、分析问题和解决问题的能力； 2. 具备识别仓库中常用搬运设备的类型、特点及使用范围的能力； 3. 能够根据搬运设备选型考虑因素选择合适的搬运设备类型； 4. 能够根据搬运设备计算的流程及方法计算所需搬运设备数量； 5. 具备知识的灵活运用能力	□A　□B　□C □A　□B　□C □A　□B　□C □A　□B　□C □A　□B　□C

学生签字：　　　　　　　　教师签字：　　　　　　　　年　月　日

表 3-44 专业能力测评表

（在□中打√，A 通过，B 基本掌握，C 未通过）

专业能力	评价指标	自测结果	要求
装卸搬运设备	1. 装卸搬运设备的定义； 2. 装卸搬运设备的特点； 3. 装卸搬运设备的作用； 4. 装卸搬运设备的分类	□A □B □C □A □B □C □A □B □C □A □B □C	能够认识装卸搬运设备，并熟悉其特点和作用
叉车	1. 叉车的定义； 2. 叉车的结构； 3. 叉车的主要技术参数； 4. 叉车的分类； 5. 叉车的性能指标	□A □B □C □A □B □C □A □B □C □A □B □C □A □B □C	掌握叉车结构、主要技术参数、性能指标等
仓储作业中几种常用的叉车	1. 平衡重式叉车； 2. 托盘搬运叉车； 3. 托盘堆垛叉车； 4. 前移式叉车； 5. 电动拣选叉车	□A □B □C □A □B □C □A □B □C □A □B □C □A □B □C	熟悉仓储作业中常用叉车的性能和适用范围等，重点掌握托盘搬运、堆垛叉车
手推车	手推车的认知	□A □B □C	熟悉仓储作业中手推车的适用范围
物流台车	物流台车的认知	□A □B □C	熟悉仓储作业中物流台车的适用范围
仓储作业装卸搬运设备选型的考虑因素	1. 叉车选择的考虑内容； 2. 手推车选择的考虑内容	□A □B □C □A □B □C	掌握搬运设备选型时考虑的因素，并能正确选择搬运设备
搬运设备选型计算流程	搬运设备选型计算流程	□A □B □C	掌握搬运设备数量的计算流程和计算方法
教师评语：			
成绩：		教师签字：	

任务四　设备成本预算

任务概述

本任务需要仓储规划与设计工作人员根据已经确定的设备类型和数量,通过网络价格查询,对仓储设备成本进行预算,并制作设备成本预算表。

学习计划表

【学习目标】

能够通过合适的途径查询、对比、确定仓储设备价格,对成本进行预算,并编制设备成本预算表。

根据课前预习及学习情况填写表 3-45。

表 3-45　学习计划表

项目		基础知识	价格查询、对比和确定	编制设备成本预算表
课前预习	预习时间			
	预习结果	1. 难易程度 　偏易（即读即懂）（　　）　　　适中（需要思考）（　　） 　偏难（需查资料）（　　）　　　难（不明白）　（　　） 2. 需要课堂提问内容 3. 问题总结 		
课后复习	复习时间			
	复习结果	1. 掌握程度 　了解（　　）　　熟悉（　　）　　掌握（　　）　　精通（　　） 2. 疑点、难点归纳 		

【知识目标】

(1) 熟悉获取设备价格的方法。
(2) 了解设备成本预算表的构成要素。
(3) 掌握设备成本预算表的编制方法。

模块三　仓储设备选型

【技能目标】

（1）能够利用网络进行仓储设备价格查询。

（2）能够根据设备成本预算表的编制方法编制成本预算表。

【素养目标】

（1）培养学生的成本意识和安全意识。

（2）培养学生分析问题、解决问题的能力。

（3）培养学生灵活运用知识的能力。

（4）培养学生的沟通和协调能力。

情境导入

某物流公司进行配送中心的规划与设计，前期对仓储设备需求进行分析，确定了适合该仓库的设备类型及数量，其中包括普通仓储区设备和自动化立体仓库设备；而且设备中不仅包括集装单元化设备、货架设备、搬运设备等，还包括辅助办公设备，如工作台、扫描枪、打印机等。需求情况具体见表3-46。

表3-46　配送中心仓储设备需求情况

设备类型	设备名称	单位	数量
普通仓储区设备	电动平衡重式叉车	台	6
	电动前移式叉车	台	4
	高位拣选叉车（起升10 m）	台	4
	扫描枪	个	10
	横梁式货架	个	336
	手动液压堆垛车	台	2
	手推车	个	40
	打印机	个	2
自动化立体仓库设备	存储货位	个	672
	普通拣选货位	个	8
	堆垛机	台	5
	传送带	m	400
	出库分拣机	台	1
	料箱（600 mm×400 mm×30 mm）	个	450
	工作台	个	13

任务解析

成本预算是设备采购的一个基础条件，也是物流企业比较看重的一个数据指标。成本预算主要是对设备的质量和价格进行综合考虑，并通过一些询价、对比、谈判等方式，研究最终采购价格的过程。设备的品牌众多，比如叉车就有鸿福、林德、龙工、西林、永恒力等品牌，在采购叉车之

· 163 ·

前，需要多方比对价格和性能，并结合自身仓储实际情况，最终确定叉车单价并计算其总价。

本任务以商超物流企业设备采购案例为背景，学习如何进行设备成本预算，主要包括两个方面的内容：一方面学习如何根据已确定的仓储设施设备类型及其数量进行价格查询、对比及确定。在学习过程中，应该注重了解价格查询的途径，重点学习单价及总金额确定的方法，需要突破的难点是根据仓库实际采购需求，与供应商谈判，争取利益最大化。二是学习如何编制设备成本预算表。在学习过程中，应该着重掌握成本预算表的构成及编制方法，其中难点是根据与供应商的谈判结果编制设备成本预算表。

相关知识

一、仓储设备价格获取来源

仓储设备价格的获取可通过不同的渠道来实现，较为通用的渠道如下：

（1）网络查询：登录官方的网址进行查询，仓储设备价格网站主要有中国仓储设备网、中国物流设备网、其他官方网站等。
（2）电话询价：致电专业销售设备的商家。
（3）市场微调研：对同行业进行小范围的调研。
（4）询问买过的人：询问公司内部或者其他有经验的购买过设备的人员。

二、网络查询仓储设备价格

（一）查询步骤

网络查询仓储设备价格是价格获取最为常用的一种方法，具体的查询步骤如下：
第一步：搜索物流设备网站，如"中国仓储设备网"。
第二步：进入网站后，输入自己需要查询的设备，如"货架"。
第三步：与网络商家洽谈，明确设备详细信息与价格。

（二）注意事项

想要获得一个合理的价格，在与商家洽谈价格时，要具备一定的技巧，与商家洽谈价格时的注意事项包括：

（1）言辞清楚，表达准确，提需求时切勿模棱两可。
（2）洽谈设备价格时一定要有诚恳的态度。
（3）一定要树立双赢的态度，切忌一味压低商家的利益。
（4）遇到洽谈僵局时，不能急功近利。
（5）正确的让步方法：控制让步次数，逐步缩小让步幅度，暗示你已经竭尽全力。
（6）在洽谈的时候一定要保守公司机密。

二、仓储设备成本预算表

本任务只针对仓储购置设备考虑，并且属于一次性采购，不包括人力成本、设备折旧、设备维护、设备运营、租赁成本等其他成本。

（一）仓储设备成本预算表构成要素

仓储设备成本预算表的构成要素包括设备类型、设备名称、设备单位、设备数量、设备单价、设备投资金额等，其他要素根据需求可自行扩展。

（二）设备成本预算表编制步骤

设备成本预算表的编制是在已经预算出仓储作业所需要的设备类型及数量后进行的，具体的步骤如下：

第一步：确定设备单价。
第二步：计算各个设备的总价。
第三步：计算总的设备投资额。
第四步：形成设备成本预算表。

任务过程展现

一、确定设备单价

登录中国仓储设备网或中国物流设备网，搜寻情境中所需的设备，并与卖家沟通，根据网络查询、实地调研，以及相关工作经验，确定出各个设备的单价，表3-47为咨询后的参考金额。

表3-47 配送中心仓储设备咨询单价情况

设备类型	设备名称	单位	设备单价/元
普通仓储区设备	电动平衡重式叉车	台	120 000
	电动前移式叉车	台	200 000
	高位拣选叉车（起升10 m）	台	251 500
	扫描枪	个	4 000
	横梁式货架	个	200
	手动液压堆垛车	台	1 500
	手推车	个	2 000
	打印机	个	6 000
自动化立体仓库设备	存储货位	个	78
	普通拣选货位	个	330 600
	堆垛机	台	175 000
	传送带	m	15 660
	出库分拣机	台	33 060 000
	料箱（600 mm×400 mm×30 mm）	个	44
	工作台	个	6 960

二、计算各个设备的总价

根据已知的各个设备所需数量计算各个设备的投资金额，得到配送中心仓储设备需求总价表，具体见表3-48。计算公式如下：

各个设备的投资金额=设备数量×设备单价

表 3-48 配送中心仓储设备总价统计

设备类型	设备名称	数量	设备单价/元	金额/元
普通仓储区设备	电动平衡重式叉车	6	120 000	720 000
	电动前移式叉车	4	200 000	800 000
	高位拣选叉车（起升 10 m）	4	251 500	1 006 000
	扫描枪	10	4 000	40 000
	横梁式货架	336	200	67 200
	手动液压堆垛车	2	1 500	3 000
	手推车	40	2 000	80 000
	打印机	2	6 000	12 000
自动化立体仓库设备	存储货位	672	78	52 416
	普通拣选货位	8	330 600	2 644 800
	堆垛机	5	175 000	875 000
	传送带	400	15 660	6 264 000
	出库分拣机	1	33 060 000	33 060 000
	料箱（600 mm×400 mm×30 mm）	450	44	19 800
	工作台	13	6 960	90 480

三、计算总的设备投资额

总的设备投资额等于各个设备的投资额之和，计算公式为：

720 000+800 000+ 1 006 000+40 000+67 200+3 000+80 000+12 000+52 416+2 644 800+875 000+ 6 264 000+33 060 000+19 800+90 480＝45 734 696（元）；

得出，总的设备投资额为 45 734 696 元。

四、形成设备成本预算表

根据仓储成本预算表的构成，最终形成设备成本预算表，见表 3-49。

表 3-49 设备成本预算表

设备类型	设备名称	单位	数量	设备单价/元	金额/元
普通仓储区设备	电动平衡重式叉车	台	6	120 000	720 000
	电动前移式叉车	台	4	200 000	800 000
	高位拣选叉车（起升 10 m）	台	4	251 500	1 006 000
	扫描枪	个	10	4 000	40 000
	栋梁式货架	个	336	200	67 200
	手动液压堆垛车	台	2	1 500	3 000
	手推车	个	40	2 000	80 000
	打印机	个	2	6 000	12 000

续表

设备类型	设备名称	单位	数量	设备单价/元	金额/元
自动化立体仓库设备	存储货位	个	672	78	52 416
	普通拣选货位	个	8	330 600	2 644 800
	堆垛机	台	5	175 000	875 000
	传送带	m	400	15 660	6 264 000
	出库分拣机	台	1	33 060 000	33 060 000
	料箱（600 mm×400 mm×30 mm）	个	450	44	19 800
	工作台	个	13	6 960	90 480
合计	—	—	—	—	45 734 696

提升训练

广东工贸物流公司配送中心是一家结合现代物流技术为客户提供集物流规划、管理、服务为一体的，具备综合运输、存储、装卸、搬运、包装、流通加工、配送、分拣、信息处理等基本功能的专业第三方物流企业。

随着所服务的主要客户不断扩张，现有物流场地和物流水平已不能满足需求，为了支持企业的发展和经营，公司计划建设新的现代化配送中心。目前公司已经完成了该地区商品基础数据分析，并根据商品基础数据分析结果选择了集装单元化设备、存储设备及搬运设备，具体见表3-50，请给出成本预算表的整体结构，制作预算表。

表3-50 设备需求

设备类型	设备名称	单位	数量
集装单元化设备	托盘	个	450
	周转箱	个	1 141
存储设备	托盘货架	个	450
	流利式货架	个	123
搬运设备	手动液压托盘搬运叉车	台	12
	电动平衡重式叉车	台	6
	高位拣选叉车	台	6

提升训练：参考答案

知识拓展

设备成本预算表的编制方法

D 公司拟新建一个仓库，主要为合作客户提供仓配一体化服务，经过前期的规划，运营经理及相关工作人员已经预算出仓储作业所需设备的类型及数量，见表 3-51。

表 3-51　设备需求情况

设备类型	设备名称	单位	数量
货架	驶入式货架	托盘位	10 080
	横梁式货架	托盘位	29 720
	电子标签货架区	位	2 000
搬运设备	前移式叉车	台	14
	平衡重式叉车	台	14
	电动托盘搬运叉车	台	12
	低位拣选叉车	台	15
	手动托盘搬运叉车	台	31
容器设备	托盘	个	55 040
	周转箱	个	10 080
	物流台车	个	2 240

现在，运营经理需要根据上述已知条件编制设备成本预算表。

第一步：确定设备单价。

运营经理需要根据网络查询、实地调研以及相关工作经验，确定各个设备的单价，具体见表 3-52。

表 3-52　设备单价

设备名称	单位	设备单价/元
驶入式货架	托盘位	170
横梁式货架	托盘位	130
电子标签货架区	位	1 500
前移式叉车	台	370 000
平衡重式叉车	台	190 000
电动托盘搬运叉车	台	90 000
低位拣选叉车	台	100 000
手动托盘搬运叉车	台	1 100
托盘	个	70
周转箱	个	70
物流台车	个	800

第二步：计算各个设备的总价。

根据已知的各个设备所需数量计算各个设备的投资金额，得到配送中心仓储设备需求总价表，具体见表3-53。计算公式如下：

各个设备的投资金额=设备数量×设备单价

表3-53　各个设备的总价情况

设备名称	数量	设备单价/元	投资金额/元
驶入式货架	10 080	170	1 713 600
横梁式货架	29 720	130	3 863 600
电子标签货架区	2 000	1 500	3 000 000
前移式叉车	14	370 000	5 180 000
平衡重式叉车	14	190 000	2 660 000
电动托盘搬运叉车	12	90 000	1 080 000
低位拣选叉车	15	100 000	1 500 000
手动托盘搬运叉车	31	1 100	34 100
托盘	55 040	70	3 852 800
周转箱	10 080	70	705 600
物流台车	2 240	800	1 792 000

第三步：计算总的设备投资额。

总的设备投资额等于各个设备的投资额之和，通过计算，得到总的设备投资额为25 381 700元。

第四步：形成设备成本预算表。

根据仓储成本预算表的构成，最终形成设备成本预算表，见表3-54。

表3-54　设备成本预算表

设备类型	设备名称	数量	设备单价/元	投资金额/元
货架	驶入式货架	10 080	170	1 713 600
	横梁式货架	29 720	130	3 863 600
	电子标签货架区	2 000	1 500	3 000 000
搬运设备	前移式叉车	14	370 000	5 180 000
	平衡重式叉车	14	190 000	2 660 000
	电动托盘搬运叉车	12	90 000	1 080 000
	低位拣选叉车	15	100 000	1 500 000
	手动托盘搬运叉车	31	1 100	34 100
容器设备	托盘	55 040	70	3 852 800
	周转箱	10 080	70	705 600
	物流台车	2 240	800	1 792 000
合计	—	—	—	25 381 700

学思之窗

一、教学建议

（1）通过仓储设备的询价及预算表的编制的教学，增强学生的成本意识。

（2）通过小组合作，分析任务中的信息，并进行思考讨论，培养学生认真仔细的职业素养以及合作意识，提高学生分析问题、解决问题的能力。

（3）通过观看仓库安全隐患的视频，培养学生的安全意识。

（4）通过仓储规划与设计岗位知识的教学，提升学生的基本职业素养，培养学生的爱岗敬业精神，增强学生的自信心。

二、典型素材

（一）内容介绍

通过案例的形式，将叉车不合理的规划、配置和使用会导致物流企业作业效率低下、叉车资源不足与浪费并存、成本高等现象呈现出来，提醒学生在仓储规划过程中要合理配置设备、合理使用设备，才能使设备使用效率最大化，且不会造成设备安全事故发生。

（二）素材类型

手动液压搬运叉车操作安全注意事项：

（1）手动液压搬运叉车只能一人操作，多人操作时须由一人统一指挥。

（2）手动液压搬运叉车在装载时严禁超载、偏载及单叉作业，所载物品重量必须在搬运车允许负载范围内，并确保货叉长度大于或等于货盘的长度。

（3）禁止手动液压搬运叉车重载长时间静置停放物品。

（4）严禁将货物从高处落到手动液压搬运叉车上。

（5）手动液压搬运叉车必须完全放入货架上面，再将货物叉起，保持货物的平稳后才能进行拉运。

（6）严禁装载不稳定的或松散包装的货物。如若必要，须安排人员扶持（见图3-58）。

（7）手动液压搬运叉车在高物低载搬运过程中将货叉放到尽量低位置，以免货物摔落。

（8）请勿将身体的任何部位放置于叉车的机械提升部件附近、所载货物上，以及货叉下方。

（9）操作时严禁速度过快（不超过 3 km/h，成年人正常行走速度 5 km/h），转弯时减速。

（10）严禁在倾斜的斜面或陡坡上操作手动液压搬运叉车。若须在斜坡上使用手动液压搬运叉车，则操作者不得站在手动液压搬运叉车正前方，避免手动液压搬运叉车惯性导致速度过快失控撞人（见图3-59）。

图 3-58　安全注意事项 1

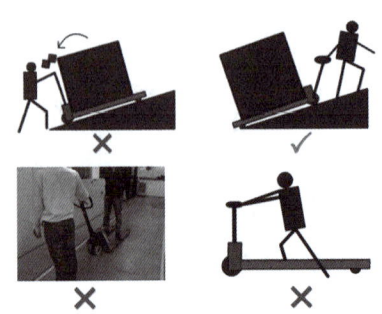

图 3-59　安全注意事项 2

(11) 手动液压搬运叉车严禁载人或在滑坡上自由下滑。

(12) 操作者视线受阻时严禁作业。

(13) 请勿在泥泞、不平的地面上使用手动液压搬运叉车。

(14) 手动液压搬运叉车在使用时，必须注意通道及环境，不能碰撞及他人、设备和其他物品。

(15) 手动液压搬运叉车不用时，必须空载降低货叉到最低位置，且存放在规定的地方。

(16) 手动液压搬运叉车使用人员须定期保养，部门管理人员须定期安排检修或维修。

(17) 损坏的手动液压搬运叉车必须进行维修或报废，禁止手动液压搬运叉车带病工作。

（三）教学过程实施及预期效果

可以将案例在讲解本任务中任何与成本相关的内容时插入，帮助学生扩展本任务内容的同时，使学生树立成本意识、安全意识，为未来从事仓储规划与设计岗位工作打好基础。

学有所思

（1）谈谈生活中有什么事情需要进行成本预算的，请写下来。

（2）讨论：在仓储作业中，是花高价新建或新购自动化生产设备好，还是低成本的劳动密集型生产作业好。

知识检测

一、单选题

1. 编制设备成本预算表时，不需要包含的要素是（　　）。
   A. 设备单价　　　B. 设备投资金额　　C. 设备数量　　　D. 设备产地

2. 编制设备成本预算表的顺序为（　　）。
   （1）确定总投资额；（2）确定各类型设备投资额；（3）确定设备单价；（4）编制成本预算表。
   A.（3）（2）（1）（4）　　　　　B.（3）（1）（2）（4）
   C.（1）（2）（3）（4）　　　　　D.（1）（3）（2）（4）

3. 某仓库需要购置周转箱850个，托盘1 500个，单价都是70元，则购置周转箱的投资金额为（　　）元。
   A. 59 500　　　　B. 55 900　　　　C. 105 000　　　　D. 9 5000

4. 在进行设备成本预算时，如果设备投资金额一定，仓库想尽可能多地买到设备，则需要考虑的要素是（　　）。

  A. 设备单价   B. 设备类型   C. 设备名称   D. 设备单位

5. 在查询仓储设备价格时，可以问问购买过设备的人，具体做法是（　　）。

  A. 询问公司内部或其他有经验的购买过设备的人员

  B. 对同行业进行小规模调研

  C. 致电专业销售卖家

  D. 登录官网查询

6. 在查询仓储设备价格时，可以上网查询设备价格，具体做法是（　　）。

  A. 询问公司内部或其他有经验的购买过设备的人员

  B. 对同行业进行小规模调研

  C. 致电专业销售卖家

  D. 登录官网查询

7. 下列选项中，与商家洽谈时的恰当举措是（　　）。

  A. 如果双方遇到分歧点，一定不可让步，据理力争

  B. 需要我方让步时，要直接告诉对方我方的接受底线，不可再次让步

  C. 在洽谈时，一定要保守公司机密

  D. 以上都不正确

8. 在用中国仓储设备网进行设备价格查询时，如果输入所需查询的设备后，没有显示价格，可以（　　）。

  A. 说明商家倒闭 B. 到店问询 C. 留言询价 D. 以上都不正确

9. 以下（　　）不是编制预算表需要考虑的要素。

  A. 设备单价   B. 设备折旧   C. 设备名称   D. 设备单位

10. 某仓库需要添置几台叉车，仓库经理给出的设备购置金额为 10 万元，经考虑想购买 25 000元/台的某品牌电动叉车，则仓库设置的投资金额可供购买的叉车数量为（　　）台。

  A. 3   B. 4   C. 5   D. 6

二、多选题

1. 编制设备成本预算表时，应包含的要素有（　　）。

  A. 设备单价 B. 设备投资金额 C. 设备类型 D. 设备名称

2. 在查询仓储设备价格时，与商家洽谈需要注意（　　）。

  A. 言辞清楚，表达准确

  B. 洽谈设备价格时态度诚恳

  C. 树立双赢的态度

  D. 为公司争取最大的利益，不可让步，将供方价格压至最低

3. 仓储设备价格获取的途径有（　　）。

  A. 询问购买过的人 B. 网络查询 C. 市场微调研 D. 电话询价

4. 如果仓库预计购置新设备，商定的投资金额会决定设备的（　　）。

  A. 购置单价 B. 设备单位 C. 购置数量 D. 以上都正确

5. 以下（　　）设备需要编入设备成本预算表中。

  A. 叉车   B. 货架   C. 托盘   D. 包装纸箱

6. 如果致电专业销售仓储设备的商家咨询设备价格时，需要沟通的内容有（　　）。

  A. 仓库需求 B. 仓库预期价位 C. 仓库地址 D. 以上都正确

7. 仓储设备价格网站主要有（　　　）。
   A. 中国仓储设备网　　　　　　　B. 中国物流设备网
   C. 其他官方网站　　　　　　　　D. 调研网站
8. 如果想要查询准确的市场价格，作为成本预算的参考，可采取的方式有（　　　）。
   A. 多次查询，进行比价　　　　　B. 寻找最便宜的设备价格
   C. 给商家留言具体沟通　　　　　D. 以最高价格作为预算
9. 某仓库需要购置周转箱 85 个，托盘 150 个，单价均为 80 元，则购置周转箱与托盘各需的投资金额为（　　　）元。
   A. 6 800　　　　B. 6 780　　　　C. 7 348　　　　D. 12 000
10. 某仓库需要购置前移式叉车 10 台，平衡重式叉车 8 台，二者的单价分别为 75 000 元，45 000 元，则购置前移式叉车与平衡重式叉车各需的投资金额为（　　　）元。
    A. 750 000　　　B. 600 000　　　C. 450 000　　　D. 360 000

三、判断题

1. 在进行成本预算时，不需要考虑设备单位。（　　　）
2. 在不确定仓储设备价格时，可以进行市场微调研，这是指对同行业进行小范围的调研，以获取设备价格。（　　　）
3. 可以登录中国仓储设备网进行设备信息查询。（　　　）
4. 在编制设备成本预算表时，需要先确定设备投资总额，再确定设备单价。（　　　）
5. 遇到洽谈僵局时，一定要争取为我方得到更多的利益，不可让步。（　　　）

学习评价

根据学习情况完成表 3-55 和表 3-56。

表 3-55　职业核心能力测评表

（在□中打√，A 通过，B 基本掌握，C 未通过）

职业核心能力	评估标准	评价结果
素质方面	1. 践行社会主义核心价值观，具有深厚的爱国情感和中华民族自豪感； 2. 具有社会责任感和社会参与意识； 3. 具有创新意识、成本意识、绿色物流意识、工匠精神、创新思维； 4. 具有职业道德、合作意识、安全意识	□A　□B　□C □A　□B　□C □A　□B　□C □A　□B　□C
知识方面	1. 熟悉与本专业相关的法律法规以及环境保护、安全消防、设备安全等相关知识； 2. 熟悉获取设备价格的方法； 3. 了解设备成本预算表的构成要素； 4. 掌握设备成本预算表的编制方法	□A　□B　□C □A　□B　□C □A　□B　□C □A　□B　□C
能力方面	1. 具有探究学习、终身学习、分析问题和解决问题的能力； 2. 具备利用网络进行仓储设备价格查询的能力； 3. 能够根据设备成本预算表的编制方法编制成本预算表； 4. 具备知识的灵活运用能力	□A　□B　□C □A　□B　□C □A　□B　□C □A　□B　□C
学生签字：	教师签字：	年　月　日

表 3-56 专业能力测评表

(在□中打√，A 通过，B 基本掌握，C 未通过)

专业能力	评价指标	自测结果	要求
仓储设备价格获取来源	仓储设备价格获取来源	□A □B □C	能够了解获取价格的途径
网络查询仓储设备价格	1. 查询步骤； 2. 注意事项	□A □B □C □A □B □C	能够通过网络查询到相关仓储设备的单价，并能与商家进行洽谈
仓储设备成本预算表	1. 仓储设备成本预算表构成要素； 2. 设备成本预算表编制步骤	□A □B □C □A □B □C	能够正确编制仓储设备成本预算表
教师评语：			
成绩：		教师签字：	

模块四

仓储布局规划

任务一　仓库布局规划

任务概述

本任务要求仓储规划与设计人员能够根据仓库分区的初步布局结果以及设备选型结果，结合仓库的整体情况，进行主要功能区域及次要功能区域的空间布局并计算各功能区面积，输出仓库布局图。

学习计划表

【学习目标】

（1）能够根据仓库分区的初步布局结果以及设备选型结果，进行功能区空间布局。

（2）能够根据各功能区空间布局结果，进行各功能区面积计算。

根据课前预习及学习情况填写表4-1。

表4-1　学习计划表

项目		基础知识	功能区空间布局	功能区面积计算
课前预习	预习时间			
	预习结果	1. 难易程度 　偏易（即读即懂）（　）　　适中（需要思考）（　） 　偏难（需查资料）（　）　　难（不明白）　（　） 2. 需要课堂提问内容 _____ _____ 3. 问题总结 _____ _____		

续表

项目	基础知识	功能区空间布局	功能区面积计算
复习时间			
课后复习 复习结果	1. 掌握程度 　了解（　）　　熟悉（　）　　掌握（　）　　精通（　） 2. 疑点、难点归纳 _____ _____ _____ _____			

【知识目标】

（1）掌握月台的布置方式。

（2）了解月台布局的注意事项。

（3）掌握收发货月台泊车位数计算方法、月台面积计算方法。

（4）掌握货架的布局方式。

（5）掌握托盘堆放区面积的计算方法和货架区面积的计算方法。

（6）掌握拣选方式与拣选区的设置方法。

（7）理解集货区布局的影响因素，熟悉集货方式。

（8）掌握循环集货的面积计算方法和批次集货的面积计算方法。

（9）掌握退货区布局的设计方式和不同类型通道的设计方式。

（10）掌握流通加工区面积计算方法，了解收发货办公室、叉车充电区等辅助功能区的设计方法。

【技能目标】

（1）能够综合考虑仓库约束条件，合理布局出入库月台并绘图。

（2）能够综合考虑仓库约束条件，合理布局存储区并绘图。

（3）能够根据仓库实际拣选作业要求，合理布局拣选区并绘图。

（4）能够根据仓库发货要求，合理布局集货区并绘图。

（5）能够对其他辅助功能区进行设计并绘图。

【素养目标】

（1）培养学生规范化、标准化的操作技能。

（2）培养学生的成本意识和服务意识。

（3）培养学生分析问题、解决问题的能力。

（4）培养学生吃苦耐劳的精神、认真仔细的态度、遵守5S管理制度的习惯，加强学生团队合作的意识。

情境导入

某物流公司根据超市项目仓储配送需求，拟将仓库建设成配送中心。在规划前期已经完成仓库功能区布置（见图4-1）和设备选型（见资料《仓库尺寸和设施设备参数》）。

模块四 仓储布局规划

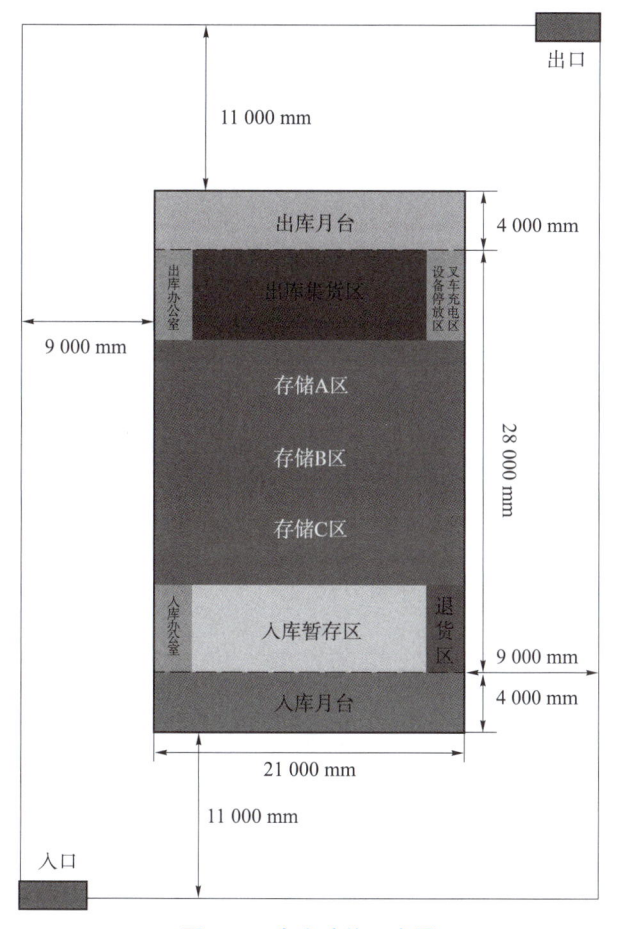

图4-1 仓库功能区布置

根据前期对仓储配送需求的调研，确定该配送中心基于商品ABC分类（按照库存周转率高、中、低来分类，详见《商品ABC分类结果及出入库作业情况》）和商品品类进行库房布局，通过分析已经确定该配送中心相关设施设备参数。

任务要求：请根据以下相关资料，完成仓库各功能区的空间布局和面积计算。

仓库尺寸和设施设备参数

园区内仓库长28 000 mm，宽21 000 mm，高11 000 mm，面积为588 m²；地面承重为3 t；门宽4 500 mm，高8 000 mm；月台宽4 000 mm，高1 200 mm，库内地面高度与月台同高；月台雨棚宽4 500 mm，高8 500 mm；园区内通道宽分别为11 000 mm和9 000 mm。

1. 托盘
（1）类型：标准木质托盘。
（2）托盘尺寸：1 200 mm×1 000 mm×150 mm。

2. 货架
（1）类型：托盘货架。
（2）每组货架：
① 长度2 600 mm；
② 宽度800 mm；

·177·

③ 层高 1 650 mm；

④ 层数 6 层。

（3）货架总高度 10 000 mm。

（4）8 排 5 列，共需要 40 组货架。

（5）货架自身摆放采用背靠背式，货架间隙 200 mm。

3. 通道

托盘货架区叉车通道一般为 3 000 mm。

商品 ABC 分类结果及出入库作业情况

1. 商品分类结果

商品 ABC 分类结果见表 4-2。

表 4-2　商品 ABC 分类结果

商品 ABC 分类	规划设计值			
	品种数/SKU	日均入库量/箱	日均出库量/箱	库存量/箱	库存天数/天
A 类	30	510	490	2 100	4
B 类	68	1 030	1 000	5 200	5
C 类	50	680	650	4 850	7
合计	148	2 220	2 140	12 150	—

2. 出入库作业情况

根据某物流公司在其他配送中心作业情况，预计本配送中心未来每日平均到货车辆总数达到 30 辆，收货作业时间为 3 h，每车卸货时间为 0.5 h，进货峰值数可取 1.5；日均发货 2 140 箱，每天发货一次，平均每辆车可装 200 箱货物。

任务解析

仓库布局规划是仓储规划的第四个工作环节，本模块有一个学习任务，内容包括区域空间布局和区域面积测算。一般仓库中会有一些主要的作业区域，如存储区、拣选区、集货区、出入库月台等，这些区域往往需要进行整体空间布局规划，目的是尽可能提高仓库的空间利用率及整体作业效率。比如出入库月台是用于商品在收发货时进行整理、码垛、检查的区域，如果仓库每日发货车次较多，一般需尽可能多地布置出库月台，通常可以布置到仓库四周的 2~3 面，以增加发货泊车位数量；再比如存储区的空间布局，如果用货架进行商品存储，那么就需要考虑货架在区域内的摆放布局方式，具体布局方式需结合仓库整体物流动线和作业特点，如为了便于叉车作业、缩小回转角度，可以考虑采用货架倾斜式排列布局，从而提高作业效率等。在完成区域空间布局规划后，还需要对每个区域的面积进行测算，以此作为依据来绘制仓库布局图。仓库的每个区域，不论是主要功能区还是辅助功能区，都需要根据各自的布局特性来测算整体面积。比如托盘存储区一般是通过测算货架整体占地面积和相关叉车通道面积来估算整个区域面积，出入库月台则是根据泊车位数量和每个泊车位占地面积来估算整个区域面积。

本任务以食品、日用品仓库区域空间布局和仓库区域面积测算为任务主线，学习作为一名物流经理人，如何进行区域空间布局和区域面积测算。任务主要包括十个方面的内容：一是学习如何合理布局存储区，应着重掌握存储区货架的布局方式及特点。二是学习如何合理布局拣选区，应着重掌握拣选区布局方法，理解什么是分段拣选，什么是分区拣选。三是学习如何合理布局集货区，应着重掌握集货区布局的方法。四是学习如何合理布局出入库月台，应着重掌握月台布局的方法和技巧。上述内容需要突破的难点是根据不同仓库作业要求、设备类型等内容，设计各区域布局，尽量实现仓库空间利用率最大化。五是学习如何测算月台面积，应着重掌握月台面积测算方法。六是学习如何测算存储区面积，应着重掌握存储区面积测算方法和技巧。七是学习如何测算拣选区面积，了解拣选点设计原则，并预估其面积。八是学习如何测算集货区面积，着重掌握集货区面积测算方法。九是学习、设计并预估辅助功能区面积，了解辅助功能区设计及面积测算的原则。十是学习如何应用 CAD 等绘图工具来绘制仓库布局图，重点掌握 CAD 等工具软件的使用方法。上述内容需要突破的难点是根据不同仓库作业要求、设备类型等内容，灵活应用相关面积测算方法，准确测算出各区域面积，并使用 CAD 等工具软件画图。

相关知识

一、月台

货物在收货时需要整理、码垛、检查，在发货时需要复核、暂存以待车辆装载，因此从配送中心内部区域到送货/发货车辆的停泊之间需要保留适当的空间作为缓冲，这一空间称为月台。其中，连接收货暂存区与收货车辆停泊处的缓冲空间称为收货月台；连接发货暂存区与发货车辆停泊处的缓冲空间称为发货月台。

在存储型仓库中，装卸月台通常集中在一个固定区域内，见图 4-2。

在零售配送中心中，月台分布于主体建筑四周，需尽可能多地设置月台来满足频繁出入库的需求，见图 4-3。

图 4-2　存储型仓库月台布置　　　　图 4-3　零售配送中心月台布置

二、零售配送中心月台布局

零售配送中心月台的布局既取决于泊车位的需求数量，也取决于配送中心内部的结构形式、内部作业物流动线，以及与周边区域的连接形式。根据月台设置的数量和分布情况可设置为单面、两面、三面、四面，见图 4-4 所示。

1. 四面设置月台

这种布局适用于空间足够的零售配送中心，在满足收货月台停泊车位数量后，尽可能多地布置发货月台。

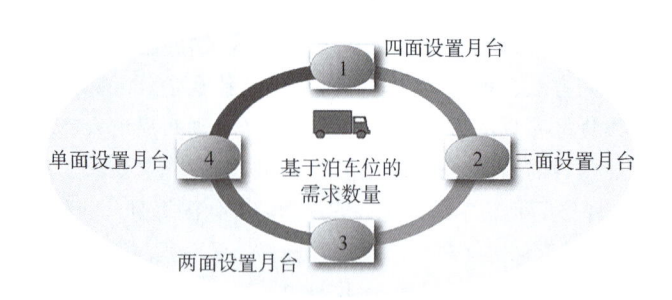

图 4-4 零售配送中心月台设置

（1）可设置为一面收货月台，用于发货频繁、收货数量大但频次少的作业模式（见图 4-5）。
（2）可设置为双面收货月台，用于收发货皆较为频繁的作业模式（见图 4-6）。

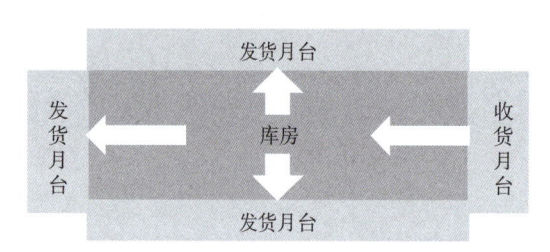

图 4-5 零售配送中心一面收货月台设置

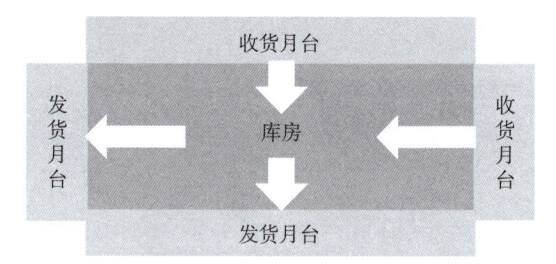

图 4-6 零售配送中心双面收货月台设置

2. 三面设置月台

这种布局适于有足够空间的零售配送中心，发货月台应尽量集中（见图 4-7）。三面设置月台时，相邻设置的发货月台在设备、人员、车辆的共用上优于（相隔）设置的发货月台。

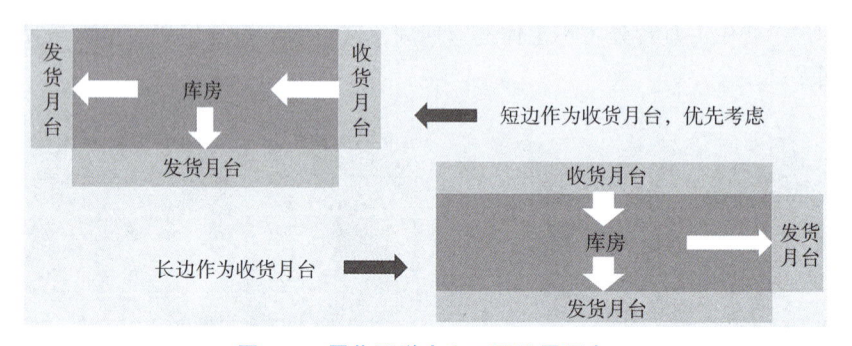

图 4-7 零售配送中心三面设置月台

3. 两面设置月台

这种布局基于内部作业物流动线进行，避免了内部作业物流动线的交叉。
（1）收货月台与发货月台相邻，优点在于进出货物不会相互影响，对叉车搬运设备共享方便，并且商品的进出货非常便捷（见图 4-8）。
（2）收货月台与发货月台相对，空间上完全独立，优点在于使进货与发货的物流动线更加畅通（见图 4-9）。

4. 单面设置月台

受到建筑物本身或物流园区道路的局限，零售配送中心库房面积较小，只能单面设置月台。因此收货区域与发货区域需要在物流位置上分隔开设置（见图 4-10），也可混用或在时间上进行分隔设置（图 4-11）；后者虽然提高了空间和设备的利用率，但是容易造成进出相互影响的不良效果，造成月台管理的混乱，一般不建议采用。

图 4-8　零售配送中心两面收货设置月台

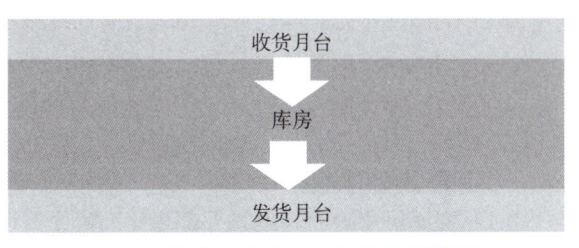

图 4-9　零售配送中心两面收货设置月台

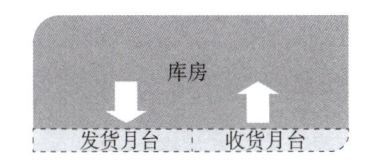

图 4-10　零售配送中心单面收、发货区域隔开设置月台

图 4-11　零售配送中心单面收、发货区域混用设置月台

三、月台布局的注意事项

（一）避免内部作业物流动线的交叉

收发货月台位置直接影响配送中心的内部作业物流动线，内部作业物流动线之间应当避免交叉。

（二）避免车辆走行路线的交叉

收发货月台应考虑大门位置、道路与配送中心园区内走行路线，避免入库车辆与出库车辆的走行路线交叉。

四、月台布局

月台的空间设计可以用月台高度、月台宽度和月台长度来描述。月台空间布局平面图见图 4-12。

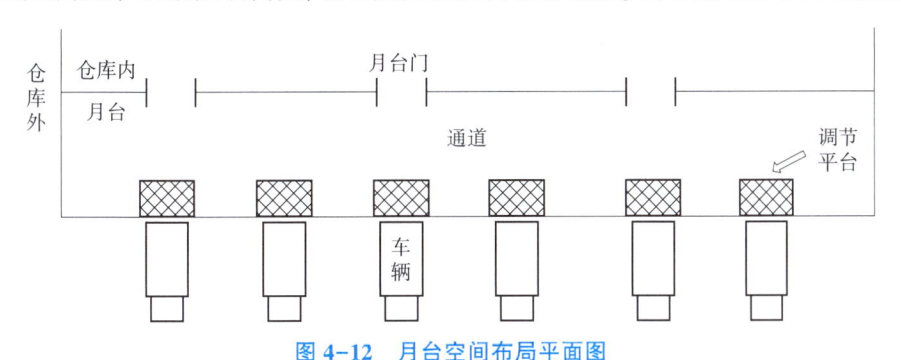

图 4-12　月台空间布局平面图

（一）月台高度

月台规划需要考虑月台高度，月台高度示意图见图 4-13。

1. 月台高度参数

根据停泊车辆不同，月台高度一般可设为 0.4~1.2 m；根据搬运设备不同，月台门洞高度一般可设为 3~5 m，门洞宽度在 3 m 以上；作业区域净空高度一般可设为 3~5 m。

2. 月台的形式

按月台高度划分，月台的形式一般分为无高度平台、固定高度的平台、可调节高度的平台三种。

（1）无高度平台：与仓库外园区道路高度平齐。

（2）固定高度的平台：与仓库内地面高度平齐，常见的高度有 0.9 m、1.2 m 等。

（3）可调节高度的平台：与仓库内地面高度平齐，高度可变，通过增加固定斜坡或安装调节平台实现。

3. 月台高度的选型

（1）当库房内地面高度与外部道路高度平齐时，不设置月台高度。

（2）当库房内地面高于外部道路地面，且全部采用自有车队，车型统一，建议采用固定高度的月台（成本低）。

（3）当库房内地面高于外部道路地面，且仓库出入库车辆不统一、车型较杂，建议采用可调节高度的平台（成本高）。

（二）月台的长度和宽度

月台规划同样需要考虑月台的长度和宽度，长度和宽度示意图见图 4-14。

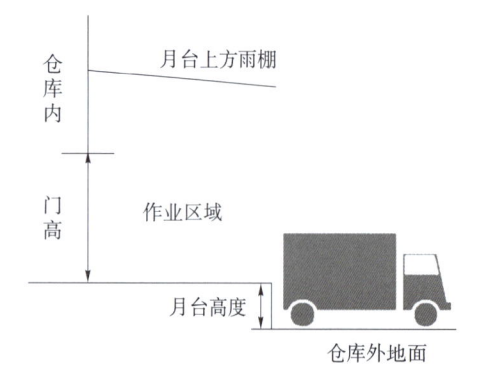

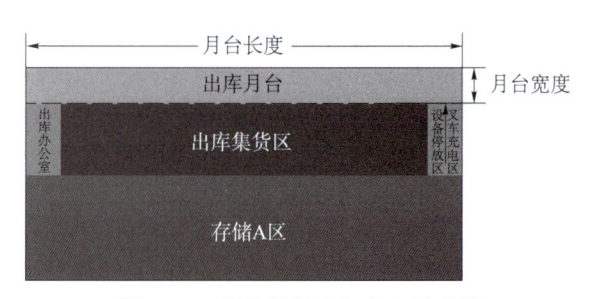

图 4-13　月台高度示意图　　　图 4-14　月台的长度和宽度示意图

1. 月台长度

月台长度，与仓储建筑有关，同时还与停泊车辆的数量有关，即同一时间停泊的车辆越多，则所需的月台越长。大多数车辆的宽度为 2.5~2.8 m，加上两边停靠的间隙，一般 4 m 的宽度可以保证每个停泊车位车辆的同时驶入与驶出。因此月台长度 = 4N 数量，N 为泊车位数量。例如，某配送中心共有泊车位 80 个，则月台长度为 320 m。

2. 月台宽度

月台用于人员、手动搬运车、叉车的通行，以及货物的临时放置，需要保证一定的宽度。一般月台的宽度为 3.5~10 m。

五、月台泊车位数量计算方法

（一）入库月台泊车位数量计算方法

（1）假定每个收货车位都是满负荷工作，则收货车位数量为：

$$收货车位数量 = \frac{每日到货车辆总数 \times 每辆到货车辆的卸货时间}{日收货作业时间}$$

（2）实际工作中，由于到货时间不统一、卸货时间不均衡，月台会出现闲置，则该情况下收货车位数量为：

$$N = \mu \frac{\sum K \times T_1}{T_2}$$

式中：N——入库月台车位数；

μ——参数，到货峰值系数；

K——到货车辆数量；

T_1——每辆车平均卸货时间；

T_2——日收货作业时间。

一般日收货作业时间在 2 h 左右，到货峰值系数可根据经验值取 1.5。企业可依据真实数据的统计值计算，其结果更为准确。

（二）出库月台泊车位数量计算方法

出库月台泊车位数量越多，则同一时间可以装货配送的车辆越多。出库月台的泊车位数量取决于企业的运输规划，当满足同一时间段内所有配送车辆的停泊需求时，出库装载效率最高。

在不考虑月台建筑尺寸限制的情况下，月台泊车位数量等于每个运输批次的送货车辆数量，公式如下：

$$发货月台车位数量 = \frac{日发货量}{日运输批次 \times 平均每车装载量}$$

注意：根据上述计算结果得到的月台长度，可能比仓库实际月台长度要长，此时，需要根据实际月台长度调整车位数量。

例 4-1 某零售企业日均发货 5 万箱，每天上下午共运输三次，平均每辆车可装 400 箱货物，则每一运输批次需要的车辆数，即发货月台车位数为多少？

解：$N = 50\,000 \div (3 \times 400) = 41.67 = 42$（个）。

六、存储区的存储形式

仓库中存储区的主要功能是物料或者货物的存储保管。存储方式不同，占据的空间形式也不一样；存储的形式分为托盘地堆、货架存放，货架存放又分为轻型货架存放和托盘货架存放。

（1）托盘地堆：主要用于异形商品存放、流通量大商品存放、仓库内高度低、临时存放的情况。

（2）轻型货架存放：主要用于商品按箱存放、零散品存放、流通率较低的情况。

（3）托盘货架存放：主要用于商品按托存放、要求存储密度大的情况。

（一）托盘地堆布局

托盘可以单排布置，也可以多排布置；应预留足够的通道，保证叉车的行驶；一般通道占全部面积的 30%~35%。托盘地堆布局见图 4-15。

参数计算：

$$实际所需空间（D） = \frac{存储空间（d）}{1 - 35\%}$$

$$= \frac{存储空间（d）}{65\%}$$

$$= 1.54\,存储空间（d）$$

例 4-2 某企业食品类货物的存货需求量为 6 480 SKU，若托盘尺寸为 1.4 m×1.5 m，该货

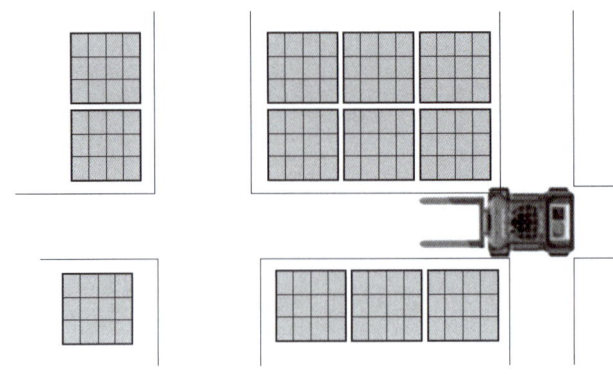

图4-15 托盘地堆布局

物每托盘堆码36个SKU，通道占面积的35%，请计算该食品类货物实际所需的托盘地堆区的面积。

解：已知存货需求量（Q）为6 480 SKU，每托盘堆码36个SKU，托盘尺寸为1.4 m×1.5 m，则

存储空间(d)＝向上取整[存货需求量(Q)÷每托盘堆码]×托盘尺寸
　　　　　＝向上取整[6 480÷36]×(1.4×1.5)
　　　　　＝378（m²）

实际所需空间(D)＝存储空间(d)÷(1-35%)
　　　　　　＝1.54 存储空间(d)
　　　　　　＝1.54×378
　　　　　　＝582（m²）

（二）货架空间设计

1. 仓库货架的布局方式

仓库货架的布局方式一般有横列式布局、纵列式布局、纵横式布局、货架倾斜式布局、通道倾斜式布局五种类型。在实际存储区货架布局中，要考虑存储区的面积大小、形状及物流动线等因素。

（1）横列式布局，是指货垛或货架的长度方向与仓库的侧墙互相垂直（见图4-16）。主要优点：主通道长且宽，副通道短，整齐美观，便于存取盘点，还有利于通风和采光。缺点：仓容利用率降低。

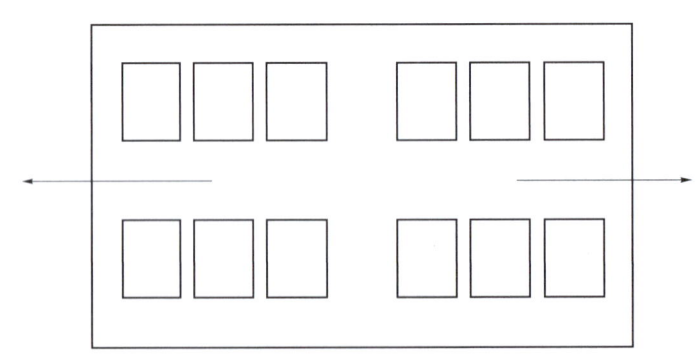

图4-16 横列式布局示例

（2）纵列式布局，是指货垛或货架的长度方向与仓库的侧墙平行（见图4-17）。主要优点：

可以根据库存物品在库时间的不同和进出频繁程度安排货位；在库时间短、进出频繁的货物放置在主通道两侧；在库时间长、进出不频繁的物品放置在里侧。缺点：不利于通风采光及机械化作业。

（3）纵横式布局，是指在同一仓库内，横列式布局和纵列式布局兼而有之，可以综合利用两种布局的优点（见图4-18）。

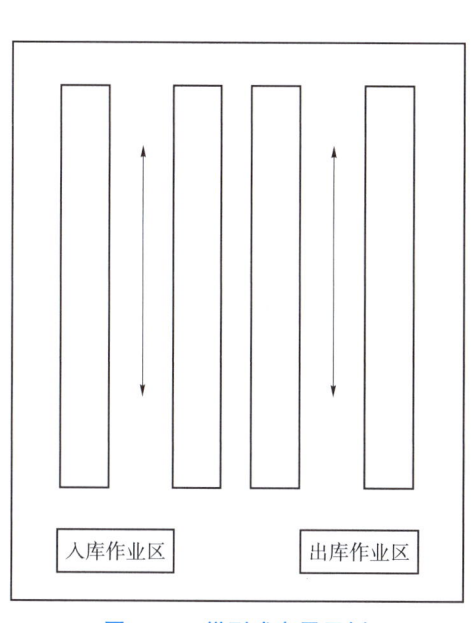

图 4-17　纵列式布局示例　　　　　图 4-18　纵横式布局示例

（4）货架倾斜式布局，是指货垛或货架与仓库的侧墙或主通道成60°、45°或30°夹角，是横列式布局的变形（见图4-19）。它是为了便于叉车作业、缩小回转角度、提高作业效率而采用的布局方式。

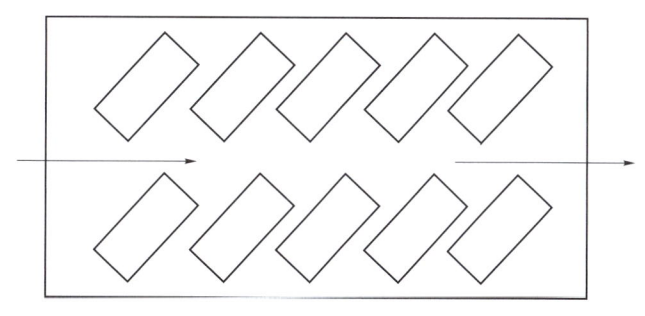

图 4-19　货架倾斜式布局示例

（5）通道倾斜式布局，是指仓库的通道斜穿保管区，把仓库划分为具有不同作业特点的区域，如大量存储和少量存储的保管区等，以便进行综合利用（见图4-20）。在这种布局形式下，仓库内形式复杂，货位和进出库路径较多。

例4-3　某西南配送中心面向的客户为当地连锁便利店，配送中心的仓库经过前期的功能区确定，划分了发货区、收货区、暂存区、拣货区、存储区、工具区等，仓储经理需要合理布局存储区。

由于仓库物流是Ⅰ型物流动线，且出货物品拆零量比较大，仓储经理决定采用横列式布局设置存储区，这样设置主通道长且宽，副通道短，整齐美观，便于存取查点。优化前后的对比见图4-21。

· 185 ·

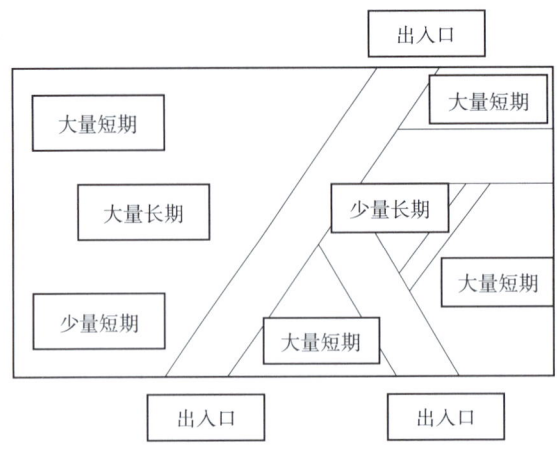

图 4-20 通道倾斜式布局示例

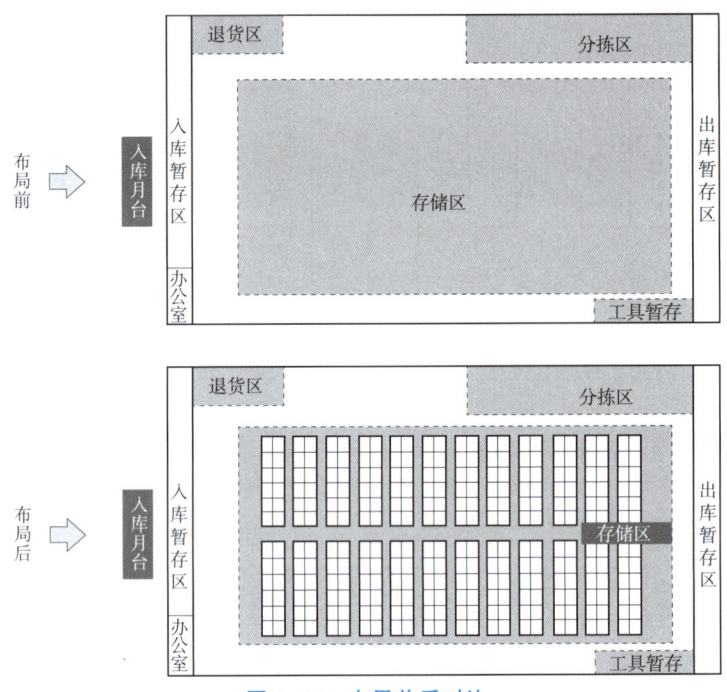

图 4-21 布局前后对比

2. 参数计算——托盘货架

要计算托盘货架存储区的总长度、总宽度、总面积,需要知道的参数有托盘货架单元长度(L)、托盘货架单元宽度(W)、货架列数(n)、货架排数(m)、背靠背货架间隙(W_1)、叉车通道宽限(W_2,一般为 2.8~3.5 m),具体的平面参数见图 4-22。

托盘货架存储区的总长度、总宽度、总面积的计算公式如下:

(1) 托盘货架存储区总长度 = $L×n+2W_2$;

(2) 托盘货架存储区宽度 = 单通道单元宽度 × $m÷2$ = $(2W+W_1+W_2)×m÷2$;

(3) 托盘货架存储区面积(S) = $(L×n+2W_2)×[(2W+W_1+W_2)×m÷2]$。

托盘货架存储区货物总高度的计算公式如下:

托盘货架存储区货物总高度 = (层数−1) × 单层货架高度 + 货物堆码高度

托盘货架存储区货物高度参数见图 4-23。

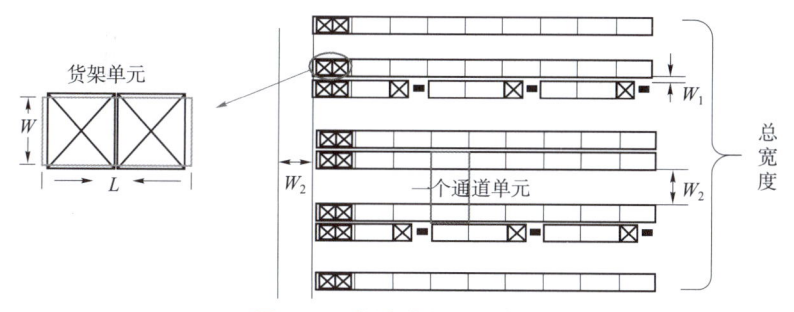

图 4-22 托盘货架平面参数

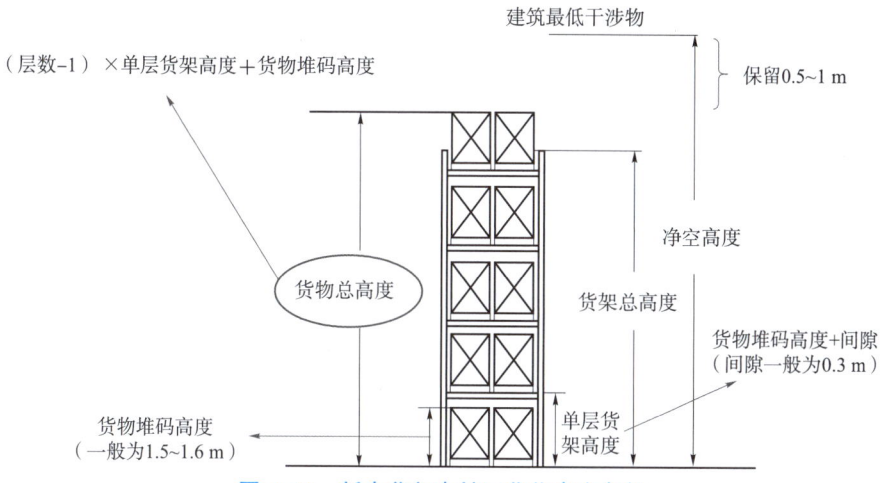

图 4-23 托盘货架存储区货物高度参数

例 4-4 若某企业托盘尺寸为 1 200 mm×1 200 mm×150 mm，托盘货架单元长度为 2.7 m，托盘货架单元宽度为 1 m，货架列数为 20 列，货架排数为 6 排，叉车通道宽度为 3 m，背靠背货架间隙是 0.2 m，则托盘货架存储面积为：

$$S = (L \times n + 2W_2) \times [(2W + W_1 + W_2) \times m \div 2]$$
$$= (2.7 \times 20 + 2 \times 3) \times [(2 \times 1 + 0.2 + 3) \times 6 \div 2]$$
$$= 60 \times 15.6$$
$$= 936 \ (m^2)$$

3. 参数计算——轻型货架

流利式货架与搁板式货架在空间设计上基本相同，此处以搁板式货架为例，图 4-24 分别是搁板式货架的俯视图及侧视图。

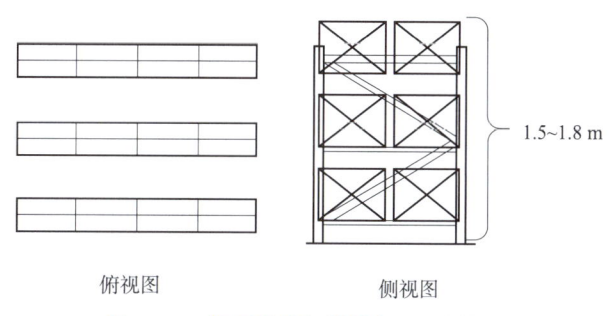

图 4-24 搁板式货架的俯视图及侧视图

计算公式如下:
$$轻型货架存储区面积(S) = (L \times n + 2W_2) \times [(2W + W_2) \times m \div 2]$$

式中:L——货架单元长度;

W——货架单元宽度;

n——货架列数;

m——货架排数;

W_2——走行通道(走行通道取决于手推车宽度,一般为 1.2~1.5 m)。

例 4-5 某企业轻型货架存储区货架单元长度为 1.8 m,货架单元宽为 0.6 m,货架列数为 20 列,总共 6 排货架,行走通道宽度为 1.5 m。

解:已知 $L=1.8$ m,$W=0.6$ m,$m=6$,$W_2=1.5$ m,$n=20$,则该区域面积

$$\begin{aligned}
S &= (L \times n + 2W_2) \times [(2W + W_2) \times m \div 2] \\
&= (1.8 \times 20 + 2 \times 1.5) \times [(2 \times 0.6 + 1.5) \times 6 \div 2] \\
&= 39 \times 8.1 \\
&= 315.9 \, (m^2)
\end{aligned}$$

七、拣选区的空间布局

拣选区,是指分拣人员或分拣工具巡回于各个存储点并将所需货物取出,完成配货任务的区域。拣选区设置一般有三种类型:第一种是拣选区与存储区完全共用,适用于整托出库;第二种是拣选区与存储区按照层上、层下加以区分,适用于整托、整箱出库;第三种是拣选区与存储区独立设置,适用于整箱、零散货出库。

第三种类型(拣选区与存储区独立设置)通常适用于电商型仓库,或者其他需要拆零出库的仓库。

独立设置下的拣选区布局,一般有传统型仓库拣选区和智能型仓库拣选区两种类型。

(一)传统型仓库拣选区布局

传统型仓库拣选区布局一般采用"普通货架+通道+其他辅助设施设备"或"流利式货架+通道+其他辅助设施设备"的布局。拣选区域的布局与拣选作业的方式有关,主要分为分区拣选和分段拣选(见图 4-25 和图 4-26)。分区拣选一般选用轻型货架实现,适用于商品品种多、拣选频率较低的情况;分段拣选一般选用流利式货架实现,适用于商品品种少、拣选频率较高的情况。在布局设计的时候,除了考虑商品品种数和周转率,还需要考虑建筑区域的形状和大小。例如,若商品流通率低,但分拣区形状狭长,可以考虑分段拣选布局方式,为了降低成本,可以选择轻型货架。

(二)智能型仓库拣选区布局

智能型仓库拣选区布局一般采用"自动搬运小车+通道+其他辅助设施设备"或"货到人拣选系统+其他辅助设施设备"的布局。

智能型仓库的拣选过程由自动搬运小车(AGV)实现,自动搬运小车直接从存储区货架上将货物取出,运送至指定地点。

拣选区空间布局主要包括自动搬运小车的活动区域、输送线及其他辅助设施设备,(见图 4-27)。

八、仓储集货区布局

经过分拣作业的物品,会被搬运到集货区(发货暂存区)。由于拣选方式和装载容器不同,集货区要有待发物品的暂存和发货准备空间,以便进行货物的清点、检查和准备装车等作业。集

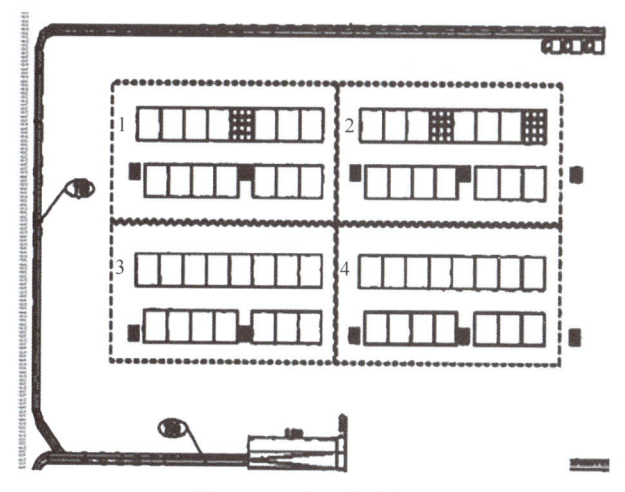

图 4-25 分区拣选布局

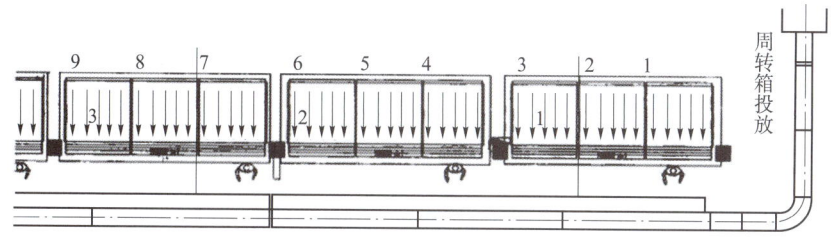

图 4-26 分段拣选布局

图 4-27 AGV 拣选布局

货区设计主要考虑发货物品的订单数、时序安排、车次、区域、路线等因素，其发货单元可能有托盘、周转箱、笼车、台车等。集货区划分以单排为主、按列排队为原则。

（一）集货方式

集货区的集货方式可分为"订单拣取，订单发货""订单拣取，区域发货""批次拣取，区域发货""批次拣取，车次发货"四种。

1. 订单拣取，订单发货

这种方式主要适合订货量大、使车辆能满载的客户；集货方式以单一订单客户为货区单位，单排按列设计集货区以待发货。

2. 订单拣取，区域发货

这种方式主要适合订货量中等、单一客户不能使车辆满载的情况；集货方式以发往地区为货区单位，在设计时可分为主要客户和次要客户的集货区。需要注意的是，为了区分不同客户的货物，可能要进行拼装、组合或标签、注记等工作；其最大优点是有利于装车送货员识别不同客户货物，缺点是要求有较大的集货空间。

3. 批次拣取，区域发货

这是多张订单批量拣取的集货方式。这种方式在拣取后需要进行分拣作业，为此需要有分拣输送设备或者人工分拣的作业空间。集货区货位设计，一般以发往地区为货区单位进行堆放，同时考虑发货装载顺序和物流动线畅通，在空间条件允许的情况下以单排为宜，将主要客户和次要客户分开。

4. 批次拣取，车次发货

这种方式适合订货量小，必须配载装车的情况。在批次拣取后，需要进行分拣作业。集货区货位设计以行车线路为单位进行堆放，按客户集中，远距离靠前，近距离靠后，在空间条件允许的情况下以单排为宜。

在规划集货区空间时，还要考虑每天拣货和出车工作时序安排，例如商品要求夜间发货，拣选时段则在白天上班时间完成，夜间发货则在下班前集货完毕。需要注意的是，在不同时序要求下，需要集货空间配合工作，方便车辆到达配送中心可以立即进行货物清点和装载作业，减少车辆等待时间。

（二）集货区空间布局

集货区既是货物从拣选完成到发送前的临时存放区域，也是仓库内部与出库月台之间的缓冲地带；该区域用于货物的清点、检查和准备装车等作业，也被称作出库暂存区、出库缓存区。集货区空间布局见图4-28。

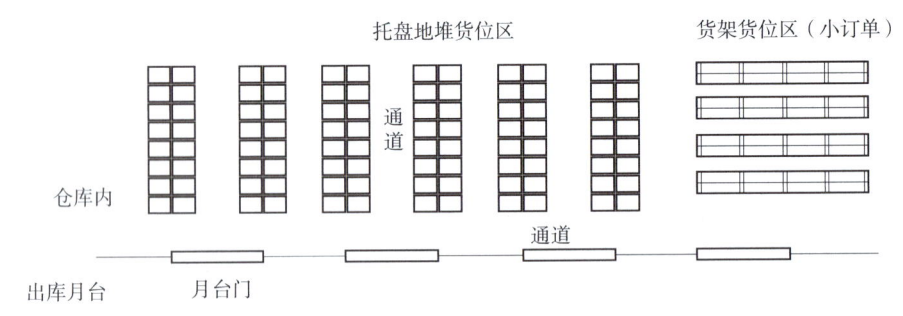

图4-28 集货区空间布局

1. 集货区构成

（1）平堆区，该区域货物包装完整、流通率大，一般直接采用地面堆放的方式，以托盘大小为一个货位，在地面上做出标识，根据出库条件（如区域、线路、客户等）划分区域。

（2）货架区，主要用于小订单货物（数量少、体积小）存放，整托、整箱出库的仓库可以不设置。

（3）通道，主要用于人员、搬运设备（如叉车、手推车等）行走通道。

（4）其他辅助设施设备，指照明设备、消防设施等。

2. 批次集货区面积计算

批次集货区面积计算与每天发货量（托盘）、每天拣选批次数、发货方向数、集货区纵向放置托盘数等因素有直接关系，同时，也与托盘间隙、叉车道路宽度、托盘尺寸等因素相关，具体的计算公式为：

$$批次集货区面积(S)=\frac{[(Y \div Z \div V \div E) \times (W+托盘间隙)+叉车道路宽度] \times V \times [E \times (L+托盘间隙)+6]}{面积利用率}$$

式中：Y——每天发货量（托盘）；
　　　Z——每天拣选批次数；
　　　V——发货方向数；
　　　E——集货区纵向放置托盘数。
　　　L——托盘单元长度；
　　　W——托盘单元宽度。
托盘尺寸 = L×W。

3. 循环集货区面积计算

若每日配送店铺数量较少，可将全部订单按照发货顺序完成。集货区循环使用，循环集货面积计算与托盘尺寸、托盘间隙、托盘纵向数量、面积利用率、发货方向数、通道宽等因素有关，以地面堆放为例，其计算公式如下：

循环集货区面积(S) = {[V×(W+托盘间隙)+通道宽]×[E×(L+托盘间隙)+通道宽]}÷面积利用率

九、仓库通道设计

通道是人员行走、货物搬运的区域，因此，通道的设计直接影响物流的效率。通道设计具体包括主通道设计、辅助通道设计、各区域通道设计。

（一）主通道设计

主通道是指穿过库房中央的通道；若是一个 6 m 宽的小库房，则库房内应有一条 1.2~2 m 的通道，约占有效空间的 25%~35%；若是一个 180 m 宽的大库房，则库房内应有一条 3.5~6 m 的通道，约占有效空间的 10%。

（二）辅助通道设计

一般情况下，人员和设备共用一个通道，如果仓库设置行人通道或者参观通道，通道宽度一般设为 1.2 m。

（三）各区域通道设计

各区域内的通道宽度和搬运货物的尺寸、设备活动范围、作业要求等条件相关，表 4-3 是参考值。

表 4-3　各区域通道设计参考值

区域类型	搬运工具	通道宽度
托盘货架区	叉车	2.8~3.5 m
轻型货架区	手推车	1.2~1.5 m

【拓展阅读】

仓库叉车通道宽度应该留多少

叉车在室内使用的时候，我们会考虑叉车的最小转弯半径和通道的宽度。在叉车租赁的时候，尤其要注意这一点。那么这两者的关系是怎样的呢？怎样才能确保室内的通道足够叉车自由转弯呢？

叉车最小转弯半径：叉车在无载低速行驶时，打满方向盘，车体最外侧和最内侧至转弯中心的最小距离，分别称为最小外侧转弯半径和最小内侧转弯半径。

直角堆垛通道宽度：室内供叉车行驶的通道的两排货架之间的直线距离。

叉车最小转弯半径与直角堆垛通道宽度之间的计算公式如下：

$$直角堆垛通道宽度（X）= 叉车最小转弯半径（C）+叉车前悬距（K）+\\叉车货叉/托盘的长度（I）+安全距离（Y）$$

叉车最小转弯半径 C：一般为前轮中心到配重的最远距离。

叉车前悬距 K：叉车前轮中心到叉车货叉前壁的距离。

安全距离 Y：一般留 200 mm 左右。

公式解读：从以上公式可以看出两者之间的转换关系。一般情况下，叉车前悬距、叉车货叉/托盘的长度、安全距离等都是固定的，唯一变动的因素为叉车的最小转弯半径，所以在确定作业场所的通道宽度的时候，应该主要参考这个变量因素。需要注意的是，国内任何厂家标的最小转弯半径都与实际有 100 mm 左右的偏差，建议多加 100 mm。

小结：

（1）如果使用前移式叉车，通道宽度一般在 2.8 m 左右；

（2）如果是四轮的电动平衡重式叉车，通道宽度一般在 3~4 m；

（3）如果是四轮的平衡重式柴油叉车或汽油叉车，通道宽度一般在 3.6~4.3 m。

注意，这些数据均为 1~3.5 t 叉车的适用参数。

十、仓库退货区空间

退货区是退货处理区域，经过审核后，部分货物将重新入库，因此，退货区一般设置在入库暂存区旁（见图 4-29），面积可根据仓库实际大小调整，一般为 30~50 m²。

图 4-29　退货区空间布局

十一、仓库其他区域设计

仓库其他区域一般包括设备（工具）存放区、叉车充电区、收/发办公室等，它们的设计一般要根据具体的仓储操作需求进行。

（一）设备（工具）存放区

设备（工具）存放区要靠近库房办公区，或者靠近作业区域，面积为 20~50 m²。

（二）叉车充电区

叉车充电区一般设置在库房办公区附近，贴墙布局（方便安装充电桩），面积为 40 m²。

（三）收/发办公室

收发办公室设于入库月台，发货办公室设于发货月台，面积为 20~50 m²。

任务过程展现

一、出入库月台的面积计算

（1）回顾情境导入案例资料，从已知条件中可知：月台长 21 000 mm，月台宽 4 000 mm，月台高 1 200 mm（与库内地面同高，固定高度）。

（2）月台泊车位数。

收货月台泊车位数量：

$$N = 1.5 \times \frac{30 \times 0.5}{3} = 7.5 \approx 8 \text{（个）}$$

发货月台泊车位数量：

$$N = \frac{2\,140 \times 0.5}{1 \times 200} = 10.6 \approx 11 \text{（个）}$$

每个车位宽度至少为 4 000 mm，该月台长度 21 000 mm，最多容纳 5 个车位，因此，收货、发货月台的车位数量均为 5 个。

二、存储区的空间布局与面积计算

（一）空间布局

根据情境导入中的仓库布局图，仔细阅读情境导入给出的所有资料，针对该类型仓库，完成货架布局规划。

其一，从仓库布局图可以看出，该仓库整体采用Ⅰ型物流动线设计，为了缩短在存储区的行走路径，存储区货架需要采用Ⅰ型布置。

其二，仓库存储区是按照商品 ABC 分类的，为了便于依据货物进出库频率安排货位，货架采用纵列式布局（货架南北方向布置）。

综上两点，确定存储区货架采用纵列式布局。此外，为了节省空间，货架自身摆放采用背靠背式。

（二）面积计算

存储 A 区为 8 排 1 列货架，存储 A 区的长和宽计算如下：
宽 = 货架单元长度 + 外通道宽度 = 2.7 + 3 = 5.7（m）；
长 = 单通道单元宽度 × m ÷ 2 = (0.8 × 2 + 0.2 + 3) × 8 ÷ 2 = 19.2（m）。
存储 B 区为 8 排 2 列货架，存储 B 区的长和宽计算如下：
宽 = 货架单元长度 × 2 = 2.7 × 2 = 5.4（m）；
长 = 单通道单元宽度 × m ÷ 2 = (0.8 × 2 + 0.2 + 3) × 8 ÷ 2 = 19.2（m）。
存储 C 区为 8 排 2 列货架，存储 C 区的长和宽计算如下：
宽 = 货架单元长度 × 2 + 外通道宽度 = 2.7 × 2 + 3 = 8.4（m）；
长 = 单通道单元宽度 × m ÷ 2 = (0.8 × 2 + 0.2 + 3) × 8 ÷ 2 = 19.2 m（m）。
合计整理得出结果，见表 4-4。
最后得出存储区托盘货架布局规划，见图 4-30。

表 4-4 存储区的面积计算

区域名称	长/m	宽/m	面积/m²
存储 A 区	19.2~21	5.7	109.4~119.7
存储 B 区	19.2~21	5.4	103.7~113.4
存储 C 区	19.2~21	8.4	161.3~176.4
合计	19.2~21	19.5~20	374.4~420

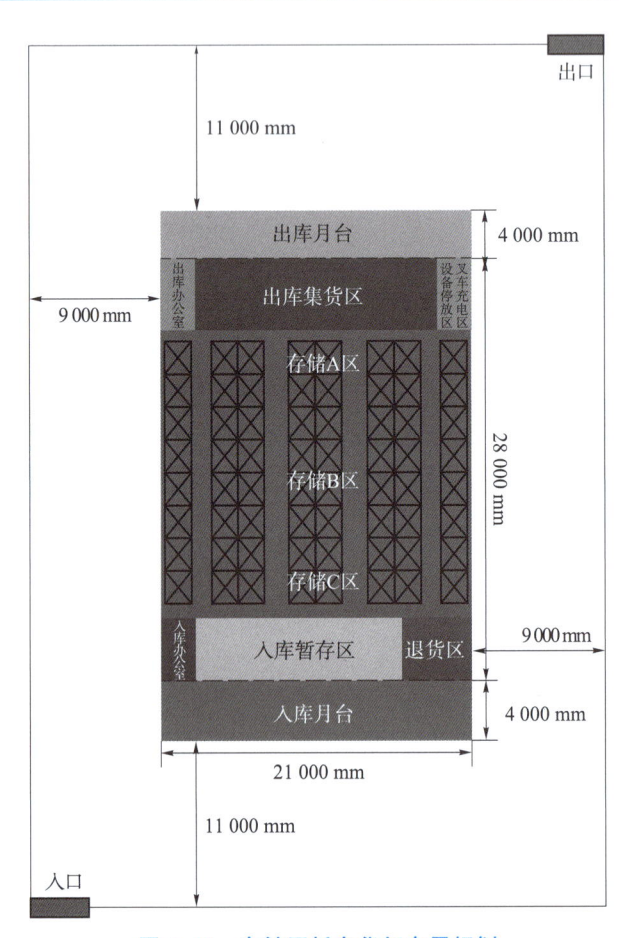

图 4-30 存储区托盘货架布局规划

三、拣选区的空间布局与面积计算

该仓储配送中心基于商品 ABC 分类（见表 4-2）进行库房布局，且货物的存储和拣选共用同一个区域。

情境导入中的案例只涉及 ABC 三类商品的整箱或整托出入库作业，且没有设置单独拣选区。因此，选择拣选区与存储区按照层上、层下加以区分的方式。

该仓库采用整托、整箱出入库方式，因此选择托盘货架布局，一层设置为拣选区，其余为存储区。

四、集货区的空间布局与面积计算

（一）设计思路

根据情境导入的内容可知，该仓库商品出库类型为整托、整箱型，不涉及拆零货物；因此，该区域采用托盘地堆的形式;为了保证存放整洁、美观,以托盘为存储单位,设置货位;画出托盘货位的区域,见图4-31,图中一个"田"字形位置,为4个托盘货位。

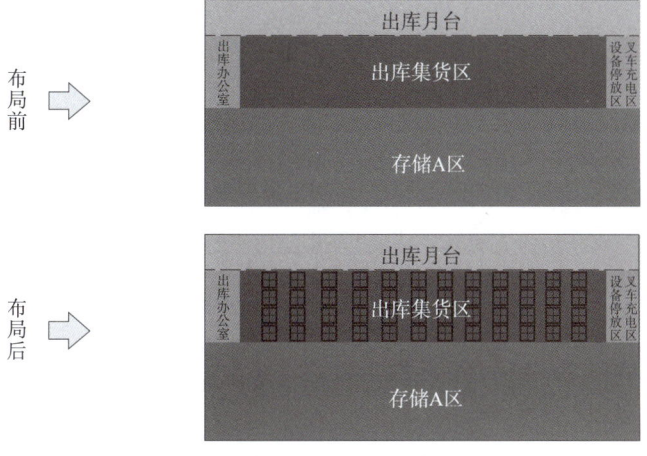

图4-31 出库集货区空间布局对比

(二) 批次集货区面积计算

$$批次集货区面积(S) = \frac{[(Y \div Z \div V \div E) \times (W+0.1)+3] \times V \times [E \times (L+0.1)+6]}{0.7}$$

式中:Y——每天发货量(托盘);

Z——每天拣选批次数;

V——发货方向数;

E——集货区纵向放置托盘数。

L——托盘单元长度;

W——托盘单元宽度。

托盘间隙——0.1 m;

叉车道路宽度——3 m;

面积利用率——0.7;

托盘尺寸——L×W。

例4-6 若每天拣选次数Z=8个批次,一天发货量Y=3 000托盘,发货方向数V=10,托盘尺寸为1 400 mm(长)×1 500 mm(宽),托盘间隙为0.1 m,叉车道路宽度为3 m,纵向数量托盘数E=4个托盘,面积利用率0.7,则批次集货区面积:

$$S = \frac{[(Y \div Z \div V \div E) \times (W+0.1)+3] \times V \times [E \times (L+0.1)+6]}{0.7} = 3\ 085.7(\text{m}^2)$$

(三) 循环集货区面积计算

本任务若出现每日配送店铺数量较少的情况,可将全部订单按照发货顺序完成,集货区循环使用,以地面堆放为例,循环集货区的布局及面积计算见图4-32。

五、辅助功能区的空间布局与面积计算

其他辅助功能区的空间布局包括通道设计、退货区设计、设备存放区及叉车充电区设计、办

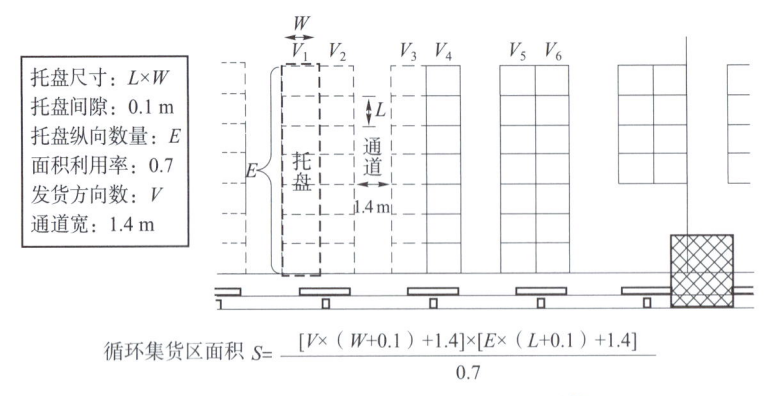

托盘尺寸：$L×W$
托盘间隙：0.1 m
托盘纵向数量：E
面积利用率：0.7
发货方向数：V
通道宽：1.4 m

循环集货区面积 $S=\dfrac{[V×(W+0.1)+1.4]×[E×(L+0.1)+1.4]}{0.7}$

图 4-32　循环集货区的布局及面积计算

公室设计等，要根据仓储具体操作要求，并按照其他设施设备的性能进行布局和设置相关面积，只要合理并符合安全要求即可。

提升训练

广东工贸物流公司根据超市和便利店项目仓储配送需求，拟将仓库 A 建设成配送中心。现已完成仓库 A 的功能分区，见图 4-33。

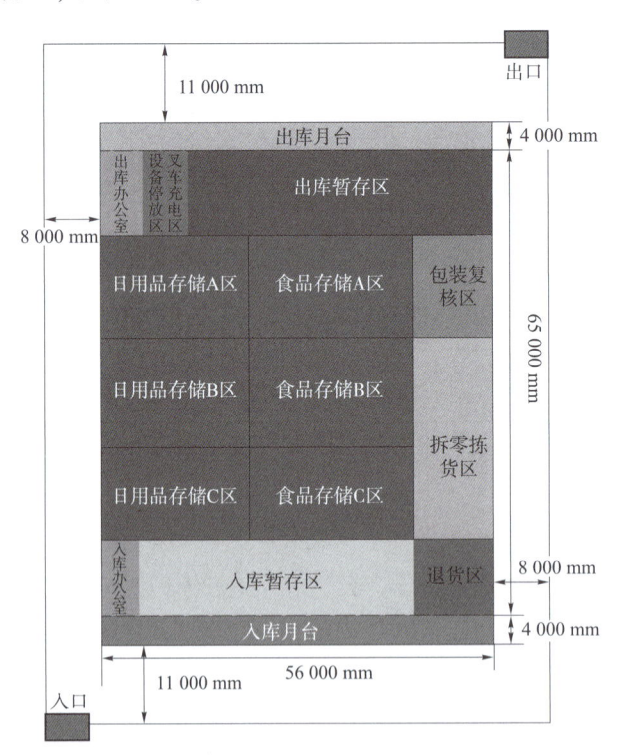

图 4-33　仓库 A 功能分区

仓库 A 长 65 000 mm，宽 56 000 mm，高 11 000 mm，面积为 3 640 m²；建筑立柱间距长 12 000 mm，宽 9 000 mm；地面承重为 3 t；门宽 4 500 mm，高 8 000 mm；月台宽 4 000 mm，高 1 200 mm，库

内地面高度与月台同高；月台雨棚宽 4 500 mm，高 8 500 mm。

根据前期对配送需求的调研，确定该配送中心基于商品 ABC 分类（按照库存周转率高、中、低来分类）和商品品类进行库房布局。请根据相关数据完成仓库内各功能区的空间布局及面积计算。

需求调研信息

根据前期对配送需求的调研，该项目相关信息如下：

食品类每箱最大重量为 2 kg，包装规格为 500 mm×400 mm×350 mm。

日用品类每箱最大重量为 3 kg，包装规格为 400 mm×300 mm×350 mm。

包装的承压能力为 10 kg，托盘码放安全高度为 1 800 mm，仓库货架的安全层高为 2 000 mm。仓储配送中心要求使用标准化托盘和周转箱，且要求设备的存储空间利用率尽量最大化，其中托盘的自身重量一般为 15 kg。仓库内叉车司机操作叉车时，每个上架或下架作业的平均效率为 2 min/次，搬运人员进行手动入库搬运作业的平均效率为 3 min/托，手动出库搬运作业的平均效率为 2 min/托，同时仓库设定每天的工作时长为 8 h，每小时有效工作时间大约为 45 min，托盘和周转箱数量的计算需考虑 130% 的经验富余值，考虑仓库利用率，货架计算时以货物实际需求量确定。其他相关数据见表 4-5~表 4-7。

表 4-5 广东工贸物流公司配送中心商品 ABC 分类结果

商品 ABC 分类	规划设计值				
	品种数/SKU	日均入库量/箱	日均出库量/箱	库存量/箱	库存天数/天
食品 A 类	133	900	864	5 919	7
食品 B 类	302	4 722	4 710	47 100	10
食品 C 类	953	2 300	2 227	3 341	15
小计	1 388	7 922	7 801	86 424	—
日用品 A 类	102	510	489	1 956	4
日用品 B 类	118	2 900	2 843	17 058	6
日用品 C 类	226	1 000	947	9 470	10
小计	446	4 410	4 279	28 484	—
合计	1 834	12 332	12 080	114 908	—

表 4-6 广东工贸物流公司配送中心规划能力目标值

总体能力目标	规划设计值	
吞吐能力	日均出库量	1.20 万箱/天
	日均进货量	1.22 万箱/天
	配送店铺数量	标准超市：9 店
		便利店：7 店
存储能力	存储量	12 万箱
	存储品种数量	2 400 SKU
	平均库存周转天数	9 天

表 4-7　商品在配送中心的仓储操作要求

商品 ABC 分类	入库要求	存储要求	出库要求
食品 A 类 食品 B 类 食品 C 类	整托或整箱入库； 叉车搬运； 需检验； 地面堆垛待检入库	托盘商品随机存储+固定货位存储（商品出库量差异较大）； 不合格品、退货商品的储存； 按计划进行盘点； 存储无特殊温度要求	按照门店订单进行拣选集货； 整托出库； 装车前复核； 部分商品拆零拣选后复核打包出库； 轻型货架拆零拣选； 周转箱拣选、台车搬运； 电动叉车搬运； 食品类商品拆零拣选量大，应靠近拆零拣选作业区
日用品 A 类 日用品 B 类 日用品 C 类			

根据客户需求，广东工贸物流公司仓库中有一部分货物需要拆零拣选出库（见表 4-8）。对超市和便利店每日各配送 2 次，拆零出库商品存储选用轻型货架，拣选出库使用周转箱进行作业，超市周转箱周转天数为 5 天，便利店周转箱周转天数为 3 天，人员作业效率平均为 200 次/（人·h）。设周转箱的利用率为 70%。

表 4-8　广东工贸物流公司拆零拣选数量

商品 ABC 分类	品种数	商品平均规格	超市日均出货量/箱	便利店日均出货量/箱
食品 B 类	17	160 mm×140 mm×120 mm	1 000	600
食品 C 类	18	160 mm×130 mm×110 mm	900	450
日用品 B 类	26	150 mm×120 mm×100 mm	860	500
日用品 C 类	22	150 mm×120 mm×110 mm	150	650

提升训练：参考答案

知识拓展

一、物流仓库布局与设计的要点

在实际操作中，仓库内货物的摆放位置、移动距离、数据对接效率等，都会直接影响到货物在仓库内搬运的成本。作为仓库管理人员，我们的目标是尽可能地平衡货物搬运成本和仓库库容利用率之间的关系，因此，需要特别考虑的因素是存储区和拣选区的设计。

（一）存储区的设计

如果仓库货物的周转率低，那么仓库的货位可以设计成单排纵深比较大、在合理允许的范围内尽量高的堆码、货位之间的通道尽可能地狭窄，这种形式的布局，尽可能地充分利用了仓库的物理空间，以补偿货物出入存储区需要额外花费的成本。

如果仓库货物的周转率比较高，那么需要合理利用高位货架、拣货架、梯形货架等辅助设备，合理降低货物的堆码高度，缩短货物拣货所需要的时间和距离，降低拣货识别难度。

不论是何种类别的仓库，都要充分考虑仓库内设备和人员行走的通道，尽可能地减少交叉，降低发生危险事故的概率；尽可能地利用所有仓库门，根据货物的实际情况，拟定专用的入库门、出库门等。

（二）拣选区的设计

仓库内货物流动的模式一般是：入库时的货物管理单位，要大于出库时的货物管理单位。因此仓库内的拣货环节就成为仓库布局的主要决定因素。

最简单的拣选区布局是利用现有的存储区，不另外设置拣选区，拣货过程在存储区内进行，只是在必要的时候，对货物的堆码高度、相对于出库站台的位置、货位的尺寸予以调整，以提高拣货效率。

如果货物的周转率比较高，而且需要将货物进行拆掉包装、更换外包装等操作，那么使用存储区进行拣货就比较困难了，其中一个原因是这样做的效率比较低，拣货难度将增大，另一个原因是降低了存储区的仓容利用率。

对于这类货物的仓库布局，需要将拣选区作为仓库内的主要功能区来设置。可将仓库中的特定区域划分为拣选区，围绕拣货需要和尽量减少移动距离的原则来设计。

可以将拣选区详细划分为常用货物暂存区和一般拣选区，将常用货物从存储区内搬运一部分放置在拣选区内，如果拣选区内的存货减少了，就用存储区的货物进行补充和拆装。

整体设计的原则是：拣选区不仅要小于存储区的面积，而且拣选区的纵深不要超过3个托盘位置的距离。对于订单零散的货物拣货，可以设置多排托盘进行整体拣货，拣选区内的货物堆码高度一般不超过一人高，以方便人员操作。另外，选用专业化的拣货工具，比如移动货架、货物传送带、手持终端扫描等，改进货物的排序和分区流程设计，可以进一步地减少拣货搬运的时间和距离。在实际的拣货过程中，我们可以使用不同的拣货方法，比如摘果法、播种法等。

（三）辅助区域的设计

仓库中的辅助区域包含了现场办公区、设备管理区、辅料管理区、入库暂存区、坏货管理区、中转区等，它们对应的是货物在仓库中的不同状态，我们可以依据货物在库的实际情况，将辅助区域合理布局在拣选区和存储区周围，尽量不要挤占拣选区和存储区。同时也要考虑各区域之间的距离，对于出入频繁的区域，要设立在靠近仓库门口或者拣选区附近，尽可能地缩短人员和机械移动的距离。

仓库的整体布局和设计不是一成不变的，即使是现有仓库，如果货物的周转率发生了比较大的改变，或者货物的品类性质发生了变化，那么也有可能需要重新设计各个功能区。

总之，仓库各个区域的分布，是影响仓储成本的重要因素，优化仓储成本，是仓储管理的主要目的，也能使仓储、运输和生产销售之间，始终处于经济、良好的动态平衡中。

二、电商仓库的物流规划

（一）电商仓库的仓储物流特征

因为电商仓储行业所具备的一些特点，比如直接面向消费者，其客户就是最终的消费者，因此需要仓库能够非常精准地按照客户订单进行拣选打包，对仓储物流的订单生产效率及准确性方面要求都非常高。

由于各自面向的客户不同，电商仓储物流与传统零售物流有较大差异，影响它们差异的关键因素主要包括客户、订单量、订单行数、订单实时性、订单精准性、订单波动性、退换货、单

SKU 备货量等，具体对比分析见表 4-9。

表 4-9 电商仓储物流与传统零售物流的对比分析

项目	电商物流	传统零售物流
客户	未知/数量很多	重复客户/数量不多
订单量	频次高，订单数量多	频次低，一次性大批量
订单行数	一般较少	多，上百
订单实时性	随到随生产	约定时间配货
订单精准性	要求非常高	要求高
订单波动性	波峰波谷差异大	差异不大
退换货	量大且随时退换	小，约定时间退换
单 SKU 备货量	少	多，上百

1. 平均订单行数少

电商仓储物流只有较少的订单行，大多数情况下不会超过 10，如果选用传统零售物流常用的按订单拣货，需要在仓库里走大量的路。因此需要设计一趟拣货能够同时完成多张订单，来提高拣货效率，比如先集合拣货再播种或者拣播合一等模式。

2. 单个 SKU 库存少

电商仓库的 SKU 数量多，有的 SKU 数达上千、上万甚至几十万、几百万。如何在有限的仓库空间里摆放更多 SKU，就需要对每个 SKU 的备货量进行精准预测。因此，电商仓储物流里的 SKU，以箱为主，而不是传统的以托盘为主。存储设备，主要选择箱式货架，如搁板货架或者中型货架，配合托盘式货架。作业策略方面，分为存拣一体及存拣分离的情况，库内涉及补货作业。

3. 作业正确性要求高

电商仓储物流操作中，需要尽全力保证拣货的准确性，对于拣货完成待配送出库的商品，要做到 100% 的全复核，并且大多数情况下，需要进行打包操作。因此，在电商仓储物流的规划和操作上，除拣货外，如何提高复核/打包效率，也是重中之重。

4. 作业实时性要求高

电商仓储物流作业要保证订单随到随生产，在短时间内完成订单的生产。一般需要在 1~2 h 的时间内完成订单的拣选、复核、打包等操作。因此如何提高订单的响应速度，也是重点。

5. 订单波动性大

电商的订单波动性非常大，例如，"双 11"订单是平时订单的几十倍甚至几百倍，在电商仓储物流的规划和设计时，场地、人员、设备等的配置需有足够柔性，满足"大促"期间的大批量发货，且要快速。因此，在电商仓储物流规划及流程设计上，也需重点考虑此类"大促"活动的订单快速生产，设计专门的出货流程。

6. 退货量很大

电商的退货量极大，仓库需要有很强的退货处理能力，将退货货物进行快速挑拣，保证退货货物中可再销售商品的及时上架。

（二）电商仓的物流规划要点

一个完整的电商仓储物流规划一般会包含以下这些项目：

1. 关键数据收集

选取、收集一段时间的关键业务数据，如货品数据、出货订单数据等。

2. 关键数据分析

对收集来的大量业务数据进行 EIQ 分析，分析 SKU 出货特性、订单特性，如分析库存 SKU

总数、日均订单数、平均订单行数、日均 SKU 出货次数等，并分别针对日常、"大促"的数据进行详细分析。

3. 平面布局规划

根据数据分析的结果，综合考虑需要布置的作业功能区及其面积，以及可能的存储设备等，并将这些作业功能区合理规划布局到限定的仓储空间里。

4. 内部作业物流动线规划

合理规划、优化库内各项操作的人员、设备物流动线。

5. 作业流程规划

日常、"大促"情况下，收货、发货等关键作业流程规划。

6. 物流设备规划

存储、搬运、复核、打包、IT 相关等设备规划。

7. 人员配备建议

组织架构、岗位职责、工作效率等建议。

图 4-34　电商仓库主要的作业功能区

（三）电商仓库的平面布局要点

电商仓库除了商品货架区、分拣区、再包装区域等，一般还会包含辅助功能区，如叉车充电区、设备寄存区、耗材寄存区、办公室等。电商仓库主要的作业功能区见图 4-34。

本知识点针对 SKU 数的多少，给出两个电商仓库平面布局规划图供参考，见图 4-35 和图 4-36。

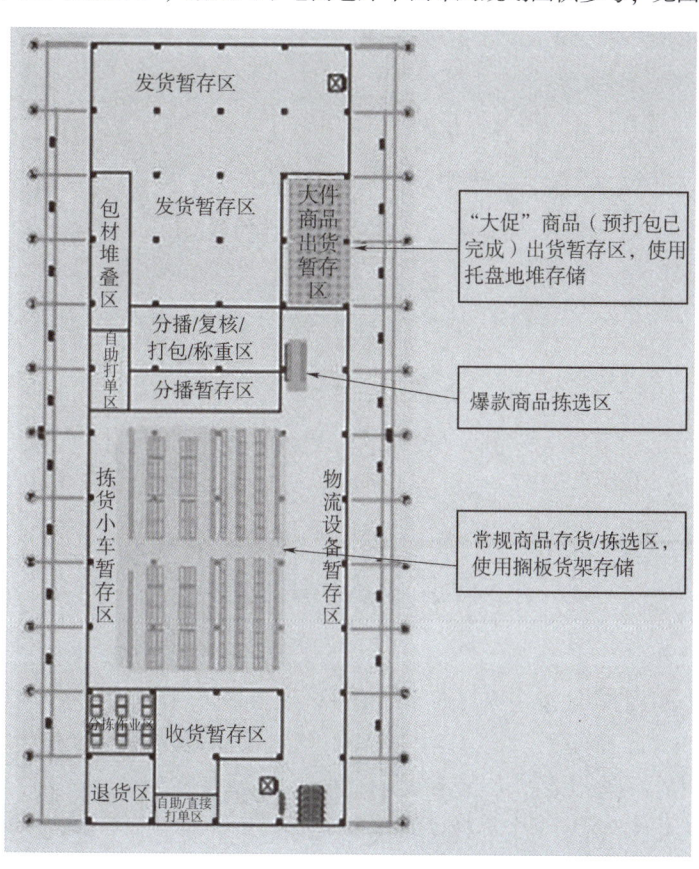

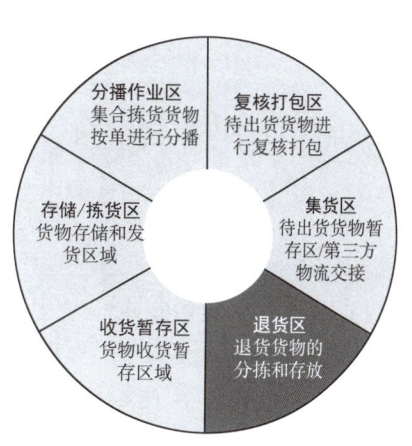

图 4-35　总 SKU 数少的电商仓库作业功能区布局规划

· 201 ·

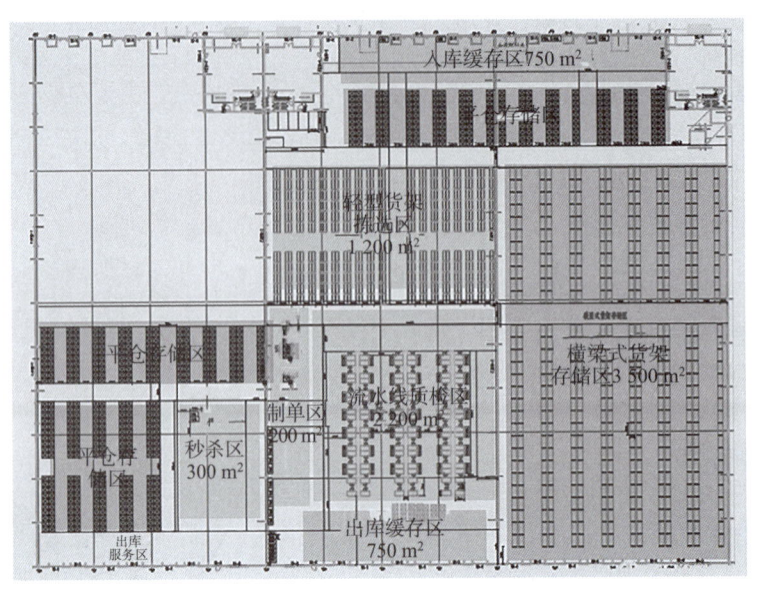

图 4-36 总 SKU 数多的电商仓库作业功能区布局规划

（四）电商仓库的设备选型要点

电商仓储物流设备规划主要包含存储、搬运、复核、打包、IT 相关等设备的规划，选择合适的设备，配合完成各项操作。

（五）电商仓库运作流程

电商仓库运作流程见图 4-37。

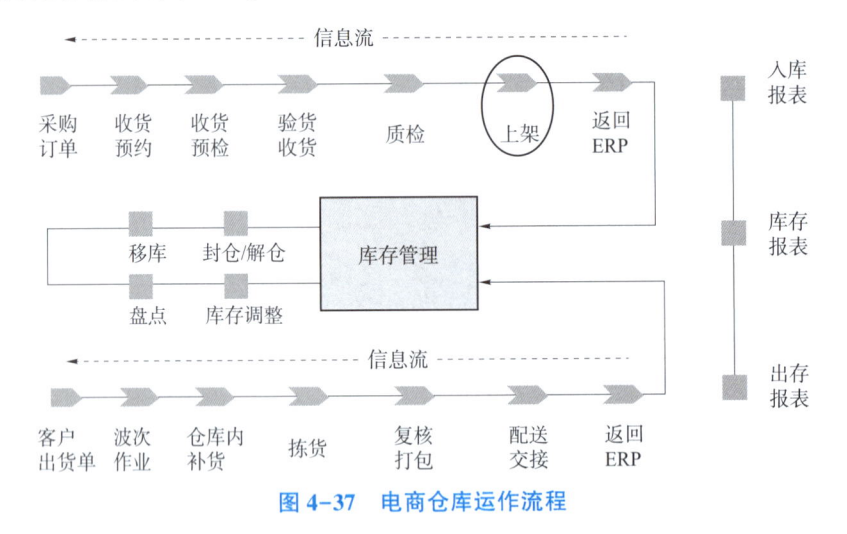

图 4-37 电商仓库运作流程

1. 上架

现代电商仓储中心的功能重在周转而非存储，表现为快进快出、货物周转率高的特征。

如何完成快速上架？企业可以通过运用 WMS，通过 WMS 预先配置及优化的上架作业物流动线引荐上架货位，指导现场上架人员上架操作。在设计上需要做到：

（1）设置货位阈值，规定每个货物存放的 SKU 及数量；设置临界值，当数量超越这个临界值时，停止上架，确保运作效率。

（2）仓库配备实时传输数据的设备，如 RFID 手持终端，实现仓库库存可视化管理。

（3）做到先进先出，批次管理，确保每个货位上的同一个 SKU 商品只有 1 个批次。

2. 拣选作业

如何做到快出？依据电商行业的订单特性，要做到快出，必须选择最优的拣选方式。在大多数电商仓储物流中，应用最普遍的主要有三种拣选作业形式：

（1）单品拣选。即订单行是 1 的订单单独拣选。这类订单，在扫描出库时可采取与普通订单不同的方式，能够显著加快扫描出库速度，因而建议单独处置。

（2）先集后分。先将一批订单汇合起来，在一趟拣选任务中一并完成，拣完货再到分播区域依照客户订单分播。

（3）边摘边播。与第二种类似，也是一趟处置一批订单。与第二种不同的是，在拣选的同时要完成依照客户订单的播种，拣完货后直接进入复核打包环节。

三种拣选作业形式，基本是在一个拣选批次中处理尽可能多的订单，以提高订单运作效率。但实际运作中，常常一个拣选批次对应一名拣选人员，而拣选人员受装载工具的限制，只能处置一定数量的订单，一般最多处置 40 或 50 个订单。

如何高效率地划分拣选批次，尽可能做到每一批次的拣选作业物流动线都较优，是提升拣选效率的重点。合理划分拣选批次的方法如下：

一是根据订单行：对不同订单行的订单分批处置。对单一订单行的订单，独立波次，快速拣选；对较多订单行的订单（如大于 10），独立波次，采用拣播合一；对普通订单行的订单，独立波次，采用先集后分。

二是根据订单数：依实践操作效率状况，恰当调整汇合单数，如 20 单汇合、30 单汇合、40 单汇合等。

三是根据载具限制：比如 30 kg，即拣货小车的最大承重 30 kg，超重不利于拣选。

四是根据人员限制：如拣选货物超重后，推不动或者推进起来的效率很低。

五是根据聚类处置：将仓库划分成数个区域，尽量将待拣选货物于某一区域或者某几个相邻区域中的订单，组合成一个拣选批次。

综合分析，电商仓储和传统仓储相比，内部管理更为精细，上架、拣选、出库、配送、退换货的大数据和精准高效都会严重影响电商的经营，每个步骤都需要综合考虑。

学思之窗

一、教学建议

（1）通过仓库功能区空间合理布局的教学，让学生认识到提高资源利用率、节约社会资源、降低企业成本的重要性，进而培养学生规范化、标准化的操作技能，培养学生成本意识、服务意识，培养学生分析问题、解决问题的能力。

（2）通过小组合作，根据各功能区空间布局结果，进行各区域面积计算，培养学生认真仔细的职业素养以及合作意识，提高学生分析问题、解决问题的能力。

（3）在进行仓库功能区规划而选用设备时，引入一些国内优秀企业先进的现代化发展的案例或视频，培养学生爱国、强国及创新的意识，增强学生的职业自豪感。

二、典型素材

（一）内容介绍

京东建成的全球首个全流程无人仓坐落在上海市嘉定区的仓储楼群，属于上海亚洲一号整体规划中的第三期项目，建筑面积 40 000 m^2，配送中心主体由收货、存储、订单拣选、包装四个作业系统组成，存储系统由八组穿梭车立库系统组成，可同时存储商品 6 万箱。

在货物入库、打包等环节，京东无人仓配备了三种不同型号的六轴机械臂，应用在入库装箱、拣货、混合码垛、分拣机器人供包四个场景下。

另外，在分拣场内，京东引进了三种不同型号的智能搬运机器人执行任务；在五个场景内，京东分别使用了 2D 视觉识别、3D 视觉识别，以及由视觉技术与红外测距组成的 2.5D 视觉技术，为这些智能机器人安装了"眼睛"，实现了机器与环境的主动交互。京东无人仓运营后，其日处理订单的能力将超过 20 万单。

京东无人仓通过将无人化带入仓储中心的全流程操作场景，带动了物流效率的提升，正如刘强东曾说过的那样——未来，零售的基础设施将变得极其可塑化、智能化和协同化，将推动"无界零售"时代的到来，实现成本、效率、体验的升级。

任务：学生观看京东无人仓视频，以小组为单位，画出无人仓流程作业图，并写出各作业环节用到的信息技术。

（二）素材类型

视频案例请扫描二维码观看。

视频案例：京东上海亚洲一号无人仓

（三）教学过程实施及预期效果

学生在学习智能仓储系统的基础上，观看京东无人仓入库、在库管理、拣选、分拣、包装、出库全场景，培养学生爱国、强国及创新的意识，增强学生的职业自豪感，并通过小组流程图制作，提高学生团队协作、分析问题能力，增强逻辑思维能力。

学有所思

（1）结合所需知识，试举例分析某一物流企业的仓储功能区空间布局。

（2）举例分析某一物流企业仓库约束条件，尝试合理布局出入库月台并绘图。

知识检测

一、单选题

1. （　　）是多张订单批量拣取的集货方式，这种方式在拣取后需要进行分拣作业，以发往地区为货区单元进行堆放。
   A. 批次拣取，车次发货　　　　　　B. 订单拣取，区域发货
   C. 批次拣取，区域发货　　　　　　D. 订单拣取，订单发货

2. （　　）布局需要综合考虑发货货物的订单数、时序安排、车次、区域以及路线。
   A. 库存区　　　B. 拣选区　　　C. 集货区　　　D. 月台区

3. 在进行拣选时，以串联形式进行拣选的方式是（　　）。
   A. 分区拣选　　　B. 分段拣选　　　C. 同时拣选　　　D. 二次拣选

4. 某配送中心的单一客户订货量大、能使车辆满载时，则该配送中心应采用（　　）的集货方式。
   A. 批次拣取，区域发货　　　　　　B. 批次拣取，车次发货
   C. 订单拣取，区域发货　　　　　　D. 订单拣取，订单发货

5. 配送中心在收货时，对货物进行整理、码垛、检查的区域是（　　）。
   A. 收货月台　　　B. 发货月台　　　C. 出库暂存区　　　D. 存储区

6. 综合型仓库在布局时，主要以（　　）为主。
   A. 横列式布局　　B. 纵列式布局　　C. 货架倾斜式布局　　D. 通道倾斜式布局

7. 货架倾斜式布局的缺点是（　　）。
   A. 叉车作业回转角度大　　　　　　B. 作业效率低下
   C. 仓库面积利用率低　　　　　　　D. 不便于货物存取

8. 对于品种单一、批量大、用托盘装载、就地码垛的货物，适用于（　　）布局方式。
   A. 横列式布局　　　　　　　　　　B. 纵列式布局
   C. 货架倾斜式布局　　　　　　　　D. 通道倾斜式布局

9. （　　）是指货垛或货架的长度方向与仓库的侧墙互相垂直。
   A. 横列式布局　　　　　　　　　　B. 纵列式布局
   C. 货架倾斜式布局　　　　　　　　D. 通道倾斜式布局

10. 可根据库存货物进出频繁程度安排货位的仓库货架布局是（　　）。
    A. 横列式布局　　B. 纵列式布局　　C. 货架倾斜式布局　　D. 通道倾斜式布局

11. 若每天拣选次数 $Z=8$ 个批次，一天发货量 $Y=3\ 000$ 托盘，发货方向数 $V=10$，托盘尺寸为长 1 400 mm×宽 1 500 mm，托盘间隙为 0.1 m，叉车道路为 3 m，纵向放置托盘数 $E=4$，面积利用率为 0.7，则批次集货区面积约为（　　）m^2。
    A. 3 085　　　B. 3 400　　　C. 3 100　　　D. 3 385

12. 月台长度计算公式为 $L=$（　　）N，N 为泊车位。
    A. 1　　　B. 2　　　C. 3　　　D. 4

13. 某企业食品类货物的存货需求量为 2 700 SKU，若托盘尺寸为 1.4 m×1.5 m，该货物每托盘堆码 36 个 SKU，通道占面积的 30%，则该食品类货物实际所需的托盘平置堆放区的面积约为（　　）m^2。
    A. 157.5　　　B. 158.5　　　C. 225.7　　　D. 243.1

14. 实际中托盘地堆存储所需空间还需留有叉车存取作业空间（通道），一般通道约占全部面积的（　　）。
   A. 20%~25%　　B. 10%~15%　　C. 40%~45%　　D. 30%~35%

15. 某零售企业日均发货 3 万箱，每天上下午共运输 2 次，平均每辆车可装 200 箱货物，则每一运输批次需要的车辆数，也即发货月台车位数量为（　　）个。
   A. 15　　B. 75　　C. 60　　D. 85

16. 按照月台面积计算公式，某月台的长度为 120 m，宽度为 4 m，高度为 3 m，则月台的面积为（　　）m²。
   A. 120　　B. 360　　C. 480　　D. 1 440

17. 某配送中心每日进货车辆总数为 150 辆，每辆车平均卸货时间是 20 min，日收货作业时间为 2 h，根据经验，其进货峰值系数是 1.5，那么该配送中心大约需要（　　）个入库车位。
   A. 36　　B. 38　　C. 40　　D. 42

18. 若发货方向数 $V=10$ 个批次，托盘尺寸为长 1 400 mm×宽 1 500 mm，托盘间隙为 0.1 m，通道宽为 1.4 m，纵向放置托盘数 $E=6$，面积利用率为 0.7，则循环集货区面积为（　　）m²。
   A. 258.5　　B. 181　　C. 180.4　　D. 257.7

19. 当库房内地面高于外部道路地面，且仓库出入库车辆不统一、车型较杂，建议（　　）。
   A. 不设置月台高度　　　　　　　B. 采用固定高度的月台设计
   C. 设计成可调节高度的平台　　　D. 设计成高于所有车辆高度的平台

20. 当库房内地面高于外部道路地面，且全部采用自有车队、车型统一，建议（　　）。
   A. 不设置月台高度　　　　　　　B. 采用固定高度的月台设计
   C. 设计成可调节高度的平台　　　D. 设计成高于所有车辆高度的平台

二、多选题

1. 在进行月台布局时，需要注意（　　）。
   A. 发货月台与收货月台一定要分开　　B. 避免作业物流动线的交叉
   C. 避免车辆走行路线的交叉　　　　　D. 泊车位需适用于所有车型

2. 倾斜式货架布局的方式包括（　　）。
   A. 货架倾斜式　　　　　　　B. 通道倾斜式
   C. 货位倾斜式　　　　　　　D. 纵横交错式

3. （　　）集货方式，在拣取后需要进行分拣作业，为此需要分拣输送设备或人工分拣的作业空间。
   A. 批次拣取，区域发货　　　B. 批次拣取，车次发货
   C. 订单拣取，区域发货　　　D. 订单拣取，订单发货

4. 在进行月台布局时，适用于空间足够的零售配送中心的布局方案是（　　）。
   A. 三面设置月台　　B. 单面设置月台　　C. 四面设置月台　　D. 两面设置月台

5. 在两面设置月台中，收货月台与发货月台相邻的优点在于（　　）。
   A. 提高了空间利用率　　　　B. 叉车搬运设备共享方便
   C. 商品进出库便捷　　　　　D. 进出货物不会相互影响

6. 仓库内部平面货架布局方式包含（　　）。
   A. 横列式布局　　B. 纵列式布局　　C. 纵横式布局　　D. 货架倾斜式布局
   E. 通道倾斜式布局

7. 以下关于分区拣选与分段拣选的说法，正确的是（　　）。
   A. 分段拣选，以并联方式拣选；分区拣选，以串联的方式拣选

B. 分段拣选适用于 A、B 类商品；分区拣选适用于 A、B、C 类商品
C. 分区拣选适用于 A、B 类商品；分段拣选适用于 A、B、C 类商品
D. 分段拣选，以串联方式拣选；分区拣选，以并联的方式拣选

8. 集货方式包括（　　）。
A. 批次拣取，区域发货　　　　　　B. 批次拣取，车次发货
C. 订单拣取，区域发货　　　　　　D. 订单拣取，订单发货

9. 集货区布局考虑的因素包括（　　）。
A. 时序安排　　　　　　　　　　　B. 发货货物的订单数
C. 车次　　　　　　　　　　　　　D. 区域
E. 路线

10. 集货区发货单元，包括（　　）。
A. 托盘　　　　B. 周转箱　　　　C. 笼车　　　　D. 叉车

11. 仓库辅助功能区的通道设计包括（　　）。
A. 主通道设计　　B. 园区通道　　C. 各区域内通道　　D. 辅助通道设计

12. 下列不属于辅助功能区的有（　　）。
A. 货架存储区　　B. 流通加工区　　C. 入库暂存区　　D. 托盘平置堆放区

13. 批次集货区面积规划的影响因素包括（　　）。
A. 每日拣选批次数　　　　　　　　B. 发货方向数
C. 集货区纵向放置托盘数　　　　　D. 每日发货量

14. 托盘货架存储区的存储单元是托盘，可根据（　　）来确定托盘数量。
A. 存货需求量　　B. 托盘尺寸　　C. 码垛形式　　D. 商品尺寸

15. 下列说法正确的有（　　）。
A. 发货月台泊车位数量越多，则同一时间可以装货配送的车辆越多
B. 月台高度取决于运输车辆的车厢高度
C. 当库房内地面高于外部道路地面，且全部采用自有车队、车型统一，优先建议设计成可调节高度的平台
D. 发货月台泊车位数量越多，则同一时间可以装货配送的车辆越少

16. 月台空间设计包括（　　）。
A. 月台长度　　B. 月台宽度　　C. 月台高度　　D. 入库暂存区面积

17. 配送中心的存储方式包括（　　）。
A. 托盘货架存储　　　　　　　　　B. 轻型货架存储
C. 流通加工货物存储　　　　　　　D. 托盘地堆存储

18. 下列关于轻型货架存储区说法正确的有（　　）。
A. 适用于尺寸不大的小量多品种散件货物
B. 存储单位为托盘
C. 存储单位为箱
D. 常用的轻型货架有流利式货架与搁板式货架

19. 下列说法正确的有（　　）。
A. 批次集货适用于日配送店铺数量大的情况
B. 批次集货适用于日配送店铺数量小的情况
C. 循环集货适用于日配送店铺数量大的情况
D. 循环集货适用于日配送店铺数量小的情况

三、判断题

1. 月台布局应考虑大门位置、道路与配送中心园区内走行路线，避免入库车辆与出库车辆的走行路线交叉。（ ）

2. 连接发货暂存区与发货车辆停泊处的缓冲空间称为发货月台。（ ）

3. 通道倾斜式布局造成了大量死角，不能充分利用仓库面积。（ ）

4. 分段拣选能够同时应用于 A、B、C 类货物的拣选工作。（ ）

5. 订单拣取、区域发货主要适合订货量中等、单一客户不能使车辆满载的情况。（ ）

6. 月台用以装卸与停泊车辆。月台越宽，则可停泊的车辆越多；月台越长，则装卸货的操作空间越大。（ ）

7. 多批次作业是指日配送店铺数量大，需要将全部店铺订单统一安排并进行分批拣选备货作业。（ ）

8. 发货月台的车位数量取决于企业的运输规划，它等于每个运输批次的送货车辆数量，以满足同一时间段内面向不同门店、线路、方向的所有配送车辆的停泊为宜。（ ）

9. 托盘地堆区空间设计时，还需留有叉车存取作业的空间。（ ）

10. 批次集货的集货区同一时间可存放多个批次店铺的备货。（ ）

学习评价

根据学习情况完成表 4-10 和表 4-11。

表 4-10　职业核心能力测评表

（在□中打√，A 通过，B 基本掌握，C 未通过）

职业核心能力	评估标准	评价结果
素质方面	1. 践行社会主义核心价值观，具有深厚的爱国情感和中华民族自豪感； 2. 具有社会责任感和社会参与意识； 3. 具有环保意识、安全意识、信息素养、工匠精神、创新思维； 4. 具有规范化、标准化的操作技能； 5. 具有吃苦耐劳、认真仔细、5S 管理、团队合作等职业道德	□A　□B　□C □A　□B　□C □A　□B　□C □A　□B　□C □A　□B　□C
知识方面	1. 掌握必备的思想政治理论和科学文化基础知识； 2. 熟悉与本专业相关的法律法规以及环境保护、安全消防、设备安全等相关知识； 3. 掌握月台布置方式； 4. 了解月台布局的注意事项； 5. 掌握收发货月台泊车位数量的计算方法、月台面积的计算方法； 6. 掌握货架的布局方式； 7. 掌握托盘堆放区面积的计算方法和货架区面积的计算方法； 8. 掌握拣选方式与拣选区的设置方法； 9. 理解集货区布局的影响因素，熟悉集货方式； 10. 掌握循环集货区面积的计算方法和批次集货区面积的计算方法； 11. 掌握退货区布局的设计方式和不同类型通道的设计方式； 12. 掌握流通加工区面积计算方法，了解收发货办公室、叉车充电区等辅助功能区的设计方式	□A　□B　□C □A　□B　□C □A　□B　□C □A　□B　□C □A　□B　□C □A　□B　□C □A　□B　□C □A　□B　□C □A　□B　□C □A　□B　□C □A　□B　□C □A　□B　□C

续表

职业核心能力	评估标准	评价结果
能力方面	1. 具有探究学习、终身学习、分析问题和解决问题的能力； 2. 具备合理布局出入库月台并绘图的能力； 3. 具备合理布局存储区并绘图的能力； 4. 具备合理布局拣选区并绘图的能力； 5. 具备布局集货区并绘图的能力； 6. 具备对其他辅助功能区进行设计并绘图的能力	□A □B □C □A □B □C □A □B □C □A □B □C □A □B □C □A □B □C
学生签字：	教师签字：	年　　月　　日

表4-11　专业能力测评表

（在□中打√，A通过，B基本掌握，C未通过）

专业能力	评价指标	自测结果	要求
出入库月台空间布局与面积计算	1. 月台布置方式； 2. 月台布局的注意事项； 3. 收发货月台泊车位数量的计算方法； 4. 月台面积的计算方法	□A □B □C □A □B □C □A □B □C □A □B □C	能够综合考虑仓库约束条件，合理布局出入库月台并绘图
存储区空间布局与面积计算	1. 货架的布局方式； 2. 托盘堆放区面积的计算方法； 3. 货架区面积的计算方法	□A □B □C □A □B □C □A □B □C	能够综合考虑仓库约束条件，合理布局存储区并绘图
拣选区空间布局与面积计算	1. 拣选方式； 2. 拣选区的设置方法	□A □B □C □A □B □C	能够根据仓库实际拣选作业要求，合理布局拣选区并绘图
集货区空间布局与面积计算	1. 集货区布局的影响因素； 2. 集货方式； 3. 循环集货区面积的计算方法； 4. 批次集货区面积的计算方法	□A □B □C □A □B □C □A □B □C □A □B □C	能够根据仓库发货要求，合理布局集货区并绘图
辅助功能区空间布局与面积计算	1. 退货区布局的设计方式； 2. 不同类型通道的设计方式； 3. 流通加工区面积的计算方法； 4. 收发货办公室、叉车充电区等辅助功能区的设计方式	□A □B □C □A □B □C □A □B □C □A □B □C	能够对其他辅助功能区进行设计并绘图
教师评语：			
成绩：		教师签字：	

模块五

货位设计

任务一　商品编码与货位设计

任务概述

本任务需要仓储规划与设计人员能够根据商品及货位的实际情况，遵照其各自的编码原则，分别为其选择合适的编码方法，完成商品及货位的编码；并根据仓储策略，进行货位匹配。

学习计划表

【学习目标】

（1）能够根据商品的实际情况，选择合适的编码方法，完成商品编码。

（2）能够根据商品及货位的实际情况，选择合适的编码方法，完成货位编码。

根据课前预习及学习情况填写表5-1。

表5-1　学习计划表

项目		基础知识	完成商品编码	完成货位编码
课前预习	预习时间			
	预习结果	1. 难易程度 　　偏易（即读即懂）（　　）　　适中（需要思考）（　　） 　　偏难（需查资料）（　　）　　难（不明白）　（　　） 2. 需要课堂提问内容 _____ _____ 3. 问题总结 _____ _____		

续表

项目		基础知识	完成商品编码	完成货位编码
课后复习	复习时间			
	复习结果	1. 掌握程度 　　了解（　　）　　　熟悉（　　）　　　掌握（　　）　　　精通（　　） 2. 疑点、难点归纳 　　_____ 　　_____ 　　_____		

【知识目标】

（1）掌握商品编码的方法。

（2）掌握货位编码的方法。

【技能目标】

（1）能够根据实际情况及编码原则，选择合适的商品编码方法。

（2）能够按照规则进行商品编码。

（3）能够根据实际情况及编码原则，选择合适的货位编码方法。

（4）能够根据编码规则进行货位编码。

【素养目标】

（1）培养学生规范化、标准化的操作技能。

（2）培养学生的成本意识和服务意识。

（3）培养学生分析问题、解决问题的能力。

（4）培养学生吃苦耐劳的精神、认真仔细的态度、遵守5S管理制度的习惯，加强学生团队合作的意识。

情境导入

某物流公司拟在A园区建设仓库，该仓库计划为所在区域的超市提供仓储配送服务。配送中心存储300多种商品，主要分为日用品类、食品类、酒水饮料类、文具类、厨具类五类，与50多个供应商合作，部分商品情况见表5-2。

表5-2　部分商品情况

蓝月亮洗衣液 500 g	黑人牙膏 110 g	舒肤佳香皂 200 g	奥利奥饼干 130 g	农夫山泉矿泉水 450 mL	心相印湿巾 120 g	炊大皇锅具 （三件组合套装）
德芙巧克力 50 g	苏泊尔锅铲 （1把单包装）	绿箭口香糖 20 g	乐事薯片 90 g	得力胶带 （5卷套装）	晨光文具 （2支套装）	康师傅冰红茶 300 mL

该配送中心存储区使用托盘货架进行商品储存，日用品类商品每组货架尺寸为2 700 mm（长）×

800 mm（宽）×1 650 mm（高）×6 层×2 货位，所需托盘货架总数量为 40 组。根据仓库的长与宽尺寸限制，托盘货架存储区由西向东依次摆放 8 排 5 列。仓库规划见图 5-1。

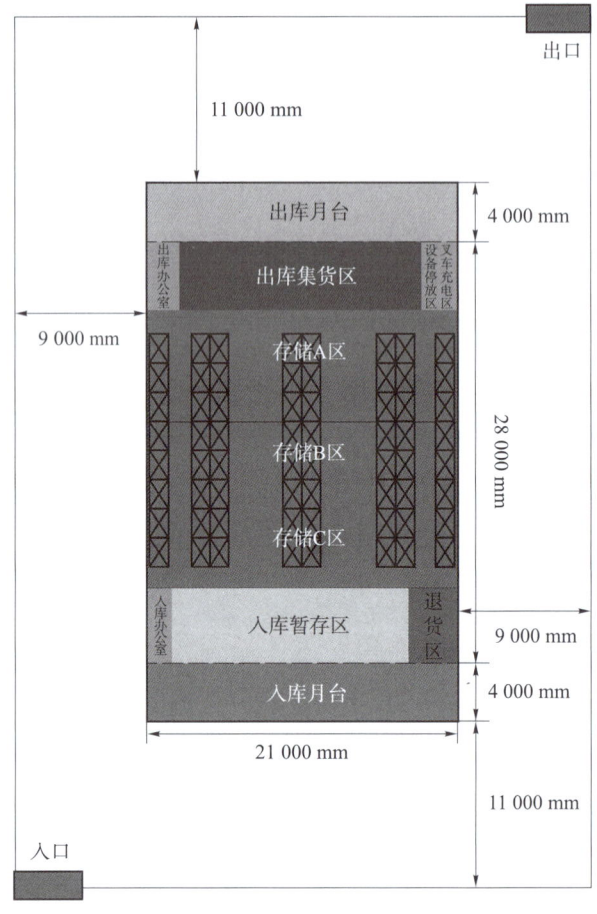

图 5-1　仓库规划

任务要求：根据前期的调研和分析，已经完成了仓库商品分类规划，现需要进行商品编码和货位编码的工作。请分别采用流水编码法、数字分段法、分组编码法为上述商品进行编码，并根据上述资料进行货位编码。

任务解析

货位设计是整个仓储规划内容的最后一个工作环节，是对货位进行统一且有规律的管理。货位设计可以大大提高仓库的整体工作效率，同时还能降低商品出入库差错率。本模块有一个学习任务，内容包括商品分类、商品编码与货位编码、商品货位分配。

货位设计的第一步是对仓库内存储的商品进行分类。商品分类一般使用最为常见的商品 ABC 分类方法，具体的操作可参考模块一及之前学习过的 ABC 分类法，商品分类的目的在于方便对不同类别商品存储货位进行管理和设计，例如，一般 A 类商品存储货位都会靠近出库暂存区规划。

在完成了商品分类后，货位设计的第二步是商品编码与货位编码。商品编码简单来说，就是按照一定规则用一组有序的符号，对每种商品进行标示，目的在于方便仓库的统一化管理，避免库内出现商品丢失或出入库时商品差错等情况；而货位编码简单来说，则是把仓库范围内货架的所有货位，甚至是地堆区存储位，按照地点或位置顺序用有序的符号进行标示，比如编码1-1-2-4的货位，就可以理解为1号库区第1排货架第2层的第4个货位，同样是为了避免一些异常情况的出现，同时也为了提高仓库整体的作业效率。本任务以食品、日化品仓库为背景，学习如何进行商品编码和货位编码，主要包括四个方面内容：一是学习如何根据商品实际情况，选择合适的商品编码方法；二是学习如何根据商品编码方法完成商品编码；三是学习如何根据商品及仓库货位实际情况，选择合适的货位编码方法；四是学习如何根据货位编码方法完成货位编码。本任务应该重点掌握商品编码和货位编码的方法及原则，难点是根据商品和货位的实际情况，选择合适的编码方法并准确完成编码。

相关知识

一、商品编码

商品编码是指用一组有序的符号（数字、字母或其他符号）组合，来标识不同种类商品的过程。

商品编码包括无含义代码和有含义代码，无含义代码可用序列和无序列码来编排，有含义代码是在对商品进行分类的基础上进行的编码。

商品编码方法有多种，针对仓储的商品编码方法主要包括流水编码法、数字分段法、分组编码法和实际意义编码法。

1. 流水编码法

流水编码法又称顺序码或延伸式编号法，是由数字"1"开始，按自然数字顺序编排号码的方法。其特点是：主要用于种类少、批量大的商品编码；需要配合编码索引，否则无法直接了解编码意义。

例如，某配送中心利用流水编码法对食品进行编码，见表5-3。

表5-3 流水编码法说明

编码	商品名称
000001	康师傅饼干
000002	康师傅红烧牛肉方便面
000003	康师傅酸辣牛肉方便面
000004	奥利奥饼干
000005	大白兔奶糖
000006	多美滋婴儿奶粉
…	…

2. 数字分段法

数字分段法是指把数字进行分段，每一段数字代表具有同一共性的一类商品的编号方法。

其特点是结构简单，使用方便，易于推广，便于计算机进行处理。具体说明见表 5-4。

表 5-4 数字分段法说明

类别	矿泉水类	洗发水类	水果类	食品类	饮料类	其他类
分配号码	000001~000050	000051~000100	000101~000150	000151~000250	000251~000300	000301~000400

3. 分组编码法

分组编码法是指按商品的特性分成多个数字组，每个数字组代表此种商品一种特性，而每个数字组位数的多少视实际情况而定。

例如，第一数字可以代表规格，第二组数字可以代表商品，第三组数字可以代表供应商，第四组数字可以代表商品类别（见图 5-2）。

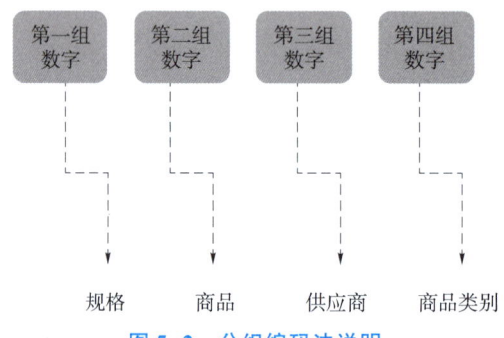

图 5-2 分组编码法说明

例如，某配送中心利用分组编码法进行编码，编号 075006110 代表的意义见表 5-5。

表 5-5 分组编码法说明

商品	商品类别	供应商	商品	规格	意义
编码	07				饮料类
		5			统一
			006		鲜橙多
				110	500 mL

4. 实际意义编码法

实际意义编码法是指按商品的类别、名称、规格、储位、保质期限或其他特性的实际情况进行编码的方法。其最大的特点在于由编码就能很快了解商品的内容及相关信息。

例如，某配送中心一种食物的编码是 FO490523A13，其编码的含义见表 5-6。

表 5-6 实际意义编码法说明 1

商品信息	类别	商品	规格	生产日期
商品编码	FO	49	05	23A13
含义	食品类	德芙牛奶巧克力	252 g	2023 年 8 月 13 日

例如，某配送中心一种商品的编码为WT006RW08，其编码的含义见表5-7。

表5-7 实际意义编码法说明2

商品信息	商品名称	尺寸	颜色与类别	供应商
商品编码	WT	006	RW	08
含义	手表（watch）	大小型号为6号	红色（red）女士（women）	亨德利贸易

商品编码的方法还可以分为延展式和非延展式。其中，延展式商品编码的方法，不限制商品分组的级数或字符数，视实际需要任意延长，具有弹性，但排列难以整齐、规律，所以适合流水编码法；非延展式商品编码的方法，限制商品分类的级数及采用的字符数，不能任意扩展，形式整齐，缺乏弹性，难以适应实际增减需要，适合数字分段法、分组编码法和实际意义编码法。

二、货位编码

货位编码是指将仓库范围的房、棚、场，以及库房的楼层、仓间、货架、通道等按地点、位置顺序编列号码，并作出明显标示，以便商品进出库可按号存取。货位编码好比商品在仓库里的"住址"。

货位编码方法一般采用四号定位法。四号定位法是采用四个数字号码对应库号（库内货区代号）、货架号（货架或货柜代号）、货架层号（货架或货柜的层代号）、货位号（层内货位代号）进行统一编号。货位编码规则见图5-3，各组编号一般用字母与阿拉伯数字。

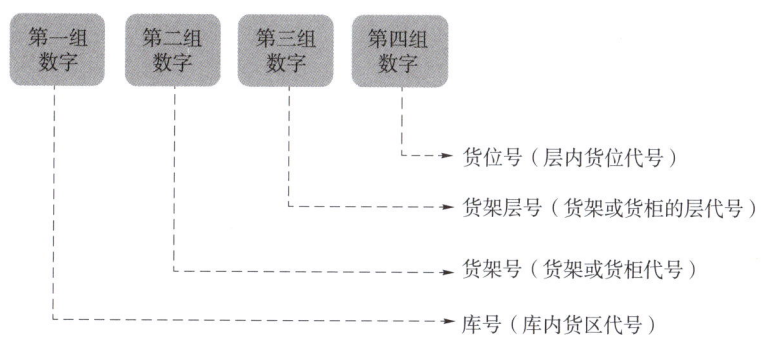

图5-3 货位编码规则

例如，"1-2-3-10"即指1号库（1号库内货区）、2号货架（2号货柜）、第3货架层（货架或货柜第3排）、10号货位（10号层内货位）。编号时，为防止出现错觉，可在第一位数字后面加上字母"K""C"或"P"来表示，这三个字母分别代表库房、货场、货棚，如3K-5-3-6，即为3号库，5号货架，第3层，第6号。

在应用四号定位法编码时，具体编码顺序可以根据仓库具体情况设定，一般需要综合考虑拣货行走路线、仓库管理要求等。

四号定位法编码图示说明：

（1）库号。库号也可称为库房编号，指把整个仓库的所有存场储所，依其地面位置按顺序编号。库房编号可统一写在库房外墙上或库门上，要清晰、醒目、易于查找。仓库或仓库内区域编码见图5-4。

（2）货架号。根据库内业务情况，按照库内主干道、支干道分布，划分为若干货位，按顺序以各种简明符号与数字来编制货区、货位的号码，并标于明显处，从左至右对货架列数进行编号，见图5-5。

图 5-4　仓库或仓库内区域编码

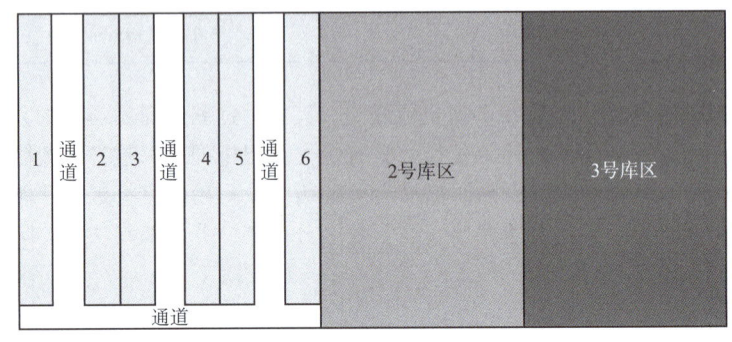

图 5-5　货架列数编码

（3）货架层号。在收发多品种商品及进行拼装作业的仓库，往往一个库房内有许多货架，每个货架有许多格作为存货的货位。可先对一个仓库内的货架进行编号，然后再对每个货架的货位按层、位进行编号，应从上到下（也有企业从下到上）、从左到右、从里到外编号。

货位编号可以用字母或数字，数字可以是 $1 \sim n$ 位，见图 5-6。在实际应用时，可以根据企业仓库的实际情况和需求来定。

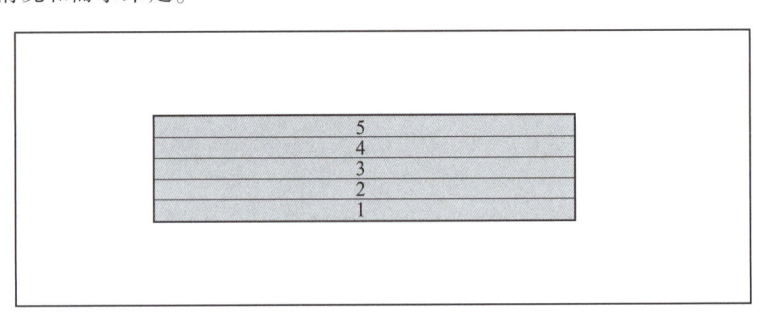

图 5-6　货架层号编码

（4）货位号。从靠近库门边由近及远依次编号，见图 5-7。

图 5-7　货位号编码

例 5-1 图 5-8 中左图显示的是 1 号库区 1 号货架,其中黑色区域的货位编码为 1-1-2-4,表示黑色区域位于 1 号库区第 1 排货架第 2 层第 4 个货位。

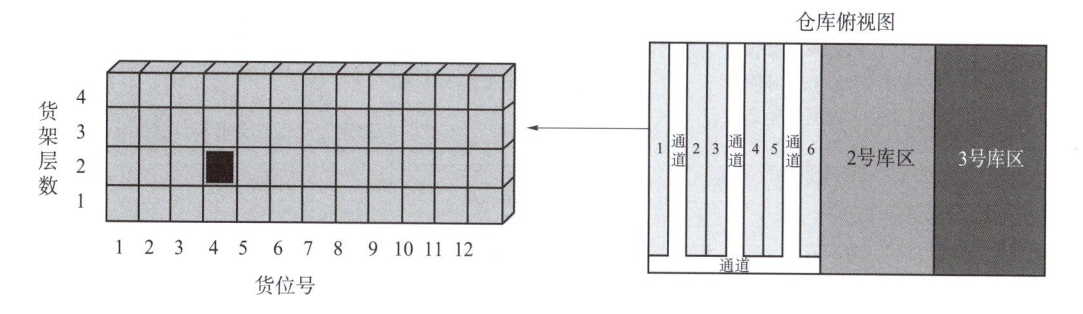

图 5-8 货位编码

三、商品分类的原则

(一) 固定存储

对商品进行固定货位分配时,通常会根据商品分类来确定商品的固定货位,目的是便于仓储作业,见图 5-9 中黑色区域。适用情况:商品尺寸、重量特殊,商品存储条件要求特殊,商品品种少、数量多。

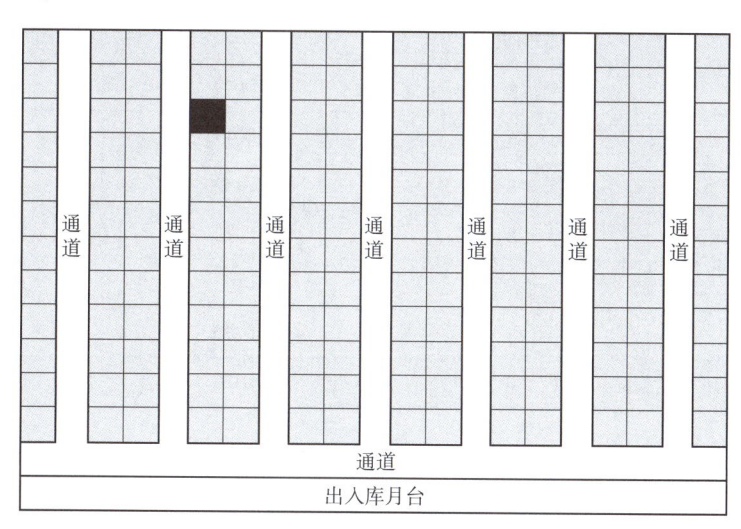

图 5-9 固定存储示例

(二) 随机存储

随机进行商品货位分配,通常按商品入库的时间顺序分配靠近出入库口的货位。适用情况:商品存储条件一致,商品品种多,库房存储空间有限。

(三) 混合存储

第一类商品有固定存放位置,但在各类的存储区内,每个货位的分配是随机的。适用情况:商品存储条件不一致,商品品种多。

(四) 存储策略对比

每种存储策略既有优点,也有缺点,具体对比见表 5-8。

表5-8 存储策略对比

项目	固定存储	随机存储	混合存储
优点	便于库管员熟悉商品货位；货位按照周转率、出库频率分配，缩短了出入库搬运距离	存储空间利用率高	便于畅销品的存取，具有固定存储的各项优点；可根据商品特性进行分类确定固定存储区，有助于商品存储管理
缺点	存储空间利用率较低	盘点工作难度较大；周转率高的商品可能离出入库口距离远，增加了出入库搬运距离	需要根据各类商品确定存储货位，存储空间平均利用率不高

四、货位分配

货位分配是指根据商品 ABC 分类结果，按照不同的存储策略为商品分配货位。

例 5-2 表 5-9 为某项目的商品 ABC 分类结果，图 5-10 为仓库货位分布图，请根据固定存储、随机存储、混合存储三种存储策略，分别完成商品的货位分配。

表5-9 某项目的商品 ABC 分类结果

商品名称	ABC 分类	商品名称	ABC 分类
ID205	A	ID079	C
ID310	A	ID317	C
ID184	B	ID152	C
ID166	B	ID187	C
ID005	B	ID012	C
ID200	B	ID225	C
ID159	B	ID139	C

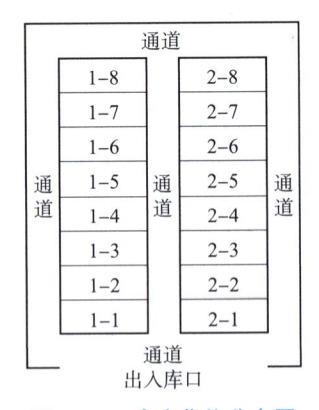

图 5-10 仓库货位分布图

解答：
（1）根据随机存储策略完成商品的货位分配，见图 5-11。

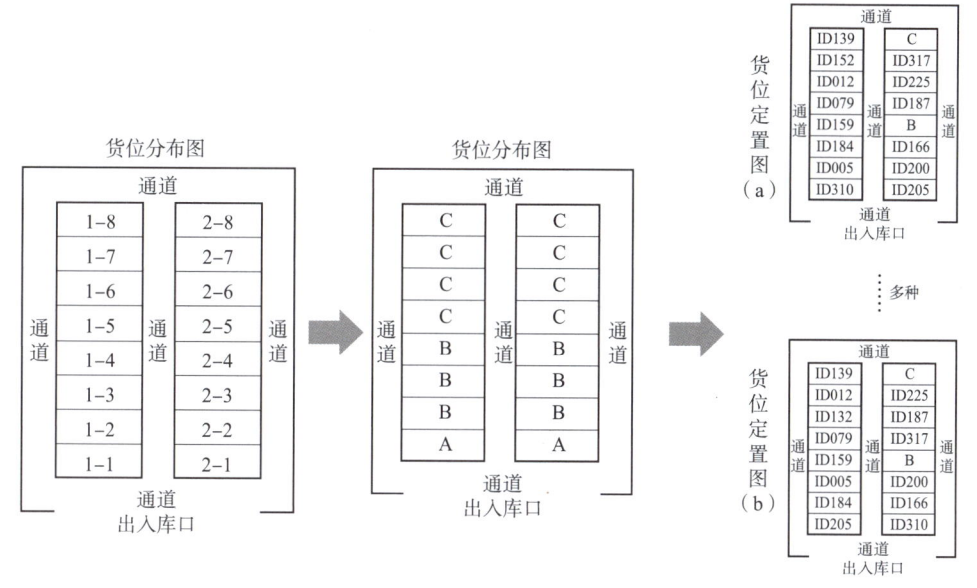

图 5-11 随机存储策略货位分配

（2）三种存储方式的动态图对比见图 5-12。

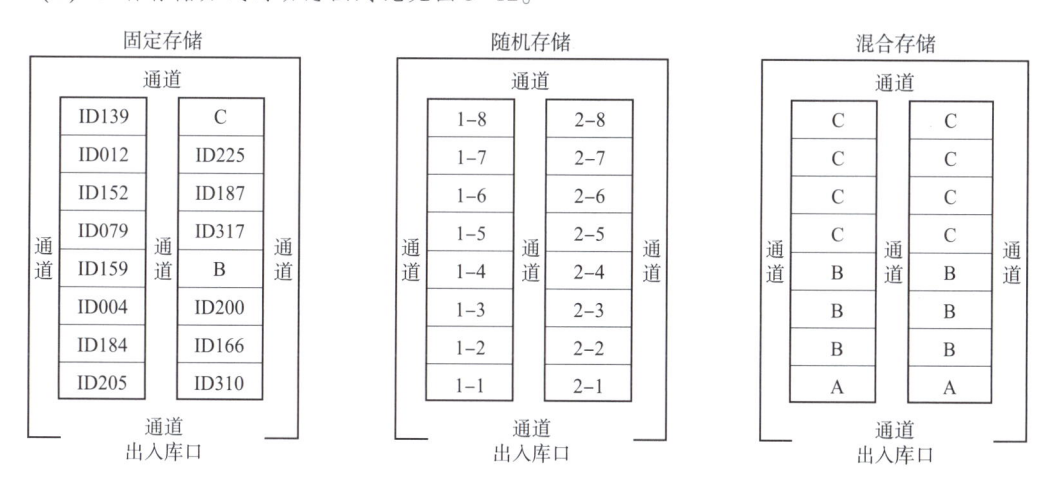

图 5-12 三种存储方式的动态图对比

任务过程展现

一、选择合适的商品编码方法完成商品编码

回顾情境导入中的问题，要求分别采用三种方法完成商品编码。

（一）流水编码法

对 14 种商品依次进行编码排序，结果见表 5-10。

表 5-10　流水编码法的编码排序

商品	蓝月亮洗衣液 500 g	黑人牙膏 110 g	舒肤佳香皂 200 g	心相印湿巾 120 g	乐事薯片 90 g	奥利奥饼干 130 g	绿箭口香糖 20 g
编码	0001	0002	0003	0004	0005	0006	0007
商品	德芙巧克力 50 g	康师傅冰红茶 300 mL	农夫山泉矿泉水 450 mL	得力胶带（5卷套装）	晨光文具（2支套装）	苏泊尔锅铲（1把单包装）	炊大皇锅具（三件组合套装）
编码	0008	0009	0010	0011	0012	0013	0014

（二）数字分段法

（1）将表 5-10 中的 14 种商品进行分类，结果见表 5-11。

表 5-11　数字分段法的商品分类

日化用品	蓝月亮洗衣液 500 g、黑人牙膏 110 g、舒肤佳香皂 200 g、心相印湿巾 120 g
食品	奥利奥饼干 130 g、乐事薯片 90 g、绿箭口香糖 20 g、德芙巧克力 50 g
酒水饮料	农夫山泉矿泉水 450 mL、康师傅冰红茶 300 mL
文具	晨光文具（2支套装）、得力胶带（5卷套装）
厨具	炊大皇锅具（三件组合套装）、苏泊尔锅铲（1把单包装）

（2）对每类商品进行数字分段，结果见表 5-12。

表 5-12　数字分段法的商品分段

日用品	001~300
食品	301~600
酒水饮料	601~900
文具	901~1 200
厨具	1 201~1 500

（3）对每类商品进行段内编号，结果见表 5-13。

表 5-13　数字分段法的商品编号

商品	蓝月亮洗衣液 500 g	黑人牙膏 110 g	舒肤佳香皂 200 g	心相印湿巾 120 g	乐事薯片 90 g	奥利奥饼干 130 g	绿箭口香糖 20 g
编码	001	002	003	004	301	302	303
商品	德芙巧克力 50 g	康师傅冰红茶 300 mL	农夫山泉矿泉水 450 mL	得力胶带（5卷套装）	晨光文具（2支套装）	苏泊尔锅铲（1把单包装）	炊大皇锅具（三件组合套装）
编码	304	601	602	901	902	1 201	1 202

（三）分组编码法

（1）对商品品类编码，结果见表5-14。

表 5-14　分组编码法的商品品类编码

日用品	01
食品	02
酒水饮料	03
文具	04
厨具	05

（2）对商品供应商进行编码，结果见表5-15。

表 5-15　分组编码法的供应商编码

供应商	蓝月亮	黑人	舒肤佳	心相印	乐事	奥利奥	绿箭
编码	01	02	03	04	05	06	07
供应商	德芙	康师傅	农夫山泉	得力	晨光	苏泊尔	炊大皇
编码	08	09	10	11	12	13	14

（3）对商品进行编码，结果见表5-16。

表 5-16　分组编码法的商品编码

商品	蓝月亮洗衣液	黑人牙膏	舒肤佳香皂	心相印湿巾	乐事薯片	奥利奥饼干	绿箭口香糖
编码	0001	0002	0003	0004	0005	0006	0007
商品	德芙巧克力	康师傅冰红茶	农夫山泉矿泉水	得力胶带	晨光文具	苏泊尔锅铲	炊大皇锅具
编码	0008	0009	0010	0011	0012	0013	0014

（4）对商品规格进行编码，结果见表5-17。

表 5-17　分组编码法的商品规格编码

商品规格	蓝月亮洗衣液 500 g	黑人牙膏 110 g	舒肤佳香皂 200 g	心相印湿巾 120 g	乐事薯片 90 g	奥利奥饼干 130 g	绿箭口香糖 20 g
编码	01	01	01	01	01	01	01
商品规格	德芙巧克力 50 g	康师傅冰红茶 300 mL	农夫山泉矿泉水 450 mL	得力胶带（5卷套装）	晨光文具（2支套装）	苏泊尔锅铲（1把单包装）	炊大皇锅具（三件组合套装）
编码	01	01	01	01	01	01	01

（5）商品编码结果见表5-18。

表5-18 分组编码法的商品编码结果

商品	蓝月亮洗衣液	黑人牙膏	舒肤佳香皂	心相印湿巾	乐事薯片	奥利奥饼干	绿箭口香糖
编码	0101000101	0102000201	0103000301	0104000401	0205000501	0206000601	0207000701
商品	德芙巧克力	康师傅冰红茶	农夫山泉矿泉水	得力胶带	晨光文具	苏泊尔锅铲	炊大皇锅具
编码	0208000801	0309000901	0310001001	0411001101	0412001201	0513001301	0514001401

二、选择合适的货位编码方法完成货位编码

回顾情境导入中的问题，已知托盘货架存储区由西向东依次摆放8排5列，共40组货架，编码结果见表5-19。

表5-19 货位编码结果

大区域编码		排数编码			层数编码			列数编码		
区域名称	编码	编码规则	最大排数	起始编码	编码规则	最大层数	起始编码	编码规则	最大层数	起始编码
日用品存储区	A	由北向南	8	1	由下到上	6	1	由西向东	2	1
	B		8	1		6	2		6	3
	C		8	1		6	3		10	7

（1）排数编码规则：由北向南；
（2）层数编码规则：由下到上；
（3）列数编码规则：由西向东。

由于仓库内货架排列为8排，所以其排数编码为1~8；货架最高层为6层，则层数编码为1~6；货架排列为5列，存储A区1列，B区2列，C区2列，每组货架有2个货位。利用四号定位法进行编码，编码结果见表5-20和表5-21。

表5-20 存储A区商品编码结果

区域编码		排数编码		层数编码		列数编码	
区域名称	编码	排数	编码	层数	编码	列数	编码
存储A区	A	1	1	1	1	1	1
		2	2	2	2	2	2
		3	3	3	3		
		4	4	4	4		
		5	5	5	5		
		6	6	6	6		
		7	7				
		8	8				

表 5-21　存储 B/C 区商品编码结果

区域编码		排数编码		层数编码		列数编码	
区域名称	编码	排数	编码	层数	编码	列数	编码
存储 B/C 区	B/C	1	1	1	1	1	1
		2	2	2	2	2	2
		3	3	3	3	3	3
		4	4	4	4	4	4
		5	5	5	5		
		6	6	6	6		
		7	7				
		8	8				

三、商品货位分配

回顾情境导入背景，要求采取混合存储方式进行商品存储。

首先，确定每类商品的存储区域。按照日用品、食品、酒水饮料、文具、厨具分开储存，再根据 ABC 类商品存储原则，A 类商品靠近出口，依次是 B 类、C 类。

其次，确定每个商品的存储位置。在每类商品的存储区域内，每个货位的分配采取随机模式。

提升训练

配送中心存储区使用托盘货架进行整箱商品存储，食品类商品存储货架每组规格尺寸为 2 700 mm×800 mm×1 950 mm×5 层×2 货位，日用品类商品货架每组规格尺寸为 2 700 mm×800 mm×1 600 mm×6 层×2 货位，所需托盘货架总数量为 353 组，根据仓库的长与宽尺寸限制和其他功能区占用面积限制，日用品类在仓库中由西向东摆放 4 排 16 列。食品类商品在仓库中由于受拆零拣选区和包装复核区占地面积的影响，货架由东向西前 3 列摆放 17 排，后 13 列摆放 19 排。轻型货架规格为 1 500 mm×600 mm×1 800 mm×4 层×3 货位，总数量为 15 组货架，由东向西摆放 3 排 5 列。仓储配送中心的规划见图 5-13。

根据以上信息完成货位编码。

提升训练：参考答案

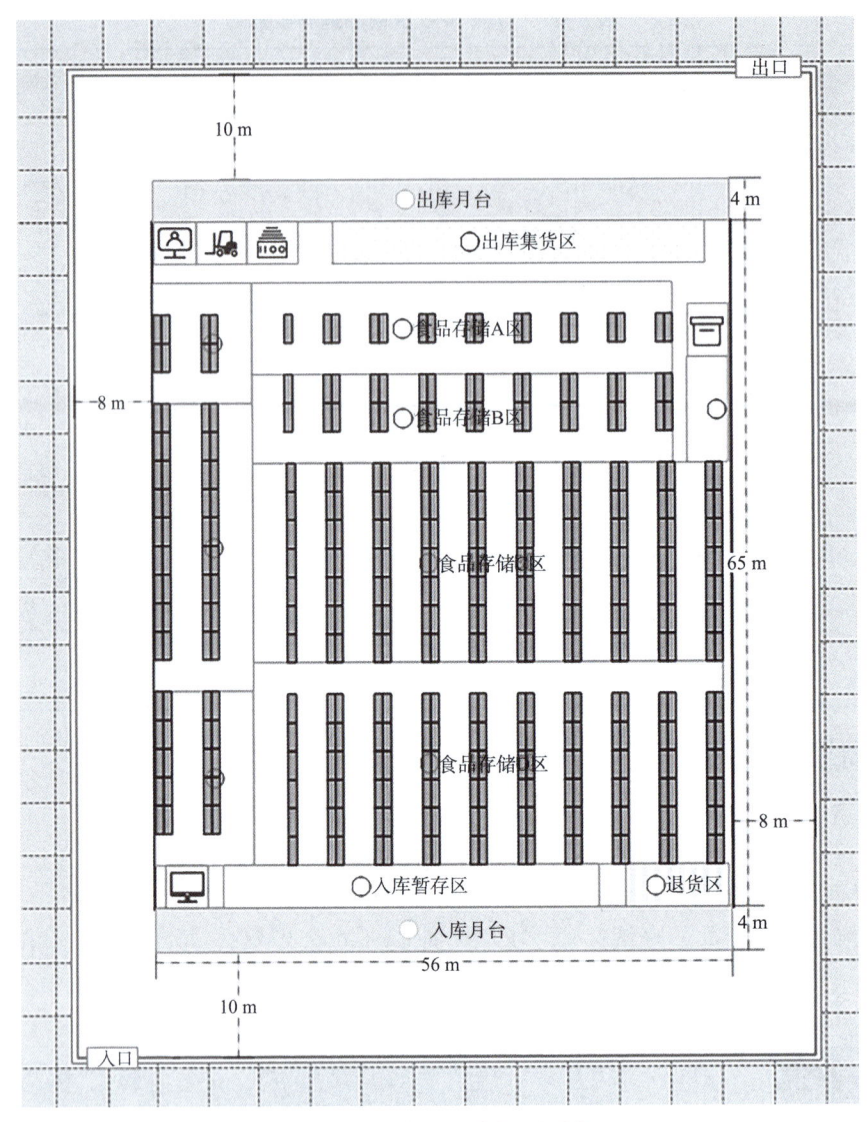

图 5-13 仓储配送中心规划

知识拓展

库位规划建议

在仓库管理中，对于几批不同的货物进行有效的库位规划是确保仓库运作顺利和高效的关键之一。合理的库位规划可以提高商品存储效率、减少操作时间、降低错误率，并为仓库团队提供更好的工作环境。

然而，在日常工作中，库位规划可能面临一些问题，例如空间浪费、不合理的布局、混乱和错误的存放、库存管理不准确等。针对这些问题，我们可以采取一系列解决方法来优化库位规划，提高仓库管理的效率和准确性。

一、常见的库位规划方案

（一）分类和标识

根据商品的类别和特性，进行分类。例如，将 A 类商品（电子产品）放在一个区域，B 类商品（日用品）放在另一个区域，C 类商品（服装）放在第三个区域，D 类商品（家具）放在第四个区域。为每个区域的货位进行明确的标识，如使用编号或条形码。

（二）空间优化

评估仓库的布局和可用空间，以便优化货位的规划。考虑使用合适的货架、托盘或垂直存储系统，使存储空间利用率最大化。根据每个商品类别的大小、形状和重量，选择适当的存储设备。例如，对于小型电子产品（A 类商品），可以使用小尺寸的货架和分隔托盘。

（三）流程优化

根据商品的进出流程和操作流程，将仓库划分为不同的区域，为每个区域确定其功能，例如收货区、拣货区、包装区和装运区。确保在规划货位时考虑到物流流程的顺序和需求。

（四）相似特性和需求

在每个区域内，进一步细分货位以容纳不同的商品类别和特性。例如，在 A 类商品区域内，可以将手机放在一个子区域，平板电脑放在另一个子区域。在 B 类商品区域内，将清洁用品放在一个子区域，厨房用具放在另一个子区域。这样做有助于提高拣货速度和准确性。

（五）周期性盘点和整理

定期进行货位盘点，确保库存数量与系统记录一致。同时，利用盘点的机会进行货位的整理和清理，确保商品被正确放置在其指定的货位上，并且货位的标识清晰可读。

（六）灵活适应变化

根据销售数据、季节性需求和市场趋势，灵活调整货位规划。根据需求变化，重新分配货位空间，以适应不同商品的库存量变化。考虑库存周转率和商品流行度，合理安排库位以优化仓库的空间利用率。

（七）使用技术支持

考虑使用仓库管理系统或库存管理软件来帮助规划和监控货位，这些工具可以提供实时的库存信息、库位查找功能。

（八）考虑商品特性和存储要求

对于不同的商品特性，考虑其存储要求并相应地规划货位。例如，对于易碎商品，可以选择使用特殊的垫料或包装材料，并将其存放在易于访问且安全的区域；对于需要特殊温度或湿度控制的商品，确保在仓库内划分专门的区域或设备。

（九）考虑商品流动性

将常用、畅销或高需求的商品放置在易于访问和快速拣选的区域，以减少作业人员的移动时间，提高工作效率。同时，将库存周转率较低的商品放置在不太显眼或不太容易访问的区域，以便将更多的空间留给流动性更高的商品。

（十）制定库位规则和标准操作流程

确保在仓库中制定清晰的库位规则和操作流程，并将其有效地传达给仓库团队。定义每个货位的用途、容量、最大重量等限制，并建立正确的商品放置和取出的标准操作步骤。

（十一）培训和沟通

提供培训和指导，确保仓库团队了解库位规划和操作流程。培训包括如何正确存放商品、如何使用库位标识、如何使用库存管理系统等方面。定期与仓库团队进行沟通和反馈，以收集他们的观点和建议，不断改进库位规划。

（十二）数据分析和优化

利用库存管理系统或仓库管理软件的数据分析功能，监控商品的库存量、周转率和存储效率。根据数据分析结果，进行优化调整，如调整货位大小、重新分配货位空间或优化商品分类方式等。

二、库位规划面临的困难

（一）空间浪费

有时候货位规划可能没有充分考虑到空间的最大利用。例如，货位之间的距离可能过大，导致空间浪费；或者可能没有考虑到合适的垂直存储系统或货架，导致垂直空间没有被充分利用。

解决方式：评估仓库的布局和空间利用情况，优化货位之间的距离，确保最大化使用可用空间。考虑使用垂直存储系统、货架、托盘等工具来提高垂直空间的利用率。

（二）不合理的布局

仓库的货位布局可能不够合理，导致流程效率低下。例如，货位之间的距离太远，作业人员需要花费过多的时间和精力在移动上；或者货位的划分没有根据进出商品的流程进行优化，导致拣货和装运过程缓慢。

解决方式：重新评估货位的布局，确保货位之间的距离和划分符合进出商品的流程。通过优化货位的位置和流程，提高工作效率和物流效率。

（三）混乱和错误

如果货位标识不清晰或没有明确定义，作业人员可能会在存放商品或者找寻商品时出现混乱和错误，这可能导致库存的遗失、错位或混淆，给库存管理带来困扰。

解决方式：确保每个货位都有明确的标识，包括编号、条形码或 RFID 等，以便作业人员能够快速准确地找到商品和存放商品。提供培训和指导，确保作业人员了解货位规划和标识系统，并且定期进行货位的整理和清理。

（四）库存管理不准确

如果没有定期进行货位盘点或没有及时更新系统中的库存记录，可能会导致库存数量与实际情况不符，这会给订单处理、补货和库存预测等方面带来问题。

解决方式：定期进行货位盘点，比对实际库存与系统记录，确保准确性。及时更新库存系统，处理遗失、错位或混淆的库存，提高库存管理的准确性。考虑使用自动化的库存管理系统，提供实时的库存数据和报告。

（五）不适应变化

库位规划需要与业务需求和变化保持同步。如果没有根据需求的变化及时调整货位规划，可能会导致一些商品存储不便，拣货效率下降，或者空间浪费。

解决方式：定期评估业务需求和变化，并根据需求调整货位规划。如果商品需求发生变化，重新分配货位位置，确保常用商品易于访问，同时避免滞销商品占用宝贵空间。

（六）缺乏技术支持

如果没有使用现代化的仓库管理系统或库存管理软件，可能会导致库位规划的监控和调整困难。缺乏实时的库存信息和报告可能会影响库存管理的精确性和决策过程。

解决方式：考虑使用仓库管理系统或库存管理软件，提供实时的库存信息、报告和分析，这些工具可以帮助监控和管理货位，提高库存管理的精确性和效率。

学思之窗

一、教学建议

（1）通过编码的方法及其合理选择的教学，提升学生灵活运用知识的能力，培养学生规范化、标准化的操作技能。

（2）通过小组合作，完成商品、货位的编码，培养学生认真仔细、团结合作的意识，提高学生分析问题、解决问题的能力。

（3）通过小组合作，讨论编码在相关业态物流中的应用如何提升物流效率，培养学生的成本意识、服务意识。

（4）通过仓储规划与设计岗位知识的教学，提升学生的基本职业素养，培养学生的爱岗敬业精神，增强学生的民族自信心。

二、典型素材

（一）内容介绍

电子商务仓储管理系统中货位合理设计的重要性

电子商务仓储业务流程与形式和传统仓储流程有很大差异，电子商务仓储是零，订单体积小，但订单数量高，因此全国各地、不同行业的电子商务仓储管理也会有很大差异。电子商务仓储有一个很大的特点，即变化快，所以仓库响应和配送速度也很快。如何有效提高仓库容量，如何处理订单激增，减少错误泄漏，如何处理频繁退货等问题也非常关键。

首先，我们首先了解仓库的库存。电子商务仓库不同于传统的生产仓库，没有生产过程。仓库直接从上游采购，然后由前端销售将商品销售给客户。库存分为可销售库存、订单占用库存、不可销售库存和锁定库存。

在电子商务仓储的管理中，除了及时掌握库存，仓储系统也非常重要。仓储系统是仓库管理最基本、最重要的部分，在电子商务仓储管理系统的设计过程中决定了未来仓库仓储管理的发展。例如，货架、拣货、理货、库存等都与仓库管理不可分割，也是仓库管理中的大部分工作。仓储系统对电子商务仓储订单和频繁发货尤为重要，如果仓储系统设计不合理，可能会出现找不到商品、走错路等问题。

那么电商仓储系统在货位上是如何设计的呢？将所有用于存储的物理空间都标记为货位，货位与商品库存数量绑定。不同的货位，有不同的属性，对应于不同的操作任务。商品在仓库中处于流转的过程中，涉及的操作有收货、上架、存储、拣货、发货，其中拣货、发货都可以分为订单、调拨、退货等。把各个操作环节涉及的货位，设置为不同的属性，只能由相对应的操作对应使用。

仓库管理系统在设计货位时还应注意可以混放商品，因为仓库中的商品可能有单品，发货量不大，但是又必须有一个SKU存储，如果一个货位只放一个SKU就会很浪费，能混放会节约不少空间，相当于增加了仓库的存货量。

(二) 教学过程实施及预期效果

该案例在商品编码知识教学中使用，让学生了解电子商务仓储管理系统中货位合理设计的重要性，认识到现实仓储作业中货位合理设计的重要性。在系统设计中，除了货位可以混合，还要注意收货时可以混合收货，上架时可以移动仓库，盘点时可以随时盘点。合理的货位设计可以节省仓库资源、仓库管理成本，提高仓库作业效率。通过对此模块的学习，学生树立数据分析意识、创新意识，学会利用各种智能技术提升物流作业效率。

学有所思

（1）请拿身旁的商品作为例子，分析其商品编码的组成。
_____
_____
_____
_____
_____

（2）除了书本所学，你还知道有哪种货位编码方法？请举例说明。
_____
_____
_____
_____
_____

知识检测

一、单选题

1. 某仓库商品A的编码是000001，商品B的编码是000002，商品C的编码是000003……依此类推，商品N的编码是00000N，则该仓库商品编码采用的是（　　）。
   A. 流水编码法　　B. 数字分段法　　C. 分组编码法　　D. 实际意义编码法

2. 在进行货位编码时，应用到四号定位法，每位编码代表（　　）。
   A. 库号—货架层号—货架号—货位号　　B. 库号—货架号—货架层号—货位号
   C. 货位号—货架层号—货架号—库号　　D. 货位号—货架号—货架层号—库号

3. 电视机常用的编码20TVC是（　　）。
   A. 流水编码法　　B. 数字分段法　　C. 分组编码法　　D. 实际意义编码法

4. 商品编码中，最具弹性，可视实际需要任意延长商品编码位数的编码方式是（　　）。
   A. 流水编码法　　B. 数字分段法　　C. 分组编码法　　D. 实际意义编码法

5. （　　）是对仓库或仓库内区域进行编号。
   A. 库号　　　　　B. 货架号　　　　C. 货位号　　　　D. 货架层号
6. 应用四号定位法，对下图中黑色色块的货位进行编码，结果是（　　）。

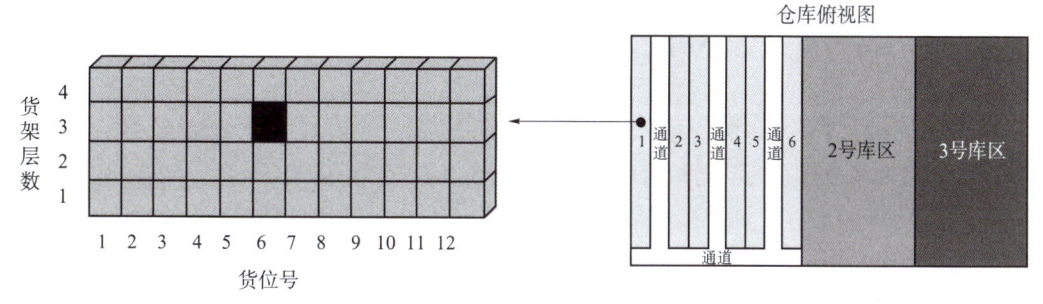

   A. 6-3-1-1　　　B. 6-1-3-2　　　C. 1-1-6-3　　　D. 1-1-3-6
7. 下图中，商品编码采用的是（　　）。

类别	矿泉水类	洗发水类	水果类	食品类	饮料类	其他类
分配号码	001~050	051~100	101~150	151~0250	251~300	301~40

   A. 流水编码法　　B. 数字分段法　　C. 分组编号法　　D. 实际意义编码法
8. 下图中，商品编码的方法是（　　）。

编码	商品名称
000001	康师傅饼干
000002	康师傅红烧牛肉方便面
000003	康师傅酸辣牛肉方便面
000004	奥利奥饼干
000005	大白兔奶糖
000006	多美滋婴儿奶粉
...	...

   A. 流水编码法　　B. 数字分段法　　C. 分组编号法　　D. 实际意义编码法
9. 下图中，商品编码的方法是（　　）。

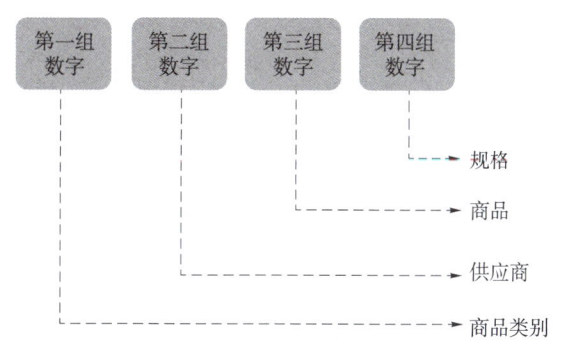

   A. 流水编码法　　B. 数字分段法　　C. 分组编号法　　D. 实际意义编码法
10. 随机存储策略的优点是（　　）。
   A. 便于库管熟悉商品货位
   B. 货位可以按照周转率、出库频率分配，缩短出入库搬运距离

C. 便于畅销品存取

D. 存储空间利用率高

11. （　　）策略不适用于分类商品存储。

A. 固定存储　　　B. 随机存储　　　C. 混合存储　　　D. 随意存储

12. 在进行货位分配时，需要考虑商品尺寸和重量，且商品存储条件要求特殊的存储策略是（　　）。

A. 固定存储　　　B. 随机存储　　　C. 混合存储　　　D. 随意存储

13. 需要按照所有库存商品的最大库存量设计仓储空间的存储策略是（　　）。

A. 固定存储　　　B. 随机存储　　　C. 混合存储　　　D. 随意存储

14. 按照固定存储策略，A类商品应存储在（　　）的位置。

A. 靠近出入库口　　B. 远离出入库口　　C. 仓库中部　　D. 随机库位

15. 按照混合存储策略，C类商品应存储在（　　）的位置。

A. 靠近出入库口　　B. 远离出入库口　　C. 仓库中部　　D. 随机库位

16. 以下（　　）不是随机存储策略的特点。

A. 盘点工作难度较大

B. 周转率高的商品可能离出入库口距离远，增加了出入库搬运距离

C. 货位按照周转率、出库频率分配，缩短出入库搬运距离

D. 存储空间利用率高

17. 电商企业亚马逊采用的存储策略为（　　）。

A. 固定存储　　　B. 随机存储　　　C. 随意存储　　　D. 以上均不是

18. 存储空间利用率最高的存储方式为（　　）。

A. 固定存储　　　B. 随意存储　　　C. 混合存储　　　D. 随机存储

19. 对商品进行固定货位分配，通常会根据（　　）来确定商品的固定货位，便于仓储作业。

A. 商品分类　　　　　　　　B. 商品入库时间顺序

C. 商品特性　　　　　　　　D. 商品属性

二、多选题

1. 下列商品编码方法中，需要在商品分类基础上进行的编码方法是（　　）。

A. 流水编码法　　B. 数字分段法　　C. 分组编号法　　D. 实际意义编码法

2. 对货位进行编码，可以（　　）。

A. 便于查询识别

B. 方便盘点

C. 掌握存储空间，以控制货物存量

D. 便于仓储作业，节省寻找商品时间，提高工作效率

3. 在商品编码方法中，能够限制商品分类的级数，不能任意扩展的非延展式的编码方法有（　　）。

A. 流水编码法　　B. 数字分段法　　C. 分组编号法　　D. 实际意义编码法

4. 在商品编码方法中，流水编码法的特点是（　　）。

A. 用于种类少、批量大的商品编码

B. 用于种类多、批量少的商品编码

C. 一般要配合编码索引，否则无法直接了解编码意义

D. 能够直接了解编码意义

5. 关于商品储位分配，说法正确的有（   ）。

A. 重量大的商品存储于地面上或货架的下层位置

B. 产品性能互补的商品存放在相邻的位置

C. 产品性能类似的商品存放在相邻的位置

D. 周转率大的商品存储在接近出库口处

6. 四号定位法中各组编号一般可用符号有（   ）。

A. 特殊符号　　　　B. 字母　　　　　C. 阿拉伯数字　　　D. 标点符号

7. 非延展式编码方法的特点包括（   ）。

A. 具有弹性，但排列难以整齐、规律　　B. 限制商品分类的级数及采用的字符数

C. 形式整齐，缺乏弹性　　　　　　　　D. 不能任意扩展，难以适应实际增减需要

8. 下列关于货位编码说法正确的有（   ）。

A. 货位编码好比商品在仓库里的"住址"

B. 货位编码时一般仅用阿拉伯数字进行编号

C. 仓库的货位编码应作出明显标示

D. 货架号一般采用从左至右的顺序对货架列数进行编号

9. 货位编码是指将仓库范围的房、棚、场以及库房的（   ）等按地点、位置顺序编列号码。

A. 楼层　　　　　　B. 仓间　　　　　C. 货架　　　　　　D. 通道

10. 实际意义编码法是指按商品的（   ）或其他特性的实际情况编码的方法。

A. 类别　　　　　　B. 名称　　　　　C. 规格　　　　　　D. 储位

E. 保质期限

11. 下列选项中关于混合存储策略说法正确的是（   ）。

A. 便于畅销品的存取

B. 有助于商品存储管理

C. 可根据商品特性进行分类确定固定存储区

D. 存储空间利用率最高

12. 随机存储策略适用于（   ）。

A. 种类多的商品存储　　　　　　　B. 体积大的商品存储

C. 库房空间有限　　　　　　　　　D. 商品存储条件一致

13. 混合存储策略适用于（   ）的商品。

A. 商品存储条件一致　　　　　　　B. 商品存储条件不一致

C. 商品品种多　　　　　　　　　　D. 商品品种少

14. 随机存储策略的缺点有（   ）。

A. 盘点工作难度较大

B. 周转率高的商品可能离出入库口距离远，增加了出入库搬运距离

C. 存储空间平均利用率不高

D. 根据商品特性进行分类，不利于商品存储管理

15. 固定存储策略适用于（   ）的商品。

A. 尺寸、重量特殊　　　　　　　　B. 存储条件要求特殊

C. 库房存储空间有限　　　　　　　D. 品种少，数量多

16. 固定存储策略的优点有（   ）。

A. 便于库管熟悉商品货位

B. 货位可以按照周转率、出库频率分配，缩短出入库搬运距离

C. 盘点工作难度较大

D. 存储货位利用率高

17. 随机存储策略适用于（　　）的商品。

A. 商品存储条件不一致　　　　B. 商品存储条件一致

C. 商品品种多　　　　　　　　D. 商品品种少

18. 仓库存储策略包含（　　）。

A. 固定存储　　B. 随意存储　　C. 混合存储　　D. 随机存储

19. 以下说法错误的是（　　）。

A. 固定储存的存储空间利用率最高

B. 随机存储就是随意存储，没有一定的要求

C. 需要根据仓库存储商品的特点，选择合适的存储策略

D. 混合存储是每一类商品有固定存放位置，但在各类的存储区内，每个货位的分配是随机的

20. 某批商品按照 ABC 分类后，有 2 个 A 类商品，6 个 B 类商品，8 个 C 类商品，仓库货位分布如下图所示，按照固定存储策略，下列属于 C 类商品存储货位的有（　　）。

	通道		
	1-8	2-8	
	1-7	2-7	
	1-6	2-6	
通道	1-5	2-5	通道
	1-4	2-4	
	1-3	2-3	
	1-2	2-2	
	1-1	2-1	
	通道 出入库口		

A. 1-1　　　　B. 1-2　　　　C. 1-6　　　　D. 2-7

三、判断题

1. 在进行商品编码时，无含义编码更适合对分类商品进行编码。（　　）

2. 流水编码法是由数字"1"开始，按自然数字顺序编排号码的方法。（　　）

3. 实际意义编码法最大的特点是通过编码能够很快了解商品属性、数量等相关信息。（　　）

4. 分组编码法中，每个数字组位数的多少应保持一致。（　　）

5. 商品编码和货位编码都应具备唯一性原则。（　　）

6. 随机存储可能会增加出入库搬运距离，降低出入库作业效率。（　　）

7. 配送中心在进行货位设计时，同类商品集中存储，并综合考虑订单类型、商品销售情况、商品存储温度要求、存储方式，以及周转率等因素。（　　）

8. 随机存储策略通常会根据商品分类来确定商品的货位，便于仓储作业。（　　）

9. 按照混合存储策略，A、B、C 类商品的货位分配有且只有一种情况。（　　）

10. 固定存储的存储空间利用率较低。（　　）

· 232 ·

学习评价

根据学习情况完成表 5-22 和表 5-23。

表 5-22　职业核心能力测评表

（在□中打√，A 通过，B 基本掌握，C 未通过）

职业核心能力	评估标准	评价结果
素质方面	1. 践行社会主义核心价值观，具有深厚的爱国情感和中华民族自豪感； 2. 具有社会责任感和社会参与意识； 3. 具有环保意识、安全意识、信息素养、工匠精神、创新思维； 4. 具有规范化、标准化的操作技能； 5. 具有吃苦耐劳、认真仔细、5S 管理、团队合作等职业道德	□A　□B　□C □A　□B　□C □A　□B　□C □A　□B　□C □A　□B　□C
知识方面	1. 掌握必备的思想政治理论和科学文化基础知识； 2. 熟悉与本专业相关的法律法规以及环境保护、安全消防、设备安全等相关知识； 3. 掌握商品编码的方法； 4. 掌握货位编码的方法； 5. 掌握存储策略； 6. 掌握商品货位分配	□A　□B　□C □A　□B　□C □A　□B　□C □A　□B　□C □A　□B　□C □A　□B　□C
能力方面	1. 具备选择合适的商品编码方法的能力； 2. 具备按照规则进行商品编码的能力； 3. 具备选择合适的货位编码方法的能力； 4. 能够根据编码规则进行货位编码； 6. 具备选择合适的存储策略的能力； 7. 具备根据商品分类结果进行商品货位分配的能力	□A　□B　□C □A　□B　□C □A　□B　□C □A　□B　□C □A　□B　□C □A　□B　□C
学生签字：	教师签字：	年　　月　　日

表 5-23　专业能力测评表

（在□中打√，A 通过，B 基本掌握，C 未通过）

专业能力	评价指标	自测结果	要求
商品编码	1. 商品编码方法； 2. 商品编码原则	□A　□B　□C □A　□B　□C	能够根据实际情况及编码原则，选择合适的商品编码方法； 能够按照规则进行商品编码
货位编码	1. 货位编码方法； 2. 货位编码规则	□A　□B　□C □A　□B　□C	能根据实际情况及编码原则，选择合适的货位编码方法； 能够根据编码规则进行货位编码
货位分配	1. 存储策略； 2. 商品货位分配	□A　□B　□C □A　□B　□C	能够选择合适的存储策略； 能够根据商品分类结果进行商品货位分配
教师评语：			
成绩：		教师签字：	

模块六

仓储规划优化升级

任务一 配送中心布局优化

任务概述

本任务需要仓储规划与设计人员通过查看现有仓库布局等基本信息，运用 EIQ 分析等方法，确定配送中心布局优化的需求；根据配送中心布局优化需求及优化方案原则，制定布局优化方案；选择合适的可行性分析方法，对各优化方案进行可行性分析，并选出合适的布局优化方案。

学习计划表

【学习目标】

（1）能够通过 EIQ 分析、ABC 分类和库存周转率分析等方法对仓库运营数据进行分析，确定配送中心布局优化的需求。

（2）能够根据配送中心布局优化需求及布局优化原则，制定布局优化方案。

根据课前预习及学习情况填写表 6-1。

表 6-1 学习计划表

项目		基础知识	确定布局优化需求	制定布局优化方案
课前预习	预习时间			
	预习结果	1. 难易程度 　　偏易（即读即懂）（　　）　　适中（需要思考）（　　） 　　偏难（需查资料）（　　）　　难（不明白）（　　） 2. 需要课堂提问内容 　　_____ 　　_____ 3. 问题总结 　　_____ 　　_____		

· 234 ·

续表

项目		基础知识	确定布局优化需求	制定布局优化方案
课后复习	复习时间			
	复习结果	1. 掌握程度 　　了解（　　）　　熟悉（　　）　　掌握（　　）　　精通（　　） 2. 疑点、难点归纳 _____ _____ _____ _____		

【知识目标】

（1）掌握制定配送中心优化布局方案的方法。

（2）掌握 ABC 分类、EIQ 分析等方法的计算过程。

（3）掌握库存周转率分析方法。

【技能目标】

（1）能够识别配送中心现有布局方案的优化需求。

（2）能够根据现有布局方案进行优化计算。

（3）能够根据可行性分析，选择合适的布局优化方案。

【素养目标】

（1）培养学生的创新意识、成本意识和绿色物流意识。

（2）培养学生分析问题、解决问题的能力。

（3）培养学生灵活运用知识的能力。

（4）培养学生的合作意识、安全意识。

情境导入

H 配送中心主要负责给省内便利店发货，大概涉及 14 种商品，其布局见图 6-1，具体数据见表 6-2。配送中心的技术人员运用 EIQ 分析法对 H 配送中心布局进行分析，并根据分析结果，明确该配送中心布局优化方案。

表 6-2　H 配送中心布局数据

仓库编码	001	002	003	004	005	006	007	008	009
面积/m²	188.5	135	260	113.75	807	130	130	102	108.75
仓库编码	010	011	012	013	014	015	不合格区	办公室	周转区
面积/m²	14	15	188	130	43	58	86（左） 116（右）	116	270

任务要求：根据表 6-2 中仓库占地面积和发货清单（见表 6-3），完成仓库优化布局工作。

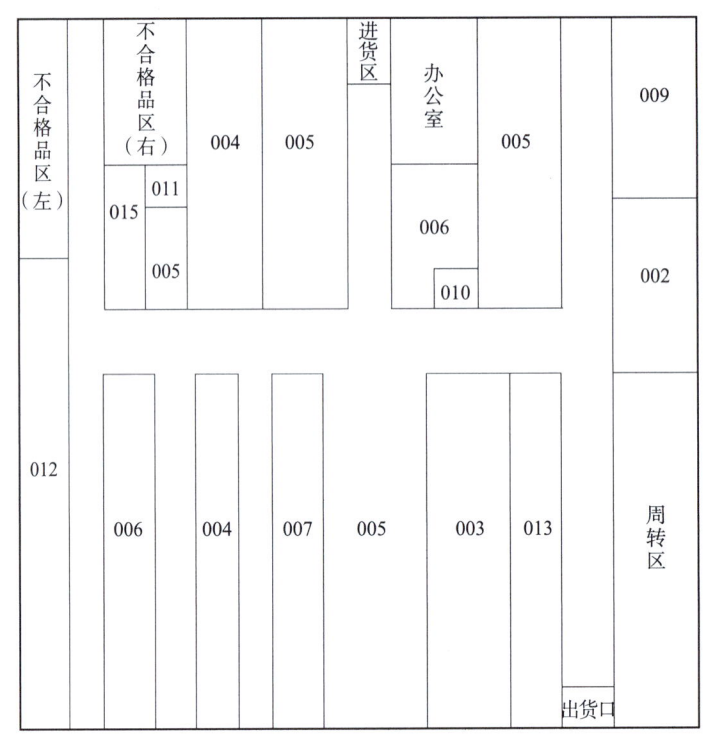

```
┌─────┬──────┬─────┬─────┬──┬─────┬─────┐
│不   │不合  │     │     │进│办   │     │
│合   │格品  │     │     │货│公   │ 009 │
│格   │区    │ 004 │ 005 │区│室   │     │
│品   │(右) │     │     │  │ 005 │     │
│区   │┌─┬─┐│     │     │  │     │     │
│(左)│015│011│    │     │  │ 006 │     │
│     │  │   │    │     │  │     │ 002 │
│     │  │005│    │     │  │ 010 │     │
└─────┴──┴───┴────┴─────┘  └─────┴─────┘
```

图 6-1　H 配送中心布局

表 6-3　发货清单

订单编号	发货数量/箱	订单编号	发货数量/箱
70122a	33 986	70125p	17 925
70122p	19 235	70126a	13 197
70123a	30 844	70126p	7 152
70123p	15 742	70127a	28 597
70124a	30 053	70127p	23 108
70124p	21 988	70128a	25 762
70125a	26 054	70128p	9 920

任务解析

本任务以省内某便利店的 H 配送中心为背景，根据具体发货情况，探索通过分析仓库运营具体数据进行配送中心的布局优化。任务主要包括两个方面的内容：一是学习分析仓库运营数据。能够通过查看现有仓库布局等基本信息，运用 EIQ 分析等方法，确定配送中心布局优化的需求；重点学习 EIQ 分析法，其需要突破的难点是根据仓库运营数据，运用合适的分析方法来确定配送中心布局优化的需求。二是学习确定布局优化内容。能够根据配送中心布局优化需求及布局优化原则，制定布局优化方案；能够选择合适的可行性分析方法，对各优化方案进行可行性分析，并选出合适的布局优化方案；重点学习库存周转率，其分析方法难点是根据库存周转率确定仓库布局优化的内容。

相关知识

一、仓库运营数据分析

在仓库布局优化前，首先要对仓库运营数据进行分析，从分析结果中发现问题所在，从而梳理出对应的优化需求。一般情况下，可以从库存、商品、订单、运营成本、设备等几个方面进行分析。其中，库存分析的内容包括库存结构、库存周转率、出入库情况、库存量，商品分析的内容包括商品码放、库存编码、存储要求，订单分析的内容包括订单有效性，运营成本分析的内容包括库存成本、人力成本、销售成本，设备分析的内容包括设备使用率、设备型号和使用数量（见图 6-2）。

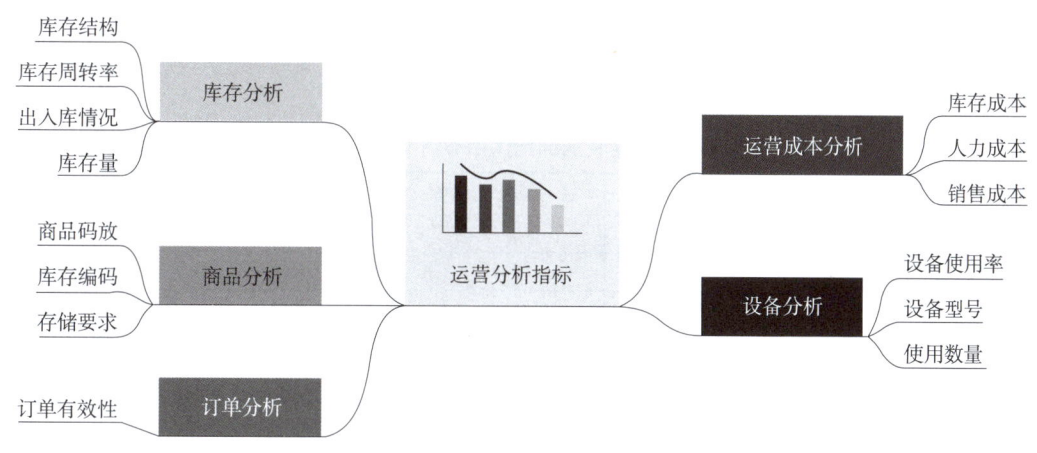

图 6-2　仓库运营数据分析内容

二、仓库运营数据常见分析方法

（一）ABC 分类

将库存商品按品种和占用资金的多少，分为特别重要的库存（A 类）、一般重要的库存（B 类）、不重要的库存（C 类）三个等级，具体的 ABC 分类内容见模块一。

ABC 分类步骤：

（1）对商品品种与日均出库量进行频数分析。

（2）分析频数统计结果。

（3）确定 ABC 分类。

例 6-1　某连锁便利店的配送中心决定对商品进行 ABC 分类，以提高对高周转商品的作业效率。但由于场地与资金的限制，有输送设备的存储区域最多可以设置 1 000 个货位，具体数据见表 6-4。

表 6-4　某便利店的配送中心商品品种统计

品种分类（托盘=30 箱）	合计品种数/个
出库大于 4 托盘/天	52
出库大于 3 托盘/天	76
出库大于 2 托盘/天	139
出库大于 1 托盘/天	355

续表

品种分类（托盘=30箱）	合计品种数/个
出库大于0.8托盘/天	466
出库大于0.6托盘/天	639
出库大于0.4托盘/天	956
出库大于0.2托盘/天	1 766
出库大于0.1托盘/天	2 896
…	…
所有商品	16 113

（1）对商品品种与日均出库量进行频数分析。

计算公式如下：

品种累计比例＝商品各分类的合计品种数÷总品种数

日出库累计比例＝商品各分类的日出库托盘数合计÷总日出库托盘数

分析后整理形成表6-5。

表6-5 某便利店的配送中心商品出库频数

品种分类（1托盘=30箱）	合计品种数/个	品种累计比例/%	日出库托盘数合计/托	日出库累计比例/%
出库大于4托盘/天	52	0.32	412	20
出库大于3托盘/天	76	0.47	493	24
出库大于2托盘/天	139	0.86	647	32
出库大于1托盘/天	355	2.2	942	46
出库大于0.8托盘/天	466	2.89	1 041	51
出库大于0.6托盘/天	639	3.97	1 161	57
出库大于0.4托盘/天	956	5.93	1 316	65
出库大于0.2托盘/天	1 766	10.95	1 425	70
出库大于0.1托盘/天	2 896	17.96	1 764	86
所有商品	16 113	100.00	2 034	100

（2）分析频数统计结果。

本例中的约束条件为A、B类商品的品种数量不超过1 000 SKU。

从表6-5中可以看出，日均出库量超过0.4托盘/天的商品合计为956个，这部分商品可以全部存放于指定区域。因此A类与B类接近6%的商品占据销售量的65%，见图6-3。

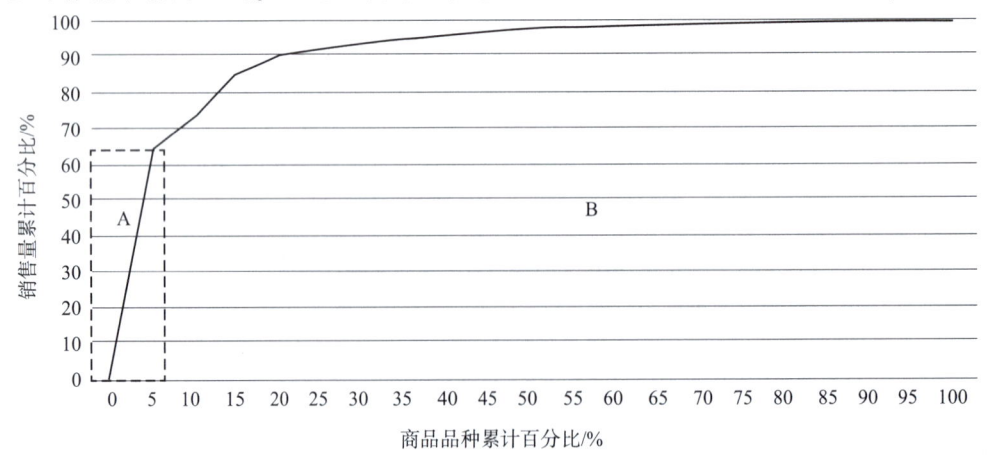

图6-3 某便利店的配送中心商品品种累计分布

（3）确定 ABC 分类。

对 A 类商品进行第二次 ABC 分类，其中，AA：AB：AC ≈ 1：1：1，整理后情况见表 6-6。

表 6-6 某便利店的配送中心商品品种累积分布统计

ABC 分类	商品品种累计百分比/%	销售量累计百分比/%
AA 类商品	0.3	20
AB 类商品	2	43
AC 类商品	6	65
B 类商品	100	100

（二）EIQ 分析法

EIQ 分析法就是利用"E""I""Q"这三个物流关键要素来研究配送中心的需求特性，为配送中心提供规划依据。该分析方法主要考虑客户订单的品种、数量、订货次数等方面，分析货物的配送特性和出货特性，即从客户订单的品种、数量、订货次数等方面出发，进行配送特性和出货特性的分析。具体 EIQ 分析法的内容见模块一任务二。

三、仓库布局优化的原则

（1）提升效率：配送中心管理的核心是效率管理，进行功能分区可提高货物出入库效率。

（2）经济准确：在出入库的流程设计中，需要考虑各个方面的运作成本，同时，也要考虑出入库货物的数据准确无误。

（3）方便快捷：配送中心是进行仓储保管和多种作业活动的场所，将货物的流通做到方便、快捷非常重要。

（4）确保安全：在保管与收交货期间确保货物完好、数量准确、降低损耗、节约费用。

四、仓库布局优化的内容

影响仓库布局的因素有很多，例如仓库功能属性、作业流程、商品属性、库存周转率等内容。不合理的仓库布局不仅会降低空间利用率、降低物品的保管质量，还会直接影响仓库作业效率。

仓库布局的优化可以从以下三个方面考量：

商品：根据 ABC 分类法对商品类别进行合理划分，根据仓库布局原则对商品位置进行调整。

货架：调整货架数量或者货架摆放的位置，调整货架的类型（例如，搁板式货架改为阁楼式货架）。

功能区：调整各功能区之间的相互位置，调整功能区面积大小，增加或减少功能区。

（一）商品布局调整

根据前期的数据分析结果，从以下四个方面考虑已有的商品布局是否合理，对不合理的现状作出调整。

（1）根据商品属性、流通指标等进行分类储存（ABC 分类法），将特性相近的商品集中存放。

（2）在同一类商品中，将体积大、质量大的商品存放在货架底层（稳定性），并且靠近出入口通道处。

（3）将周转率高的商品存放在进出库搬卸最方便的位置上。

（4）当仓库服务的客户较少时（2~3 个），可以将同一个客户的商品集中存放，以提高分拣配货的效率。

(二) 货架布局调整

根据前期的调研及数据分析结果，当出现以下几种情况时，需要对仓库内的货架进行调整。

（1）货架布局不合理。

（2）货架摆放不合理。货架的摆放不合理可能会出现搬运路线、拣货路线过长，直接影响作业效率。

（3）通道设置不合理。通道过窄，将导致叉车等设备无法正常作业，影响效率。

（4）仓库利用率低。当仓库高度远大于货架高度时，货架上方的空间就浪费了。如果是箱存储方式，则可以将普通货架改成阁楼式货架；如果是托盘存储方式，则可以将托盘货架改成密集存储货架、ASRS（立体仓库）货架。

(三) 功能区布局调整

某些情况下，无法通过调整商品和货架布局达到仓库整体优化的效果，需要通过调整功能区布局来实现。对仓库功能布局调整，一般分为功能区增减、功能区位置调整、功能区面积调整三个方面。

例 6-2 功能区增减案例。HP医药配送中心前期主要与全省各大医院合作，存储和配送药品，单次配送量大，为整托、整箱出库。后期公司拓展诊所、药店等业务，并上线医药电商平台，小订单数量急剧增加。在此基础上，HP医药配送中心领导决定重新布局存储区，在其中划出一块区域，用于电商药品的存储和分拣。由于电商销售的药品流通量大，因此，在位置设计时靠近出库口。HP医药该配送中心的功能区优化前后的示意图见图6-4和图6-5。

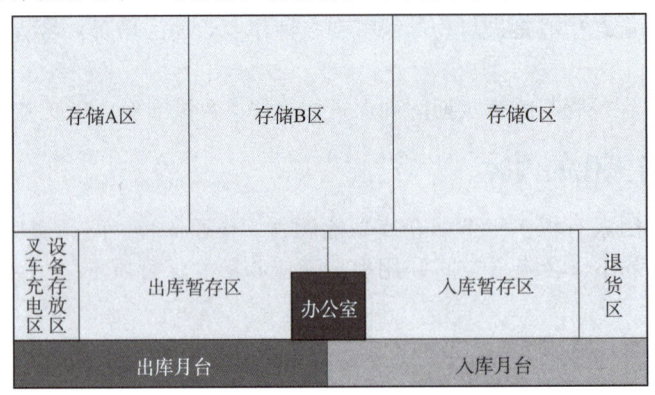

图 6-4　HP医药配送中心优化前功能区示意图

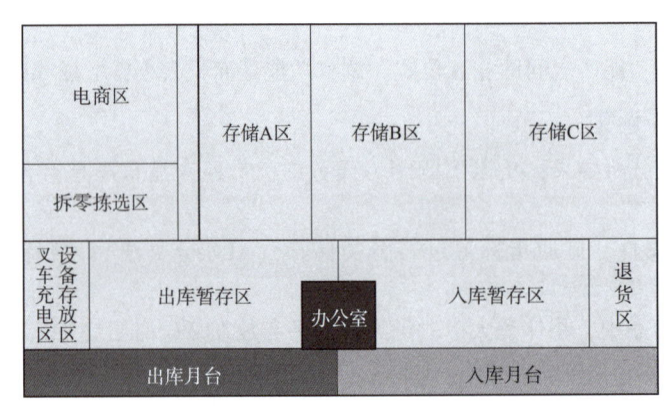

图 6-5　HP医药配送中心优化后功能区示意图

例 6-3 功能区面积调整案例。CH 配送中心主要负责给 W 集团的连锁便利店发货，涉及商品主要包括日用品、食品和酒水饮料。根据上一年的销售情况，W 集团发现省内各个便利店日用品的销量远低于食品与酒水饮料的销量，因此，W 集团决定对公司商品结构加以调整，减少日用品供货量。CH 配送中心也调整日用品与散货食品存储区域，减少日用品区所占面积，适当增加散货食品区面积，避免造成空间浪费或紧张的情况。CH 配送中心的功能区优化前后的示意图见图 6-6 和图 6-7。

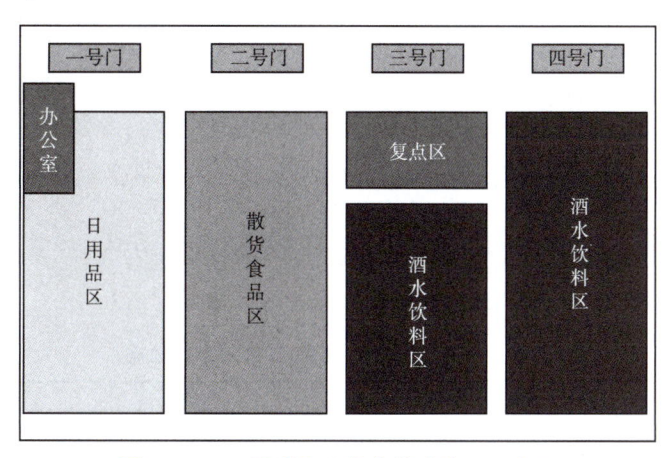

图 6-6 CH 配送中心优化前功能区示意图

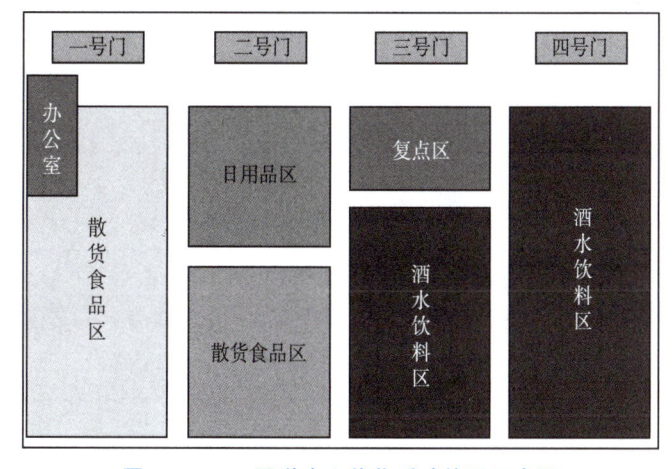

图 6-7 CH 配送中心优化后功能区示意图

五、库存周转率

库存周转率是指商品从购入到售出所经过的时间和效率。商品周转越快，则存货的暂存水平越低、流动性越强，存货积压和价值损失的风险相对较低，存货所占资金使用效益高，企业变现能力和经营能力强，应收账款周转速度快。衡量一个企业库存周转水平的最主要指标是库存周转次数和库存周转天数。

（一）库存周转次数

库存周转次数是指一年内商品的库存能够周转几次。计算公式为：

$$周转次数 = 年销售额 \div 平均库存额$$

$$平均库存额 = (期初库存额 + 期末库存额) \div 2$$

库存周转次数其他计算方法：
(1) 用利益与成本计算：周转次数=全年纯销售额（销售价）÷平均库存额（购进价）。
(2) 用销售价计算：周转次数=全年纯销售额（销售价）÷平均库存额（销售价）。
(3) 用销售额与库存额数量计算：周转次数=全年商品销售总量（箱）÷平均库存数量（箱）。
(4) 用成本计算：周转次数=全年总进价额（购进额）÷平均库存额（购进价）。

（二）库存周转天数

库存周转天数是指库存周转一次所需的天数。计算公式为：

$$周转天数=365÷周转次数$$
$$=全年实际工作日÷周转次数$$
$$=(全年实际工作日×平均库存数量)÷全年商品销售总量$$
$$\approx 平均库存数量÷日均商品销售量$$

例6-4 某配送中心决定对仓库2022年商品库存周转情况进行分析，以检验2022年库存周转率是否达到≥65%的目标。该配送中心2022年月度库存数据见表6-7。

表6-7 某配送中心2022年月度库存数据

项目	1月	2月	3月	4月	5月	6月
期初库存数/箱	461 685	489 255	538 022	382 755	403 306	329 665
期末库存数/箱	489 255	538 022	382 755	403 306	329 565	447 030
销售商品总数/箱	443 760	457 360	711 972	446 518	802 661	699 638
项目	7月	8月	9月	10月	11月	12月
期初库存数/箱	447 030	410 624	359 119	376 272	401 921	442 653
期末库存数/箱	410 624	359 119	376 272	401 921	442 653	338 520
销售商品总数/箱	678 624	763 660	670 174	581 792	812 923	756 188

(1) 计算库存周转率，然后整理成表6-8。

$$库存周转率=销售商品总数÷[(期初库存数+期末库存数)÷2]×100\%$$

表6-8 库存周转率统计

项目	1月	2月	3月	4月	5月	6月
期初库存数/箱	461 685	489 255	538 022	382 755	403 306	329 665
期末库存数/箱	489 255	538 022	382 755	403 306	329 565	447 030
销售商品总数/箱	443 760	457 360	711 972	446 518	802 661	699 638
库存周转率/%	93	89	155	114	219	180
项目	7月	8月	9月	10月	11月	12月
期初库存数/箱	447 030	410 624	359 119	376 272	401 921	442 653
期末库存数/箱	410 624	359 119	376 272	401 921	442 653	338 520
销售商品总数/箱	678 624	763 660	670 174	581 792	812 923	756 188
库存周转率/%	158	198	182	150	193	194

(2)通过库存周转率推移图（见图 6-8）进行现状与目标值（≥65%）比对。

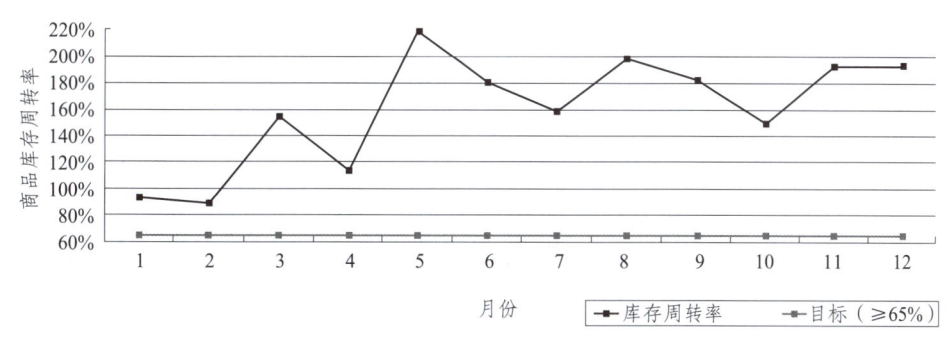

图 6-8　库存周转率推移图

任务过程展现

一、分析仓库运营数据

1. 单个订单订购数量分析

根据情境内容和数据，利用 Excel 对发货清单进行 ABC 分类统计，得到表 6-9 和表 6-10。

表 6-9　主参数表

E	70122a	70123a	70124a	70127a	70125a
Q/箱	33 986	30 844	30 053	28 597	26 054
E	70128a	70127p	70124p	70122p	70125p
Q/箱	25 762	23 108	21 988	19 235	17 925
E	70123p	70126a	70128p	70126p	
Q/箱	15 742	13 197	9 920	7 152	

表 6-10　清单 ABC 分类统计

清单 ABC 分类	出货量占比/%	订单占比/%	出货量/箱	具体货物（后 3 位）
A 类	31.3	21.4	94 924	22a、23a、24a
B 类	41.3	35.7	125 509	27a、25a、28a、27p、24p
C 类	27.4	42.9	83 171	22p、25p、23p、26a、28p、26p

利用 Excel 生成 EQ 分布图，见图 6-9。

分析结论：

(1) 订单订购数量分布较为分散、两极分化，说明订单的出货量波动范围很大，可对订单进行 ABC 分类。

(2) A 类订单为大订单，出货量占总出货量的 31.3%，订单量占总订单量的 21.4%，多为整箱出货，应优先出库。

图 6-9　EQ 分布图

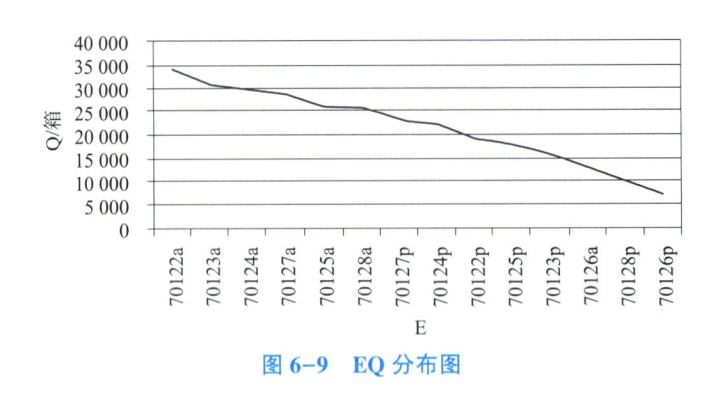

（3）B 类订单为较大订单，出货量占总出货量的 41.3%，订单量占总订单量的 35.7%。

（4）C 类订单虽然出货量很小，只占总出货量的 27.4%，但是订单量较多，占总订单量的 42.9%，属于作业量最繁重的订单，主要集中在零货区。这类订单的处理应采用合理的分拣策略，以提高分拣作业效率。

2. 单个品种订购数量分析

根据在 EQ 分析中生成的表 6-9 和表 6-10，再利用 Excel 生成 IQ 分布图，见图 6-10。

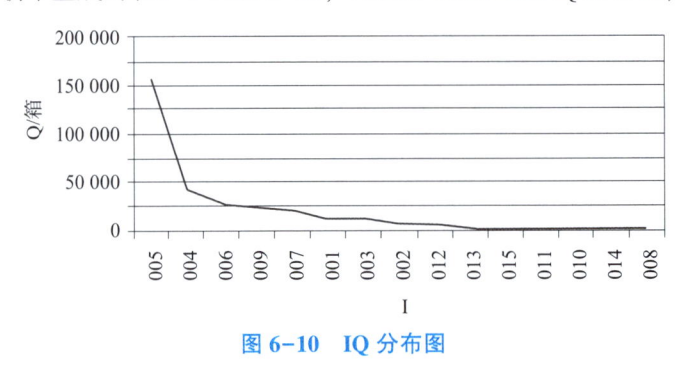

图 6-10　IQ 分布图

分析结论：

（1）IQ 分布为一般配送中心典型模式，总出货品种数为 15 个。

（2）IQ 分布为较为分散，应对品种进行 AC 分类。

（3）A 类（占总品种数的 13.3%）属出货量大（占总出货量的 64.9%）的主流货物，应作为规划的重点，主要根据出货量决定库容量的大小。

（4）C 类（占总品种数的 53.3%）属出货量非常小（占总出货量的 4.4%）的货物，规划时以拣选点作为库容量设计的依据。

3. 单个订单订购品种数量分析

根据情境内容和数据，利用 Excel 对发货清单进行分类整理，得到表 6-11。

表 6-11　EN 分析统计

E	70122a	70122p	70123a	70123p	70124a	70124p	70125a
N/个	13	6	13	5	9	9	8
E	70125p	70126a	70126p	70127a	70127p	70128a	70128p
N/个	6	9	4	5	5	10	9

再利用 Excel 生成 EN 分布图，见图 6-11。

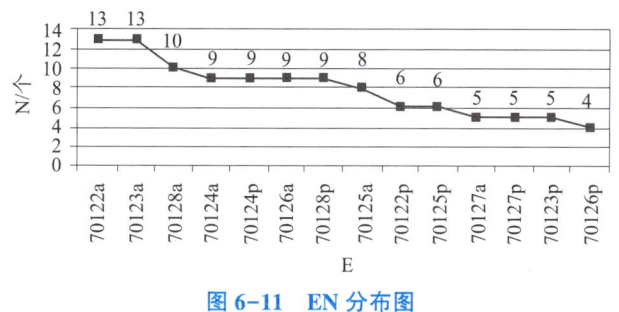

图 6-11　EN 分布图

分析结论：

（1）订单的平均出货品种数量较多，最多为 13 种。

（2）对于出货品种数量少的订单，比较适合采用合并订单的方式进行分拣，然后再采用分货的拣选方式。

（3）由于储位分区管理，且单个品种的拣选量不是很大，所以对于零货区推荐采用批量拣取、拣选时分类的作业方式。

4. 单个品种重复订购次数分析

根据情境内容和数据，利用 Excel 对发货清单进行分类整理，得到表 6-12。

表 6-12　IK 分析统计表

I	001	002	003	004	005	006	007	008
K/次	8	6	7	11	14	12	8	2
I	009	010	011	012	013	014	015	—
K/次	12	12	5	7	3	2	2	—

再利用 Excel 生成 IK 分布图，见图 6-12。

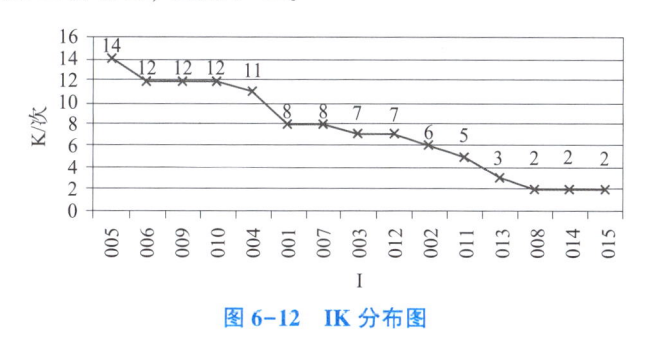

图 6-12　IK 分布图

分析结论：

（1）IK 分布为一般配送中心的典型模式，品种总订购次数为 111 次，平均每个品种订购次数为 7.4 次。

（2）005、006、009 的总出货量和平均单次出货量大，拣货系统规划时应分配固定储位，保证较高存货水平。此外，为保证其出货，一些先进设备应优先使用。

（3）001、003、007 的总出货量和平均单次出货量均较大，属于分类意义不突出的商品，应根据商品分类特性归为相应的分类商品中。

· 245 ·

（4）010 的单日出货量较小，但出货频繁，可以给 010 分配固定储位，保持适中的存货水平。

5. 仓库区现有布局数据分析

根据商品出货量降序排列、商品出货次数降序排列、商品在仓库中占用面积降序排列，得到表 6-13～表 6-15。

表 6-13　商品出货量降序排列结果

商品编号	005	004	006	009	007	001	003	002
IQ	156 200	40 912	28 898	23 049	19 657	11 050	10 600	6 600
商品编号	012	013	015	011	010	014	008	
IQ	4 350	898	701	330	280	50	29	

表 6-14　商品出货次数降序排列结果

商品编号	005	006	009	010	004	001	007	003	012	002	011	013	008	014	015
IE	14	12	12	12	11	8	8	7	7	6	5	3	2	2	2

表 6-15　商品在仓库中占用面积降序排列结果

商品编号	005	003	001	012	002	013	007	006	004	009	008	015	014	011	010
面积/m²	807	260	188.5	188	185	180	180	180	113.75	108.75	102	58	43	15	14

二、确定布局优化内容

1. 根据仓库现有布局的数据分析结果，找到仓库存在的问题

（1）仓库规划问题：规划不合理，以至于出货量大、出货频次高的商品位置摆放不当。在仓库布局中，需要注意商品的出货量和出货频率，以及商品的外包装特点。

（2）仓库布局问题：仓库基本采用平面布局，通道多、场地有限、空间利用率低。

（3）货位利用问题：无订单或不合格的商品没有尽快从仓库中退货、撤走，造成仓位积压、占用场地。

2. 根据分析结果，得出两个优化方案，并选出最佳方案

（1）方案一。根据商品在仓库中的占地面积和商品的出货量对比分析得出，005 的出货量及出货次数均为最大值，而且 005 之前在仓库的布局符合对于 EIQ 数据的分析，所以对 005 的位置不改动。修改方案见图 6-13。

方案一特点：只将商品在仓库中的占地面积和出货量对比后进行调整，使得商品占地面积和出货量相协调。

（2）方案二。考虑商品出货次数（IK），结合 010 和 011 的出货次数，将 010 移到接近通道的位置；结合 006 的出货量及出货次数，将 006 靠近通道的长度加长到 14.5 m。修改方案见图 6-14。

方案二特点：在方案一的基础上进行了最大限度上的优化，得出最优化的布局设计方案。所以本案例最终确定的优化方案为方案二。

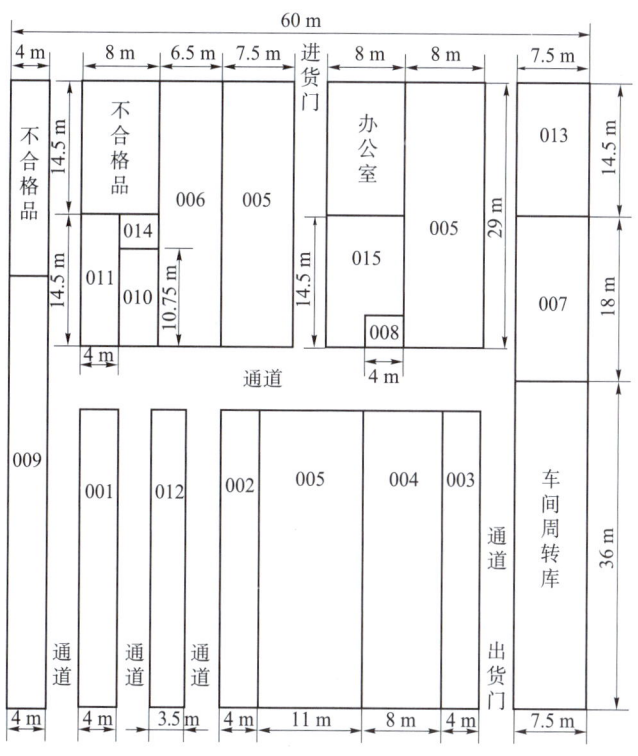

图 6-13　修改方案一优化后示意图

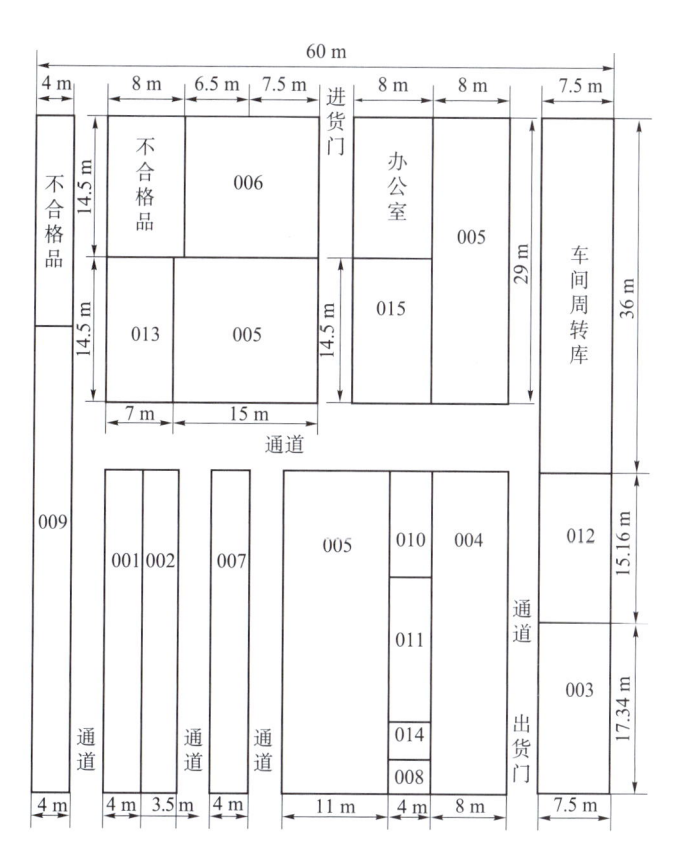

图 6-14　修改方案二优化后示意图

提升训练

BMM配送中心为省内各连锁便利店发货。为了提高配送中心的运作效率，BMM配送中心经理决定对配送中心进行优化布局。已给出配送中心平面布局（见图6-15）及一周的发货清单（见表6-16）。

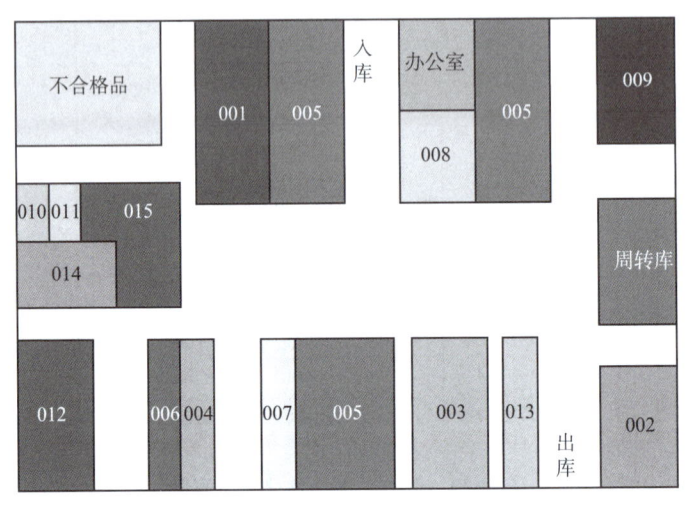

图 6-15　BMM配送中心平面布局

表 6-16　BMM配送中心一周的发货清单　　　　　　　　　　　　　单位：SKU

订单编号	洗衣液	牙膏	肥皂	饼干	矿泉水	洗发水	湿巾	锅	冰红茶	文具	胶带	薯片	口香糖	水杯	巧克力
70122a	765	950	150	4 350	11 200	2 634	860	5	1 500	36	45	350	360	15	320
70122p		850			13 000	1 487	3 127		720		50				
70123a	850	1 100	200	3 024	15 729	3 253	3 127		2 160	25		50	418	25	351
70123p					13 500		756		1 440	20				25	
70124a	850		2 000	7 720	9 500	4 189	1 789		2 880	25		1 100			
70124p			1 000	5 392	9 200	2 987	1 789		1 440	30	50	100			
70125a	850	1 100	3 000	4 080	13 000	2 564			1 440	20					
70125p	850	1 100		2 720	1 800			15	1 440	15					
70126a	1 700	1 100	1 000	1 360	4 100	1 652			2 160	25		100			
70126p			1 100		3 400	1 652						1 000			
70127a				4 270	18 000	4 147		10	2 160	20					
70127p				2 040	16 000	3 608			1 400	20					
70128a	2 550		1 000	5 016	10 300	1 428	2 049		2 889	40	140				349
70128p			2 000	1 890	1 800	444	2 001		720	25	40	1 000			

要求：根据BMM配送中心的发货清单，利用EIQ分析和ABC分类方法分析仓库现阶段布局是否合理，并找出其存在的问题。

知识拓展

仓库选址、空间布局、流程规划如何进行

仓储规划包括库址选择、库内整体布局、库内存储空间布局、作业流程规划等方面，它是物流规划中的一个重要模块。那么，应该如何进行仓储规划呢？

一、仓储规划的整体思路及设计要点

（一）仓储规划的整体思路

仓储规划是物流规划中的一个子模块，也是非常重要的部分。

每个仓库可能有很多分类方法，根据行业环境、设施环境等不同，规划结果可能也会有所不同。在仓库规划中，要更加注意细节和顶层设计。仓库是物流的战略节点，仓库规划的好坏将直接影响整个物流系统的全局性。

从前期数据分析到最后项目实施支持，仓储规划分为四个主要步骤：

（1）调研数据分析：包括现状数据调研及分析、未来流量测算。
（2）概念方案规划：包括仓库战略选址及仓库规划方案选择。
（3）方案技术设计：包括仓库的布局规划、流程设计、资源配置及技术要求描述。
（4）项目实施管理：资源招标管理及项目落地实施支持。

具体包括的子工作内容见表6-17。

表6-17　子工作内容

步骤	调研数据分析		概念方案规划		方案技术设计		项目实施管理	
核心流程	1 现状调研	2 未来流量测算	3 战略选址	4 仓库规划方案选择	5 布局流程规划	6 资源测算及技术要求	7 招标管理	8 项目落地实施
推进内容	1.1 基础数据收集	2.1 未来需求预测	3.1 整体仓网规划	4.1 仓库布局方案	5.1 仓库Layout设计	6.1 设备配置及技术要求	7.1 制定招标技术文档	8.1 软、硬件实施
	1.2 订单EIQ分析	2.2 未来库存流量测算	3.2 仓库战略发展	4.2 设备需求方案	5.2 仓库功能面积测算	6.2 人员配置及岗位要求	7.2 推荐多家合适供应商	8.2 验收测试
	1.3 库存/流量分析	2.3 未来调整计划	3.3 仓库选址模型	4.3 人员需求方案	5.3 CAD图及建设需求文档	6.3 仓库管理软件功能文档	7.3 协助供应商招标	8.3 搬仓/新仓方案
	1.4 波动性分析			3.4 仓库具体选址	4.4 投入产出分析	5.4 制定操作流程文档	6.4 系统对接需求文档	7.4 协助供应商管理考核	8.4 人员流程培训
					4.5 最优方案推荐			8.5 运营支持
资源支持	硬件设备供应商				软件提供商			

整个仓储规划不仅仅需要考虑以上四个步骤及要点，还需要考虑整个方案的可落地性，需要配有相应的资源支持，即硬件设备供应商及软件提供商，只有这样才能确保整个仓储规划方案成功落地。

（二）仓储规划设计要点

1. 调研数据分析

仓储规划设计是基于数据的，没有数据将无从设计。因此，在做整体仓储规划设计时，首要任务就是要得到基础数据。

一般情况下，进行仓储规划设计，需要掌握以下基础数据：产品 SKU 明细、产品出入库数据、历史库存数据、仓库硬件设计图纸、未来仓库业务变化趋势。

对于调研数据，需要分析仓库的订单结构、库存情况、流量情况、波峰波谷对设计的影响，以及未来业务的变化趋势对仓储规划的影响等。EIQ 分析过程见图 6-16。

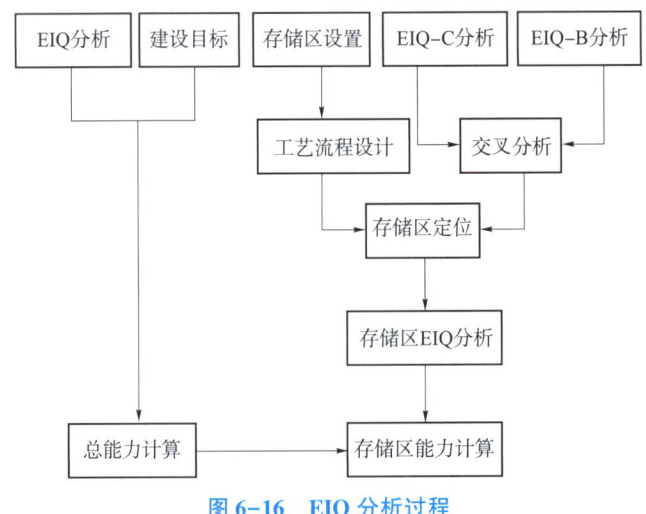

图 6-16　EIQ 分析过程

2. 概念方案规划

在分析完基础数据后，仓储规划设计的核心是要确定在哪建仓，采用什么方案来建设仓库。

首先需要考虑整个公司的仓网结构，该仓库在整个网络中的定位，应该选在哪个区域、哪个城市进行建仓，对公司发货的物流节点作用等。

具体仓库的选址，需要考虑四个标准：基础标准、硬性标准、扩租空间、外部因素。

（1）基础标准：考虑的因素包括所需的仓库种类、所需仓库面积、交通运输的便捷性、生活生产配套条件。

（2）硬性标准：是仓库选址中必须达到的条件，在满足这些条件后才能保证仓库可用，如资质、消防设施、是否便于招工、价格合理性。

（3）扩租空间：是指目标仓库能否适应公司未来发展的需要。

（4）外部因素：包括经营环境因素和政策情况等。

在确定仓库地址后，需要设计仓库的建设方案，确定相应的存储模式、设备配套方案，如平仓、货架、自动化立体仓库、密集存储方案。根据前期的数据分析情况，设计相应的方案并进行投入产出分析，确定仓库建设的最优方案。这里可以应用存储模型、库存分析模型等，参考方案见图 6-17。

3. 方案技术设计

在仓储方案确定后，应细化方案技术设计，包括布局流程规划、资源测算及技术要求描述。

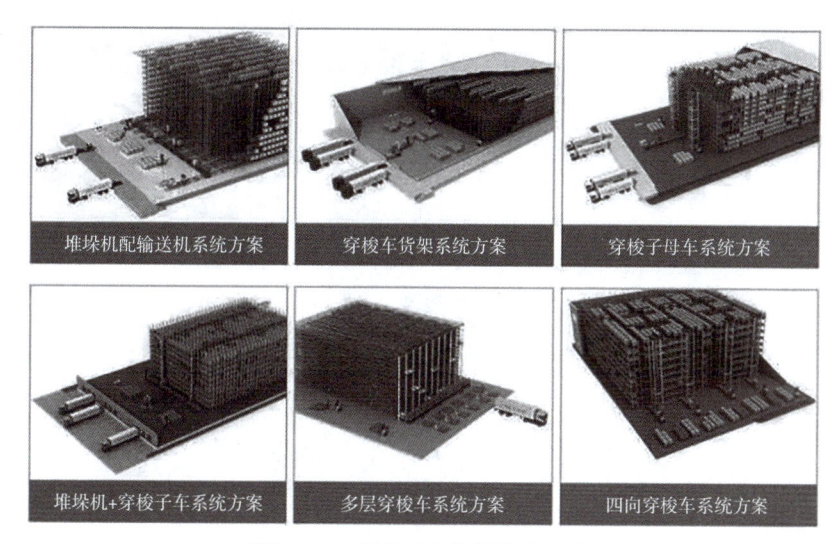

图 6-17　概念方案规划参考方案

（1）库内功能区域规划：仓库功能区域的规划，需要明确功能设计的原则、功能区域变量的定义和属性，结合这两方面进行功能区域的设计，输出仓库 Layout 布局。

（2）面积测算及 CAD 输出：需要根据仓库的功能分布进行功能区面积测算，并输出整体仓库方案，建议输出的内容包括功能区域布局图、仓库 CDA 规划图、3D 图纸。若有条件，也建议输出仿真模拟视频。作为仓储项目的项目经理，往往还需要一份仓储投入产出分析表。

（3）仓库作业流程设计：从货物入库，到库内处理，再到货物出库，也是一次严格的生产作业过程。因此，在仓储规划设计过程中，需要进行仓库作业流程的设计。库内作业流程包括订单流程设计、入库流程设计、盘点流程设计、出库流程设计，并编制相应的 SOP 技术文件。

此外，还需要进行资源测算及技术要求，这里的资源测算包括设备资源测算、人员测算、设备要求、人员要求、系统要求的文档说明。

（1）仓库人员和设备投入设计：一个成功的仓储规划设计方案一定是在满足项目运作要求下，效率最高、效益最大，还能满足未来业务发展的解决方案。除仓库的硬件投入以外，仓库的操作人员和设备，也是库内的主要成本投入。

（2）系统方案设计：需要输出相应的系统功能、系统对接需求及订单流转方案等（见图 6-18）。

4. 项目实施管理

在仓储规划完成后，项目实施管理主要包括两方面，一方面是招标管理，另一方面是项目实施落地。

招标管理主要包括企业对资源供应商开展的招标文件的准备、发布，供应商的推荐，供应商的招标评估及供应商引入的管理评估等。

项目实施落地侧重于仓库的方案落地及试运营，包括软硬件的入场实施、测试上线、人员培训，以及搬仓/新仓方案规划及运营支持等工作。

例如，仓库现场管理设计内容：设计区域标识、设计仓位标识、平面布局标识、物流路线标识、仓库管理规则设计等。

做好仓储规划，对企业来说至关重要，其核心的目的如下：

（1）提高仓库利用率，增加仓库存储量。

（2）完善整个仓储流程，提高工作效率。

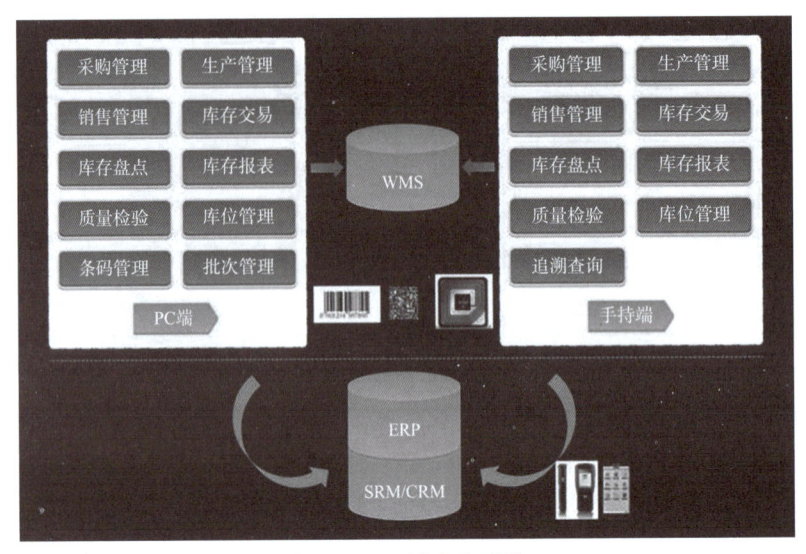

图 6-18 系统方案设计

(3) 便于仓储工作人员管理，减轻工作量。
(4) 提高企业形象以及与现代化仓储模式的兼容性。

二、某配送中心优化方案

某配送中心为省内连锁便利店配送货物，为提高运营效率与服务水平，经理决定近期对配送中心进行优化。该配送中心基本情况如下：

(一) 仓库布局的现状

这是一个两层仓库，每层 2 400 m²，共计 4 800 m²。现有布局主要为：
(1) 一层：入库区、退货区、发货区和 WMS 办公室。
(2) 二层：存储区、分拣区、装箱检验区。层与层之间用楼梯连接，见图 6-19 和图 6-20。

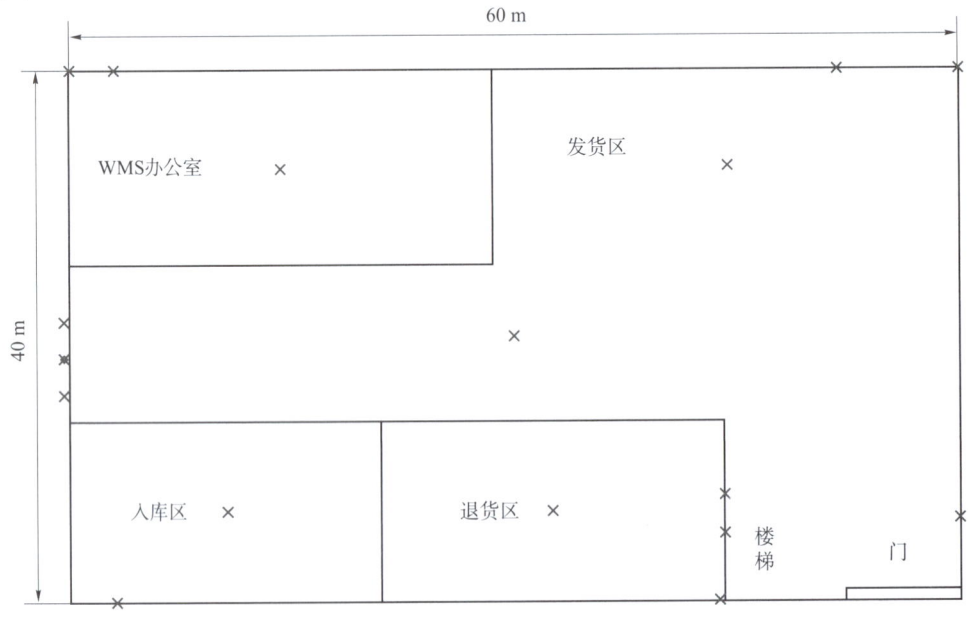

图 6-19 一层布局

模块六　仓储规划优化升级

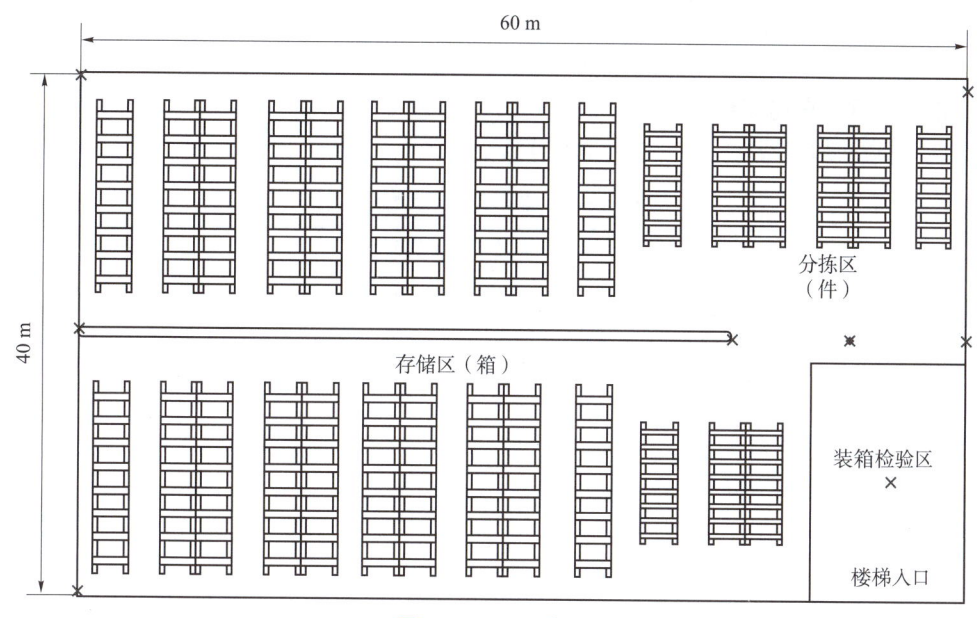

图 6-20　二层布局

（二）仓库存在的问题

1. 一层各区设置不合理
现有布局将造成出入库交叉迂回路线，使得出入库等作业效率降低、成本提高。

2. 二层功能区域划分不明确
未采用科学的方法规划路径及区域面积，增加了多余的搬运路程，浪费存储空间。

3. 层与层之间连接不合理
层与层之间仅有楼梯连接，会导致搬运强度大、耗费时间长、效率低。

（三）仓库布局优化

1. 仓库布局分析

（1）现有仓库只有一个大门，出入库作业交叉共用，易造成出入库作业混乱、通道拥挤、阻塞，降低搬运效率。为此，增加通道的面积，在入库区和工具设备物料区的通道间加一道门，同时，将入库区位置进行调整，移动到仓库左边与工具设备物料库相对的位置。

（2）退货区的货物平时作业量少。显然，该仓库的退货区占用了仓库一楼的较大面积，所以，需要减小退货区的面积。

（3）该仓库层与层之间仅有楼梯连接，运输设备无法连接上下楼，只能靠人力搬运，机械化程度得不到应有的体现。所以，可以在层与层之间的仓库最右边通道处增加一个货运电梯，节约人力成本，减小劳动强度。

（4）各分区布局不合理。在原有基础上进行区位调整，并适当增减相关区域的面积。将 WMS 办公室调到入库区的位置，但是距大门处有段距离，从而不会妨碍货物的入库作业，又方便作业人员及时到办公室对订单进行相关处理、对仓库作业进行相关管理。入库区的右边可以依次调整为退货区和弹性存储区，在弹性存储区右边增设通道，靠近大门，其上方同时又是发货区，为取货、发货提供便利。

（5）二层功能区域划分不明确，未采用科学的方法规划路径及区域面积，增加了多余的搬运路程、浪费存储空间。二楼主要可用于存储货物，所以功能区不需要划分太多，主要以分拣区和存储区来划分，出入库作业可以通过货架在一楼处实现。

· 253 ·

综上所述，现仓库在一层功能区包括 WMS 办公室、工具设备物料区、分拣装备区、发货区、入库区、暂存区、退货区，二层包括存储区和分拣区。

2. 仓库的重新布局规划

在仓库重新布局规划后，其情况见表 6-18。

表 6-18　重新布局规划情况

功能区	WMS 办公室	分拣装备区	工具设备物料区	发货区	入库区	弹性仓储区	退货区
面积	10 m×10 m	20 m×10 m	10 m×10 m	30 m×10 m	30 m×25 m	10 m×25 m	10 m×25 m

（1）入库区。入库区主要负责到达货物的暂存，其面积应考虑到货物存放面积、叉车工作区域和人员清点区域。其设计长度为 30 m，宽度为 25 m。

（2）退货区。退货区主要用来存取一些过季的货物，产品质量并没有问题，需要来年再上架。其设计长度为 10 m、宽 25 m。

（3）弹性存储区。弹性存储区主要用来存放存储时间不固定、流动性较强的货物，便于及时存储与取货。其设计长度为 10 m，宽度为 25 m。

（4）工具设备物料。工具设备物料区主要用来存放入库作业时所需要用到的设备及存放仓库中的物料，放置在入库区附近，为存取设备提供便利。其设计长度为 10 m，宽度为 10 m。

（5）分拣装备。分拣装备区主要用来对即将出库的货物进行拣选及包装，然后放到传送带上进行出库作业。其设计长度为 20 m，宽度为 10 m。

（6）发货。发货区主要是为货物出库作业而设置的区域，其设计长度为 30 m，宽度为 10 m，足够大的空间为仓库的机械化程度提供条件。

（7）WMS 办公室。WMS 办公室设置在入库区附近，刚好便于作业人员在货物入库时，立即对订单做相关工作，又在门口附近，减少作业人员的步行距离、提高作业效率。其设计长度为 10 m，宽度为 10 m。

优化后的仓库平面布局见图 6-21 和图 6-22。

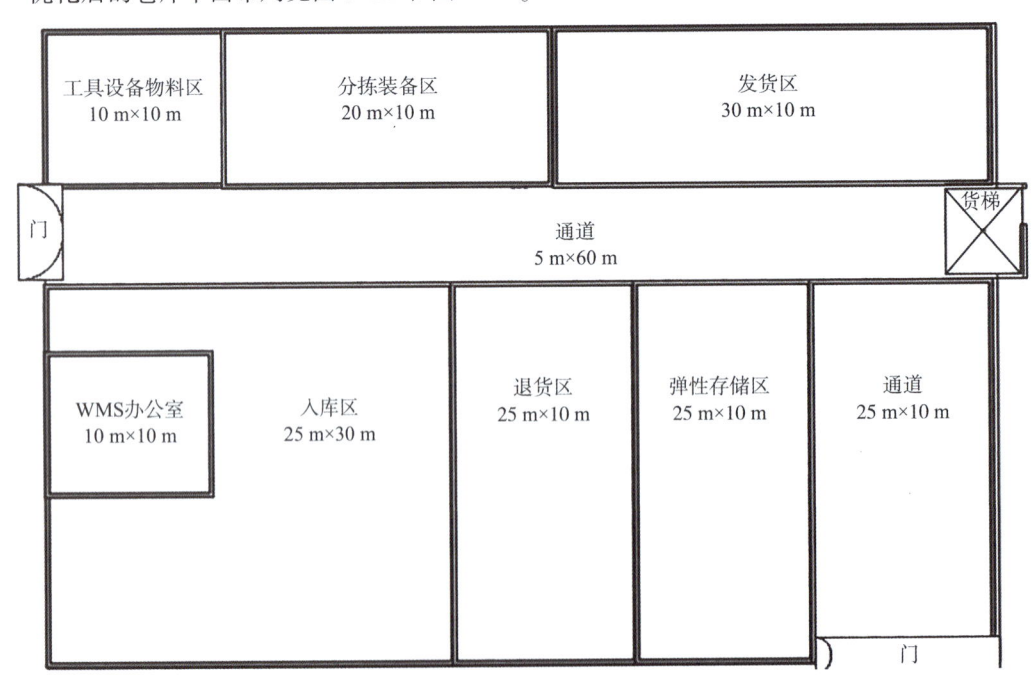

图 6-21　优化后一层平面布局

模块六 仓储规划优化升级

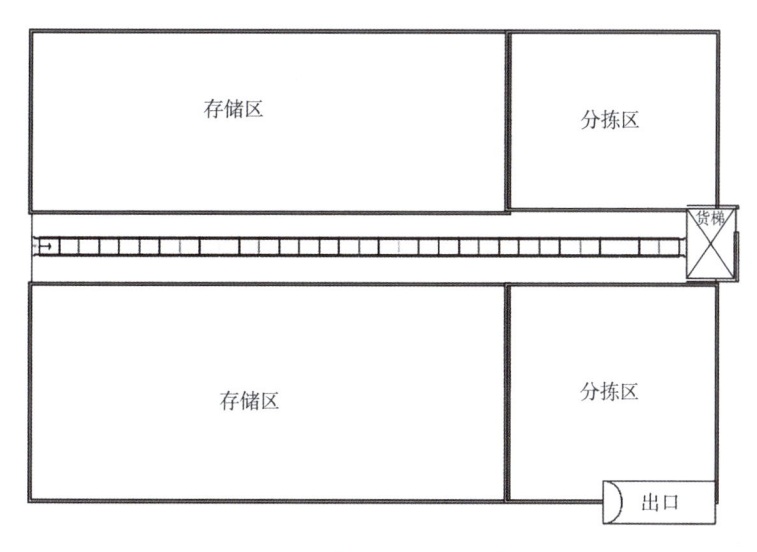

图 6-22 优化后二层平面布局

学思之窗

一、教学建议

（1）通过仓储规划优化升级方法的教学，提升学生对知识的灵活运用能力，让学生认识到仓储优化升级可以提高仓储资源利用率、节约社会资源、降低企业成本、实现绿色环保，从而增强学生的成本意识与绿色物流意识。

（2）通过小组合作，分析任务中现有仓储规划方案等信息，思考讨论如何在 ABC 分类和 EIQ 分析等方法的学习和使用中，制定合适的仓储规划升级方案，培养学生的认真态度、合作意识，提高学生分析问题、解决问题的能力。

（3）通过小组合作，学生能够熟悉仓储规划升级的步骤，采取小组互评的方式，学生可以查漏补缺、不断尝试，制定仓储优化升级方案，从而培养学生吃苦耐劳的精神，以及合作意识、安全意识等职业素养。

（4）通过了解仓储规划优化升级方案，学生理解理论知识对生产技术技能水平提升的重要作用，精益求精。学工匠精神，并能将工匠精神中"敬业、精益、专注"的品质运用于未来的工作岗位中。

（5）通过仓储规划与优化升级知识的教学，增强学生的职业自豪感和自信心。

二、典型素材

（一）内容介绍

我国自动化立体仓库飞速发展

我国自动化立体仓库建设起步于 1975 年。20 世纪 70 年代中期，自动化立体仓库作为国家级十大技术攻关项目之一被提出，原北京起重运输机械研究所以国外技术为蓝本，依靠自有能力开发出国内第一座自动化立体仓库。但由于当时中国对物流系统技术的认识不足、工业基础薄弱，致使其不能被大力推广，造成了其技术起点高、发展慢的局面。截至 20 世纪 80 年代中期，全国总共只建设了不足 10 座自动化立体仓库。

· 255 ·

1985—1995年，即第二个十年，自动化立体仓库逐渐被企业所认识，需求量开始增加，德国德马泰克公司，日本大福公司、村田公司，瑞士Swisslog公司等国际上先进的物流系统集成商的部分技术被引进国内。这一时期，国内物流系统集成项目需求开始增长，但基本上还局限在烟草、胶片、汽车制造等特殊行业，供应商也不多。

1995—2005年，即第三个十年，市场需求与行业规模迅速扩大、技术全面提升，现代仓储系统、分拣系统及其自动化立体仓库技术在各行业开始得到应用，尤其是医药、食品、烟草、汽车等行业更为突出。

2005年至今，昆船物流、今天国际、太原刚玉、北京高科、新松机器人、沈阳飞机工业集团、中国科学院自动化研究所、六维智能等国内企业异军突起，在与国外先进的物流系统集成商竞争中不断发展，在一些中低端项目中具备了较强的竞争优势，有些企业也成功进入高项目领域。

前瞻产业研究院发布的《2017—2022年中国自动化立体仓库行业投资需求与发展前景分析报告》显示，中国每年建成的各类自动化立体仓库已经超过400座；截至2022年，我国自动化立体仓库保有量已突破9 000座。

然而从国际水平来看，美国拥有各种类型的自动化立体仓库2万多座，日本拥有3.8万多座，德国拥有1万多座，英国拥有4 000多座。与这些发达国家相比，我国自动化立体仓库保有量依然很少，未来增长潜力巨大。根据中国物流技术协会信息中心统计，2022年中国自动化立体仓库市场规模达到了1 797亿元，同比增长了27%，主要受益于电商、零售、医药等行业的快速增长和对仓储效率和质量的提升需求。自动化立体仓库行业市场分析预计2026年立体仓库市场规模有望达到2 665.3亿元，2021—2026年年复合增长率预计达到18.4%。

（二）教学过程实施及预期效果

案例介绍了我国自动化立体仓库的发展历程及市场规模，我国自动化立体仓库建设起步虽晚，但是增长快速。与发达国家相比，我国自动化立体仓库保有量依然很少，未来增长潜力巨大。通过案例介绍，培养学生的职业自豪感和民族自信心。

学有所思

（1）仓储规划优化升级除了本任务介绍的方法，还有哪些？请列举。

（2）在进行仓储规划优化升级时，方案评价标准有哪些？

知识检测

一、单选题

1. 配送中心运营主要分析指标不包括（　　）。
A. 库存分析　　　B. 商品分析　　　C. 订单分析　　　D. 价格分析

2. （　　）不是功能区布局调整的方法。
   A. 功能区增减　　　　　　　　　　B. 货架摆放位置调整
   C. 功能区位置调整　　　　　　　　D. 功能区面积调整

3. 对（　　）的分析，可以根据单个订单品种数据资料了解客户订购品种数量的情况，进而确定适用的拣货方式。
   A. EN　　　　　B. EQ　　　　　C. IQ　　　　　D. IK

4. 周转次数计算的一般公式为（　　）。
   A. 年销售额÷每日销售额　　　　　B. 365÷周转天数
   C. 年销售额÷平均库存额　　　　　D. 365÷平均库存数量

5. （　　）着重设计结果，确定最优方案，可以进行定性分析与定量分析。
   A. 效率评估　　　B. 因素评估　　　C. 程序评估　　　D. 结果评估

6. EIQ 分析中的（　　）分析，可以了解客户的订单量及配送需求。
   A. EN　　　　　B. EQ　　　　　C. IQ　　　　　D. IK

7. EIQ 分析中的（　　）分析，可以分析产品的重要程度与运量规模，进行货位匹配。
   A. EN　　　　　B. EQ　　　　　C. IQ　　　　　D. IK

8. 在仓库布局优化中，（　　）原则表现在出入库的流程设计中需要考虑各个方面的运作成本，同时，也要考虑出入库货物的数据准确无误。
   A. 提升效率　　　B. 经济准确　　　C. 方便快捷　　　D. 确保安全

9. EIQ 分析是由（　　）提出并积极推广的。这种分析方法主要考虑客户订单的品种、数量、订货次数等方面，分析货物的配送特性和出货特性。
   A. 日本早稻田大学的西泽修教授　　B. 意大利经济学家维尔弗雷多·帕累托
   C. 日本铃木震先生　　　　　　　　D. 管理学家彼得·德鲁克

10. （　　）不是仓库布局优化的考量要素。
    A. 商品　　　　　B. 货架　　　　　C. 功能区　　　　　D. 仓库地址

二、多选题

1. 在对设备进行分析时，需要考虑的因素有（　　）。
   A. 设备使用率　　B. 设备型号　　C. 使用数量　　D. 销售数据

2. 根据数据分析结果，判断已有的商品布局是否合理的考量方面有（　　），从而以此为依据对不合理的现状作出调整。
   A. 根据商品属性、流通指标等进行分类存储（ABC 分类法），将特性相近的商品集中存放
   B. 在同一类商品中，将体积大、重量大的商品存放在货架底层（稳定性），并且靠近出入口或通道处
   C. 将周转率高的商品存放在进出库搬卸最方便的位置上
   D. 当仓库服务的客户较少时（2~3 个），可以将同一客户下的商品集中存放，以提高分拣配货的效率

3. 衡量一个企业库存周转水平的最主要指标是（　　）。
   A. 库存周转次数　　B. 库存周转天数　　C. 库存周转量　　D. 库存周转成本

4. 库存周转率是指商品从购入到售出所经过的（　　）和（　　）。
   A. 金钱　　　　　B. 地点　　　　　C. 时间　　　　　D. 效率

5. 方案可行性考虑的因素主要有（　　）。

A. 经济可行性分析 B. 目标、方案可行性分析
C. 技术、操作可行性分析 D. 管理可行性

6. 可以通过（　　）和（　　），对方案的可行性进行分析评估。
A. 效率评估 B. 程序评估 C. 因素评估 D. 结果评估

7. 在进行配送中心库存分析时，需要分析（　　）。
A. 周转率 B. 库存量 C. 订单有效性 D. 设备使用率

8. EIQ 分析中的（　　）可以作为库存管理 ABC 分类的参考依据。
A. EN B. EQ C. IQ D. IK

9. 根据调研及数据分析结果，当出现（　　）的情况时，需要对仓库内的货架进行调整。
A. 货架摆放不合理
B. 货架之间的通道宽度不合理
C. 当仓库高度远大于货架高度时，货架上方的空间浪费
D. 周转率高的商品存放在远离仓库出口的地方

10. 在进行配送中心布局优化时，需要遵循的原则有（　　）。
A. 提升效率 B. 经济准确 C. 方便快捷 D. 确保安全

三、判断题

1. 在配送中心运营分析中，要通过商品码放、库位编码、存储要求这几方面来进行运营成本分析。（　　）

2. EIQ 分析方法主要考虑客户订单的品种、数量、订货次数等方面，分析货物的配送特性和出货特性，其主要指标有 EN、EQ、IQ、IK。（　　）

3. 周转次数是指库存周转一次所需的天数。（　　）

4. 配送中心指标分析是进行物流布局优化的基础工作，其中涉及对库存、商品、订单、成本及设施设备模块的各项指标分析，在明确配送中心现状后，再进行有针对性的布局优化。（　　）

5. 当对配送中心布局优化方案进行可行性分析时，不仅要考虑目标、方案的可行性技术，操作可行性及经济可行性，还需考虑方案管理的可行性。（　　）

学习评价

根据学习情况完成表 6-19 和表 6-20。

表 6-19 职业核心能力测评表

（在□中打√，A 通过，B 基本掌握，C 未通过）

职业核心能力	评估标准	评价结果
素质方面	1. 践行社会主义核心价值观，具有深厚的爱国情感和中华民族自豪感； 2. 具有社会责任感和社会参与意识； 3. 具有质量意识、环保意识、安全意识、信息素养、工匠精神、创新思维； 4. 具有自我管理的意识，有较强的集体意识和团队合作精神	□A □B □C □A □B □C □A □B □C □A □B □C

续表

职业核心能力	评估标准	评价结果
知识方面	1. 掌握必备的思想政治理论和科学文化基础知识； 2. 熟悉与本专业相关的法律法规，以及环境保护、安全消防、设备安全等相关知识； 3. 掌握仓储规划的基本概念、方法和流程； 4. 掌握仓储规划分析的基本步骤； 5. 掌握 ABC 分类法的基本步骤； 6. 掌握 EIQ 分析法的基本原理； 7. 掌握库存周转率分析法； 8. 掌握仓储规划优化升级方案的评价方法	□A □B □C □A □B □C □A □B □C □A □B □C □A □B □C □A □B □C □A □B □C □A □B □C
能力方面	1. 具有探究学习、终身学习、分析问题和解决问题的能力； 2. 具有良好的语言、文字表达能力和沟通能力； 3. 能够熟悉运用微软 Office 等办公软件； 4. 能够有效进行仓储规划； 5. 理解大数据、人工智能、互联网等先进技术在提升仓储运作效率中的作用	□A □B □C □A □B □C □A □B □C □A □B □C □A □B □C
学生签字：	教师签字：	年　　月　　日

表 6-20　专业能力测评表

（在□中打√，A 通过，B 基本掌握，C 未通过）

专业能力	评价指标	自测结果	要求
ABC 分类法	1. ABC 类商品分类标准； 2. ABC 类商品数量统计； 3. ABC 类商品比例分析； 4. ABC 分类法的应用	□A □B □C □A □B □C □A □B □C □A □B □C	掌握 ABC 分类法对仓储规划的作用
EIQ 分析法	1. EIQ 分析法的基本概念； 2. EQ 分析计算； 3. IQ 分析计算； 4. EN 分析计算； 5. IK 分析计算； 6. EIQ 评价方法	□A □B □C □A □B □C □A □B □C □A □B □C □A □B □C □A □B □C	掌握 EIQ 分析法，并能根据分析结果提出仓储规划优化升级方案
库存周转率分析	1. 库存周转率的定义； 2. 库存周转率的计算； 3. 周转率结果分析； 4. 根据周转率进行规划	□A □B □C □A □B □C □A □B □C □A □B □C	能根据库存周转率的计算进行仓储规划优化升级
教师评语：			
成绩：		教师签字：	

任务二 配送中心设施设备优化

任务概述

本任务需要仓储规划与设计人员根据设备维修记录表、新业务需求、现有设备适用性情况等内容，分析设备升级优化的需求；根据设备升级优化需求分析结果，综合考虑设备优化原则和考虑因素，制定相应的设备升级优化方案；通过物流设备的经济分析，确定最终的采购方案。

学习计划表

【学习目标】

（1）能够根据新业务需求、现有设备适用性情况等内容，分析设备升级优化的需求。

（2）能够根据设备升级优化需求分析结果，综合考虑设备优化原则和考虑因素，制定相应的设备升级优化方案。

（3）能够通过物流设备的经济分析，确定最终的采购方案。

根据课前预习及学习情况填写表6-21。

表 6-21　学习计划表

项目		基础知识	确定设备优化需求	制定设备优化方案
课前预习	预习时间			
	预习结果	1. 难易程度 　　偏易（即读即懂）（　　）　　　适中（需要思考）（　　） 　　偏难（需查资料）（　　）　　　难（不明白）　（　　） 2. 需要课堂提问内容 　　_____ 　　_____ 3. 问题总结 　　_____ 　　_____ 　　_____		
课后复习	复习时间			
	复习结果	1. 掌握程度 　　了解（　　）　　熟悉（　　）　　掌握（　　）　　精通（　　） 2. 疑点、难点归纳 　　_____ 　　_____		

· 260 ·

模块六　仓储规划优化升级

【知识目标】

（1）掌握设备升级优化的基本原则和方法。

（2）熟悉设备升级优化的需求。

（3）掌握设备升级优化方案的制定。

（4）了解设备采购的程序。

【技能目标】

（1）能够对现有设备的情况进行整理。

（2）能够正确选择需要升级的设备。

（3）能够根据设备的现有情况制定设备升级优化方案。

（4）能够正确选择设备采购方案。

【素养目标】

（1）培养学生规范化、标准化的操作技能。

（2）培养学生的成本意识和服务意识。

（3）培养学生分析问题、解决问题的能力。

（4）培养学生吃苦耐劳的精神、认真仔细的态度、遵守5S管理制度的习惯，加强学生团队合作的意识。

情境导入

广州宏宇物流中心为广州可迪便利店提供仓储配送服务。随着可迪便利店的货物需求结构及数量迅速扩张，为了满足客户需求，广州宏宇物流中心需要不断优化自身条件。请阅读下列材料，协助广州宏宇物流中心负责人完成配送中心设备优化任务。

广州宏宇物流中心基本情况及设备调研结果

1. 广州宏宇物流中心基本情况

（1）根据现有业务量进行测算，该配送中心出入库作业及拣选业务量将进一步增加。

（2）配送中心共有68个货架、5台叉车（电动平衡重式叉车2台、电动前移式叉车2台、高位拣选式叉车1台），且出入库作业均采用电动平衡重式叉车进行搬运作业，高位拣选采用高位拣选式叉车作业，普通拣选作业采用电动前移式叉车作业。

（3）根据公司规定，当同一型号设备停机率高，且维修费用较高时，可考虑淘汰该设备。

（4）叉车每天平均工作12 h，每小时的有效工作时间大约为45 min。

2. 广州宏宇物流中心设备调研结果

目前有A、B两种品牌的叉车可供选择。其中，A品牌叉车的购置费用均值为12.5万元，残值均值为0.5万元，使用期限为4年，纳税后每台叉车现金收入为8万元/年，劳务费总计3万元/年，其他直接费用总计为1万元/年；B品牌叉车的购买费用均值为16.25万元，残值均值为1.25万元，使用期限为6年，纳税后每台叉车现金收入为12万元/年，劳务费总计1万元/年，其他直接费用总计2万元/年（利率 $i=10\%$）。

任务要求：根据广州宏宇物流中心基本情况，以及表6-22~表6-24中的内容，确定该配送中心哪些设备需要升级优化，并制定设备优化方案。

表 6-22　广州宏宇物流中心日均作业量

出入库日均作业量（整箱）		1 500
日均拣选作业量（整箱）	高位拣选	500
	普通拣选	700

表 6-23　广州宏宇物流中心设备作业效率

序号	环节	预定时间方法（MTM）	
		时间	单位
1	出入库搬运	0.8	min/托盘
2	拣选	2	min/托盘

表 6-24　广州宏宇配送中心叉车维修记录

维修日期	设备名称	型号	故障现象	故障原因	维修方法
2022-01-04	高位拣选式叉车	01621	抛锚	开关线路接触不良	更换开关
2022-03-15	高位拣选式叉车	01621	抛锚	离合器打滑	更换摩擦片
2022-05-03	高位拣选式叉车	01621	抛锚	蓄电池故障	更换蓄电池
2022-07-07	电动前移式叉车	01598	抛锚	起动机故障	更换起动机
2022-10-02	电动平衡重式叉车	01543	抛锚	燃油滤网堵塞	清理滤网
2022-10-15	高位拣选式叉车	01621	抛锚	制动失灵	更换摩擦片
2022-11-13	高位拣选式叉车	01621	抛锚	火花塞坏	更换火花塞
2022-12-23	高位拣选式叉车	01621	抛锚	起动机故障	维修起动机

任务解析

本任务以便利店配送为背景，根据广州宏宇物流中心的现有设备情况及相关便利店配送要求，探索广州宏宇物流中心的设备升级需求并进行优化。任务主要包括两个方面的内容：一是学习确定设备优化需求。能够通过分析现有仓库设备情况，确定设备升级或优化的需求，重点学习现有设备使用情况分析，其需要突破的难点是根据仓库运营需求，找出更换物流设备的原因。二是学习设备优化考虑的因素。能够根据配送中心的运作需要和设备优化原则，找出设备优化需要考虑的因素，重点学习设备优化考虑的因素，其难点是根据仓库运营需求进行设备经济性分析。

相关知识

一、更换物流设备的原因

配送中心常用的设施设备包括托盘、货架、叉车、手推车、AGV、手动液压搬运车等，具体的性能和使用方法见模块三。当配送中心现有物流设备无法满足正常的作业需求时，需要对设备进行优化。一般情况下，当配送中心出现下列情况时，需要更换设备：

（1）设备数量与作业量不匹配。
（2）现有设备功能无法满足作业要求。
（3）技术的更新换代。
（4）设备老、旧、损耗。

二、设备优化考虑因素

1. 企业实际情况

配送中心设备优化首先要考虑企业自身情况，以企业现有资源为出发点，保证优化设备能够技术先进、经济合理。

2. 客户情况

分析合作客户的情况，以优化现有设备，使配送中心大体满足客户需求。

3. 企业发展

企业未来发展也是在设备优化时应该考虑的因素，考虑升级更新的设备是否能够支持配送中心今后的业务发展。

三、设备优化原则

1. 系统性原则

保证配送中心在日常作业中设备之间相互衔接、相互协调，保证作业连续稳定。

2. 经济化原则

优化的设备在满足作业需求和技术先进的前提下，使设备在生命周期内的总成本最小。

3. 适用性与先进性相结合原则

在适用性与先进性之间寻找一个均衡，使设备既能满足需求，又不因配置过高导致投资过大及作业能力浪费。

四、设备经济性分析

对于设备的经济分析，首先是成本计算。通常成本分投资成本和年运行成本两类。
（1）投资成本。最普遍的投资成本是设备的采购费用。
（2）年运行成本。年运行成本是在使用设备过程中不断发生的费用，包括物流作业人员的工资、设备维护费用、税和保险费等。

五、设备评估方法

在设备选型时，已经对采购费用进行了详细介绍，在此只介绍设备经济评估的五种方法：投资利润法、现值法、资金回收期法、费用比较法、终值法。

1. 投资利润法（技术经济分析）

投资利润法是通过计算设备利润率进行比较。
（1）设备折旧费计算公式：

$$D = \frac{S - S_z}{n}$$

式中：D——设备折旧费（元）；
S——设备购置费；
S_z——设备残值（元）；

n——使用年限（年）。

(2) 平均净利润计算公式：

$$P = R - D - C_L - C_Q$$

式中：P——平均净利润（元）；
R——纳税后现金收入（元）；
D——设备折旧费（元）；
C_L——劳务费（元）；
C_Q——其他直接费用（元）。

(3) 投资利润率计算公式：

$$E = \frac{P}{S+M}$$

式中：E——投资利润率；
M——设备开动费（元）。

（二）现值法

现值法是将净利润和折旧费换算成现值进行比较。

设备现值=平均净利润的现值+设备折旧费的现值-（设备购买费+设备开动费），即

$$Y = (P+D)\frac{(1+i)^n - 1}{i(1+i)^n} - (S+M)$$

式中：Y——设备现值（元）；
i——资金利率。

（三）资金回收期法

资金回收期法是根据设备购买费和投资设备所得的收益，计算资金回收期，并进行比较。资金回收期可通过年收益、设备购置费、开动费、资金利率、使用年限求得。

(1) 年收益计算公式：

$$Q = P + D$$

(2) 资金回收期计算公式：

$$T = S \div Q$$

(3) 如果考虑资金利率 i，设备开动费 M，则资金回收期为：

$$T = \frac{S + (S+M)[(1+i)^n - 1]}{(P+D)\frac{(1+i)^n - 1}{in}}$$

（四）费用比较法

费用比较法是通过计算直接费用和资本回收费用的合计值进行比较。

(1) 资本回收费计算公式：

$$C_R = (S - S_z)\frac{i(1+i)^n}{(1+i)^n - 1} + iS_z$$

(2) 设备年费用计算公式：

$$C_T = C_R + C_L + C_Q$$

（五）终值法

终值法是将设备购买费和设备年运行费（包括固定资产折旧、劳务费、其他直接费用等）

换算成设备寿命终结时所占用的资金进行比较。它可以通过年运行费、设备购置费、折旧费、利率、使用年限求得。

（1）年运行费计算公式：

$$C = C_L + D + C_Q$$

（2）设备年费用计算公式：

$$C_T = S(1+i)^n + C\frac{(1+i)^n - 1}{i}$$

例 6-6 某配送中心为适应客户需求，决定重新购入分拣机。目前有 A、B 两种品牌的分拣机，其中，A 品牌分拣机的购买费用为 10 万元，设备开动费为 1 万元，残值为 1 万元，使用期限为 4 年，纳税后现金收入为 8 万元/年，劳务费为 3 万元/年，其他直接费用为 1 万元/年；B 品牌分拣机的购买费用为 25 万元，设备开动费为 1.7 万元，残值为 2.5 万元，使用期限为 7 年，纳税后现金收入为 12 万元/年，劳务费为 1 万元/年，其他直接费用为 2 万元/年（利率 $i=10\%$）。

利用上述五种方法对 A、B 两种分拣机进行比较。

解：

（1）投资利润法。

通过计算可得，投资利润率 $E_A = 15.9\%$，$E_B = 25.7\%$；

所以，B 品牌分拣机的投资利润率高于 A 品牌分拣机。

（2）现值法。

通过计算可得，设备现值 $Y_A = 1.68$ 万元，$Y_B = 17.1$ 万元；

所以，B 品牌分拣机的现值高于 A 品牌分拣机。

（3）资金回收期法。

通过计算可得，资金回收期 $T_A = 3.25$ 年，$T_B = 4.12$ 年；

所以，B 品牌分拣机的资金回收期高于 A 品牌分拣机。

（4）费用比较法。

通过计算可得，设备年费用 $C_{TA} = 6.9$ 万元，$C_{TB} = 7.8$ 万元；

所以，A 品牌分拣机的年费用少于 B 品牌分拣机，经济性好。

（4）终值法。

通过计算可得，设备年费用 $D_A = 43.6$ 万元，$D_B = 107.8$ 万元；

所以，A 品牌分拣机所占用资金少于 B 品牌分拣机。

任务过程展现

一、广州宏宇物流中心叉车优化需求分析

该物流中心现有叉车的种类、能力及数量情况见表 6-25。

表 6-25 现有叉车种类、能力及数量情况

叉车种类	额定荷载/t	叉车数量/台
电动平衡重式叉车	2	2
电动前移式叉车	2	2
高位拣选式叉车	1	1

仓配规划与设计

根据已知情况，叉车每天平均工作12 h，每小时有效工作时间大约为45 min，叉车出入库搬运作业效率0.8，拣选作业效率2。利用公式：叉车数量=（工作效率×货量分布÷（每小时有效工作时间×每天工作时间）进行反推，则有：

货量分布=叉车数量×每小时有效工作时间×每天工作时间÷工作效率

通过计算，则有：

（1）出入库搬运的货量分布=2×45×12÷0.8=1 350<1 500，因此，现有电动平衡重式叉车不能满足出入搬运作业需求。

（2）普通拣选的货量分布=2×45×12÷2=540<700，因此，现有电动前移式叉车不能满足普通拣选作业需求。

（3）高位拣选的货量分布=1×45×12÷2=270<500，因此，现有高位拣选式叉车不能满足高位拣选作业需求。

通过上述计算可以看出，目前该配送中心现有的电动平衡重式叉车、电动前移式叉车、高位拣选式叉车数量均不能满足作业需求，因此，这三种类型叉车均具有升级优化需求。

根据表6-25叉车的维修记录可知，型号01621的高位拣选式叉车一年内维修次数多，且都是因为叉车抛锚，这与工作量增加、叉车的工作时间增加、设备持续损耗有关。每次维修叉车也需要资金投入，且从其维修方式可以看出，该叉车起动机已发生故障，初步判断该设备已老化，建议考虑更换新设备。

通过上述分析可以看出，广州宏宇物流中心的叉车已不能满足日常作业需求，需要增加叉车数量。

二、制定广州宏宇物流中心设备优化方案

1. 根据作业量，确定叉车数量

叉车数量=（工作效率×货量分布）÷（每小时有效工作时间×每天工作时间）

电动平衡重式叉车数量=（0.8×1 500）÷（12×45）=3（台）

电动前移式叉车数量=（2×700）÷（12×45）=3（台）

高拣选式叉车数量=（2×500）÷（12×45）=2（台）

已知该物流中心现有电动平衡重式叉车2台、电动前移式叉车2台、高位拣选式叉车1台，因此，需新购置电动平衡重式叉车、电动前移式叉车、高位拣选式叉车各1台。

2. 根据叉车维修情况确定叉车数量

根据上述分析可知，型号01621的高位拣选式叉车需重新购买。

综上所述，需新购置电动平衡重式叉车1台、电动前移式叉车1台、高位拣选式叉车2台。

三、采用现值法对购买A、B两种品牌叉车的经济性进行分析

根据公式 $Y=(P+D)\dfrac{(1+i)^n-1}{i(1+i)^n}-S$，计算可得：设备现值 $Y_A=38.76$ 万元，$Y_B=154.23$ 万元。所以，B品牌叉车的现值远高于A品牌叉车，应选择B品牌的叉车。

提升训练

某物流中心是一家集仓储、配送为一体的第三方物流企业，其配送中心主要从事商场、超市的配送作业。目前，随着企业发展其仓储区工作压力骤增，为解决这一问题，仓库经理特对存储区商品进行分析预测，以便对仓储区进行优化。

该配送中心长期合作的设备供应商主要有 A、B 两家，已知：

（1）A 品牌托盘的购买价格为 100 元/托，托盘式货架的购买价格为 600 元/组；托盘的残值为 0 元，使用期限为 1 年，托盘式货架的残值为 30 元/组，使用期限为 10 年；托盘纳税后现金收入为 500 元/（年·托），其他费用为 800 元/年，托盘式货架纳税后年均收入为 5 000 元/（年·组），其他费用为 1 万元/年。

（2）B 品牌托盘的购买价格为 80 元/托，托盘式货架的购买价格为 450 元/组；托盘的残值为 0 元，使用期限为 6 个月，托盘式货架的残值为 18 元/组，使用期限为 7 年；托盘纳税后现金收入为 500 元/（年·托），其他费用为 1 080 元/年，托盘式货架纳税后年均收入为 5 000 元/（年·组），其他费用为 1.5 万元/年（利率 $i = 10\%$）。

任务要求：

（1）请根据该配送中心提供的基本信息及仓储区分析预测情况，分析该配送中心设备现有设置是否合理。

（2）若不合理，制定相应的配送中心设备优化方案，并分析其经济性，选择合适的方案。

配送中心仓储区分析预测情况

配送中心仓储区分析预测情况如下：

（1）仓储区商品主要如下：

① 食品每箱最大重量为 2 kg。

② 日用品每箱最大重量为 3 kg。

③ 家电每箱最大重量为 5 kg。

（2）配送中心商品 ABC 分类结果见表 6-26。

表 6-26　配送中心商品 ABC 分类结果

商品 ABC 分类	规划设计值			
	品种数/SKU	日均出库量/箱	库存量/箱	库存天数/天
食品 A 类	133	864	5 919	7
食品 B 类	302	4 710	4 710	10
食品 C 类	953	2 227	3 341	15
食品合计	1 388	7 801	13 970	—
日用品 A 类	102	489	1 955	4
日用品 B 类	118	2 843	1 763	6
日用品 C 类	226	947	1 419	10
日用品合计	446	4279	5137	—
家电 A 类	50	131	392	3
家电 B 类	100	373	187	5
家电 C 类	350	187	150	8
家电合计	500	691	729	—
总计	2 334	12 771	19 836	—

（3）配送中心用于存储的托盘数量及规格见表6-27。

表6-27　配送中心用于存储的托盘数量及规格

托盘材质	托盘数量/托	托盘尺寸	堆垛尺寸	托盘承重/kg
木质托盘	1 000	1 200 mm×1 000 mm×150 mm	1 300 mm×1 100 mm×1 500 mm	100

（4）不同类型商品码垛数量见表6-28。

表6-28　不同类型商品码垛数量

商品 ABC 分类	托盘码垛数/（箱/托）
食品 A 类	18
食品 B 类	18
食品 C 类	18
日用品 A 类	16
日用品 B 类	16
日用品 C 类	16
家电 A 类	12
家电 B 类	12
家电 C 类	12

（5）存储区货架信息见表6-29。

表6-29　存储区货架信息

架类型	货架数量/组	货架层高/层	每货位存放托盘数/托	每组货架承重/t
托盘式货架	80	5	2	4

知识拓展

物流仓储的智能货架布局优化：提升效率与降低成本的关键

物流仓储是现代供应链管理的核心环节之一，对于企业来说，如何合理、高效地管理仓储是至关重要的。在仓储管理中，货架布局优化是一个不可忽视的关键因素。通过科学、合理的货架布局，企业可以提高仓储效率、降低库存成本，从而在竞争激烈的市场中获得竞争优势。

一、货架布局的重要性

货架布局是物流仓储管理中的关键环节之一，直接影响到仓储效率和成本。一个合理的货架布局可以带来以下重要益处：

（1）提高仓储效率：合理的货架布局可以减少货物搬运距离、缩短操作时间、提高仓储效率，实现更快速的订单处理和发货。

（2）降低库存成本：通过优化货架布局，可以最大限度地利用仓储空间、减少库存积压和过多的存货，从而降低库存成本。

（3）减少错误和损耗：合理的货架布局可以降低工作人员的错误率、减少货物损坏和遗失、提高运营的精确性和可靠性。

（4）优化供应链流程：货架布局优化可以帮助企业更好地管理库存流动，提高供应链流程的可视性和协调性，降低库存和运输的不必要浪费。

二、货架布局优化的关键因素

要实现货架布局的最佳优化，需要考虑以下关键因素：

（1）商品特性：不同类型的商品有不同的尺寸、质量和存储需求。合理的货架布局应根据商品特性进行分类和定位，便于存储和检索。

（2）存储需求：了解商品的存储需求，包括温度、湿度、安全性等要求，以确保货架布局满足这些需求。

（3）仓储空间：评估仓储空间的可利用性和容量，确定货架的数量和类型，使空间利用率最大化。

（4）订单处理流程：了解订单处理流程，将货架布局与订单拣选、包装和发货流程相结合，以实现高效操作。

（5）数据分析：利用数据分析工具来监测库存周转率、需求变化和季节性需求波动，及时调整货架布局以满足市场需求。

（6）技术支持：考虑采用现代化仓储管理系统和自动化设备，如智能货架、自动拣选系统等，以提高仓储效率和准确性。

三、智能货架的应用

随着科技的不断进步，智能货架成为货架布局优化的重要工具之一。智能货架采用了先进的技术，如RFID、物联网和人工智能，可以实现以下功能：

（1）实时监控：智能货架可以实时监测库存水平，提供实时数据，帮助企业更好地了解库存情况。

（2）自动补货：基于库存水平和需求预测，智能货架可以自动触发补货流程，确保货物充足，并减少缺货风险。

（3）拣选优化：智能货架可以指导工作人员进行拣选操作，提高拣选效率、减少错误。

（4）数据分析：智能货架收集大量数据，可以通过分析这些数据来优化布局和流程，提高仓储效率。

智能货架的应用不仅提高了仓储效率，还降低了人力成本，是现代物流仓储管理的重要利器。

四、成功案例分析

以下是一些成功的货架布局优化案例，这些案例表明，合理的货架布局可以带来显著的业务优势。

（1）亚马逊：亚马逊采用了高度自动化的仓储系统，通过智能货架和机器人，实现了高效的订单处理和快速的物流配送，成为全球电商巨头之一。

（2）联邦快递：联邦快递在全球范围内建立了分布式的仓储网络，通过精密的货架布局和路线优化，提高了货物分拣和派送的效率。

以上案例表明，货架布局优化是提高物流仓储效率的关键一环，对于企业的竞争力和客户满意度具有重要的影响。

五、结论与建议

物流仓储的货架布局优化是一个复杂而关键的领域，对于企业来说至关重要。通过合理的货架布局和技术支持，企业可以实现更高效的仓储管理，从而降低成本、提高竞争力。

为了实现货架布局的最佳优化，建议企业采取以下措施：

（1）定期审查和调整货架布局，以适应市场需求和库存变化。
（2）利用现代化技术和智能货架来提高仓储效率。
（3）培训工作人员，提高他们的仓储操作技能和准确性。
（4）收集并分析数据，不断优化布局和流程。

学思之窗

一、教学建议

（1）通过配送中心设施设备优化的技术经济分析方法的教学，提升学生知识的灵活运用能力，让学生认识到设备优化可以提高配送中心效率、节约社会资源、降低企业成本，并可以由第三方回收淘汰的设备实现绿色环保，从而增强学生的成本意识与绿色物流意识。

（2）通过小组合作，对配送中心现有设备状况进行调查，思考讨论如何从配送中心设备最大化利用、优化升级等因素考虑，选取合适的优化升级方案，并制作示意图，培养学生认真仔细的态度及合作意识，提高学生分析问题、解决问题的能力。

（3）通过小组合作实操设备优化升级，学生能够遵守设备优化原则、5S 管理及安全事项，熟悉设备优化操作步骤；采取小组互评的方式，学生查漏补缺、不断尝试，实现准确优化；培养学生吃苦耐劳的精神，以及合作意识、安全意识等职业素养。

（4）通过了解配送中心设备的迭代更新，学生理解科技创新对生产技术技能水平提升的重要作用。

（5）通过介绍国内配送中心的现代化设施设备，增强学生的基本职业素养，培养学生的爱岗敬业精神，增强学生的民族自信心。

二、典型素材

（一）内容介绍

近几年人工智能技术得到迅猛发展，主要得益于计算能力、大数据和算法上的突破，推动 AI 技术广泛应用至各个行业。特别是在物联网部署规模进一步扩大后，各界有能力获得无限数据，并经过 AI 技术处理，企业可以从中实现快速创新，国家可以利用大数据洞悉未来商业经济模式。

人工智能引发就业市场的变革，就仓储物流配送应用来说，目前不少仓储基地部署了大量的机器人，对货物进行分拣，例如菜鸟仓和京东仓，正在逐渐由人工作业模式向自动化作业模式转变。

以小组为单位，对将被人工智能取代的物流仓储岗位进行调研，形成调研报告，并在课上汇报。

（二）素材类型

小组调研：未来哪些物流仓储岗位将被人工智能取代？

（三）教学过程实施及预期效果

该调研报告为本任务知识的开篇任务，通过小组协作调研，并以调研报告展示，创设情境，引发师生思考与讨论，让学生认识到人工智能对仓储的影响，以及仓储的发展趋势，增强学生的职业自豪感；同时，培养学生的忧患意识和职业规划意识。通过小组调研，培养学生实事求是的作风和团结协作、自主学习的能力。

学有所思

（1）配送中心设备除了本任务介绍的设备，还有哪些？请列举。
_____
_____
_____
_____

2. 在选取物流设备时，是否应该选择技术最先进的设备，为什么？
_____
_____
_____
_____

知识检测

一、单选题

1. 下列选项中，耐腐蚀、耐潮的托盘是（　　）。
   A. 塑料托盘　　　B. 钢质托盘　　　C. 木质托盘　　　D. 纸质托盘

2. 多品种、小量拆零货物的取送，选择（　　）最为合适。
   A. 柴油叉车　　　B. 电动叉车　　　C. 手推车　　　　D. AGV

3. （　　）是在设备优化时应考虑的因素，考虑升级更新的设备是否能够支持配送中心今后的业务发展。
   A. 企业实际情况　B. 企业未来发展　C. 客户情况　　　D. 设备现状

4. 在进行配送中心设备优化时，需要保证配送中心在日常作业中，设备之间相互衔接、相互协调，保证作业连续性，这是考虑设备优化的（　　）原则。
   A. 经济性　　　　B. 系统性　　　　C. 适应性　　　　D. 先进性

5. （　　）使用广泛、通用性强，主要用于整托盘进出库货手工拣选的仓库。
   A. 贯通式货架　　B. 货柜式货架　　C. 悬臂式货架　　D. 托盘式货架

6. （　　）是根据设备购买费和投资设备所得的收益，计算资金回收期进行比较。
A. 投资利润法　　B. 现值法　　C. 资金回收期法　　D. 费用比较法
E. 终值法

7. （　　）是指优化的设备在满足作业需求和技术先进的前提下，使设备生命周期内的总成本最小。
A. 经济化原则　　B. 系统性原则　　C. 适用性原则　　D. 先进性原则

8. （　　）是在适用性与先进性之间寻找一个均衡点，使设备既能满足需求，又不因配置过高导致投资过大及作业能力浪费。
A. 经济化原则　　　　　　　　B. 系统性原则
C. 适用性原则　　　　　　　　D. 适用性与先进性相结合原则

9. （　　）是使用设备过程中不断发生的费用，包括物流作业人员的工资、设备维护费用、税和保险费等。
A. 投资成本　　B. 年运行成本　　C. 购买成本　　D. 使用成本

10. 最普遍的投资成本是（　　）。
A. 运行成本　　B. 使用成本　　C. 管理成本　　D. 采购成本

二、多选题

1. 更换物流设备的原因，包括（　　）。
A. 设备数量与作业量不匹配　　B. 技术的更新换代
C. 现有设备功能无法满足作业要求　　D. 设备老、旧、损耗

2. 设备经济性分析的方法包括（　　）。
A. 投资利润法　　B. 现值法　　C. 资金回收期法　　D. 费用比较法
E. 终值法

3. 现值法是将（　　）和（　　）换算成现值进行比较。
A. 净利润　　　　　　　　　　B. 折旧费
C. 设备购买费　　　　　　　　D. 投资设备所得的收益

4. 终值法是将（　　）和（　　）换算成设备寿命终结时所占用的资金进行比较。
A. 设备年运行费　　　　　　　B. 净利润
C. 设备购买费　　　　　　　　D. 投资设备所得的收益

5. 在进行设备优化必要性分析时，需要考虑（　　）方面的因素。
A. 企业实际情况　　　　　　　B. 企业发展
C. 客户情况　　　　　　　　　D. 供应商推出新品

6. 设备维修记录表反映了设备的维修情况，可以判断设备是否到了需要更换的节点，在进行设备维修记录表填写时，需要填写（　　）。
A. 故障现象　　B. 设备折旧费　　C. 维修方法　　D. 故障原因

7. 配送中心进行设备优化的原则有（　　）。
A. 适用性与先进性相结合原则　　B. 追求先进性原则
C. 经济化原则　　　　　　　　D. 系统性原则

8. 资金回收期可通过（　　）求得。
A. 年收益设备购置费　　　　　B. 开动费
C. 资金利率　　　　　　　　　D. 使用年限

9. 集装化设备托盘主要包括（　　）。
A. 塑料托盘　　B. 钢质托盘　　C. 木质托盘　　D. 纸质托盘

10. 费用比较法是通过计算（　　）和（　　）进行比较的方法。
A. 直接费用　　　　　　　　　　B. 资本回收费的合计值
C. 投资成本　　　　　　　　　　D. 年运行成本

三、判断题

1. 对于单个品种存储量大的快消商品，可以采用驶入式托盘货架，以提高仓储的空间利用率。（　　）

2. 通常设备成本分两类：投资成本和年运行成本。（　　）

3. 由于商品流量大，但在当前存储方式的空间利用率不高的情况下，可以通过升级物流设备来提升仓储空间的利用率，比如，通过更换货架改变存储方式。（　　）

4. 配送中心设备优化首先要考虑企业自身情况，如企业现有资源，以保证优化的设备能够技术先进、经济合理。（　　）

5. 设备现值＝平均净利润的现值+设备折旧费的现值-(设备购买费+设备开动费)。（　　）

学习评价

根据学习情况完成表6-30和表6-31。

表 6-30　职业核心能力测评表

（在□中打√，A 通过，B 基本掌握，C 未通过）

职业核心能力	评估标准	评价结果
素质方面	1. 践行社会主义核心价值观，具有深厚的爱国情感和中华民族自豪感； 2. 具有社会责任感和社会参与意识； 3. 具有质量意识、成本意识、环保意识、安全意识、信息素养、工匠精神、创新思维； 4. 具有吃苦耐劳、认真仔细、5S 管理、团队合作等职业道德	□A　□B　□C □A　□B　□C □A　□B　□C □A　□B　□C
知识方面	1. 熟悉与本专业相关的法律法规以及环境保护、安全消防、设备安全等相关知识； 2. 掌握设备升级优化的基本原则和方法； 3. 熟悉设备升级优化的需求； 4. 掌握设备升级优化方案的制定； 5. 了解设备采购的程序； 6. 掌握配送中心设备优化升级方案的制定	□A　□B　□C □A　□B　□C □A　□B　□C □A　□B　□C □A　□B　□C □A　□B　□C
能力方面	1. 具有探究学习、终身学习、分析问题和解决问题的能力； 2. 具有对现有设备的情况进行整理的能力； 3. 能够正确选择需要升级的设备； 4. 具有根据设备现有状况制定设备升级优化方案的能力； 5. 具有正确选择设备采购方案的能力	□A　□B　□C □A　□B　□C □A　□B　□C □A　□B　□C □A　□B　□C
学生签字：	教师签字：	年　　月　　日

表 6-31　专业能力测评表

（在□中打√，A 通过，B 基本掌握，C 未通过）

专业能力	评价指标	自测结果	要求
物流设备	1. 配送中心设备的种类； 2. 设备现有状况调查； 3. 设备优化升级的原因	□A　□B　□C □A　□B　□C □A　□B　□C	能够认识并熟练使用配送中心的各种设施设备
技术经济分析方法	1. 投资利润法； 2. 现值法； 3. 资金回收期法； 4. 费用比较法； 5. 终值法	□A　□B　□C □A　□B　□C □A　□B　□C □A　□B　□C □A　□B　□C	掌握每种技术经济分析方法的计算过程，能够根据计算结果选择合适的设备优化升级方案
教师评语：			
成绩：		教师签字：	

模块七

片区规划

任务一 片区规划

任务概述

本任务需要仓储规划与设计人员根据片区规划需求，绘制片区环线，估算片区派件量；测算单元片区数量，寻找基线，初步划线分区；统计作业时间，运用缓冲区调整片区作业量。

学习计划表

【学习目标】
（1）能够按照业务量与城市交通道路情况，结合作业效率进行片区规划。
（2）能够使用片区规划软件规划片区。
根据课前预习及学习情况填写表7-1。

表7-1 学习计划表

项目		基础知识	完整片区需求数据预测	利用软件完成配送片区规划
课前预习	预习时间			
	预习结果	1. 难易程度 　　偏易（即读即懂）（　　）　　适中（需要思考）（　　） 　　偏难（需查资料）（　　）　　难（不明白）　（　　） 2. 需要课堂提问内容 _____ _____ _____ 3. 问题总结 _____ _____ _____		

续表

项目		基础知识	完整片区需求数据预测	利用软件完成配送片区规划
课后复习	复习时间			
	复习结果	1. 掌握程度 　了解（　　）　　熟悉（　　）　　掌握（　　）　　精通（　　） 2. 疑点、难点归纳		

【知识目标】

（1）掌握片区规划的概念、类型及影响因素。

（2）掌握"地图慧"软件的使用方法。

（3）掌握片区数量的计算。

【技能目标】

（1）能够根据业务量与城市交通道路情况，结合作业效率进行片区规划。

（2）能够使用片区规划软件规划片区。

【素养目标】

（1）培养学生规范化、标准化的操作技能。

（2）培养学生的成本意识和服务意识。

（3）培养学生分析问题、解决问题的能力。

（4）培养学生吃苦耐劳的精神、认真仔细的态度、遵守5S管理制度的习惯，加强团队合作的意识。

情境导入

某物流公司作为第三方仓配物流企业，不仅为全国各地的食品生产厂家、供货商、零售商提供仓储配送服务，而且也开展小范围电商自营配送服务。

任务要求：经统计，该物流公司在西安市区内区域现有订单350单（见表7-2），要求一天之内派送完毕，按每天工作8 h计算，业务员平均每小时派送7个快件（划分后具体片区派送效率不同），现需要根据业务量划分单元片区（每个单元片区由一个人派送）。

表 7-2　订单情况统计

名称	地址	派件数量/件
配送点 1	西安市碑林区南大街 30 号中大国际 1 楼	1
配送点 2	西安市碑林区友谊东路 393 号	2
配送点 3	西安市莲湖区北大街宏府大厦 LG 层 1C-0	3
配送点 4	西安民乐园步行街东口	1
配送点 5	西安市新城区解放路万达广场 4F446 号	2
配送点 6	西安市南大街粉巷 7 号	1
配送点 7	西安市东大街骡马市民生百货三层东北	1
配送点 8	西安市东大街骡马市步行街民生银行	3
配送点 9	西安市西大街 48 号中环银泰 7 楼	1
配送点 10	西安市南大街 59 号富豪大厦 5F	2
配送点 11	西安市东大街 158 号	3
配送点 12	西安市南大街粉巷口	4
配送点 13	西安市西一路 100 号	1
配送点 14	西安市尚俭路金色时代公寓	1
配送点 15	西安市尚勤路太空舱宾馆	2
配送点 16	西安市新城广场	1
配送点 17	西安市新城区安民里住宅小区	3
配送点 18	西安市新城国际科技大厦	2
…	…	…
…	…	…
总计		350

任务解析

片区规划是配送中最后送货的关键点，目的是解决配送的时效要求。在片区规划时，需要考虑的因素包括配送量、片区类型、道路限行、道路类型特点、作业效率、配送范围大小、配送时效要求等。本任务以某个具体的配送区域和业务量为主线，学习如何进行配送片区规划，具体包括两方面内容：一是学习如何根据业务量与城市交通道路情况，结合作业效率，进行片区规划；二是学习如何使用片区规划软件规划片区。本任务的重难点是合理划分片区。

相关知识

一、片区规划

片区规划是指依据一定的方法对片区进行合理划分，以此对片区的人员、班次、模式、业务、市场、服务质量、资源投入等进行管理，确保提升业务、服务质量等片区管理效益。

(一) 单元片区

单元片区是指在工作日中任意工作时间段收派作业时，由一个或几个派送员负责的最小服务区域。

(二) 片区属性

按照服务片区的客户群所在的主要属性，片区类型可分为商业区、商住混合区（偏商）、商住混合区（偏住）、住宅区、专业市场、工业区、学校医院等大型机构。

图 7-1 所示为某快递公司的业务片区规划图。

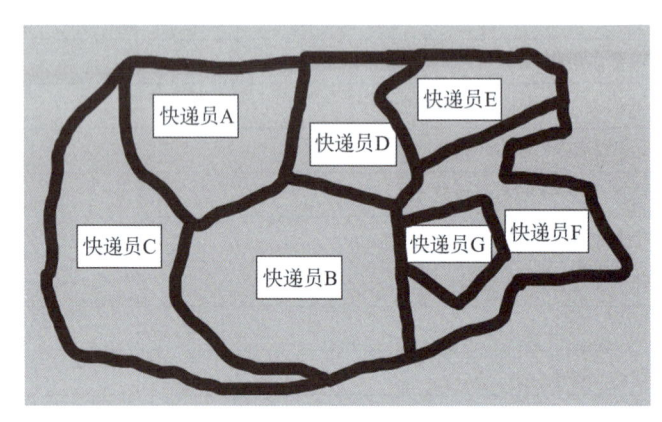

图 7-1 某快递公司的业务片区规划图

交流讨论：
(1) 京东公司依据什么给"京东小哥"分配任务？
(2) 为什么你所在区域经常由同一个"京东小哥"进行配送？

二、片区规划类型

根据面对的终端客户不同，片区规划可以分为 2B 型和 2C 型。

(一) 2B 型

1. 2B 型片区的特征

(1) 终端客户是店铺类型，包括商超店铺、连锁专卖店等。
(2) 配送目的地都是固定的地点，具有基本固定的收货人和装卸货特性。
(3) 调度是针对固定客户的线路设计。

2. 2B 型片区规划案例

例 7-1 某仓库在某市有 120 家连锁店，每天在将这 120 家的订单进行处理后，仓库将货物送到各连锁店。根据这 120 家连锁店的地理位置分布，设置了 4 条线路，每条线路各自分配 30 家连锁店。

A 线路：A1，A2，…，A30；
B 线路：B1，B2，…，B30；
C 线路：C1，C2，…，C30；
D 线路：D1，D2，…，D30。

常用的管理方法是一条线路对应多个固定的点，每个点对应唯一的配送顺序。

若 A 线路 30 个网点均要配送，则按既定的配送顺序，从 A1 依次配送到 A30；若其中只有 20 个网点要配送，则不配送的网点就跳过，顺序就变成了 A1，A3，A4，A6……

此外，由于货量的变化，还可能需要对线路进行动态拆分。

（二）2C 型

1. 2C 型片区的特征

（1）终端客户是个人、电商类客户。

（2）客户的特点：地点和收货人是随机分布的，对收货的需求也比较个性化，因此其复杂性会更高一些。

（3）调度是针对不固定客户的区域划分和工作分配。

2. 2C 型片区规划案例

例 7-2 假设某配送中心承担当地一个城市的配送业务，收货人大多为个人，每天的订单量在 100~150 件不等。为方便配送业务开展，配送中心会根据派送效率将城市分为 5 个片区，并确保每个片区的订单量大体一致。

每次配送前，首先要将订单根据地点进行片区分配。投放完毕后，根据每个片区的订单地点进行派送顺序的排列，接着进行配载和装车。

三、片区规划影响因素

片区规划影响因素包括配送量、片区类型、道路限行、道路类型特点、作业效率、配送范围大小、配送时效要求等。

（1）配送量：指每天片区范围内需要配送的总数量，可以是件、SKU、千克、吨等。快递行业一般以件或 SKU 作为配送数量单位。

（2）片区类型：配送的片区类型包括 2B 型和 2C 型。

（3）道路限行：一般指城市范围内的道路存在限行，包括限时限行和车辆限行。如大城市会规定某时段内车辆不能进入，或者某些车型或车牌的车辆不能进入等，像北京、上海、深圳、广州等一线城市就存在城市道路限行，某些二线城市随着车辆的增加，也存在限行。

（4）道路类型特点：一般按国家道路等级分为高速公路、一线公路、二级公路、三级公路、四级公路，也可按所处的位置分为城市道路、乡村道路等。配送一般考虑的是城市道路和乡村道路。

（5）作业效率：指配送过程中运作的快慢程度，包括车辆行驶速度、装车卸货速度等。

（6）配送范围大小：指单个配送员的配送区域范围，一般以配送面积作为单位，也可以以配送服务人口作为单位。配送范围过大，会影响配送时效和速度，城市内的配送范围一般在 10 km^2 内为宜。

（7）配送时效要求：客户从知道货物送出到收到货物所用的时间，一般不宜让客户等待太久。城市区域内的货物以 1 h 内送达为宜。随着快递智能柜的出现，快递行业配送时效要求有所降低。

四、环线、基线与缓冲区

在进行规划前，需要先了解环线、基线与缓冲区的关系，三者在片区规划中的关系见图 7-2。

（一）环线

环线全称是环绕路线，是由公路、铁路及其内部车辆共同组成的环行运输系统，主要特点是交通路线呈环形。

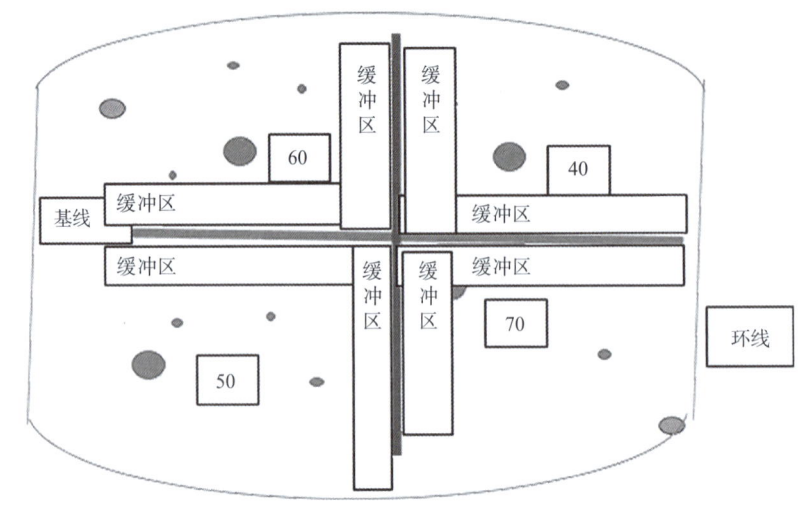

图 7-2　环线、基线与缓冲区的关系

（二）基线

基线指的是配送过程中的必经道路、主干道、穿越比较困难的道路。

（三）缓冲区

缓冲区分布于各基线附近，可以弹性调节片区作业量，协同作业。

派送区域的环线、基线与缓冲区的绘制，可以借助绘图软件完成。本任务使用的绘图软件为"地图慧"软件，具体使用操作见后文"知识拓展"部分。

五、片区数量计算

单元片区的计算公式：

$$人（片区）数 = 工作量 \div (时间 \times 工作效率)$$

例 7-3　需要派件 100 件，容许的时间是 2 h，派件效率为 5 件/(人·h)，且一人负责一个片区，计算该区域需要多少个片区。

解：

$$人(片区)数 = 工作量/(时间 \times 工作效率)$$
$$= 100 \div (2 \times 5)$$
$$= 10 \text{（人）}$$

所以该区域需要 10 个片区。

任务过程展现

一、明确片区规划需求

由情境导入中任务信息可知，片区规划的需求如下：
(1) 配送类型：2C 型；
(2) 配送范围：西安市区城墙内；
(3) 订单量：350 单；

(4) 配送要求：需一日内派送完成（业务员的派送效率为 7 件/（人·h）。

二、根据片区规划需求，绘制区域环线，估算片区派件量

（一）绘制区域环线

本任务的配送区域为西安市区城墙内区域，首先绘制区域环线：北为顺城北路，南为顺城南路，东为顺城东路，西为马道巷（见图 7-3）。

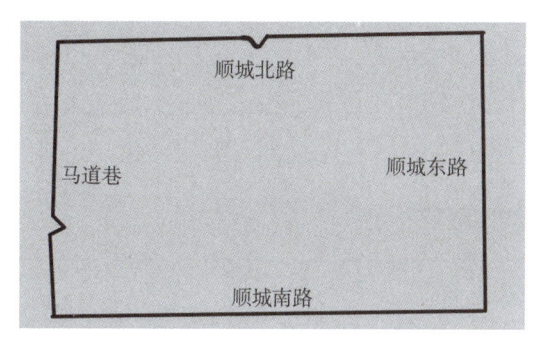

图 7-3　西安市区城墙内区域环线

（二）派件量估算

通常，在确定配送区域后，需要对派件数量进行估算，本任务中派件量为 350 单。

三、测算单元片区数量，寻找基线，初步划线分区

（一）测算单元片区数量

根据作业效率（平均每小时派送 7 个快件）和每天 8 h 工作时间，计算需要的片区数量（每个区域一个人派送）。

人(片区)数=工作量÷(时间×工作效率)= 350÷(8×7)= 6.25（人），所以需要的片区约为 6 个。

（二）寻找基线，进行初步分区

北（南）大街、东（西）大街、莲湖路为主干道，结合地图中分割面积比较均匀的主干道，沿线画基线，基线为必经道路、主干道、穿越比较困难的道路。

见图 7-4，将配送区域分成 6 个片区，基线两边的区域为缓冲区。

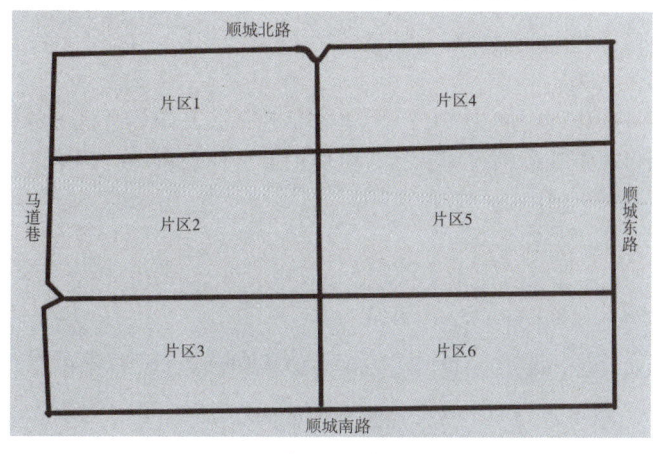

图 7-4　片区 1~片区 6 划分

四、统计作业时间，运用缓冲区调整片区作业量

各片区的作业量和以往的派件效率见表 7-3。

表 7-3　片区 1~片区 6 作业量和派件效率

片区	作业量/件	派件效率/(件·h^{-1})
片区 1	56	8（道路良好）
片区 2	60	6（道路拥堵）
片区 3	64	8（道路良好）
片区 4	54	7（道路正常）
片区 5	63	6（道路拥堵）
片区 6	53	8（道路良好）

（一）计算各片区作业时间

根据各片区作业量与派件效率，可计算各片区作业时间，计算结果见表 7-4。

表 7-4　片区 1~片区 6 作业时间

片区	作业/件	派件效率/(件·h^{-1})	作业时间/h
片区 1	56	8（道路良好）	7
片区 2	60	6（道路拥堵）	10
片区 3	64	8（道路良好）	8
片区 4	54	7（道路正常）	7.7
片区 5	63	6（道路拥堵）	10.5
片区 6	53	8（道路良好）	6.6

（二）对单元片区业务量进行调整

1. 片区 2

由表 7-4 可知，片区 2 的作业时间为 10 h，工作量超标；片区 1 的作业时间为 7 h，不饱和；片区 3 的作业时间为 8 h，工作量在正常范围内。根据图 7-5 可知，片区 1 与片区 2 相邻，因此可根据实际情况将片区 2 北侧的部分作业调给片区 1。

2. 片区 5

同理可知，片区 5 的作业时间为 10.5 h，工作量超标，其南侧片区 6 的作业时间仅为 6.6 h，工作量不饱和，因此可根据实际情况将片区 5 南侧的部分作业调给片区 6。

3. 片区 3 与片区 4

工作量基本饱和，不做调整。

提升训练

片区规划案例

阅读下列案例，加深对片区规划的理解。

例 7-4 将以下的配送点（见图 7-5）分成两个片区。

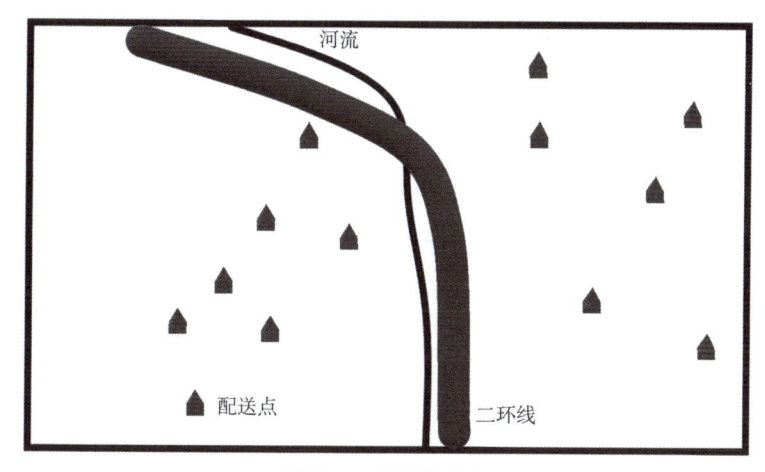

图 7-5 配送点分布

方案一：两个片区配送任务基本一致，但行车路线肯定会穿过二环环线，见图 7-6。

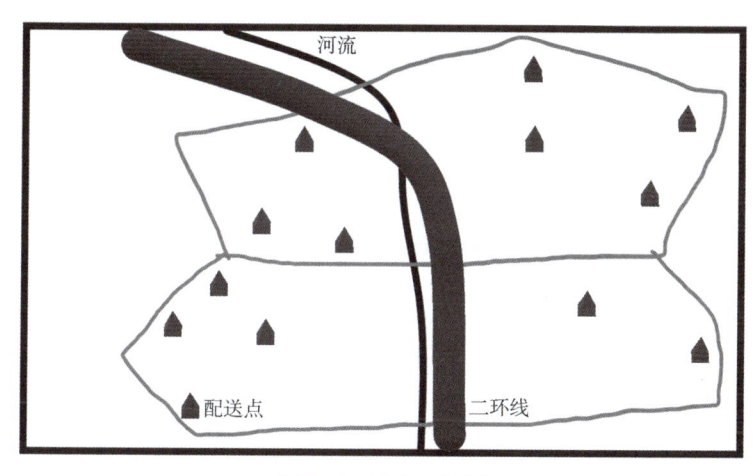

图 7-6 方案一规划

方案二：两个片区的划分基本是以二环线为界来划分的，见图 7-7。

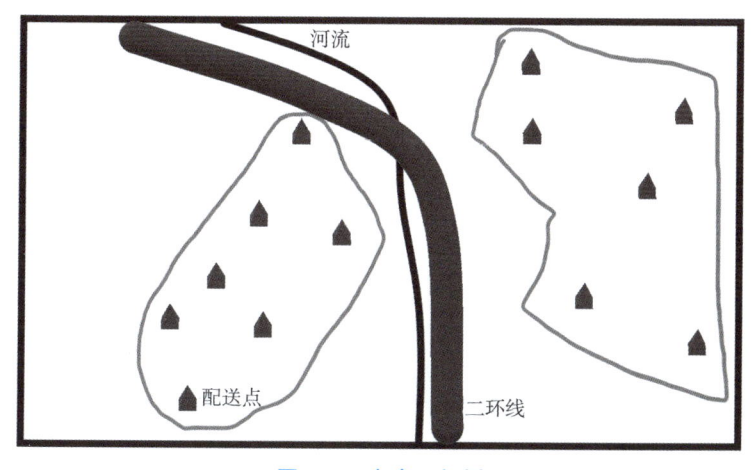

图 7-7 方案二规划

分析：配送任务都会有时效要求，不仅是送达客户处的时间，也有完成配送任务后回到仓库的时间。

方案一中配送点之间的距离较远，考虑到配送时效，可能会有线路上的折返，这样将加大车辆损耗及人员的疲劳度。

综合以上情况，方案二更为合理。

例 7-5 图 7-8 是按照已有的主干道划分后的情况，试分析这种划分方式的合理性。

图 7-8 按照已有的主干道划分片区

分析：片区 1 的客户数量远大于片区 2 的，相应的增加可能导致原有的车辆不能将货物全部装载而产生甩货的现象，而片区 2 的车辆则可能出现装载率较低的情况。如果货量差距长时间存在则会导致配送人员产生不公平的心理，也不利于车辆使用率的提升，并且会增加车辆维护的成本。因此片区 1 的货量应适当分到片区 2 内，使货量及客户量大致均衡。

知识拓展

"地图慧"软件业务区划规划的操作指引

一、登录

登录"地图慧"网站（https://www.dituhui.com），找到"业务区划"模板，选择需要规划的片区区域，单击右侧"立即制图"选项。

二、区划创建

创建区划图层时，在高级设置内，可以对图层进行可重叠/不可重叠的选择，见图 7-9。

可重叠：同一图层内区划面之间可以叠加显示。

不可重叠：同一图层内区划面之间无缝拼接显示。

区划创建步骤：

图 7-9　区划图层—创建图层—设置

步骤一：先创建区划图层。

新建区划图层，单击"区划"选项，自定义图层名称，默认选择"可重叠"，最后单击"创建图层"按钮。

步骤二：添加区划。

载入行政区划，详情见"载入行政区划"；在地图上运用"画区"工具，画一个新的区划。"画区"工具分为"自由画区""沿路画区"和"圆形画区"。

三、自由画区

（1）在地图右上角工具栏单击"画区"按钮后，默认显示"自由画区"，见图 7-10。

图 7-10　自由画区

（2）自由画区即多边形画区，可以手动在地图上任意绘制画区，双击或者单击工具栏的"√"按钮，完成绘制。

（3）自由画区完成后，可以填写右侧数据详情框，然后单击"保存"按钮，或者单击地图空白处进行保存。

四、沿路画区

（1）在"画区"工具里选择"沿路画区"，见图 7-11。

图 7-11　沿路画区

（2）每单击一个节点，自动计算距离。

（3）区划生成后，可以在右侧详情框填写信息，单击"保存"按钮，或者单击地图空白处进行保存。

五、圆形画区

（1）在"画区"工具里选择"圆形画区"，见图7-12。选中后，将鼠标移动到地图上，以一个点为圆心，单击后不要放松鼠标，一直拉动鼠标画一个以此点为圆心的圆形区域。

图7-12 圆形画区

注意：如果单击后放松鼠标，然后拖拽画圆，会造成圆心点偏移，所以必须单击后就直接拖拽鼠标拉圆形框。

（2）鼠标释放，形成圆形区划，然后可以在左侧编辑属性值，单击"确定"按钮，或者单击地图空白处进行保存。

六、载入行政区划

（1）进入区划图层，单击"载入行政区划"按钮，打开区划选择框。

（2）打开区划框后，支持将省、市、区县、乡镇/街道按照行政区导入图层，保存成为自己的业务区划。

（3）弹框内可以按照四级行政区层层下钻展开，勾选行政区前复选框进行选择。

（4）选中的行政区名称在底部进行回显，确认无误后，单击"导入"按钮，见图7-13所示。

图7-13 基础数据——载入行政区划

导入后，区划图层是按照行政区面进行展示的。

注意：选择行政区的时候，一旦选择了上一级的区划范围，就不能再选择在它下面一级的区划。例如，已经选择导入"河东区"，这时候就不能再选择河东区下具体某一个街道的数据了，见图 7-14。

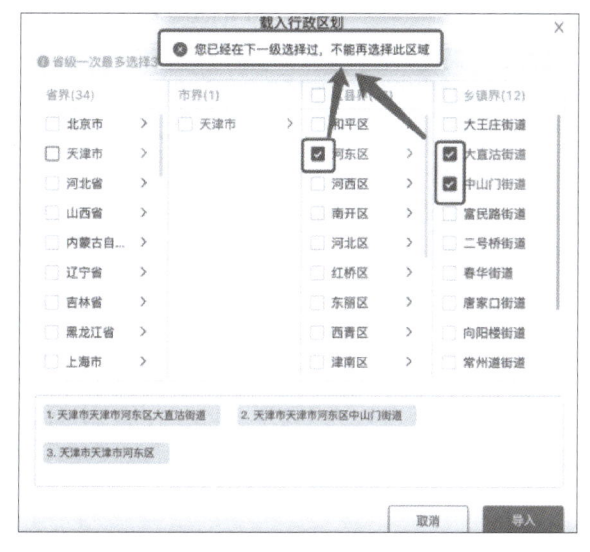

图 7-14　区划图层—载入行政区划—提示

七、区划修改

区划数据支持节点编辑，可以拖动修改范围。

操作步骤如下：

（1）选中区划数据，可见数据右侧"修改节点"按钮。

（2）单击"修改节点"按钮，在地图上选中节点，长按拖动区划节点可以调节区划范围；选中节点后，按 Delete 键可以删除节点修改区划范围。然后双击或者单击工具栏"√"按钮进行保存。

八、区划合并

区划数据可以同时选中多个区划面，合并成为一个区划。

操作步骤如下：

（1）单击地图右上角工具栏"合并"按钮，然后在地图上单击选择要被合并的区划。

（2）单击选中，再次单击反选，支持连续单击多个区划面，双击或者单击工具栏"√"按钮进行保存。

（3）合并后的区划名称及属性以第一个选择的区划为准。

九、区划拆分

区划面可通过线拆分、面拆分、行政区拆分三种方法，将一个区划分为两个。

注意：区划面的拆分，一定要实现选中一个区划数据，再单击"拆分"按钮，否则不知道要拆分哪个区划面。

1. 线拆分

（1）在被选中的区划面上，画一条贯穿整个区划面的直线，必须是与这个区划面相交的情况下才能拆分成功。

（2）画线完成后，双击或者单击工具栏"√"按钮进行保存。

2. 面拆分

（1）在被选中区划面上，画一个与被选中区划相交的面。

（2）画线完成后，双击或者单击工具栏"√"按钮进行保存。

3. 行政区拆分

在被选中区划面上，选中与之相交的行政区，可以按照行政区边界对该区划进行拆分。

操作步骤如下：

（1）选中区划面后，单击"行政区拆分"按钮。

（2）打开"行政区拆分"选择框，在地图上右键单击展开下级行政区，左键选中该行政区。

（3）单击"保存"按钮后，就会对被选择区划进行自动拆分。

"地图慧"软件业务区划规划其他功能介绍及操作步骤，请登录 http：//ehelp.dituhui.com 查看。

学思之窗

一、教学建议

（1）通过片区规划知识的教学，提升学生灵活运用知识的能力，培养学生规范化、标准化的操作技能。

（2）通过小组合作，完成配送片区的规划，培养学生认真仔细的态度与合作意识，提高学生分析问题、解决问题的能力。

（3）通过小组合作，讨论片区规划在物流中的应用，培养学生成本意识和服务意识。

（4）通过在配送规划中引入智能技术的讨论，提高学生的基本职业素养，培养学生的爱岗敬业的职业精神，增强学生的民族自信心。

二、典型素材

（一）内容介绍

丰巢

丰巢成立于2015年6月6日，致力于以智能设备为切入点，构建24h无人自助的物联网解决方案，形成智能软硬件服务、末端服务、增值服务、广告服务、电商服务的生态平台，链接不同群体共同互动创新，实现共赢。

丰巢以技术为驱动，挖掘和满足多场景定制化需求，覆盖快递柜、智能微仓、存包柜、政务柜等多种智能末端产品，以行业独角兽势能不断延伸，深耕最后一公里的多元化服务。

丰巢的发展历程如下：

2015年6月，由顺丰、韵达、申通、中通及普洛斯共同投资5亿元，丰巢正式成立。同年，首创智能柜自助寄件，实现智能柜收寄闭环。

2016年6月，丰巢再获5亿元增资，累计入柜包裹数量破亿；同年12月，成立丰巢互动媒体子公司，独立运营丰巢媒介服务。

2017年1月，完成25亿元A轮融资，丰巢市场估值达55亿元；同年9月，以8.1亿元收购中集e栈，终端布局规模达到行业领先水平，入柜包裹量破10亿。

2017年年底，丰巢中标爱沙尼亚邮政智能快递柜供应商，正式走出国门。

2018年1月，丰巢完成20.7亿元A+轮融资，市场估值达90亿元，成为独角兽企业。

2018年3月，丰巢入选科技部独角兽企业，用创新开辟快递柜行业新里程。

2018年6月，丰巢全自动八面智能快递柜正式落地，致力于未来无人化末端派送。

2018年10月，丰巢在行业内率先推出智能信包箱，实现住宅物业信件、包裹、报纸收发功能三合一。

2019年3月，丰巢第二研发中心在武汉成立，它与总部协同，助推丰巢智能化与无人化远景。

2019年3月，丰巢旗下"双面柜"落地浙江省政府，开启隔墙投递新操作，解决政府单位安检繁杂投递难题。

2019年6月，入选"2019福布斯中国最具创新力企业榜"，丰巢的创新能力得到了肯定。

2020年5月，丰巢与中邮速递易战略重组，完成200多个城市、27万多个网点的布局。

2020年10月，丰巢启动"新百城"计划，为更多城市提供智能服务。

2022年6月23日，丰巢宣布正式在全国上线丰巢自营洗衣服务。

（二）教学过程实施及预期效果

该案例在片区规划影响因素知识教学中使用。通过学习了解丰巢企业的发展历程，学生将知道现在快递智能柜的出现对配送时效的改变有多么重要，知道智能技术的引入对物流的发展有多么重要。通过该案例，培养学生的创新意识，提高学生的基本职业素养，培养学生的爱岗敬业精神，增强学生的民族自信心。

学有所思

(1) 除了任务中使用的"地图慧"软件，还有什么软件可以进行物流配送片区规划？

_____
_____
_____
_____

(2) 还有什么智能技术可以解决物流片区配送问题？请列举。

_____
_____
_____
_____

知识检测

一、单选题

1. (　　) 是指在工作日中任意工作时间段收派作业时，由一个或者几个派件员负责的最小服务区域。

　　A. 片区　　　　B. 单元　　　　C. 单元片区　　　　D. 服务片区

2. （　　）的终端客户主要是个人、电商类客户。
   A. 2D 型　　　　　B. 2C 型　　　　　C. 2B 型　　　　　D. 2A 型
3. 片区规划的影响因素不包括（　　）。
   A. 配送量　　　　B. 作业效率　　　C. 配送范围大小　D. 片区面积
4. 需要派件 100 件，容许的时间是 2 h，派件效率为 5 件／（人·h），且一人负责一个片区，那么需要（　　）个片区。
   A. 10　　　　　　B. 15　　　　　　C. 20　　　　　　D. 25
5. 根据经验进行区域划分，并结合现有订单和历史订单进行作业量预测称为（　　）。
   A. 电子地图维护　　　　　　　　　B. 单元片区规划
   C. 单元片区预算　　　　　　　　　D. 区域派件量预测
6. 片区规划与管理是依据一定的方法，以（　　）为单元进行规划管理。
   A. 单元区域　　　B. 行政区域　　　C. 商圈　　　　　D. 住宅区
7. 已知需要完成的作业量为 90 件，每小时派送 6 个快件，需 3 h 派送完，所需划分片区个数约为（　　）。
   A. 3　　　　　　　B. 4　　　　　　　C. 5　　　　　　　D. 6
8. （　　）全称是环绕路线，是由公路、铁路及其内部车辆共同组成的环行运输系统，主要特点是交通路线呈环形。
   A. 环线　　　　　B. 基线　　　　　C. 缓冲区　　　　D. 主道路
9. （　　）指的是配送过程中必经道路、主干道、穿越比较困难的道路。
   A. 环线　　　　　B. 基线　　　　　C. 缓冲区　　　　D. 主道路
10. （　　）分布于各基线附近，可以弹性调节片区作业量，协同作业。
    A. 环线　　　　　B. 基线　　　　　C. 缓冲区　　　　D. 主道路

二、多选题

1. 根据面对的终端客户不同，片区规划的类型大概可以分为（　　）和（　　）。
   A. 2A 型　　　　　B. 2B 型　　　　　C. 2C 型　　　　　D. 2D 型
2. 片区规划的影响因素中，涉及道路方面的因素有（　　）。
   A. 道路限行　　　B. 道路类型特点　C. 道路规模　　　D. 道路材质
3. 如果你是配送经理，需要在掌握城内交通状况的情况下，结合业务量与人员效率进行片区规划，你的做法是（　　）。
   A. 明确片区规划需求，搜集片区规划影响因素
   B. 根据片区规划需求，绘制片区环线，进行片区派件量预测
   C. 测算单元片区数量，寻找基线，进行初步划线分区
   D. 统计作业时间，调整缓冲区，制定调整方案
4. 人（片区）数＝工作量÷[（　　）×（　　）]。
   A. 时间　　　　　B. 数量　　　　　C. 面积　　　　　D. 工作效率
5. 片区规划的影响因素有（　　）。
   A. 配送量　　　　B. 片区类型　　　C. 作业效率　　　D. 道路限行
6. 按照服务区域的客户群所在的主要属性，区域分为（　　）。
   A. 商业区　　　　B. 商住混区　　　C. 住宅区　　　　D. 专业市场
   E. 学校医院
7. 进行初步划线分区时，应考虑把（　　）画为基线。
   A. 必经道路　　　B. 主干道　　　　C. 次干道　　　　D. 穿越比较困难的道路

8. 关于 2B 型配送的特征，说法正确的是（　　）。
A. 终端客户是店铺类型，包括商超店铺、连锁专卖店等
B. 配送目的地都是固定的地点，具有基本固定的收货人和装卸货特性
C. 调度是针对固定客户的线路设计
D. 地点和收货人是随机分布的，对收货的需求也比较个性化，因此其复杂性会更高一些

9. 关于 2C 型配送的特征，说法正确的是（　　）。
A. 终端客户是个人、电商类客户
B. 地点和收货人是随机分布的，对收货的需求也比较个性化，因此其复杂性会更高一些
C. 终端客户是店铺类型，包括商超店铺、连锁专卖店等
D. 调度是针对不固定客户的区域划分和工作分配

10. 关于 2B 型片区规划，说法正确的是（　　）。
A. 常用的管理方法是：一条线路对应多个固定的点，每个点对应唯一的配送顺序
B. 若 A 线路 30 个网点均要配送，则按既定的配送顺序，从 A1 依次配送到 A30
C. 若其中只有 20 个网点要配送，则不配送的网点就跳过，顺序就变成了 A1、A3、A4、A6、…
D. 由于货量的变化，还可能需要对线路进行动态拆分

三、判断题

1. 片区规划是依据一定方法对片区进行合理划分，以此对片区的人员、班次、模式、业务、市场、服务、质量、资源投入等进行管理，确保提升业务、服务质量等片区管理效益。（　　）

2. 多个小区域划分后形成小组的形式，选出小组长，在划区安排车辆完成后，如有类似的情况由小组长协助小组内部自行消化。这样的安排也给划区、调度等工作带来了一定的包容性。（　　）

3. 区域范围过大或派件量较多时，应分析劳动强度，适当拆分片区。（　　）

4. 各片区派件量较大，劳动效率低时，需要适时合并片区。（　　）

5. 已知片区 A 与片区 B 的工作时间为 7 h，基本饱和，不做调整。片区 C 的工作时间为 11 h，其南侧片区 D 的工作时间为 6.5 h，因此可根据实际情况将片区 C 南侧的部分作业调给片区 D。（　　）

学习评价

根据学习情况完成表 7-5 和表 7-6。

表 7-5　职业核心能力测评表

(在□中打√，A 通过，B 基本掌握，C 未通过)

职业核心能力	评估标准	评价结果
素质方面	1. 践行社会主义核心价值观，具有深厚的爱国情感和中华民族自豪感；	□A　□B　□C
	2. 具有社会责任感和社会参与意识；	□A　□B　□C
	3. 具有质量意识、成本意识、环保意识、安全意识、信息素养、工匠精神、创新思维；	□A　□B　□C
	4. 具有吃苦耐劳、认真仔细、5S 管理、团队合作等职业道德	□A　□B　□C

续表

职业核心能力	评估标准	评价结果
知识方面	1. 掌握必备的思想政治理论和科学文化基础知识； 2. 熟悉与本专业相关的法律法规以及环境保护、安全消防、设备安全等相关知识； 3. 掌握片区规划的概念； 4. 掌握片区规划的类型； 5. 掌握片区规划的影响因素； 6. 掌握"地图慧"软件的使用方法； 7. 掌握片区数量的计算	□A □B □C □A □B □C □A □B □C □A □B □C □A □B □C □A □B □C □A □B □C
能力方面	1. 能够根据业务量与城市交通道路情况，结合作业效率，进行片区规划； 2. 能够使用片区规划软件规划片区	□A □B □C □A □B □C
学生签字：	教师签字：	年　月　日

表7-6　专业能力测评表

（在□中打√，A 通过，B 基本掌握，C 未通过）

专业能力	评价指标	自测结果	要求
片区规划	1. 片区规划的定义； 2. 片区规划的影响因素； 3. 片区规划的类型	□A □B □C □A □B □C □A □B □C	能够按照业务量与城市交通道路情况，结合作业效率进行片区规划
软件操作	1. "地图慧"软件的认知； 2. "地图慧"软件的使用方法； 3. 使用"地图慧"软件完成片区规划	□A □B □C □A □B □C □A □B □C	能够使用片区规划软件规划片区
教师评语：			
成绩：		教师签字：	

模块八

路径规划

任务一　路径规划

任务概述

本任务需要仓储规划与设计人员根据客户的配送要求，结合车流量的变化、道路状况、客户的分布状况、配送中心的选址、道路交通网、车辆额定载重量以及车辆运行限制等情况，运用节约里程法（Saving Algorithm），使用智能规划软件完成配送路径规划，使客户所需的不同货物能及时、安全、方便、经济地送达客户手中，为其提供优良的配送服务。

学习计划表

【学习目标】
(1) 运用节约里程法完成配送路径规划。
(2) 使用智能规划软件完成配送路径规划。
(3) 能够按照业务量与城市交通道路情况，根据实际网点分布，进行配送路径优化。
根据课前预习及学习情况填写表8-1。

表8-1　学习计划表

项目		基础知识	利用分析方法分析配送路径	利用软件完成配送路径规划
课前预习	预习时间			
	预习结果	1. 难易程度 　偏易（即读即懂）（　　）　　　适中（需要思考）（　　） 　偏难（需查资料）（　　）　　　难（不明白）　（　　） 2. 需要课堂提问内容 _____ _____ 3. 问题总结 _____ _____		

· 293 ·

续表

项目		基础知识	利用分析方法分析配送路径	利用软件完成配送路径规划
课后复习	复习时间			
	复习结果	1. 掌握程度 　了解（　　）　　熟悉（　　）　　掌握（　　）　　精通（　　） 2. 疑点、难点归纳 		

【知识目标】

（1）掌握配送路径规划的原则。

（2）掌握配送路径规划的目标与约束条件。

（3）掌握节约里程法的定义与应用。

【技能目标】

（1）能够根据相关信息，利用经验来优化物流路径。

（2）能够利用数学计算的方法来优化物流路径。

（3）能够从多种优化方案中选取合理物流路径。

【素养目标】

（1）培养学生规范化、标准化的操作技能。

（2）培养学生的成本意识和服务意识。

（3）培养学生分析问题、解决问题的能力。

（4）培养学生吃苦耐劳的精神、认真仔细的态度、遵守5S管理制度的习惯，加强学生团队合作的意识。

情境导入

某物流公司作为第三方仓储配送企业，为全国各地的食品生产厂家、供货商、零售商提供仓储配送服务。目前，它需要为西安市区城墙内的客户提供电商配送服务。西安市区城墙内钟楼片区的配送站点在西安市第四医院西门，各配送点分布情况见图8-1。公司现有三种车辆，车辆信息见表8-2。一次循环路径的长度不能超过35 km。

表8-2　公司车辆信息

车辆型号	有效载重量/t	有效容量/m³	可用数量/辆	费用/元
A	3	5	20	150
B	5	8	15	200
C	8	12	5	400

任务要求：针对西安市地理区位特点及交通状况等要点，结合附件1（请扫描下面二维码）中的数据内容，运用节约里程法进行该区域配送路径的规划与设计。

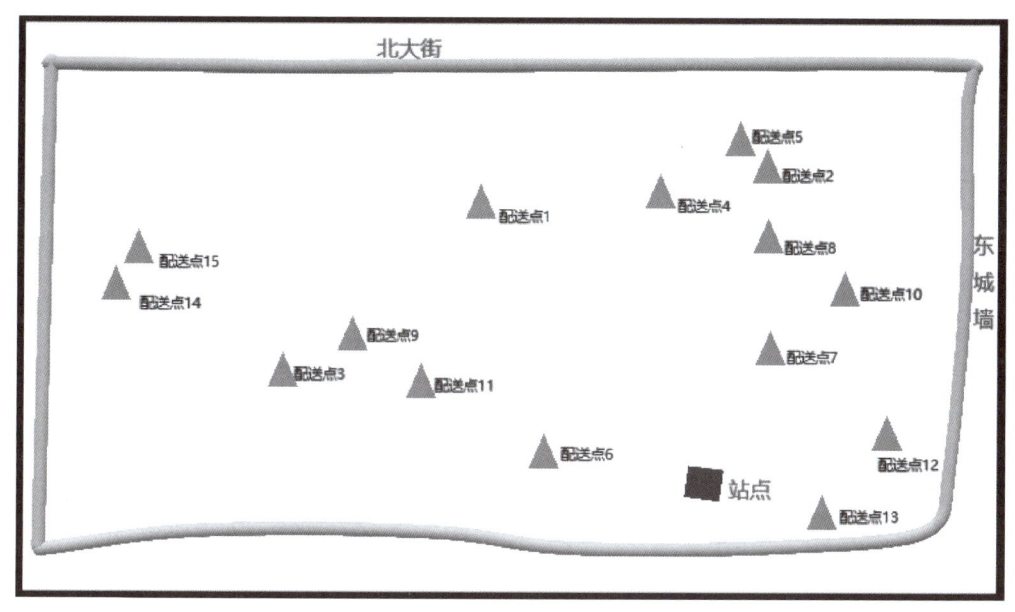

图 8-1　西安市区城墙内钟楼片区配送点分布

附件 1　钟楼片区各配送点数据

任务解析

片区规划好后,配送员的服务区域明确了,但如何行走也会决定配送的时效。因此,如何根据配送业务量、城市交通道路情况及实际网点分布进行配送路径的规划与优化,就显得十分关键和有意义。

本任务以某个具体的配送区域和业务量作为主线,学习如何进行配送路径规划,主要包括两个方面内容:一是学习如何明确路径规划需求与规划原则,分析路径规划影响因素;二是学习如何运用节约里程法、路径规划软件等进行路径规划,并根据实际情况进行调整。本任务的重难点是能够恰当合理地进行路径规划。

相关知识

一、路径规划

路径是连接起点位置和终点位置的序列点或曲线,而构成路径的策略称为路径规划。路径规划在很多领域都有广泛的应用,在物流中可以体现为车辆路径问题(Vehicle Routing Problem)。本任务所说的路径规划,指的是车辆路径问题,不包括其他领域的路径规划。

车辆路径问题最早是由 Dantzig 和 Ramser 于 1959 年提出的。车辆路径问题,是现实中十分普遍的一种车辆调配问题，特别是对于大量服务对象的实体。解决此类问题时，核心问题是如何对车辆进行调度。

车辆路径规划问题一般是针对一系列发货点和收货点，调用一定的车辆，组织适当的行车路径，使车辆有序地通过它们，在满足指定的约束条件下（货物的需求量与发货量、车辆可载量限制、交发货时间、行驶里程限制、行驶时间限制等），力争实现一定的目标（如车辆空驶里程最短、运输总费用最低、车辆按一定时间到达、使用的车辆数最小等）。

二、路径规划的原则

路径规划时必须遵守一定的原则，具体表现为：

（1）原则一：同一区域内，相互临近的送货点货物装载在同一辆车上配送，以便使送货点之间的运行距离最小化（见图8-2）。

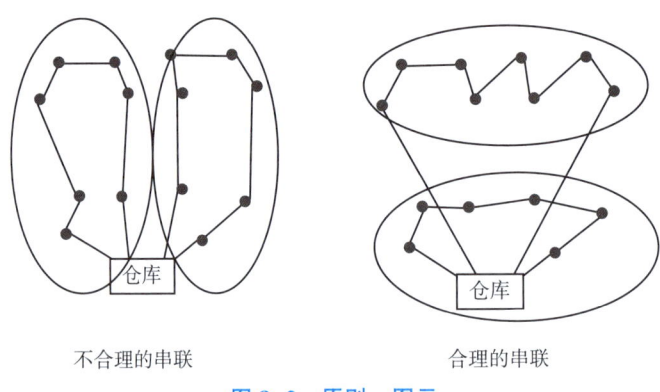

图 8-2　原则一图示

（2）原则二：送货车辆顺次途经各停车点的路径要呈凸状，或泪滴形，各条路径之间是不交叉的（见图8-3）。

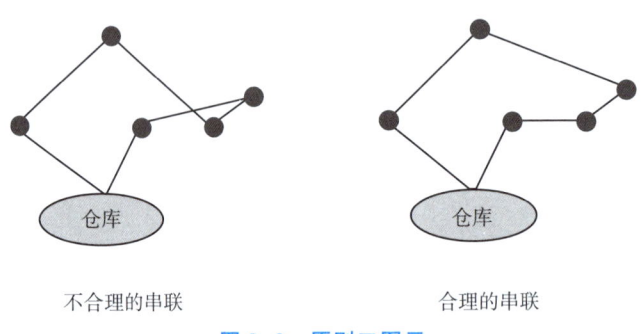

图 8-3　原则二图示

（3）原则三：运行路径从仓库最远的送货点开始，送货车辆依次装载邻近这个关键送货点的货物，一辆送货车装载满后，再安排另一辆送货车装载另一个较远的送货点的货物（见图8-4）。

（4）原则四：在道路允许的条件下，应优先使用载重量最大的送货车，将路径上所有要求运送的货物都装载。

（5）原则五：提货应混在送货过程中进行，而不要在运行路径结束后再进行（见图8-5）。

（6）原则六：时效要求相近的货物同一车装载，如要求同一天配送，或中午12：00前配送（见图8-6）。

（7）原则七：对偏离集中送货区域的送货点，一是可以使用小载重量的车辆专门为这些送货点单独送货，二是可以选择租用车辆或外包服务为这些送货点送货（见图8-7）。

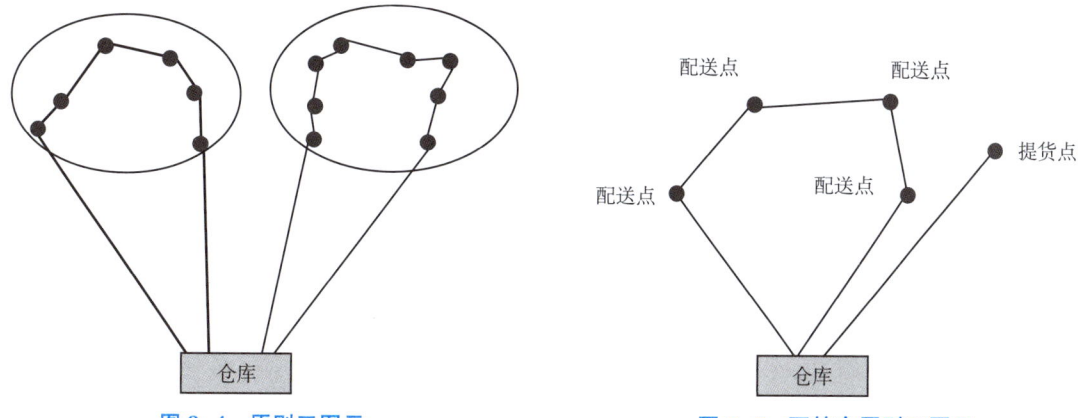

图8-4 原则三图示

图8-5 不符合原则五图示

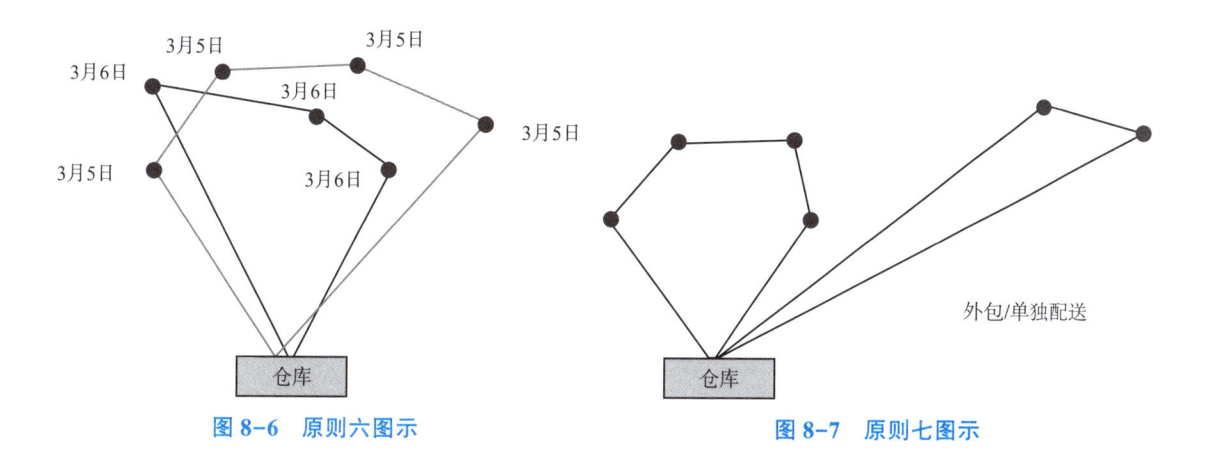

图8-6 原则六图示

图8-7 原则七图示

（8）原则八：给各送货点预留合理的送货点工作时间，保证按照规定的时间到达（见图8-8）。

三、路径规划的目标与约束条件

（一）路径规划的目标选择

路径规划目标的选择是根据配送的具体要求、配送中心的实力及客观条件来确定的。配送路径规划的目标可以有多种选择。

（1）以效益最高为目标：计算时以利润最大化为目标。

（2）以成本最高为目标：实际上也是选择了以效益为目标。

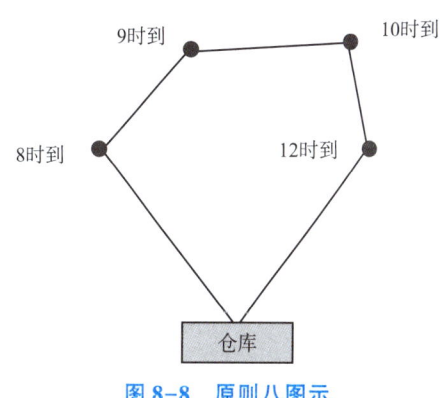

图8-8 原则八图示

（3）以里程最短为目标：如果成本与路程相关性较强，可以选它作为目标。

（4）以吨公里数最小为目标：在"节约里程法"的计算中，采用这一目标。

（5）以准确性最高为目标：它是配送中心重要的服务指标。

当然还可以选择运力利用最合理、劳动消耗最低作为目标。

（二）路径规划的约束条件

(1) 满足所有收货人对货物品种、规格、数量的要求。
(2) 满足收货人对货物送达时间的要求。
(3) 在通告的时间段内进行配送。
(4) 在通告的区域内进行配送；
(5) 在配送中心现有运力允许的范围内进行配送。

四、节约里程法

当配送中心同时向多个客户开展送货，而每个客户的送货量都不能满足配送车辆满载，这时就采用拼装送货。送货时，由一辆车装载所有客户的货物，沿着一条精心设计的最佳路径一次将货物送到各客户手中，这样既保证按时按量将客户需要的货物及时送达，又节约了车辆，节省了费用，缓解了交通紧张的压力，并减少了运输对环境造成的污染。这种配送方法就是节约里程法。

节约里程法图示见图 8-9，已知 P 点为配送中心，它分别向客户 A 和 B 送货。设配送中心 P 点到客户 A 和 B 的距离分别为 a 和 b，客户 A 和 B 之间的距离为 c。现有两种送货方案：在方案一 ［见图 8-9（a）］中，配送距离为 $2(a+b)$；在方案二 ［见图 8-9（b）］中，配送总距离为 $a+b+c$。对比这两个方案，配送距离越小，则说明方案越合理。由方案一的总配送距离，减去方案二的总配送距离，可得：

$$2(a+b)-(a+b+c)=(2a+2b)-a-b-c=a+b-c$$

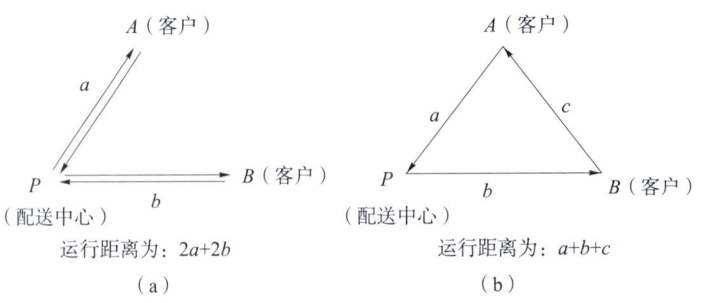

图 8-9 节约里程法图示

若把方案二的配送路径看成一个三角形，那么 a、b、c 则是这个三角形三条边的长度。由三角形的几何性质可知，三角形中任意两条边的边长之和大于第三边的边长。因此，可以认定 $a+b-c>0$，因此方案二优于方案一，节约了 $a+b-c$ 的里程。这种分析方案优劣的思想，就是节约里程法的基本思想。

节约里程法，也称作 C-W 算法，是 Clarke 和 Wright 在 1964 年提出的。它是用来解决运输车辆数目不确定的 VRP 问题中最有名的启发式算法。

如果将 VRP 问题存在的两个回路合并后总的运输距离下降，则进行合并操作，如回路 $(0,\cdots,i,0)$ 和回路 $(0,\cdots,j,0)$ 可合并成为一个回路 $(0,\cdots,i,\cdots,j,0)$，如果变化后的运输距离下降，则称节约了运输距离，相应的变化值叫作节约距离。计算公式如下：

$$\Delta C_{ij}=C_{i0}+C_{0j}-C_{ij}$$

例 8-1 某配送中心 P 将于 2023 年 4 月 30 日向沃尔玛（A）、大润发（B）、乐购超市（C）、

家乐福（D）、百佳超市（E）、天同货仓（F）、信义超市（G）、华润万家（H）、麦德龙超市（I）9家公司配送货物。见图8-10，图中连线上的数字表示公路里程（km）。靠近各公司的数字，表示各公司对货物的需求量（t）。配送中心备有4 t和6 t载重量的汽车可供使用，且汽车（只按顺时针方向行驶）一次巡回里程不能超过35 km。设送到时间均符合客户要求，试用节约里程法制定最优的配送方案。

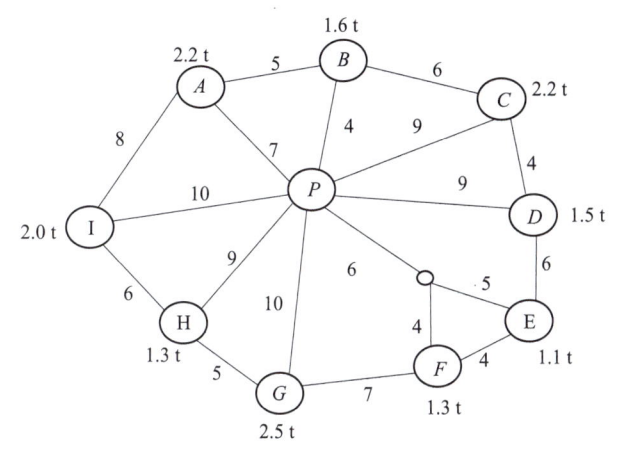

图8-10 节约里程法配送网络

分析：

（1）第一步，作出最短距离矩阵，从配送网络图中列出配送中心与各个客户间的最短距离矩阵，见图8-11。

	P	A	B	C	D	E	F	G	H
A	7								
B	4	5							
C	9	11	6						
D	9	15	10	4					
E	11	18	15	16	6				
F	10	17	14	14	10	4			
G	10	17	14	19	17	11	7		
H	9	14	13	18	18	16	12	5	
I	10	8	13	19	19	21	18	11	6

图8-11 最短距离矩阵

（2）第二步，从最短矩阵中，计算客户相互间的节约里程，见图8-12。

	A	B	C	D	E	F	G	H
B	6							
C	5	7						
D	1	3	9					
E	0	0	4	14				
F	0	0	5	9	17			
G	0	0	2	2	10	13		
H	2	0	1	0	4	7	14	
I	9	1	1	0	0	2	9	13

图8-12 客户相互间的节约里程矩阵

（3）第三步，将节约里程按从大到小顺序排列，见表8-3。

表 8-3 节约里程排序表

序号	连接节点	节约里程数	序号	连接节点	节约里程数
1	E-F	17	14	A-C	5
2	D-E	14	15	C-F	5
3	G-H	14	16	C-E	4
4	F-G	13	17	E-H	4
5	H-I	13	18	B-D	3
6	E-G	10	19	A-H	2
7	A-I	9	20	C-G	2
8	C-D	9	21	D-G	2
9	D-F	9	22	F-I	2
10	G-I	9	23	A-D	1
11	B-C	7	24	B-I	1
12	F-H	7	25	C-H	1
13	A-B	6	26	C-I	1

（4）第四步，修正初始方案：按节约里程大小顺序，组成配送路径，见图 8-13。

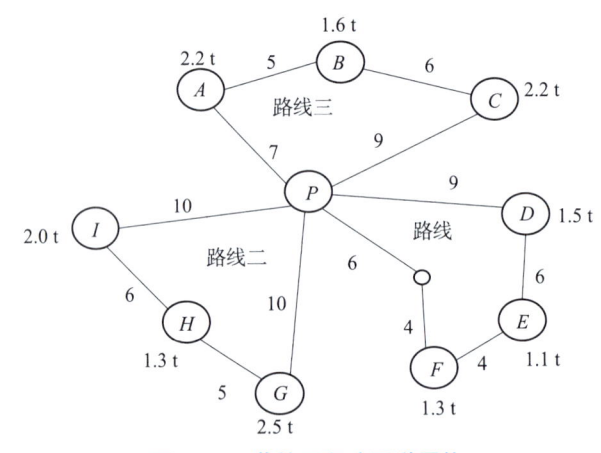

图 8-13 节约里程法配送网络

根据节约里程计算出最优路径。

路径一：P—D—E—F—P，里程 = 9+6+4+4+6 = 29（km），载重量 = 1.5+1.1+1.3 = 3.9（t），选载重量为 4 t 的车。

路径二：P—G—H—I—P，里程 = 10+5+6+10 = 31（km），载重量 = 2.5+1.3+2.0 = 5.8（t），选载重量为 6 t 的车。

路径三：P—A—B—C—P，里程 = 7+5+6+9 = 27（km），载重量 = 2.2+1.6+2.2 = 6.0（t），选载重量为 6 t 的车。

总计 3 辆车，其中 1 辆为载重量 4 t 的车，2 辆为载重量 1 t 的车。

任务过程展现

一、明确规划需求与规划原则，分析路径规划影响因素

钟楼商圈是西安最有影响力的商圈，也是西安市中心商圈，商业氛围浓厚，人行流量大，道路较拥堵，禁止大车辆通行，以小型的车辆进行配送。

东南西北中各道路对路径规划影响因素如下：

（1）南：东大街，为主干道，道路易拥堵，截至2022年年初地铁6号线修建中。
（2）西：北大街，为主干道，道路易拥堵。
（3）北：西五路，为主干道。
（4）东：顺城东路北段，道路状况良好。
（5）中：解放路，为主干道，平时交通状况较为拥堵。

二、应用节约里程法与智能软件进行路径规划

（一）计算配送点之间的节约里程

（1）配送站点到配送点1的距离 $C_{01} = 1.6$ km。
（2）配送站点到配送点2的距离 $C_{02} = 1.03$ km。
（3）配送点1到配送点2的距离 $C_{12} = 1.54$ km。
（4）根据公式 $\Delta C_{ij} = C_{i0} + C_{0j} - C_{ij}$，节约里程 $\Delta C_{12} = C_{10} + C_{02} - C_{12} = 1.6 + 1.03 - 1.54 = 1.09$（km）。具体结果见图8-14，节约里程为负数的，无实际意义，记为"0"。

单位（km）	配送点1	配送点2	配送点3	配送点4	配送点5	配送点6	配送点7	配送点8	配送点9	配送点10	配送点11	配送点12	配送点13	配送点14	配送点15
配送点1	0	1.09	1.58	0.85	0.85	0.8	0.65	0.68	1.58	0.68	1.52	0.12	0.12	1.58	1.58
配送点2		0	0.74	1.24	0.28	0.49	0.94	1.44	0.74	1.44	0.68	0.54	0.54	0.74	0.74
配送点3			0	1	1	1.61	0.81	1	2.53	0.83	2.47	0.28	0.29	2.53	2.53
配送点4				0	1.42	0	0	0.38	0	0.37	0	0	0	0	0
配送点5					0	0	0.09	0.59	0	0.59	0	0	0	0	0
配送点6						0	0.49	0.95	1.33	0.51	1.7	0	0	1.32	1.33
配送点7							0	0.35	0.73	0.95	0.66	0.42	0.42	0.72	0.73
配送点8								0	0.24	1.27	0.57	0.66	0.62	0.81	0.85
配送点9									0	1.24	1.35	0.1	0.07	2.31	2.43
配送点10										0	0.67	0.79	0.75	0.91	1.05
配送点11											0	0.33	0	1.42	1.86
配送点12												0	0.06	0	0
配送点13													0	0.04	0.28
配送点14														0	3.1
配送点15															0

图8-14 节约里程矩阵

（二）节约里程按从大到小顺序排列

将节约里程按从大到小顺序排列，具体结果见表 8-4。

表 8-4　节约里程排序表

序号	路径	节约里程/km	序号	路径	节约里程/km	序号	路径	节约里程/km	序号	路径	节约里程/km	序号	路径	节约里程/km
1	14-15	3.1	18	11-14	1.42	35	10-14	0.91	52	2-11	0.68	69	7-13	0.42
2	3-15	2.53	19	4-5	1.42	36	1-4	0.85	53	1-8	0.68	70	4-8	0.38
3	3-9	2.53	20	9-11	1.35	37	1-5	0.85	54	1-10	0.68	71	4-11	0.37
4	3-14	2.53	21	6-15	1.33	38	8-15	0.85	55	10-11	0.67	72	7-8	0.35
5	3-11	2.47	22	6-9	1.33	39	3-10	0.83	56	7-11	0.66	73	11-12	0.33
6	9-15	2.43	23	6-14	1.32	40	8-14	0.81	57	8-12	0.66	74	3-13	0.29
7	9-14	2.31	24	8-10	1.27	41	3-7	0.81	58	1-7	0.65	75	3-12	0.28
8	11-15	1.86	25	2-4	1.24	42	1-6	0.8	59	8-13	0.62	76	12-15	0.28
9	6-11	1.7	26	9-10	1.24	43	10-12	0.79	60	5-8	0.57	77	2-5	0.28
10	3-6	1.61	27	1-2	1.09	44	10-13	0.75	61	5-10	0.59	78	8-9	0.24
11	1-3	1.58	28	10-15	1.05	45	2-14	0.74	62	8-11	0.57	79	1-12	0.12
12	1-9	1.58	29	3-4	1	46	2-8	0.74	63	2-10	0.54	80	1-13	0.12
13	1-14	1.58	30	3-5	1	47	2-9	0.74	64	2-13	0.54	81	9-12	0.1
14	1-15	1.58	31	3-8	1	48	2-15	0.74	65	6-10	0.51	82	5-7	0.09
15	1-11	1.52	32	6-8	0.95	49	7-9	0.73	66	6-7	0.49	83	9-13	0.07
16	2-8	1.44	33	7-10	0.95	50	7-15	0.73	67	2-6	0.49	84	12-13	0.06
17	2-10	1.44	34	7-10	0.94	51	7-14	0.72	68	7-12	0.42	85	13-14	0.04

（三）制定配送路径，按节约里程大小的顺序组成路径图

（1）初次解：

① 路径数：15 条，由站点对每个配送点进行单独配送。

② 总行走距离：32.72 km，即站点到各配送点的配送所需距离之和。

③ 总车辆数：15 辆 A 型车。

④ 总花费：150×15 = 2 250（元）。

（2）二次解：

① 按节约里程由大到小排序：14-15，3-15，3-9，3-14。

② 连接配送点 14-15，配送点 3-9，配送点 3-14。

③ 形成路径 A：站点—配送点 9—配送点 3—配送点 14—配送点 15—站点。

④ 节约里程：8.16 km。

⑤ 总行走距离：32.72-8.16 = 24.56（km）。

⑥ 总车辆数：12 辆 A 型车。

⑦ 总花费：12×150 = 1 800（元）。

（3）三次解：

① 按节约里程由大到小排序。

② 选择连接：6-11，1-15，11-9。

③ 形成路径 B：站点—配送点 6—配送点 11—配送点 9—配送点 3—配送点 14—配送点 15—配送点 1—站点。

④ 节约里程：12.79 km。

⑤ 总行走距离：32.72-12.79＝19.93（km）。

⑥ 总车辆数：9 辆 A 型车。

⑦ 总花费：9×150＝1 350（元）。

（4）四次解：

① 因多个配送点已经规划至路径 A 中，所以按节约里程由大到小选择连接：10-8，8-2，2-4，4-5。

② 形成路径 C：站点—配送点 10—配送点 8—配送点 2—配送点 4—配送点 5—站点。

③ 节约里程：5.37 km。

④ 至此，共节约里程：12.79+5.37＝18.16（km）。

⑤ 总车辆数：5 辆 A 型车。

⑥ 总花费：5×150＝750（元）。

（5）最终解：

① 按节约里程由大到小排序（除去已经规划进上述路径中的配送点）。

② 选择连接：12-13，5-7，12-10。

③ 形成路径 D：站点—配送点 13—配送点 12—配送点 10—配送点 8—配送点 2—配送点 4—配送点 5—配送点 7—站点。

④ 节约里程：0.94 km。

⑤ 至此，共节约里程：18.16+0.94＝19.10（km）。

⑥ 总行走距离：32.72-19.10＝13.62（km）。

（6）因此规划出以下两条路径：

① 路径 1：站点—配送点 6—配送点 11—配送点 9—配送点 3—配送点 14—配送点 15—配送点 1—站点。

行走距离为 8.45 km，配送重量为 2.7 t，配送体积为 4.4 m³，需配置 1 辆 A 型车。

② 路径 2：站点—配送点 13—配送点 12—配送点 10—配送点 8—配送点 2—配送点 4—配送点 5—配送点 7—站点。

行走距离为 5.17 km，配送重量为 4.5 t，配送体积为 6.8 m³，需配置 1 辆 B 型车。（因为配送重量与体积超出 A 型车的容量，故选择 B 型车）

（7）通过节约里程法规划的路径 1 和路径 2 共同完成 15 个配送点的配送任务。

① 总街距离：13.62 km。

② 总节约里程：19.10 km。

③ 总车辆数：1 辆 A 型车、1 辆 B 型车，共 2 辆车。

④ 总花费：150+200＝350（元）。

（四）应用智能规划软件进行路径规划

登录 www.dituwuyou.com，注册"地图无忧"软件账号，应用软件的路径规划功能进行路径规划，根据实际情况进行调整路径。

将配送点信息导入地图软件中，以解放路为划分，统计配送路径 1、配送路径 2 的配送量。

1. 规划路径1

(1) 将站点设置为起点，途经配送点1，3，6，9，11，14，15，并将站点设置为终点，单击"规划路线"按钮，具体见图8-15。

图8-15 路径规划设置

(2) 生成规划路径，并保存。

规划路径总长为7.38 km，具体路径为：站点—配送点6—配送点11—配送点9—配送点3—配送点15—配送点14—配送点1—站点，见图8-16。

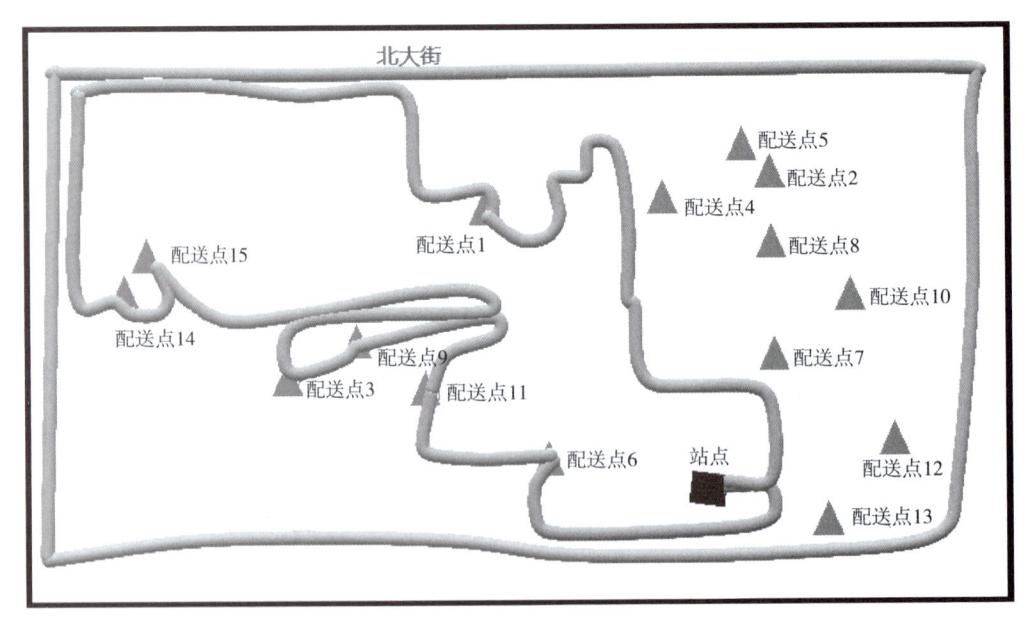

图8-16 生成规划路径1

（3）优化路径。

a. 因北大街交通比较拥堵，因此建议当车辆配送完配送点 15，14 后走小道至配送点 1；

b. 配送点 1 至终点的路有绕行，建议直接走小道到终点，而不绕行解放路。

2. 规划路径 2

（1）将站点设置为起点，途径配送点 2，4，5，7，8，10，11，12，并将站点设置为终点，单击"规划路线"按钮。

（2）生成规划路径，并保存。

规划路径总长为 4.72 km，具体路径为：站点—配送点 13—配送点 12—配送点 10—配送点 8—配送点 4—配送点 5—配送点 2—配送点 7—站点（见图 8-17）。

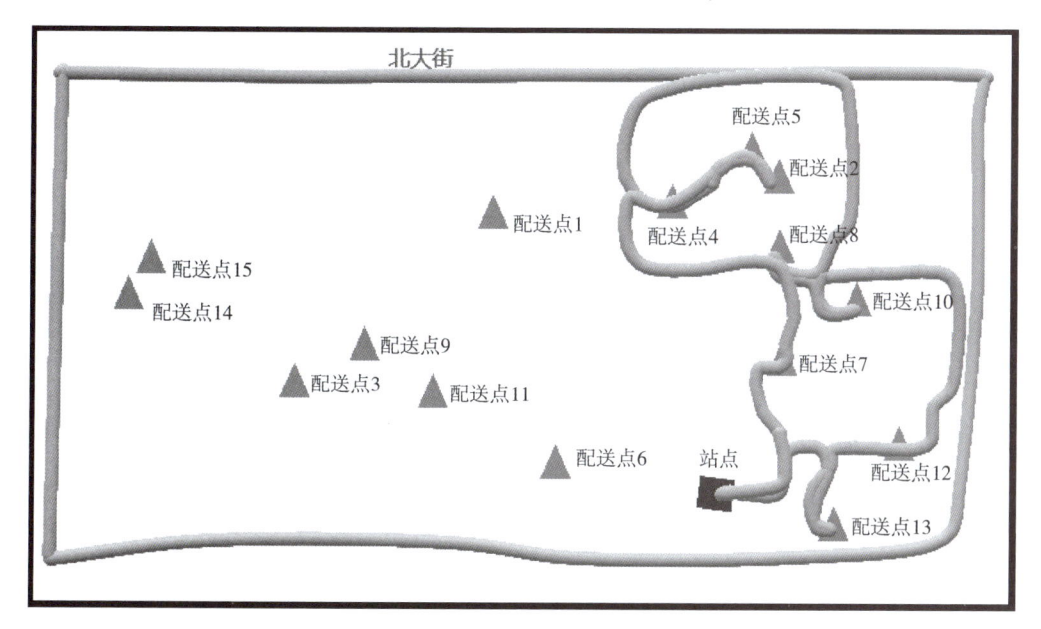

图 8-17　生成规划路径 2

（3）优化路径。

a. 智能路径规划中，有交叉的路径，不符合路径规划的原则，因此建设调整为：站点—配送点 13—配送点 12—配送点 10—配送点 8—配送点 2—配送点 5—配送点 4—配送点 7—站点。

b. 配送点 2 至配送点 5 的路程有绕行，可从小道直接穿行。

提升训练

节约里程法

根据不同客户的需求特点，整合影响配送的各种要素，合理配置车辆，优化物流路径，将客户所需的商品准确送达，最终达到节省时间、运距和降低物流成本的目的。

一、项目背景（可根据学校特色调整）

某配送中心 P 将于某日向德麟（A）、德来（B）、德嫣（C）、德家（D）、德兰（E）、德乐（F）、德程（G）7 家公司配送货物，见图 8-18，图中连线上的数字表示公路里程（km），靠近各公司括号内的数字，表示各公司对货物的需求量（t）。配送中心备有 4t 和 6t 载重量的汽车可供使用，假设送到时间均符合客户要求。

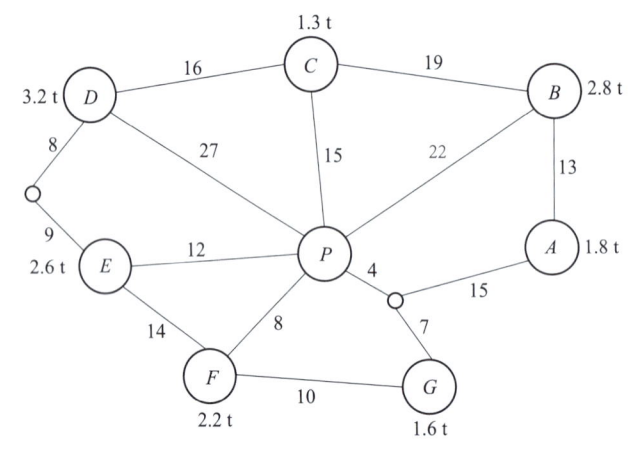

图 8-18 配送中心 P 配送网络

二、成本核算

配送中心在向客户配送货物的过程中每小时平均支出成本为 220 元，假定汽车行驶的平均速度为 38.5 km/h，试比较计算优化后的方案比往返向各客户分送的方式可节约多少费用。

三、设计要求

（1）计算配送中心到各客户以及各客户之间的最短距离，做出最短距离矩阵，见图 8-19。

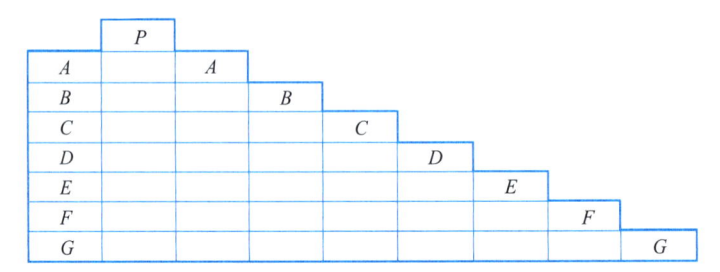

	P	A	B	C	D	E	F
A							
B		A					
C			B				
D				C			
E					D		
F						E	
G							F

图 8-19 最短距离矩阵

（2）计算节约里程，做出节约里程矩阵，见图 8-20。

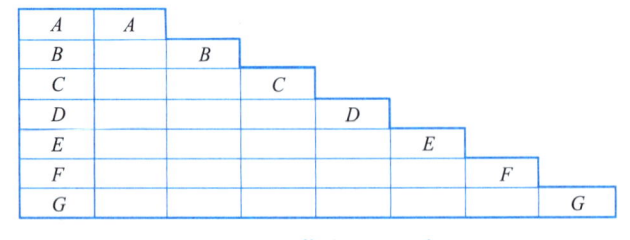

	A	B	C	D	E	F
A						
B	B					
C		C				
D			D			
E				E		
F					F	
G						G

图 8-20 节约里程矩阵

（3）将节约里程按从大到小顺序排列，编制节约里程排序表，见表 8-5。

表 8-5 节约里程排序表

序号	路径	节约里程
1		
2		
3		
4		
5		
6		
7		
8		

（4）绘制配送路径。

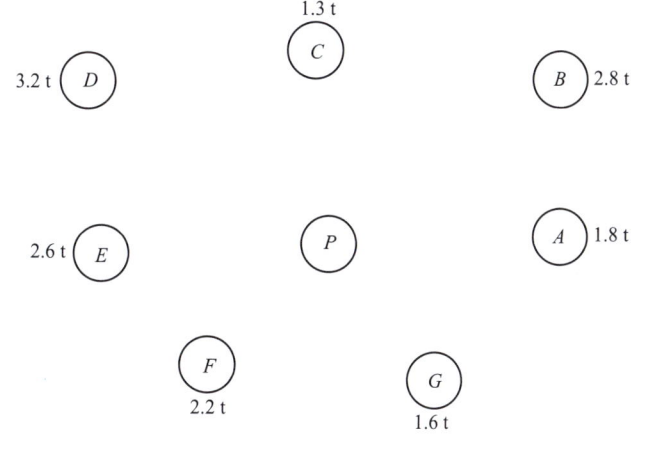

3.2 t D　　　1.3 t C　　　B 2.8 t

2.6 t E　　　P　　　A 1.8 t

F 2.2 t　　　G 1.6 t

（5）优化成本核算（要有计算过程）。

（6）制定指导方案。

知识拓展

"地图慧"软件线路规划操作指引

一、标注线路

创建一个线路图层，然后在线路图层里，单击地图右上角工具栏"画线"按钮，进行画线操作。操作步骤如下：

（1）单击"创建图层"按钮，选择"线路"类型，填写图层名称，新创建一个线路图层（见图8-21）。

图 8-21 线路图层——创建

（2）创建成功进入线路图层后，在地图工具栏单击"画线"按钮，然后将鼠标移动到地图上，选择起点。

（3）连续单击选择画线路径，然后双击结束绘制，或者单击工具栏里"√"按钮结束绘制。

（4）填写线路内容，这里的内容与网点、区划一样，都是可以在数据表格里进行自定义的。

(5) 填写完成保存，选中线路数据，数据右侧有"调整节点"按钮，与区划调整按钮相似，打开后，线路出现节点，可以单击拖拽，可以按 Delete 键删除节点，调整完成后双击，或者单击工具栏"√"按钮进行保存。

二、多路线规划

多路线规划是把多个点一次性规划出 2 条或者 2 条以上的路线，以达到合理分配路线、降低重复、节省成本的目的。

功能介绍：支持单起点、多途经点、多种终点模式，规划出多条路线，可自定义路线条数。

1. 起点

添加方式：支持 POI 搜索、网点搜索，支持地图上画点。

2. 途经点

添加方式：支持 POI 搜索、网点搜索，支持地图上画点，支持批量导入，支持按图层选择。

3. 终点

添加方式：

(1) 支持途经点即终点：不需要终点设置，途经点自动排序在最后的一个就是终点。

(2) 支持起点即终点：途经点自动排序后，最后一个途经点直接连接到起点，路线形成闭环。

(3) 支持指定终点：指定一个终点，指定方式与起点一样，支持搜索和地图上画点，起点和途经点自动排序后，最后回到指定的终点处。

三种模式，可以任选其一。

4. 路线设置

(1) 最优策略。指在驾车模式下，可以选择按照哪种策略规划路线。策略选择如下：

① 时间最短：就是按照距离最短，且考虑路况情况规划。

② 距离最短：只考虑距离，不考虑路况。

③ 成本最低：不走高速路，不考虑路况。

(2) 停留时长。可以设置每个途经点的停留时长（以分钟为单位）。

(3) 路线条数。路线的划分大致分为两种：一种是用户自定义路线条数；另一种是用户也不知道几条路线，需要系统帮忙规划。

(4) 按时长均衡。规划出的多条路线之间，每条路线跑的时长都差不多。

(5) 按配送量均衡。规划出的多条路线之间，每条路线跑的途经点量都差不多。

5. 规划结果

单击"开始规划"按钮，完成多路线规划。

三、单路线规划

单路线规划是把多个点进行智能排序，规划成一条路线。功能包括支持单起点、多途经点、多种终点模式，可规划出一条路线。单路线规划的具体功能操作与多路线规划功能操作一样，只是没有路线设置功能。

四、历史记录

每次做路线规划，系统都会自动记录到"历史记录"里，可以单击查看以往规划记录。

1. 入口

路线规划的"历史记录"入口界面见图 8-22。

(1) 在路线规划右上角，有历史记录入口。"单路线规划""多路线规划"的结果都会自动进行记录，单击进入该界面。

（2）在"路线规划"模块下展开二级模块"历史记录"，单击可以进入。

2. 历史记录列表

历史记录列表的功能包括：

（1）支持按照时间段搜索记录。

（2）支持单个删除记录。

（3）支持一键删除全部记录。

（4）支持单击查看规划历史详情。

历史记录里按照时间倒序排列，可以从列表看到是单路线记录还是多路线记录，以及规划的总节点数、总公里数、总时长。

3. 历史详情

单击进入路线详情，见图 8-23，完全与规划结果显示一致，记录规划人、规划时间以及规划的节点数、路程、时长，支持结果详情界面回放、点击查看等。

图 8-22　路线规划——入口　　　　图 8-23　历史记录查询详情

五、规划结果

无论是单路线规划结果还是多路线规划结果，界面都是一样的，只是路线条数不同，可以切换不同当前路线，但是每条路线的内容操作都是一样的。

（1）多路线规划结果默认展示全部路线，单击选中某一条时，单独显示单条路线。

（2）选中单条路线，展开该路线的节点列表，地图上只显示该条路线，可以单击查看节点详情；再次单击左侧路线列表，取消选中，可以返回多路线模式。

单路线规划结果，与多路线类似，只是只有一条路线可选而已。

（3）分享。当选中某一条路线时，左侧节点列表底部功能区，可以看到"分享"按钮，单击该按钮可以将此路线规划结果用 URL 链接方式或者二维码扫描方式，分享给别人进行查看（见图 8-24）。注意，每次只能分享一条路线。

图 8-24　路线规划——分享

（4）发送。单条路线的功能区，可以看到"发送"按钮，单击该按钮可以将此路线规划结果直接发送到团队某个成员的 App 里，作为一个路线任务（见图 8-25）。

图 8-25　路线规划——发送

（5）下载。单条路线的功能区，可以看到"下载"按钮，单击后，支持把该路线的节点按照排列好的顺序导出。

"地图慧"软件的其他功能介绍及操作步骤，请登录 http：//ehelp.dituhui.com 查看。

学思之窗

一、教学建议

（1）通过路径规划知识的教学，提升学生灵活运用知识的能力，培养学生规范化、标准化的操作技能。

（2）通过小组合作，完成配送路径的规划，培养学生认真仔细的态度与合作意识，提高学生分析问题、解决问题的能力。

（3）通过小组合作，讨论配送路径规划在物流中的应用，培养学生成本意识和服务意识。

（4）通过物流路径优化岗位技能的教学，提高学生的基本职业素养，培养学生的爱岗敬业精神。

二、典型素材

（一）内容介绍

表8-6是物流路径优化工作内容对应的基本技术、相关知识和技能要求。请根据内容分组讨论：作为一名配送中心调度员，在进行配送路径优化时，要怎样提升自己的技能才能做到更好地服务客户。

表8-6　物流路径优化工作内容对应的基本技术、相关知识和技能要求

职业岗位	工作内容	基本技术	相关知识	技能要求
调度员	物流路径优化	分析物流路径选择影响因素	各种影响因素的内容条件	分析道路允许通行时间、运输车辆载重量、配送中心能力、自然因素及其他不可抗力因素等影响物流路径的客观因素； 分析收货人对送达的货物要求、时间要求、地点要求等影响物流路径的主观因素
		确定物流路径优化原则	各种优化原则的作用与意义	以效益最大化为原则的分析方法； 以路程最短为原则的分析方法； 以时间与距离乘积最小为原则的分析方法； 以准确性最高为原则的分析方法
		选择物流路径优化方法	各种优化手段的计算方法	根据影响因素与优化原则选择物流优化方法，主要有综合评价法、线性规划法、网络图法和节约里程法等
		分析物流路径	数据收集与计算分析方法	收集相关数据，利用已选择的优化方法进行分析
		完成物流路径优化方案	方案的撰写要求	选择优化路径，合理进行资源配置，制定优化方案，指导相关部门实施

（二）教学过程实施及预期效果

该案例在路径规划内容学习完成后使用。通过学习物流路径优化的基本技术和相关知识，学生了解调度员岗位及其工作内容的技能要求，从而培养学生的基本职业素养和爱岗敬业的精神。

学有所思

(1) 除了任务中使用的"地图慧"软件，还有什么软件可以进行物流配送路径规划？

(2) 还有什么智能技术可以解决物流路径配送问题？请列举。

知识检测

一、单选题

1. （　　）是指各配送车辆向各个客户送货时所要经过的路线。
   A. 行车路线　　　B. 装载路线　　　C. 配送路线　　　D. 配送时间
2. 选择配送路线时要综合考虑的原则不包括（　　）。
   A. 配送距离尽量短　　　　　　　B. 配送时间尽量短
   C. 配送成本尽量低　　　　　　　D. 配送数量尽量少
3. 利用（　　）进行配送路径规划是以吨公里数最小为目标。
   A. 扫描法　　　B. 经验分析法　　C. 综合评价法　　D. 节约里程法
4. （　　）是现实中十分普遍的一种车辆调配问题，特别是对于有大量服务对象的实体。
   A. 车辆管理问题　B. 车辆载货问题　C. 车辆路径问题　D. 车辆运输问题
5. 除了节约里程法，（　　）也是解决 VRP 问题的一种启发式算法。
   A. 扫描法　　　B. 经验分析法　　C. 综合评价法　　D. 德尔菲法
6. 车辆运行计划法，又称（　　），是指用来解决运输车辆数目不确定的 VRP 车辆路径问题的最有名的启发式算法。
   A. 扫描法　　　B. 经验分析法　　C. 综合评价法　　D. 节约里程法
7. 车辆路径问题的英文缩写是（　　）。
   A. VRP　　　　B. VPR　　　　C. ERP　　　　D. GPS
8. （　　）是指对一系列发货点和收货点，调用一定的车辆，组织适当的行车路线，使车辆有序地通过它们，在满足指定的约束条件下，力争实现一定目的。
   A. 车辆调度　　　　　　　　　　B. 车辆路径问题
   C. 运输业务流程重组　　　　　　D. 片区规划
9. 车辆路径规划问题在满足指定的约束条件下，力争实现（　　）目标。
   A. 车辆空时里程长　　　　　　　B. 运输费用高
   C. 车辆按一定时间到达　　　　　D. 使用车辆数多
10. （　　）是解决 VRP 问题的一种启发式算法。
    A. 节约里程法　B. 送牛奶线路法　C. 表上作业法　　D. 图上作业法

二、多选题

1. 配送路线规划的目标可以选择的有（　　）。
   A. 吨公里数最大　B. 路程最短　　C. 效益最高　　D. 成本最低
2. 影响配送路径的主观因素有（　　）。
   A. 收货人对货物的要求　　　　　B. 收货人对货物送达时间的要求
   C. 收货人对地点的要求　　　　　D. 收货人对数量的要求
3. 一般配送的约束条件包括（　　）。
   A. 满足所有收货人对货物品种、规格、数量的要求
   B. 满足收货人对货物送达时间的要求
   C. 在允许通行的时间段内进行配送
   D. 在配送中心现有运力允许的范围内
4. 对偏离集中送货区域的送货点（　　）。
   A. 可以使用大载重量的车辆集中发货
   B. 可以使用小载重量的车辆单独送货

C. 用自有车辆送货
D. 租用车辆或外包服务送货

5. 综合考虑车辆路径问题，总运费不应只是距离的函数，而且要考虑（　　）的问题。
A. 即时配送　　　B. 运输距离　　　C. 车辆成本　　　D. 人员成本

6. 利用节约里程法制定最优配送方案的步骤有（　　）。
A. 制作运输里程表　　　　　　B. 计算各配送点之间节约的里程数
C. 将节约里程数按从大到小的顺序依次排列
D. 规划路线并计算总里程

7. 以下关于路径规划的原则，说法正确的是（　　）。
A. 在道路允许的条件下，应优先使用载重量最小的送货车，将路径上所有要求运送的货物都装载
B. 给各送货点预留合理的送货点工作时间，保证按照规定的时间到达
C. 同一区域内，相互临近的送货点货物装载在同一辆车上配送，以便使送货点之间的运行距离最小化
D. 一辆运货车顺次途经各停车点的路线要呈凸状或泪滴形，各条路径之间是不交叉的

8. 车辆路径规划问题在满足指定的（　　）约束条件下，力争实现一定目标。
A. 货物的需求量与发货量　　　B. 车辆可载量限制
C. 交发货时间　　　　　　　　D. 行驶里程限制

9. 城市配送调度的影响因素包括（　　）。
A. 成本　　　B. 时效　　　C. 车辆的装载率　　　D. 车辆新旧程度

10. 以下关于路径规划，不合理的是（　　）。

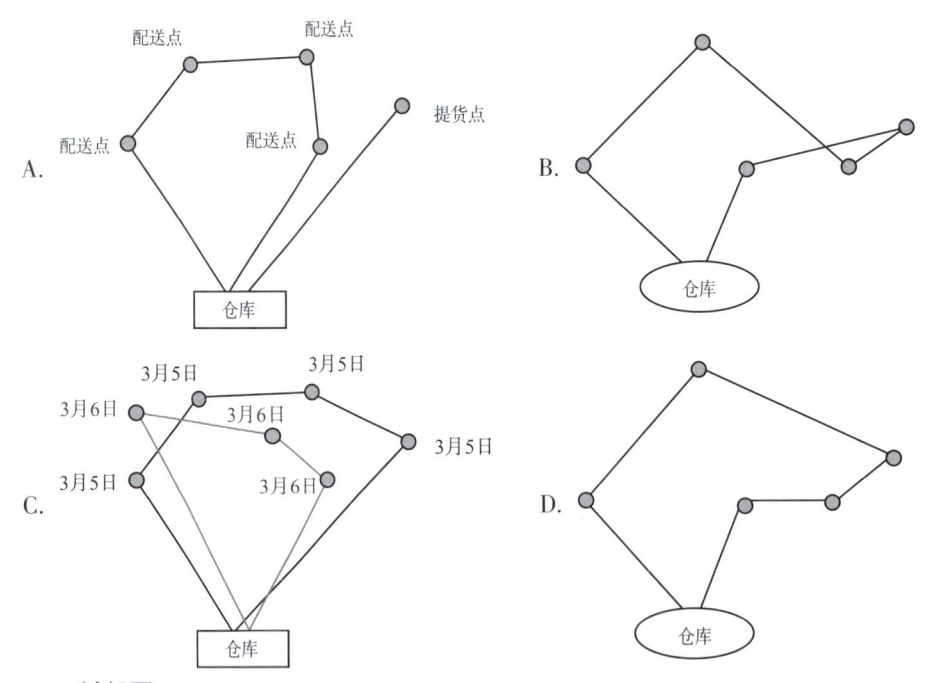

三、判断题

1. 解决车辆路径问题，其核心问题是如何对车辆进行调度。（　　）
2. 提货应混在送货过程中进行，而不要在运行路径结束后再运行。（　　）
3. 时效要求相近的货物同一车装载，如要求同一天配送，或中午12:00前配送。（　　）
4. 配送路线选择的方法中，综合评价法的步骤包括拟定配送路线方案，确定评价指标，对

方案进行综合评分。 （　　）

5. 一辆货车顺次途经各停车点的路线要呈凸状或泪滴形，各条路径之间允许交叉。（　　）

学习评价

根据学习情况完成表8-7和表8-8。

表8-7　职业核心能力测评表

（在□中打√，A 通过，B 基本掌握，C 未通过）

职业核心能力	评估标准	评价结果
素质方面	1. 践行社会主义核心价值观，具有深厚的爱国情感和中华民族自豪感； 2. 具有社会责任感和社会参与意识； 3. 具有质量意识、成本意识、环保意识、安全意识、信息素养、工匠精神、创新思维； 4. 具有吃苦耐劳、认真仔细、5S 管理、团队合作等职业道德	□A　□B　□C □A　□B　□C □A　□B　□C □A　□B　□C
知识方面	1. 掌握必备的思想政治理论和科学文化基础知识； 2. 熟悉与本专业相关的法律法规以及环境保护、安全消防、设备安全等相关知识； 3. 掌握路径规划的概念； 4. 掌握路径规划的原则； 5. 掌握配送路径规划的目标与约束条件； 6. 掌握节约里程法的定义与应用； 7. 掌握"地图慧"软件的使用方法	□A　□B　□C □A　□B　□C □A　□B　□C □A　□B　□C □A　□B　□C □A　□B　□C □A　□B　□C
能力方面	1. 具备根据相关信息，利用经验来寻找优化物流路径的能力； 2. 具备利用数学计算的方法来寻找优化物流路径的能力； 3. 具备从多种优化方案中选取合理物流路径的能力	□A　□B　□C □A　□B　□C □A　□B　□C
学生签字：	教师签字：　　　　　　　　　　年　　月　　日	

表8-8　专业能力测评表

（在□中打√，A. 通过，B. 基本掌握，C. 未通过）

专业能力	评价指标	自测结果	要求
路径规划	1. 路径规划的概念； 2. 路径规划的原则； 3. 路径规划的目标； 4. 路径规划的约束条件； 5. 节约里程法概念的理解； 6. 节约里程法的应用	□A　□B　□C □A　□B　□C □A　□B　□C □A　□B　□C □A　□B　□C □A　□B　□C	能够按照业务量与城市交通道路情况，根据实际网点分布，进行配送路径规划并优化
软件操作	1. "地图慧"软件的认知； 2. "地图慧"软件的使用方法； 3. 利用"地图慧"软件完成路径规划	□A　□B　□C □A　□B　□C □A　□B　□C	能够使用路径规划软件规划配送路径
教师评语：			
成绩：	教师签字：		

模块九

车辆配置

任务一　车辆配置

任务概述

本任务需要仓储规划与设计人员通过车辆统计及需求预测，明确企业车辆需求，通过对比分析、成本测算，在自有车辆运营与租赁车辆运营之间进行配送经营方案选择，制定车辆配置数量方案，在节约成本的同时，提升企业的配送服务质量。

学习计划表

【学习目标】

（1）通过车辆统计及需求预测，明确企业车辆需求。

（2）通过对自有车辆运营与租赁车辆运营的特点进行对比分析、成本测算，制定车辆配置方案。

根据课前预习及学习情况填写表9-1。

表9-1　学习计划表

项目		基础知识	确定企业运营车辆需求	选择合适的配置方式	确定车辆配置方式
课前预习	预习时间				
	预习结果	1. 难易程度 　　偏易（即读即懂）（　　）　　　　适中（需要思考）（　　） 　　偏难（需查资料）（　　）　　　　难（不明白）　（　　） 2. 需要课堂提问内容 3. 问题总结 			

续表

项目		基础知识	确定企业运营车辆需求	选择合适的配置方式	确定车辆配置方式
课后复习	复习时间				
	复习结果	1. 掌握程度 　　了解（　　）　　熟悉（　　）　　掌握（　　）　　精通（　　） 2. 疑点、难点归纳 _____ _____ _____			

【知识目标】

（1）掌握城市配送车型选择的概念。
（2）掌握车辆需求统计的内容。
（3）掌握自有车辆运营方式的特点。
（4）掌握租赁车辆运营方式的特点。
（5）掌握车辆配置方法。

【技能目标】

（1）能够根据相关信息，明确企业车辆需求。
（2）能够通过对自有车辆运营与租赁车辆运营的特点进行对比分析、成本测算，制定车辆配置方案。

【素养目标】

（1）培养学生规范化、标准化的操作技能。
（2）培养学生的成本意识和服务意识。
（3）培养学生分析问题、解决问题的能力。
（4）培养学生吃苦耐劳的精神、认真仔细的态度、遵守5S管理制度的习惯，加强学生团队合作的意识。

情境导入

某物流公司作为第三方仓储配送企业，为全国各地的食品生产厂家、供货商、零售商提供仓储配送服务。目前，它需要为西安市的客户提供配送服务，可以一部分选择自有车辆，一部分选择租赁车辆。公司现有3辆车，车辆规格见表9-2。

表9-2　车辆规格

车	类型	尺寸	容量/m³	载重量/t
6.2 m	厢式	6.2 m×2 m×2 m	30	5

随着货量的增长，公司原有的自有车辆无法满足每日的配送任务，因此配送中心采用了自有车辆与租赁车辆组合的方式来响应客户需求。为了更好地展现公司专业的配送服务形象，需

· 317 ·

要制定车辆配置方案。请根据以下信息,完成任务。

(1) 2023 年 4 月每日车辆使用次数见表 9-3。

表 9-3　2023 年 4 月每日车辆使用次数

日期	1 日	2 日	3 日	4 日	5 日	6 日	7 日	8 日	9 日	10 日
车辆使用次数/次	5	8	10	5	9	7	10	12	5	9
日期	11 日	12 日	13 日	14 日	15 日	16 日	17 日	18 日	19 日	20 日
车辆使用次数/次	4	13	15	5	10	10	7	8	9	7
日期	21 日	22 日	23 日	24 日	25 日	26 日	27 日	28 日	29 日	30 日
车辆使用次数/次	7	7	6	4	5	7	8	9	12	10

(2) 自有车辆的费用。

车辆购置费用为 10 万元,残值率为 5%,折旧年限为 5 年。

车辆油费耗:百公里油耗 10 L,柴油 5.5 元/L,平均每天行驶 60 km。

车辆保险:1 000 元/年。

车辆维修与维护费用:2 000 元/年。

司机工资:4 000 元/月。

(3) 租赁车辆的费用。

由乙方提供车辆并配备司机。甲方负责承担车辆租金,乙方负责该车辆实际使用中发生的相关证照费、车船使用税、年审验车费、日常维修养护费、超正常油耗费用、养路费、车辆保险费等车辆固定费用,以及因车辆技术状况下降导致发生的相关费用,且该司机产生的一切费用由乙方自理。

包车带司机的租赁价格为 9 000 元/月。

任务要求:

(1) 梳理自有车辆运营和租赁车辆运营两种方式的优缺点。

(2) 统计 7 月内车辆的使用频率,填写表格。

(3) 计算各类车辆运营成本。

(4) 计算配送中心应配置的车辆数。

任务解析

本任务中的配送指的是城市配送。配送中使用最多的运输工具是车辆,车辆配置不但影响运输效率,而且也是决定公司配送成本的关键。车辆自营成本高还是租赁成本高,需要根据企业实际情况,确定企业运营车辆需求,再确定车辆配置方式,进而选择合适的车辆配置方式。

本任务以某个具体的企业情况为主线,学习如何进行配送车辆配置,主要包括三个方面内容:一是学习如何根据企业实际情况,确定企业运营车辆需求;二是根据自有车辆运营、租赁车辆运营的特点,选择合适的配置方式;三是根据自有车辆运营、租赁车辆运营的成本,确定车辆配置方式。本任务重难点是通过对比分析、成本测算,在自有车辆运营与租赁车辆运营之间进行配送经营方案选择,制定自有车辆配置数量方案。

相关知识

一、城市配送车型选择

根据国内外城市物流汽车结构型式和城市货物运输的实际需要，确定城市物流配送汽车类型为厢式货车和封闭式货车。

（一）厢式货车

厢式货车是载货部位的车体结构为封闭厢体且与驾驶室/舱各自独立的货运汽车，在运行中分别起到各自的作用。配送常用厢式货车见图9-1，其规格见表9-4。

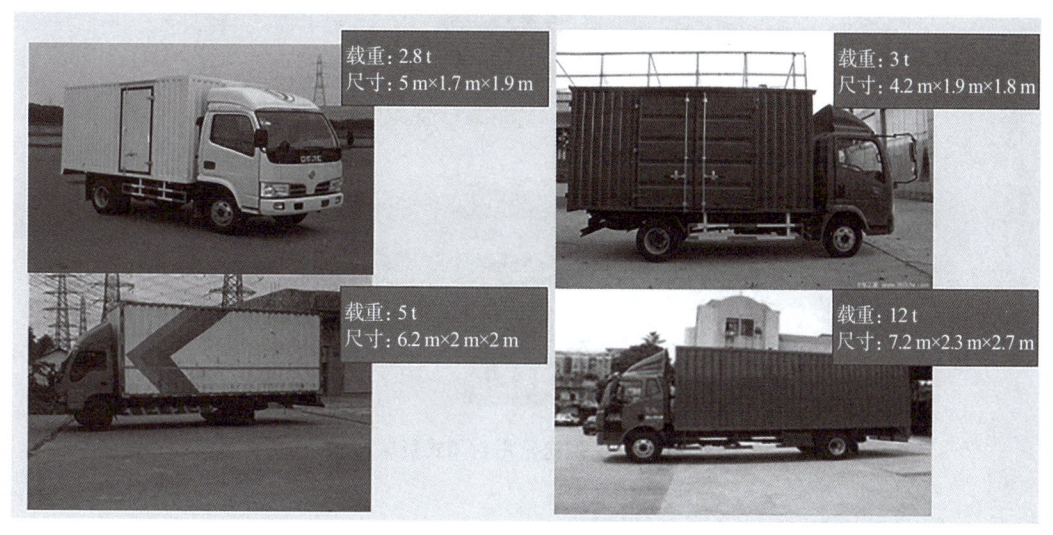

图 9-1 配送常用厢式货车

表 9-4 配送常用厢式货车规格

车型	尺寸	容量/m³	载重量/t
面包车	5 m×1.7 m×1.9 m	6	2.8
3.3 m 厢式货车	3.3 m×1.6 m×1.8 m	7	1.8
4.2 m 厢式货车	4.2 m×1.9 m×1.8 m	12	3
6.2 m 厢式货车	6.2 m×2 m×2 m	30	5
6.8 m 厢式货车	6.8 m×2.4 m×2.6 m	42	8
7.2 m 厢式货车	7.2 m×2.3 m×2.7 m	45	12

（二）封闭式货车

封闭式货车是载货部位的车体结构为封闭厢体且与驾驶室/舱连成一体的货运汽车。封闭货车的货箱部分为全封闭，厢体两侧面和后面不允许开设窗口。驾驶室和货厢之间在满足安全条件下可开启窗口或通过门。

按照汽车最大允许总质量，封闭式货车分为四个系列，具体规格见表9-5。配送常用封闭式货车见图9-2。

表 9-5　封闭式货车规格

系列	最大允许总质量 G/kg	整车总长/m	车辆尺寸 长/m	车辆尺寸 宽/m	车辆尺寸 高/m	车辆最小转弯直径/m	比功率/(kW·t^{-1})	载功率/kW	载重量利用系数/a
A	6 000≥G>5 500	≤7	≥4.5	≥1.7	≥1.7	≤14	≥15.0	≥3 000	≥1.10
B	4 500≥G>3 500	≤6	≥3.0	≥1.7	≥1.6	≤13.5	≥20.0	≥1 400	≥0.45
C	3 500≥G>2 500	≤5.8	≥2.1	≥1.5	≥1.3	≤13	≥23.0	≥1 000	≥0.40
D	1 800≥G>1 500	≤3.5	≥1.4	≥1.4	≥1.2	≤11	≥25.0	≥450	≥0.33

图 9-2　配送常用封闭式货车

载重：4.2 t　尺寸：6 m×2 m×2.7 m

载重：3.5 t　尺寸：4.6 m×2 m×2.2 m

二、车辆需求统计

企业车辆配置需求预测分为两种情况，一种是针对业务稳定增长的区域，另一种是针对新区域。如何针对这两种不同情形得到企业车辆需求？可通过阅读案例理解。

例 9-1　业务稳定增长的车辆需求。

ZL 集团是一家提供第三方仓储与配送服务的综合型物流公司，配送服务主要服务区域为市内各大商超网点及合作便利店等。它与多家日化用品企业和食品企业合作，为其提供仓储与配送服务。随着货量的增长，公司的自有车辆无法满足每日的配送任务，公司会定期进行车辆的需求分析，根据市场需求确定最终的车辆使用计划。过程如下所示：

（1）对公司现有的车辆情况进行盘点，结果见表 9-6。

表 9-6　公司车辆统计

车辆型号	有效载重/t	有效容量/m³	可用数量/辆	费用/元
A	3	5	20	150
B	5	8	15	200
C	8	12	5	400

（2）对公司最近半年外租车使用情况进行统计，结果见表 9-7。

表 9-7 公司 1—6 月外租车统计

项目		1月	2月	3月	4月	5月	6月
外租车数量/辆	A	60	65	70	80	75	82
	B	20	25	23	28	30	31
	C	5	8	6	9	11	10

（3）根据已有统计数据确定车辆的基本需求。

A：(60+65+70+80+75+82)÷6÷30≈3；

B：(20+25+23+28+30+31)÷6/÷0≈1；

C：(5+8+6+9+11+10)÷6÷30≈1。

根据公司的数据统计，自有车辆不满足配送需求已经成为常态，对于各类型的外租车日均需求分别为：A 车型 3 辆、B 车型 1 辆、C 车型 1 辆。

（4）需求预测。在已有数据基础上统计，只是以企业的现有需求情况作为基础，并没有考虑到公司的发展及公司业务量的增长问题。在过去的三年里，公司的业务量以平均每年 20% 的增速稳定增长，为了长远的规划，也为了减少不必要的工作重复，应该把需求的预测考虑进去。A 车型需求最大，可以在基本需求的车辆数量之上，适当加 1 辆。由此，综合各方面因素，确定 A、B、C 三种车辆的需求分别为 4 辆、1 辆、1 辆。

例 9-2 新区域的车辆需求。

ZL 集团是一家提供第三方仓储与配送服务的综合型物流公司，配送服务主要服务区域为市内各大商超网点及合作便利店等。根据市场反馈的需求情况，以及国家对中西部地区物流项目的政策倾斜，公司决定在西安市开设配送中心，拓展西安的配送市场。

ZL 公司在北京的配送中心日均单量为 2 000 单，现有 A、B、C 三个型号的车辆数量分别为 150 辆、50 辆、10 辆，现公司在西安拓展配送市场，预计订单量为 800 单/天。

如何求得新市场的车辆需求？具体过程如下所示：

（1）对比分析。与北京的市场形成对比，按照已有的作业量对西安配送中心的车辆需求进行量化。

A 车型：800÷2 000×150=60（辆）；

B 车型：800÷2 000×50=20（辆）；

C 车型：800÷2 000×10=4（辆）。

由此可以推算出西安配送中心的暂时车辆需求。

（2）城市环境分析。根据西安市的实际路况来看，相比北京道路的宽度和容量都要小，市区的道路有相当一部分还处在整修、翻新阶段，并且更多客户所在地并不适合大型车辆配送。因此可以考虑适当增加小型的面包车辆运输，减少大型车辆的使用，这样既能满足市场需求，而且也能更好地响应市场，具有更强的灵活性。

（3）需求确定。综合考虑以上因素，减少 B 车型的数量，增加 A 车型的数量。最终 A、B、C 三种车辆的数量分别为 70 辆、15 辆、4 辆。

三、自有车辆运营

自有车辆运营是指物流公司自己拥有物流运输车辆，自己组织物流运输业务。这种方式的优点是能够掌握物流运输的全过程，更好地控制物流成本和服务质量。但是，自有车辆运营需要投入大量的资金和人力资源，对物流公司的实力要求较高。自有车辆运营具有以下特点：

（1）服务质量可控。

(2) 车辆调度及时。

(3) 展现良好的公司形象。

(4) 车辆维护费用高。

(5) 车辆油耗偏高。

(6) 资金占用成本高。

(7) 罚款多，事故多。

四、租赁车辆运营

租赁车辆运营主要是指不购买车辆，采用租赁车辆进行运营。这种方式可以减少由于购买车辆投入的成本，从而减少企业资金投入的压力。租赁车辆运营具有以下特点：

(1) 轻资本运营，占用成本低。

(2) 降低管理难度，提升管理效率。

(3) 将有限的资源集中用于发展核心业务。

(4) 赔偿难以落实。

(5) 客户投诉多，客户不满意程度高。

(6) 配送成本高。

(7) 旺季资源不够，车队罢工不可控制。

(8) 服务能力差，服务质量差。

（一）常见的车辆租赁方式

1. 乙方只提供车辆

甲方负责承担车辆租金和在运输甲方货物途中产生的路桥费、油耗费（根据额定百公里油耗计算）、停车费以及因特殊原因产生的高速公路费用等。其中，油费、路桥费、停车费等每一个月结算一次。

2. 由乙方提供车辆并配备司机

甲方负责车辆租金，乙方负责车辆实际使用中发生的相关证照费、车船使用税、年审验车费、日常维修养护费、超正常油耗费用、养路费、车辆保险费等车辆固定费用，以及因车辆技术状况下降导致发生的相关费用。该车辆司机产生的一切费用由乙方自理。

（二）车辆租赁类型

1. 长安、一汽佳宝、柳州五菱、昌河等

(1) 车辆最大载重和装载体积：车辆最大载重量相同，但是车辆型号不同，装载体积略有不同，一般微型面包车的最大装载体积为 $0.6 \sim 0.8 \, m^3$。

(2) 适用业务：适合城市配送，适合单批次货量比较小、配送点比较多的业务。

(3) 优缺点：

优点：租车价格便宜，油耗低，不受城市道路限行的限制。

缺点：车辆装载体积小，部分城市无法取得车辆营运证。

(4) 油耗：车辆标准油耗为百公里 8~8.5 L。

(5) 租赁价格：租赁价格因各地的经济情况差异而略有不同，裸车租赁价格是 2 500~3 000 元，包车带司机的租赁价格是 4 000~5 000 元。

2. 金杯面包车、福田面包车

(1) 车辆最大载重和装载体积：一般面包车的最大装载体积为 $2.5 \sim 3 \, m^3$，最大载重为 1.5~2 t。

(2) 适用业务：适合城市配送，适合单批次货量比较大、配送点多在城市中心、部分配送点有货车限制通行道路的业务。

(3) 优缺点：

优点：载货量比较大，不受城市道路限行的限制。

缺点：汽油版金杯车油耗非常高，部分城市无法取得车辆营运证。

(4) 油耗：车辆标准油耗为百公里 11.5~12.5 L；福田面包柴油版百公里油耗为 8.5~9.5 L。

(5) 租赁价格：租赁价格因各地的经济情况差异而略有不同，裸车租赁价格是 4 000~4 500 元，包车带司机租赁价格是 6 000~6 500 元。

3. 五铃、江铃、东风等

(1) 车辆最大载重和装载体积：车辆型号不同，装载体积略有不同，一般微型小型货车最大载重量为 4~5 t，最大装载体积为 12.5 m³。

(2) 适用业务：适合城市配送，适合单批次货量比较大的业务。

(3) 优缺点：

优点：车辆装载体积大。

缺点：部分城市有道路限行要求，高峰期无法派送部分区域。

(4) 油耗：标准油耗为百公里 12~13 L。

(5) 租赁价格：租赁价格因各地的经济情况差异而略有不同，裸车租赁价格为 5 000 元左右，包车带司机租赁价格为 7 000 元左右。

五、车辆的选择

多数企业是以"车辆制造商所提供的商品说明书同所要求的条件规格相近"为原则来选车，即"以合乎其条件和规格作为原则的特殊订货"。车辆选择时的重点包括车厢底板的尺寸、车厢底板的高度、载重量、发动机性能、车厢板的结构等。

六、车辆台数的配置

每日配送量有变动，不能完全实行计划。如果拥有车辆台数过少，就会出现车辆不足，需租车；如果拥有车辆过多，就会出现车辆闲置，造成浪费。因此，配送中心应配置多少车辆是非常重要的决策。配送旺季，车辆需求量大；配送淡季，车辆需求量小。配送中心通过物流数据的调查分析，为配送中心配置合适数量的车辆。

(一) 配送中心自有车辆配置数量的影响因素

(1) 客户配送单量：指具体配送时间段内（一般指一天）所有需要配送的订单数量，可体现配送的总体强度。

(2) 客户配送单集中程度：指在配送时间段内按各时间间隔（一般按 1 h 为一个时段或一次完整送货为一个时段）的订单汇总数量，可体现配送强度的大小，以合理安排车辆。

(二) 配送中心自有车辆配置数量的模型设计

1. 条件

(1) 安排车辆依据：订单的数量。

(2) 配送车型：一般采用小型汽车进行配送，可直接将货物送到最终客户处。

(3) 配送策略：普遍采取内外部车辆相结合的配送策略。

仓配规划与设计

（4）降低成本方式：对配送车辆进行路径优化和对自有车辆规模进行优化。

2. 配送周期

配送周期是指配送中心收到一批订单后，安排的第一辆配送车从离开至该配送车再回到配送中心的时间间隔。

（1）确定车辆使用分布函数。通过统计，确定配送中心车辆使用数的分布函数。

（2）确定车辆使用统计表。根据配送中心车辆使用情况，得出一段时间内各配送周期车辆使用情况统计表。在确定合理的车辆规模时，应考虑配送中心的发展趋势，对统计表中数据进行修正。

3. 假设条件

（1）所有自有车辆每次配送成本相同。

（2）所有租赁车辆每次配送成本相同。

4. 建立模型

设：C_1 为各配送周期自有车辆运行成本；C_2 为各配送周期自有车辆闲置成本；C_3 为租赁车辆运行成本；X 为配送中心拥有的合理配送车辆数；Y 为每个配送周期实际需要的车辆数；$P(Y)$ 为随机变量 Y 的分布密度；T 为总费用。

（1）$Y \leq X$ 时，即需求车辆数比配送中心拥有车辆数少，则配送中心完成配送任务的总费用为：

$$T_1 = YC_1 + (X-Y)C_2$$

（2）$Y > X$ 时，即需求车辆数比配送中心拥有车辆数多，则配送中心完成配送任务的总费用为：

$$T_2 = YC_1 + (X-Y)C_3$$

（3）设 $P(Y)$ 为日常需要车辆数量对应的概率，得出配送中心的期望总费用为：

$$T(X) = \sum_{X=1}^{X} [P(Y)\{YC_1 + (X-Y)C_2\}] + \sum_{Y=X+1}^{\infty} [P(Y)\{XC_1 + (Y-X)C_3\}]$$

（4）求解。在期望总费用公式里对 X 进行求导，使得 $T(X)$ 最小，并根据函数求极限的原理，整理得出：

$$\sum_{X=1}^{X} P(Y) = (C_3 - C_1) \div (C_3 + C_2 - C_1)$$

当 $C_1 < C_3$ 时，可以选取适当的 X 值，使等式成立，从而使得总费用最小。通过概率累积的方法，从而求得 X 的值。

任务过程展现

一、根据企业实际情况，确定企业配送车辆需求

随着货量的增长，公司原有的自有车辆无法满足每日的配送任务，因此配送中心采用了自有车辆与租赁车辆组合的方式来响应客户需求。

二、根据车辆自有运营、租赁运营等特点，选择合适的配置方式

（1）回顾情境导入中任务资料，梳理自有车辆运营与租赁车辆运营的优缺点。

① 自有车辆运营：

a. 优点：

- 掌握控制权。通过自有车辆运输，企业可以对物流运输系统运作的全过程进行有效的控

制，能够随时调用车辆。
- 降低交易成本。自有车辆的运输成本较租赁的便宜，可以降低交易成本，减少交易费用。
- 服务质量好，速度有保障。自有车辆的司机经过培训，服务、速度各方面都有保障，能为客户提供最优质的服务，展现企业优良的形象。

b. 缺点：
- 占用资金大。车辆购置需要一定的成本，占用资金大，不适合小企业采用，车辆利用率小。
- 风险高。车辆违章处理，成本费用高。

② 租赁：

a. 优点：
- 风险小，企业与第三方物流公司共担风险。发生重大交通事故等，风险转移。
- 不占用企业资金，使得物流企业有足够的资金运营项目。
- 不进行人员与车辆的管理和培训，节省费用。

b. 缺点：
- 服务质量参差不齐，影响在客户心中的形象。
- 车辆需求旺季时，车辆供应跟不上。
- 费用略高。

（2）回顾情境导入中的任务资料，统计 7 月内车辆数的使用频率，见表 9-8。

表 9-8　7 月内车辆数的使用频率

车辆需求数/辆	频率/%	累计频率/%
4	7	7
5	13	20
6	3	23
7	20	43
8	10	53
9	13	66
10	17	83
11	0	83
12	7	90
13	7	97
14	0	97
15	3	100

（3）回顾情境导入中的任务资料，计算各类车辆运营成本。

① 自有车辆每天使用费用 C_1 和每天闲置费用 C_2。

车辆折旧费：车辆购置费用为 10 万元，残值率为 5%，折旧年限为 5 年，即 5 年后残值为 5 000 元，那么每月的折旧 =（1 000 000－5 000）÷（5×12）= 1 583（元），每日折旧 = 1 583÷30 = 53（元）。

车辆油耗为百公里 10 L，柴油 5.5 元/L，平均每天行驶 60 公里，则每日的油耗约为 60÷100×10×5.5 = 33（元）。

车辆保险为 1 000 元/年，则每天车辆保险 = 1 000÷365 ≈ 3（元）。

车辆维修与维护费用为 3 000 元/年，则每天车辆维修与维护费用 = 3 000÷365 = 8.2（元）。

司机工资为 4 000 元/月，则每日工资为 4 000÷30≈133（元）。

自有车辆每天使用费用包含折旧费、车辆油耗、车辆保险、车辆维修与维护费用、司机工资，所以自有车辆每天使用费用 C_1 = 53+3+8.2+33+133 = 230.2（元）。

自有车辆每天闲置费用包含折旧费、车辆保险、车辆维修与维护费用、司机工资，所以自有车辆闲置费用 C_2 = 53+3+8.2+133 = 197.2（元）。

② 租赁车辆每天的费用 C_3。

租赁车辆每天的费用 C_3 = 9 000÷30 = 300（元）。

(4) 回顾情境导入中的任务资料，计算各配送中心应配置的车辆。

利用配送车辆数量频率累计数公式：

$$\sum_{X=1}^{X} P(Y) = (C_3 - C_1) \div (C_3 + C_2 - C_1)$$

求得：

$$\sum_{X=1}^{X} P(Y) = (300 - 230.2) \div (300 + 197.2 - 230.2) = 26\%$$

结合车辆需求数统计频率，该数值接近 6 辆车的累积频率 0.23，因此需要配备 6 辆车。公司现有 3 辆车，因此需要采购配置 3 辆车。

提升训练

某配送中心提出自有车辆配送、租赁车辆配送、与客户互用车辆配送、外包给第三方物流配送四个方案，分别采用乐观法、悲观法、后悔值法求出最优方案。请阅读下列案例，学习三种方法的求解过程。

例 9-3 某配送中心为实现其配送方案优化的决策目标，提出了四个方案。

(1) 方案一：自有车辆配送；
(2) 方案二：租赁车辆配送；
(3) 方案三：与客户互用车辆配送；
(4) 方案四：外包给第三方物流配送。

配送中心还面临着未来市场自然状态的不确定性。公司经研究将变化的状态划分为四个等级，即配送要求程度高、配送要求程度较高、配送要求程度一般、配送要求程度低。

公司将四个方案和四个自然状态的要求结合分析，估算出四个方案对应自然状态下的效果损益值，见表 9-9。

表 9-9 四个方案对应自然状态下的效果损益值

经营方案	自然状态			
	配送要求程度高	配送要求程度较高	配送要求程度一般	配送要求程度低
方案一：自有车辆配送	2	1	4	8
方案二：租赁车辆配送	-1	2	3	6
方案三：与客户互用车辆配送	3	4	5	2
方案四：外包给第三方物流配送	4	-2	3	6

1. 乐观法

乐观法也称为大中取大法，即算出最大值，求出各经营方案在各自然状态下的最大效果值。

$maxA_1 = max \{2, 1, 4, 8\} = 8$；

$maxA_2 = max \{-1, 2, 3, 6\} = 6$；

$maxA_3 = max \{3, 4, 5, 2\} = 5$；

$maxA_4 = max \{4, -2, 3, 6\} = 6$。

求出各最大效果值为 8，即 8 所对应的方案一为应选择的经营方案。

2. 悲观法

悲观法也称为小中取大法，计算出最小值，然后取最大的。

（1）求出各经营方案在各自然状态下的最小效果值。

$minA_1 = min \{2, 1, 4, 8\} = 1$；

$minA_2 = min \{-1, 2, 3, 6\} = -1$；

$minA_3 = min \{3, 4, 5, 2\} = 2$；

$minA_4 = min \{4, -2, 3, 6\} = -2$。

（2）求出各最小效果值的最大值为 2，即 2 所对应的方案三为应选择的经营方案。

3. 后悔值法

各种可能状态在所有方案中的最高期望利润，减去该方案在某种可能状态下的估计利润，即为最大潜在后悔值。

在配送要求程度高的情况下，方案四的效益最高；若选方案一，后悔值为 2；若选方案二，后悔值为 5；若选方案三，后悔值为 1。其他情况的计算方式相同。具体计算结果见表 9-10。

表 9-10　后悔值法下的效果损益值

经营方案	自然状态			
	配送要求程度高	配送要求程度较高	配送要求程度一般	配送要求程度低
方案一：自有车辆配送	2	3	1	0
方案二：租赁车辆配送	5	2	2	2
方案三：与客户互用车辆配送	1	0	0	6
方案四：外包给第三方物流配送	0	6	2	2

方案一的最大后悔值是 3；

方案二的最大后悔值是 5；

方案三的最大后悔值是 6；

方案四的最大后悔值是 6。

因此，最小最大后悔值 3 对应的方案一为最优方案。

知识拓展

2022 年 8 月 20 日，天津市蓟州区下营镇的盛通公司向天津市静海区中旺镇的旭泰电器公司采购商品，委托物流公司上门提货，要求以托盘为集装单元，并以拉伸膜对集装单元做整体加固，进行带板运输，单个托盘上货物码放的高度不超过 1 200 mm。

1. 货物及车辆信息

（1）货物信息（采购订单）见表 9-11。

表 9-11　采购订单

采购单编号：R2022082001　　　　　　　　　　　　　　　　　　　计划到货时间：2022 年 8 月 28 日

序号	商品名称	包装规格（长×宽×高）	单价/（元·箱$^{-1}$）	毛重/（kg·箱$^{-1}$）	订购数量/箱
1	五金工具	600 mm×400 mm×180 mm	252	20	190
2	封箱胶带	600 mm×400 mm×180 mm	8	10.5	660

运输包装标识：[向上]

（2）车型信息。物流公司可用车辆信息见表 9-12。

表 9-12　物流公司可用车辆信息

车辆	车厢内尺寸（长×宽×高）	额定载重/t	车辆自重/t	数量/辆
车型一	9 600 mm×2 300 mm×2 420 mm	11.5	8.05	充足
车型二	12 500 mm×2 420 mm×2 490 mm	19.9	10.75	充足

（3）托盘信息。四向进叉托盘，托盘尺寸为 1 200 mm×1 000 mm×160 mm；托盘承重为 1 500 kg，托盘自重为 20 kg/个。单个托盘上只能码放同一种货物，车厢中设备作业安全高度不小于 150 mm。

为了提高装卸搬运效率，车辆在不允许超载超限的前提下，采用合理的码放方法进行带板运输。

2. 干线运输线路选择的相关资料

（1）车辆在不同道路上行驶时的油耗情况见表 9-13。

表 9-13　车辆在不同道路上行驶时的油耗情况

车辆	高速		国道	
	空驶	重驶	空驶	重驶
车型一	24 L/百公里	每百吨公里增加 0.4 L	28 L/百公里	每百吨公里增加 0.7 L
车型二	29 L/百公里	每百吨公里增加 0.5 L	33 L/百公里	每百吨公里增加 0.8 L

（2）从下营镇到中旺镇有高速公路和国道两条路线可供选择，资料如下：

① 下营镇到中旺镇主要经过津蓟高速、宁静高速和荣乌高速，高速公路全程 235 km，预计行驶 3 h 42 min，卸装时间 2 h，收取高速公路费。

② 下营镇到中旺镇国道全程 260 km，预计行驶 6 h 12 min，卸装 2 h。

（3）其他信息：

① 车型一的司机平均日工资 300 元，车型二的司机平均日工资 450 元（不考虑工作时长）。

② 下营镇到中旺镇的高速公路收费标准见表 9-14。

表 9-14　高速公路收费标准表

车辆类别	总轴数（含悬浮轴）	收费标准/（元·km^{-1}）
一类货车	2 轴（车长小于 6 m 且允许总质量小于 4.5 t）	0.50
二类货车	2 轴（车长小于 6 m 且允许总质量不小于 4.5 t）	0.94
三类货车	3 轴	1.51

续表

车辆类别	总轴数（含悬浮轴）	收费标准/(元·km^{-1})
四类货车	4 轴	1.75
五类货车	5 轴	1.90
六类货车	6 轴	2.0

车辆类别确定依据《汽车、挂车及汽车列车外廓尺寸、轴荷及质量限值》（GB 1589—2016）。

③ 车辆走高速公路当日返回，走国道次日返回。如果第二天返回，则司机多增加 280 元的食宿费。

（4）车辆折旧成本见表 9-15。

表 9-15　车辆折旧成本

车辆	购置成本/元	折旧年限/年	预计总行驶里程/km
车型一	258 000	5 年	500 000
车型二	328 000	5 年	500 000

残值率 5%，采用里程折旧法计提折旧。

（5）燃油价格为 8.11 元/L。

3. 要求

根据以上资料分析计算，从成本节约角度选取合适数量的车型、运输线路进行运输调度（车辆往返选择同样的行驶路线），并写出车辆装载情况，包括货物名称、数量以及使用的托盘数（注：要有分析计算过程，计算过程保留 2 位小数，四舍五入）。

学思之窗

一、教学建议

（1）通过车辆配置知识的教学，提升学生灵活运用知识的能力，培养学生规范化、标准化的操作技能。

（2）通过小组合作，完成车辆配置的任务，培养学生认真仔细的态度和合作意识，提高学生分析问题、解决问题的能力。

（3）通过小组合作，讨论车辆配置在物流中的应用，培养学生的成本意识和服务意识。

（4）通过先进物流配送车辆技术的教学，提高学生对行业新技术、新工艺、新设备、新材料的认知，培养学生的基本职业素养和爱国爱岗爱业的精神。

二、典型素材

（一）内容介绍

物流无人配送车运用了哪些技术，你知道吗？

无人配送车主要依靠自动驾驶技术、物联网技术、智能配载技术和传感技术等多项技术实现。具体来说，无人配送车运用的技术包括以下几个方面：

仓配规划与设计

（1）自动驾驶技术：无人配送车通过激光雷达、摄像头、雷达、GPS等实时感知周围的环境和道路状况，同时配合自主学习和优化算法，实现自主驾驶，并能够智能避开障碍、判断转向和超车等。

（2）智能配载技术：无人配送车采用智能化的货物配载系统，可以预测订单、确定途径等，提高了货物的运输效率和利用率，并且可以根据货物特性制定不同的配载方案。

（3）物联网技术：无人配送车通过网络环境下的传感器和网关等技术，实现物品物流全流程的互联互通，能够准确记录货物运输中的位置、温度、湿度和其他相关数据，有效保证货物的安全和质量。

（4）大数据智能分析技术：利用数据挖掘和智能分析技术，对车辆行驶路径、配载数据和货物运输过程中的数据作出科学的预测，优化物流路线，提升效率，降低成本，同时能够作出实时调整和预警。

综上所述，无人配送车涉及多项技术的应用，利用无人配送车进行配送已逐渐发展成为物流配送的重要趋势。随着这些技术的不断进步，无人配送车将逐步替代传统物流配送方式，推动物流行业的高效发展。

（二）教学过程实施及预期效果

该案例在配送车辆认知内容学习时使用，通过展现物流无人配送车的最新技术，让学生了解行业新技术、新设备，培养学生的基本职业素养和爱岗敬业精神。

学有所思

（1）你能列举一些目前比较新颖的物流配送车辆吗？它们有什么不同之处？

（2）配送车辆是不是速度越快，就可以送货送得越快？送货速度与什么因素有关？

知识检测

一、单选题

1.（　　）适合城市配送，适合单批次货量比较小、配送点较多的业务。

A. 微型面包车　　　　　　　　B. 小型厢货
C. 中型厢货　　　　　　　　　D. 大型厢货

2.（　　）是指配送中心收到一批配送单后，安排的第一辆配送车从离开至该配送车再回到配送中心的时间间隔。

A. 配送量　　　B. 配送效率　　　C. 配送速度　　　D. 配送周期

3. 物流配送中心应通过（　　），为配送中心配置合适的配送车辆。

A. 车商的新品推荐 B. 物流数据的调查分析
C. 客户意见调查的反馈 D. 专家访谈研究的建议
4. 某配送中心配送车辆规划方案，以下方法中不建议应用（ ）求出最优方案。
A. 乐观法 B. 悲观法 C. 头脑风暴法 D. 后悔值法
5. （ ）是载货部位的车体结构为封闭厢体且与驾驶室/舱连成一体的货运汽车。
A. 封闭式货车 B. 厢式货车 C. 面包车 D. 重型卡车
6. 封闭式货车按照汽车最大允许总质量分为（ ）个系列。
A. 1 B. 2 C. 3 D. 4
7. 租赁车辆运营的特点不包括（ ）。
A. 轻资本运营，占用成本低 B. 降低管理难度，提升管理效率
C. 服务能力和服务质量较好 D. 将有限的资源集中用于发展核心业务
8. 城市配送的特点不包含（ ）。
A. 点多 B. 点少 C. 量小 D. 城市道路条件复杂
9. （ ）是载货部位的车体结构为封闭厢体且与驾驶室/舱各自独立的货运汽车，在运行中分别起到各自的作用。
A. 封闭式货车 B. 厢式货车 C. 面包车 D. 重型卡车
10. 以下关于配送车辆需求的说法，正确的是（ ）。
A. 配送车辆需求，一直都很大，不分淡旺季
B. 配送旺季，车辆需求量小
C. 配送淡季，车辆需求量小
D. 配送淡季，车辆需求量大

二、多选题

1. 车辆选择的重点是（ ）。
A. 车厢底板尺寸 B. 载重量 C. 发动机性能 D. 车厢板结构
2. 在城市配送中，一般面包车租赁的适用范围为（ ）。
A. 单批次货量相对比较大 B. 配送点多在城市中心
C. 部分配送点有货车限制通行的道路 D. 裸车租赁价格在 1 000 元以下
3. 自有车辆运营的缺点主要有（ ）。
A. 油耗偏高 B. 资金占用成本高
C. 罚款多，事故多 D. 维修费用高
4. 自有车辆运营的优点主要有（ ）。
A. 服务质量可控 B. 车辆调度及时
C. 货运量较大 D. 展现良好的公司形象
5. 根据国内外城市物流汽车结构型式和城市货物运输的实际需要，确定城市物流配送汽车类型为（ ）。
A. 厢式货车 B. 封闭式货车 C. 面包车 D. 重型卡车
6. 企业开展车辆配置需求预测的情况分为（ ）。
A. 针对业务稳定增长的区域 B. 针对业务退减的区域
C. 增加固定资产的投入 D. 针对新区域
7. 关于封闭式货车说法正确的是（ ）。
A. 封闭货车的货厢部分为全封闭
B. 厢体两侧面和后面不允许开设窗口

C. 驾驶室和货厢之间在满足安全条件下可开启窗口或通过门

D. 驾驶室和货厢之间不允许留窗口或开门

8. 租赁车辆运营的特点包含（　　）。

A. 服务能力差，服务质量差　　　　B. 旺季资源不够，车队罢工不可控制

C. 配送成本高　　　　　　　　　　D. 客户投诉多，客户不满意程度高

9. 配送中心配送车辆的需求数的影响因素包括（　　）。

A. 客户配送路线　　　　　　　　　B. 客户订单量

C. 客户订单集中程度　　　　　　　D. 客户配送价格

三、判断题

1. 微型面包车租赁的优点是租车价格便宜，油耗低，不受城市道路限行的限制。（　）

2. 面包车租赁的优点是车辆装载体积小，部分城市无法取得车辆营运证。（　）

3. 小型厢式货车优点是车辆装载体积大，缺点是部分城市有道路限行的要求，高峰期无法派送部分区域。（　）

4. 多数企业是以"车辆制造商所提供的商品说明书超出所要求的条件规格"为原则来选车，即"以优于其条件和规格作为原则的特殊订货"。（　）

5. 在设计配送中心自有车辆配置数量的模型时，要考虑到降低成本的方式，对配送车辆进行路径优化和对自有车辆模型进行优化。（　）

学习评价

根据学习情况完成表9-16和表9-17。

表9-16　职业核心能力测评表

（在□中打√，A通过，B基本掌握，C未通过）

职业核心能力	评估标准	评价结果
素质方面	1. 践行社会主义核心价值观，具有深厚的爱国情感和中华民族自豪感；	□A　□B　□C
	2. 具有社会责任感和社会参与意识；	□A　□B　□C
	3. 具有规范化、标准化的操作技能；	□A　□B　□C
	4. 具有质量意识、成本意识、环保意识、安全意识、信息素养、工匠精神、创新思维；	□A　□B　□C
	5. 具有吃苦耐劳、认真仔细、5S管理、团队合作等职业道德	□A　□B　□C
知识方面	1. 掌握必备的思想政治理论和科学文化基础知识；	□A　□B　□C
	2. 熟悉与本专业相关的法律法规以及环境保护、安全消防、设备安全等相关知识；	□A　□B　□C
	3. 掌握配送车型的情况；	□A　□B　□C
	4. 掌握车辆需求统计的内容；	□A　□B　□C
	5. 掌握自有车辆运营方式的特点；	□A　□B　□C
	6. 掌握租赁车辆运营方式的特点；	□A　□B　□C
	7. 掌握车辆配置方法	□A　□B　□C
能力方面	1. 具备根据相关信息，明确企业车辆需求的能力；	□A　□B　□C
	2. 具备通过对自有车辆运营与租赁车辆运营的特点进行对比分析、成本测算，制定车辆配置方案的能力	□A　□B　□C
学生签字：　　　　　　教师签字：　　　　　　　　　年　月　日		

表 9-17 专业能力测评表

（在□中打√，A 通过，B 基本掌握，C 未通过）

专业能力	评价指标	自测结果	要求
车辆需求	1. 配送车辆的认知； 2. 车辆需求统计； 3. 城市配送车型选择	□A　□B　□C □A　□B　□C □A　□B　□C	能够通过车辆统计及需求预测，明确企业车辆需求
合适的 配置方式	1. 车辆需求统计； 2. 自有车辆运营方式； 3. 租赁车辆运营方式； 4. 确定车辆配置方法	□A　□B　□C □A　□B　□C □A　□B　□C □A　□B　□C	通过对自有车辆运营与租赁车辆运营的特点进行对比分析、成本测算，制定车辆配置方案
车辆 配置方式	1. 车辆的选择； 2. 车辆台数的配置； 3. 车辆配置方案	□A　□B　□C □A　□B　□C □A　□B　□C	
教师评语：			
成绩：		教师签字：	

参考文献

[1] 斯科特·凯勒，布赖恩·凯勒．供应链与仓储管理：选址、布局、配送、库存管理与安全防护［M］．黄薇，译．北京：人民邮电出版社，2020.

[2] 李滢棠．仓储管理与库存控制［M］．北京：机械工业出版社，2022.

[3] 薛威．仓储作业管理［M］．4版．北京：高等教育出版社，2022.

[4] 薛威．智慧物流实训［M］．北京：高等教育出版社，2021.

[5] 刘敏．物流设施设备［M］．2版．北京：高等教育出版社，2020.

[6] 柳荣．智能仓储物流、配送精细化管理实务［M］．北京：人民邮电出版社，2020.

[7] 李方敏．电子商务与现代物流［M］．北京：北京师范大学出版社，2020.

[8] 缪兴锋，别文群，林钢，等．智慧物流技术［M］．北京：中国人民大学出版社，2021.

[9] 董振宁，范超，刘小军．智能仓储大数据分析（高级）［M］．北京：清华大学出版社，2022.

[10] 北京中物联物流采购培训中心．物流管理职业技能等级认证教材（高级）［M］．南京：江苏凤凰教育出版社，2021.

[11] 陈景坤．基于双分区的仓库管理信息系统的设计与开发［D］．南昌：南昌大学，2016.

[12] 胡意敏．自动化柔性仓储系统理论模型设计及仿真研究［D］．昆明：云南财经大学，2023.

[13] 黄丽．T公司自动化立体仓库规划布局管理研究［D］．武汉：华中科技大学，2022.

[14] 陶旺泽．基于智能物流视角下A仓储布局规划［J］．物流技术，2021，40（7）：78-81.

[15] 刘建胜，叶世鹏．Fishbone仓储布局下的订单实时分配与拣货路径规划［J］．南昌大学学报：工科版，2021，43（2）：165-171+177.

[16] 陈兴安，吴超华，王磊，等．包装行业自动化立体仓库货位分配方法研究［J］．武汉理工大学学报，2023，45（4）：140-148.

[17] 王毅，王浩，李翀，等．基于改进的邻域搜索算法对立库货位分配优化的研究［J］．中南民族大学学报：自然科学版，2023，42（4）：557-557.

[18] 国家标准化管理委员会．物流术语：GB/T 18354—2021［S］．北京：中国标准出版社，2021.

[19] 国家标准化管理委员会．仓储从业人员职业资质：GB/T 21070—2007［S］．北京：中国标准出版社，2007.

[20] 国家标准化管理委员会．仓储货架使用规范：GB/T 33454—2016［S］．北京：中国标准出版社，2016.

[21] 国家标准化管理委员会．通用仓库等级：GB/T 21072—2021［S］．北京：中国标准出版社，2021.